海上
CHEFOO
来风

近代东海关贸易报告
(1864-1919)

REPORT ON THE TRADE OF
CHEFOO CUSTOMS IN
MODERN TIMES(1864-1919)

李军 —— 编译

社会科学文献出版社
SOCIAL SCIENCES ACADEMIC PRESS (CHINA)

序 言

烟台是1861—1898年山东省唯一的通商口岸，也是第二次鸦片战争之后中国北方最早开放的"北洋三口"之一。因为山东省在清政府官方文书中简称为东省，故烟台海关被称为东海关，即山东省海关之意。东海关关址设在烟台（旧称芝罘），所以海关报告中东海关使用的英文名称为Chefoo Customs。东海关作为总关，下辖山东沿海所有子口岸。

东海关档案是研究清末民初山东社会经济的重要原始资料。海关报告分类很多，有季报、年报、十年报告、专项报告等，是研究中国近代史，尤其是中国近代经济史的重要资料。细读海关报告，不仅可以获得当时的相关口岸物资贸易信息，与口岸相关的地理环境、物产、社会发展、商业以及主要政治事件及相关影响等也会展现在眼前，信息非常丰富，读者不仅可以直观地感受到海关对近代中国带来的影响，而且可以对时代的风貌有更深刻的认识。

我与东海关的研究结缘于20年前攻读硕士学位期间。那时，我注意到烟台市档案馆保存的东海关档案和京华出版社影印出版的《中国旧海关史料（1859—1948）》，它们成为我硕士学位论文的主要史料来源。在攻读博士学位期间，我将研究领域扩展到华北口岸的对外贸易，于是又将华北口岸所涉及的北洋三口和青岛纳入研究视野，又阅读利用了天津市档案馆、烟台市档案馆、青岛市档案馆的大量资料。在高校工作以后，我将晚清海关档案作为培养学生阅读史料能力的基本材料。为弥补《中国旧海关史料（1859—1948）》中史料的不足，我们多方努力寻找，终于在康奈尔大学图书馆网站

海上来风：近代东海关贸易报告（1864—1919）

上找到了1864—1888年的英文版东海关贸易报告（Chefoo Trade Report），并将其翻译为中文。这些构成了本书的第一部分。

在《中国旧海关史料（1859—1948）》中，1889年及之后的年份同时有两份东海关贸易年报，即英文版（Chefoo Trade Report）和中文版（《烟台口华洋贸易情形论略》）。其中中文版为竖排版，没有标点符号，以繁体字写成，这给读者带来了一定的阅读不便，因此，我将这一时期的年报做了一定的整理、点校。这构成了本书的第二部分。

海关报告起初由各关税务司自由编写，报告内容篇幅长短不一，内容也没有明确要求。后来按照总税务司署的要求实行统一格式，主要关注当年的进出口、税收、航运和该口岸的重大事件，也涉及影响贸易的重大历史事件，是研究晚清至民初社会经济史的重要史料。

国内其他口岸的海关报告不少已陆续出版。1985年徐雪筠等译编的《上海近代社会经济发展概况（1882—1931）：〈海关十年报告〉译编》是对上海江海关的十年报告的选译。1995年广州市地方志编纂委员会办公室等编译的《近代广州口岸经济社会概况：粤海关报告汇集》为研究广东近代史提供了重要资料。2006年吴弘明编译的《津海关贸易年报（1865—1946）》为研究华北地区的经济史提供了便利。2014年赵肖为译编的《近代温州社会经济发展概况：瓯海关贸易报告与十年报告译编》为研究浙江的经济史提供了可靠的资料。2018年青岛市档案馆与青岛大学历史学院联合编纂的五卷本《胶海关档案史料选编》是对胶海关档案规模较大的整理。2021年政协营口市委员会文史委和营口市政协文史馆编译的《牛庄口贸易报告》填补了东北地区近代海关资料的一个空白。长期以来关于山东省的近代海关史料的搜集整理编译尚未形成体系，所以对东海关贸易报告的翻译整理成为一项比较迫切的工作。

关于东海关史料的整理，在20世纪80年代，交通部烟台港管

序 言

理局编过《近代山东沿海通商口岸贸易统计资料》，这本书对东海关开埠后贸易数据进行过整理。边佩全主编的在2005年出版的《烟台海关史概要（1862—2004）》一书，该书将东海关十年报告中的一部分翻译出版，还不够完整。本书是第一次将东海关历年贸易报告系统整理出版，希望为研究近代烟台和山东经济史的学者们提供较完整可靠的史料，对他们的研究有所裨益。

本书即将付梓，我要对浙江如意集团储吉旺董事长、北京大学经济学院周建波教授、社会科学文献出版社经管分社陈凤玲编审和宋淑洁副编审致以深深的谢意。鲁东大学历史文化学院和浙江如意集团为本书提供了出版经费，陈凤玲、宋淑洁两位编辑为本书的审校出版付出了辛苦的工作。在成书过程中，我的学生李靖、张惠、杨宁等也付出了很大的努力，对她们表示深深的感谢。

包括东海关在内的近代中国海关的史料是一座尚待深入开掘的资料宝库，本书只是揭开了冰山一角。在海洋史成为新的研究热点和重点的时候，海洋航线编织成的"网络"或许可以成为人们认识世界的新视角，作为这个网络中的重要连接点——海关，其运行与发展中留下的历史痕迹和资料被赋予了新的使命。今天，海洋强国成为重要的战略，海洋意识深入人心。通过阅读本书，如果能够让我们对先人们向海谋生的状态有所了解，感受到曾经的"海上来风"，本书的出版就有了更多的意义。

在翻译的过程中，我主要使用的工具书是杨端六、侯厚培等编《六十五年来中国国际贸易统计》和陈诗启、孙修福编《中国近代海关常用词语英汉对照宝典》。在编译过程中，我对书中必要之处进行了注释。由于本人学识所限，书中一定存在谬误之处，恳请方家指教。

李　军

2022年12月

目　录

第一部分　东海关年度贸易报告
（1864—1888）

1864 年烟台贸易报告 …………………………………… （3）
1865 年烟台贸易报告 …………………………………… （5）
1866 年烟台贸易报告 …………………………………… （11）
1867 年烟台贸易报告 …………………………………… （26）
1868 年烟台贸易报告 …………………………………… （36）
1869 年烟台贸易报告 …………………………………… （44）
1870 年烟台贸易报告 …………………………………… （50）
1871—1872 年烟台贸易报告 …………………………… （59）
1873 年烟台贸易报告 …………………………………… （68）
1874 年烟台贸易报告 …………………………………… （81）
1875 年烟台贸易报告 …………………………………… （100）
1877 年烟台贸易报告 …………………………………… （124）
1878 年烟台贸易报告 …………………………………… （131）
1879 年烟台贸易报告 …………………………………… （141）

海上来风：近代东海关贸易报告（1864—1919）

1880 年烟台贸易报告 …………………………………………（161）
1881 年烟台贸易报告 …………………………………………（180）
1882 年烟台贸易报告 …………………………………………（198）
1883 年烟台贸易报告 …………………………………………（203）
1884 年烟台贸易报告 …………………………………………（208）
1885 年烟台贸易报告 …………………………………………（213）
1886 年烟台贸易报告 …………………………………………（218）
1887 年烟台贸易报告 …………………………………………（224）
1888 年烟台贸易报告 …………………………………………（228）

第二部分　历年烟台口华洋贸易情形论略（1889—1919）

光绪十五年（1889）烟台口华洋贸易情形论略 ………………（237）
光绪十六年（1890）烟台口华洋贸易情形论略 ………………（244）
光绪十七年（1891）烟台口华洋贸易情形论略 ………………（251）
光绪十八年（1892）烟台口华洋贸易情形论略 ………………（257）
光绪十九年（1893）烟台口华洋贸易情形论略 ………………（262）
光绪二十年（1894）烟台口华洋贸易情形论略 ………………（267）
光绪二十一年（1895）烟台口华洋贸易情形论略 ……………（271）
光绪二十二年（1896）烟台口华洋贸易情形论略 ……………（276）
光绪二十三年（1897）烟台口华洋贸易情形论略 ……………（281）
光绪二十四年（1898）烟台口华洋贸易情形论略 ……………（287）
光绪二十五年（1899）烟台口华洋贸易情形论略 ……………（294）
光绪二十六年（1900）烟台口华洋贸易情形论略 ……………（300）
光绪二十七年（1901）烟台口华洋贸易情形论略 ……………（305）

光绪二十八年（1902）烟台口华洋贸易情形论略 ………… （309）
光绪二十九年（1903）烟台口华洋贸易情形论略 ………… （317）
光绪三十年（1904）烟台口华洋贸易情形论略 ………… （324）
光绪三十一年（1905）烟台口华洋贸易情形论略 ………… （330）
光绪三十二年（1906）烟台口华洋贸易情形论略 ………… （337）
光绪三十三年（1907）烟台口华洋贸易情形论略 ………… （343）
光绪三十四年（1908）烟台口华洋贸易情形论略 ………… （349）
宣统元年（1909）烟台口华洋贸易情形论略 ………… （356）
宣统二年（1910）烟台口华洋贸易情形论略 ………… （364）
宣统三年（1911）烟台口华洋贸易情形论略 ………… （371）
中华民国元年（1912）烟台口华洋贸易情形论略 ………… （377）
中华民国二年（1913）烟台口华洋贸易情形论略 ………… （383）
中华民国三年（1914）烟台口华洋贸易情形论略 ………… （391）
中华民国四年（1915）烟台口华洋贸易情形论略 ………… （400）
中华民国五年（1916）烟台口华洋贸易情形论略 ………… （408）
中华民国六年（1917）烟台口华洋贸易情形论略 ………… （417）
中华民国七年（1918）烟台口华洋贸易情形论略 ………… （424）
中华民国八年（1919）烟台口华洋贸易情形论略 ………… （430）

第一部分

东海关年度贸易报告
（1864—1888）

1864年烟台贸易报告

烟台东海关，1865年1月31日

总税务司阁下：

参考您1865年第3号通令的第四段和最后一段，我现在荣幸地就1864年本口的贸易报告谈以下几点。由于这些报告格式的变动，很难对1864年和前几年的贸易做任何细微的比较，尤其是1863年海关的报告只涉及东海关成立以来九个月的报告。然而，毫无疑问，在1864年，贸易值有了相当大的增长。

回顾几年前，这里的商贸活动（由外国人经营）依靠的是南方商行的一到两名代理人，他们往来于南北之间，贸易规模非常有限；回首这段时间，大约过去了五年，现在再看这些报告，其中给出了1864年的港口贸易总值（5804142海关两），这个数据对了解本口的发展或许会有一些帮助。当地目前相对繁荣的状况无疑与取消对外国船只出口豆类和豆饼的限制有很大的关系。这两种出口品是少有的在数量上对本口岸有重要意义的出口商品。

应当指出，在这些报告中列为出口商品的豆类，实际上绝大部分属于转口贸易，用帆船从牛庄运到本口，并在本口通过洋轮大量转运（经香港[①]）到南方港口——广州。

这些豆类被压成豆饼出口到汕头，在那里它们被用作糖料作物

[①] 当时已被英国侵占——译者注。本书脚注或表后注均为译者注（第一部分）或点校者注（第二部分），为避文繁，以下不再一一注明。

的肥料。制作这些豆饼的工厂数量相当可观。这个制作过程既缓慢又简易。用一个巨大圆形石轮作为碾盘，碾盘中心有一根柱子插在地下，碾盘上有一个直径60—70厘米的圆柱形碾砣（碾滚），碾砣中心是空的，用轴和架子（方木框）和碾柱连接起来，碾架外端延长出去，作为人们推碾的手柄或者拴牲畜的杆，一般在杆上面拴一头骡子（或驴子等），将豆子放到碾上面，骡子等牲畜拉着碾砣轧过豆子时，将豆子碾碎。豆子被压碎后，人们再将它们放入压榨机中压榨，直到从豆渣中提炼不出油脂，而压榨出的油已经流入准备好的容器中。

1864年的另一项出口品是棉花。然而，这种出口品的贸易具有特殊性。在美国的战争①爆发前，山东省从中国南部的港口大量采购棉花，因本地种植粮食作物更有利可图。然而，从那时（美国的战争爆发）起，棉花价格上涨幅度非常大，以至于全国更大范围的地区开始种植棉花。在1864年春天，大约有60000担棉花被运到这里，但到了年底，来自内地的供应大都被转运到了天津。至于品质，这种棉花在英国似乎很受欢迎，但英国对于比上海棉花短绒或质量差的产品则不满意。预计在美国停战后，由中国北方供应棉花的出口贸易就面临着结束，现在正在种植棉花的土地将很快恢复原来的作物生产。

山东省和邻近地区经此口大量出口药材，品种繁多。

船运（出口）的丝绸数量很少。丝绸很少能被高价购买，这使丝绸贸易成为欧洲市场上的一种投机买卖。

卢　逊
东海关代理税务司

---

① 美国南北战争。

1865年烟台贸易报告

烟台东海关,1866年1月31日

总税务司阁下:

1865年烟台港贸易情形见下文所述。表1为1865年与1864年烟台的贸易值对比。

表1　1865年与1864年烟台的贸易值

进口	单位	1865年	1864年
从外国进口的洋货价值,扣除复出口额、鸦片和金银进口值	海关两	800274	676417
从外国进口鸦片的价值,扣除复出口额	海关两	51376	265104
从中国港口进口的洋货价值,扣除复出口额、鸦片和金银进口值	海关两	972835	385027
从中国港口进口的鸦片价值,扣除复出口额	海关两	1518423	516042
从中国港口进口的土货价值,扣除复出口额	海关两	1178482	1465530
总计	海关两	4521390	3308120

出口	单位	1865年	1864年
土货出口到国外值	海关两	535063	890147
土货出口到国内值	海关两	1993941	1868400
总计	海关两	2529004	2758547

	单位	1865年	1864年	增加	减少
进口总值	海关两	4521390	3308120	1213270	
出口总值	海关两	2529006	2758547		229541
进出口总值	海关两	7050396	6066667	1213270	229541

海上来风：近代东海关贸易报告（1864—1919）

综上所述，与1864年相比，1865年烟台贸易总值增加了近1000000两[①]，进口总值增加约1200000两，出口总值减少约200000两；对中国港口的出口值比1864年有所增加，出口总值的减少是对外国出口值的减少造成的。

将鸦片的进口值单独列出，是为了强调过去一年从上海由轮船进口的鸦片大量增加。

1865年，金银的进口总值为361650两，出口总值为1209376两。1864年的报告只上报了当年部分的金银，因此无法对这两年进行比较。

1865年，464艘船只进港，共150401吨；444艘船只离港，共143571吨。

1864年，448艘船只进港，共138884吨；452艘船只离港，共140565吨。

由此可见，1865年进港船只增加了16艘，吨位增加了11517吨，离港船只减少了8艘，但吨位增加了3006吨。

1865年征收的税钞总数为243514.182两，1864年为228920.670两，1865年比1864年增加了14593.512两。

表2显示，鸦片、布匹货、海带、铁条、铅、锡、苏木和针的进口量增加；毛织货、红糖、白糖、冰糖、铁枝、白铅和二等纸的进口量减少。

表2　1865年主要进口商品的同比增减情况

品类	单位	1865年	1864年	增加	减少
鸦片	担	2686.35	1401	1285.35	—
布匹货	匹	247242	112753	134489	—
毛织货	匹	4972	5681	—	709
红糖	担	129935.73	199486.06	—	69550.33
白糖	担	49785.65	68249.46	—	18463.81
冰糖	担	4002.96	4860.41	—	857.45

[①] 如无特殊说明，本书中的"两"均指"海关两"。

1865年烟台贸易报告

续表

品类	单位	1865年	1864年	增加	减少
海带	担	41424.42	6658.48	34765.94	—
铁条	担	7855.64	7051.45	804.19	—
铁枝	担	4797.13	6773.65	—	1976.52
铅	担	9875.15	8398.43	1476.72	—
白铅	担	1674.19	6210.28	—	4536.09
针	根	26316000	1632200	24683800	
苏木	担	21755.18	2839.37	18915.81	—
二等纸	担	17783.83	33092.21	—	15308.38
锡	担	1168.35	448.58	719.77	—

迄今为止，山西省生产了大量的土药。据说，对洋药需求大幅度增加的原因是山西省最近禁止种植罂粟。

洋货中棉货制品进口大量增加，据说部分原因是叛乱①引起的骚乱干扰了山东省大量使用的土棉制品的生产。

在中国的这一地区，对作为食品的海带的需求量似乎在不断增加（迄今为止山东省有大量需求），日本的海带贸易受到了相当大的影响，而且似乎还可能会受到更大的影响。1865年从满洲沿岸的俄国港口装运的海带，由波谢特港的4艘船和海参崴②的2艘船运来，进口量将近18000担，这些海带的售价比日本的海带要低，据说比日本的更受欢迎。

洋货，特别是白市布、美国斜纹棉布、苏木、铅锭、锡和针，现在都用中国帆船运到朝鲜，这在很大程度上说明了这些货物需求量的增加。抵达朝鲜的货物在那里用于交换人参、木材和纸张，这些货物成为船运到烟台后的返程货。

白糖、红糖和冰糖进口量减少的部分原因是山东省子口税的增加，但更主要的原因是糖的价格上涨：汕头周围的种植园遭受洪灾，而厦门周边的甘蔗种植遭到了叛军的干扰。

---

① 指捻军。
② 即符拉迪沃斯托克。

7

山东省如今自产白铅，因此铅粉的进口量大幅减少。

从表3中可以看出，1865年与1864年相比，主要出口品有增有减。

表3　1865年主要出口品同比增减情况

单位：担

品类	1865年	1864年	增加	减少
烟台豆饼	755052.98	615297.59	139755.39	—
牛庄豆饼	1272.00	23953.96	—	22681.96
棉花	19141.92	61805.03	—	42663.11
茧绸	341.37	183.53	157.84	—
生丝	61.85	无	61.85	—
豆类	470471.44	651098.77	—	180627.33
小麦	59538.95	14240.54	45298.41	—
药材	6195.83	7942.63	—	1746.80
枣	24073.75	21529.76	3543.99*	—
烟丝	732.11	1765.96	—	1033.85
粉丝	31378.12	24313.75	7064.37	—
甜瓜籽	5768.20	1933.94	3834.26	—

＊原稿如此，数据应有误。

表3显示，烟台豆饼、茧绸、生丝、枣、甜瓜籽、小麦、粉丝的出口量增加了；牛庄豆饼、豆类、棉花、烟丝、药材的出口量减少了。

烟台豆饼的品质远胜于牛庄豆饼，这可能是导致烟台豆饼出口量增加、牛庄豆饼出口量减少的原因。1865年，牛庄的豆类产量短缺，因此烟台从牛庄输入的豆类数量减少。中国商人越来越不愿意通过洋船把豆类和豆饼运到上海，现在大量的豆类和豆饼用中国帆船运到上海。这似乎是由1865年在上海发布的一项公告造成的。

棉花出口量的减少，在很大程度上是由于美国最近发生的重大政治事件[①]，英国对中国和印度棉花的需求量将大大减少。另外一

---

① 指美国南北战争的结束。

个原因是，山东棉花对天津的吸引力增加，运至天津的棉花运输成本降低了。

烟台进口的货物有相当一部分是由烟台运到大清河①，在离大清河河口不远的地方，有人将货物转运到本地的轻型船上，这些船把货物运到内地的许多市场，其中最重要的是济南府、东昌府、兖州府、曹州府，以及东平州，甚至运到直隶省的大名府。

最近，一位先生从北京经大运河来到东昌府以南的一个地方，他对这座城市的商业重要性以及这座城市与邻近省份之间的水上交通设施印象深刻，他很友好地提供了这一信息。内地的货物也通过上述方式运到烟台港口。

转运地点在离大清河河口约12英里的利津县附近，在大清河河口有一个中国海关子口，名为铁门关。

从总体上看，1865年货物由烟台运至烟台以南的沿海港口的货运费低于1864年。1865年，货运费似乎在3月、4月和5月达到了最高点，但在随后的三个月里，洋船的雇用量很少。中国商人在烟台签订了几份洋船的租船合同，1864年海关关于烟台港贸易的报告中所说的大部分租船合同是由中国人代理的，这句话同样适用于刚刚过去的1865年。

本年度夏季干旱少雨，严重影响了小麦的生长和收获，紧接着秋季持续不断的强降雨又极大地影响谷子、玉米等谷物的生长。去年部分地区发生的叛乱——捻匪，也对本省商贸的发展造成不利影响。

自从白河②不通航之后，棉花就由骡子或骆驼从直隶省驮运至本口，这些牲畜返程时会装载上糖、布以及一些杂货。

1865年，清政府允许在中国缴纳船钞的洋船到日本的开放口岸进行贸易，并在缴纳船钞后四个月内，凭免重征执照，返回中国

---

① 指古大清河，即现在的小清河。
② 原文是Pei-Ho，即白河，每年冬季封航。

的任何开放港口。从与日本的贸易往来以及地理位置的邻近来看,这一举措必将对烟台港口特别有利,也将有利于中国。

卢　逊
代理东海关税务司

1866年烟台贸易报告

烟台东海关，1867年1月31日

总税务司阁下：

在向您呈交1866年本口贸易报告之前，我先将本年度贸易统计与1865年做一对比，具体情况如下。

进口类

	1865年	1866年
洋货径由国外进口，不含复出口且不含金银进口	851650两	1355071两
洋货转由中国港口进口，不含复出口且不含金银进口	2491258两	2823877两
土货进口	1178482两	1793294两
总计	4521390两	5972242两

出口类

	1865年	1866年
土货径运出口往国外	535065两	774557两
土货径运出口往中国港口	1993941两	1871419两
总计	2529006两	2645976两

	1865 年	1866 年	增长额
进口总计……………	4521390 两	5972242 两	1450852 两
出口总计……………	2529006 两	2645976 两	116970 两
总计…………………	7050396 两	8618218 两	1567822 两

自 1863 年 3 月本税务司署成立以来，本口年总贸易额持续上涨。

1866 年进口金银总值为 281053 两，1865 年为 361650 两；1866 年金银输出额为 2056294 两，1865 年则是 1207376 两。

1866 年通关船只数量与前两年相比均有较大增长。

  1864 年………448 艘船进港 总吨位数……138884 吨
  1865 年………464 艘船进港 总吨位数……150401 吨
  1866 年………493 艘船进港 总吨位数……173830 吨

每年结关离港船只情况为：

  1864 年………452 艘船离港 总吨位数……140565 吨
  1865 年………444 艘船离港 总吨位数……143571 吨
  1866 年………501 艘船进港 总吨位数……173952 吨

自本署成立以来，1866 年关税及船钞较往年有明显的增加：
1863 年（3 月—12 月），税钞收入总额为 156151.832 海关两；
1864 年，税钞收入总额为 228920.670 海关两；
1865 年，税钞收入总额为 243514.182 海关两；
1866 年，税钞收入总额为 322974.089 海关两。

1866 年税钞收入较前一年约有 30% 的增长。尽管这一增长有近一半是洋药进口增长所致，但 1866 年全年进出口正税、子口税、船钞各项收入较 1865 年都有令人欣喜的增长。

表1显示，本口去年棉布类进口较1865年有所减少，而绒货类进口增长了近1000匹。金属类进口同比未见明显增加，玻璃较1865年有小幅增加，针、火柴、苏木进口增加明显。

表1 1864—1866年主要进口洋货对比

货物品类	1864年	1865年	1866年
白皮土(担)	1308.01	2468.27	3799.14
公班土(担)	82.84	171.75	152.17
喇庄土(担)		31.12	58.80
金花土(担)			6
熟鸦片(担)	10.15	15.21	27.57
棉布类：			
染色织锦(匹)	2897	4707	7466
白色织锦(匹)	5179	4350	2400
印花布(匹)	3411	7464	4311
锦缎(匹)	480	1380	260
粗斜纹布(匹)	1300	5292	8170
手帕巾(打)	1808	1096	1268
素色布(匹)	664	1227	3724
色花点布(匹)	2429	1950	5550
原色布(匹)	55619	154610	140477
白色布(匹)	5316	19863	10053
白色点布(匹)	5202	5950	8798
洋标布(匹)	23401	30860	19891
洋红布(匹)	4836	8098	7595
素剪绒(匹)	211	395	767
总计	112753	247242	220730
绒货类：			
床毡(双)	82	97	51
精纺毛呢(匹)	173	530	230
法兰绒(匹)	13	10	15
优质呢绒(匹)	42	18	
羽绫(匹)	105	519	370

海上来风：近代东海关贸易报告（1864—1919）

续表

货物品类	1864 年	1865 年	1866 年
哔叽（匹）	1122	777	1620
花棉绒布（匹）	2956	1320	2107
小呢（匹）	488	1064	835
绒棉混纺（匹）	700	657	710
总计	5681	4992	5938
铁条（担）	7051.45	7855.64	4003.60
铁枝（担）	6773.65	4797.13	6645.30
铅（担）	8398.43	9875.15	3420.22
锡（担）	448.58	1168.35	368.54
玻璃（平方英尺）	173300	123800	125800
火柴（各罗斯）	3383	7675	19828
针（根）	1632200	26316000	95921000
苏木（担）	2839.37	21755.18	33872.96

1866年鸦片进口增长迅猛，较1865年增长超过50%，几乎是1864年的三倍。此前山西的罂粟种植遭到严厉禁止，加之1866年云南省鸦片歉收致使该省出产的鸦片价格大幅上涨，甚至一度超过印度鸦片的价格，凡此种种最终导致本口洋药进口数量激增，另外，毫无疑问的是本地吸食鸦片的人数也有较大的增长。棉布类进口的减少在很大程度上是因为现在有越来越多的洋货是从天津源源不断地运往山东省的重要物资集散中心——省府济南。除此之外，土棉布经久耐用，在本省使用非常普遍。绒货类各项增加并不明显，中国北方严冬酷寒使兽皮成为过冬御寒不可或缺的衣料，因此相较绒货，皮货更受青睐。在本省俄国皮货的销量远超英国的绒货。

洋铁被广泛用于制作锚、农具、豆饼模具、马蹄铁以及其他杂项。铁匠铺在本省随处可见。

廉价实用的洋针和洋火柴深受中国人的喜爱，这些洋货在山东省其他地区以及周边省份的销路也都非常不错。用于染色的苏木需求量逐渐增加。从中国其他口岸进口的主要商品（主要是各类糖和纸张）三年来的情况如表2所示。

表2　从中国其他口岸进口的主要商品三年来的情况

品类	1864年	1865年	1866年
明矾（担）	1598.60	3277.50	1035
粗制瓷器（担）	1990.21	635.69	1163.83
铜制钱（枚）	1320000	10198000	790000
纸扇（把）	731356	720513	873891
粗制夏布（担）	572.15	688.25	2325.79
靛青染料（担）	585.05	269.77	439.29
药材（担）	2096.64	1917.40	1404.08
红铅（担）	817.35	995.29	964.38
白铅（担）	6210.28	1674.19	426.12
黄铅（担）	498.06	394.39	470.73
一等纸（担）	8463.94	9715.41	12717.16
二等纸（担）	33092.21	17783.83	33401.30
蜜饯（担）	1241.61	724.89	1694.31
松香（担）	655.95	178.82	218.15
红糖（担）	199486.06	129935.73	190811027
白糖（担）	68249.46	49785.65	54185.05
冰糖（担）	4860.41	4002.96	7656.20
姜黄（担）	927.76	2539.08	2490.27

汉口的夏布相较广东的夏布更为便宜，将来在本地市场有极大可能会取代广东货。

去年输入的糖类和纸张数量有较大增长，但是这两项商品库存积压严重，近来华商们抱怨他们不得不廉价出售（尤其是糖类），因而蒙受了相当大的损失。

进口海带，现在是当地重要的食物来源，同前两年相比，去年进口显著增加（见表3）。

海上来风：近代东海关贸易报告（1864—1919）

表3　1864—1866年进口海带情况

单位：担

年份	日本	黑龙江以南俄国港口	香港	中国口岸	海峡殖民地*	总计
1864	5400.64	—	674.12	498.72	85	6658.48
1865	17249.81	17733.12	2789.14	3652.23	—	41424.30**
1866	18391.20	75546.28	129.65	15	2	94084.13

* The Strait，海峡殖民地，是欧洲在东南亚殖民地各地区，主要包括现在的马来西亚、新加坡、印度尼西亚部分地方。

** 与上年报告中的数值不一致。本书报告中提到的数值均由原报告摘录而来，可能会存在前后年份报告中数值不一致情况，均保留原文，存疑，以下不再一一标注。

去年进口的大部分海带，来自黑龙江以南的俄国港口，1866年至少有27艘外国船只从那些港口运货至本口，这项贸易看起来还有继续增长的可能性。

根据一位曾经到过波谢特和海参崴（又名五月港）的本地人带回的消息，中国割让满洲地区的港口给俄国①，从此俄国在库页岛、黑龙江以南，图们江和朝鲜半岛以北，乌苏里江以东，日本海以西的广大区域内便拥有了曲折绵延的海岸线以及众多的优良海港。

这些海港中位置最靠南的是位于波谢特湾的波谢特港，该港非常适于船只停泊。1865年本口输入的大部分海带都是从波谢特港装运而来的。但是波谢特周边地区的海带质量较差，产量较少，大量高品质的海带多是从波谢特以北的海岛上采集的，因此去年（1866年），洋轮大多是从海参崴装运海带等货物。

波谢特港的海湾附近有一个中国村庄，是一个货栈，存放着运往图们江上的重要城市——珲春的货物。波谢特附近地区发现了煤矿和金矿，但是这些矿藏的开发情况并不是很好，迄今为止，出产的煤只用于供应俄国轮船。波谢特不出产木材，少有欧洲人居住于此地。去年在俄国政府的要求下，中国政府出台了特惠政策。凭借

---

① 1860年《中俄北京条约》条款。

此政策，在俄国远东地区各港口经商的外国人可以在珲春寻找代理人并建立货栈。去年珲春周边地区出产的豆类作物用作往来洋轮的压舱货，经由波谢特对外出口。在俄国境内距离波谢特20英里的内陆地区有一个朝鲜人的小村庄，有大约90户人，他们大多以种植小米、玉米、蔬菜为主业。曾有洋人到访该地区，村里的居民非常友好，他们在生活习性和外貌上和日本人很像。这些居民经常到波谢特用自己生产的农产品换取日常所需商品。

波谢特东北方大约90英里就是符拉迪沃斯托克，濒临维多利亚湾①（又叫彼得大帝湾），符拉迪沃斯托克是一个避风条件好、易于船舶停靠的天然良港，其周边地区盛产木材，但是目前俄国政府禁止该地区出口木材。大量海带和海带从该港装船出口，另外蘑菇、海参、薪柴也是重要的出口产品。西伯利亚的俄国商人也会不定期到海参崴，他们来此地主要是为了购买砖茶和西洋烈酒。他们也会购买少量的布匹，特别是原色洋布、粗斜纹布以及印花白棉布，交易时多用俄国的纸卢布进行结算，而纸卢布需要拿到欧洲才能兑换成金银。据说现在经由天津销往俄国和西伯利亚的砖茶以后很可能会有相当一部分改从符拉迪沃斯托克港转运，因为从该港转运的成本较低。

海参崴土壤和气候条件非常适宜种植粮食、果蔬作物，马铃薯在当地长势优良。内陆地区被茂密的树林覆盖着，人烟稀少。冬季出行大多靠狗拉雪橇。寒冬时节老虎偶尔也会出现在海参崴。

在尼古拉耶夫斯克②（位于黑龙江上）和五月港之间有一月两次的邮政往来业务，夏天有轮船沿黑龙江、乌苏里江一路穿过山川丛林运送邮件，最终到达五月港，这一航程大概需要一天半时间，冬季河流封冻后，运送邮件就要靠雪橇来完成了。

不久前在海参崴和尼古拉耶夫斯克之间沿着乌苏里江和黑龙江

---

① 原文中为Victoria，此处为音译。

② 即庙街。

架设起了电报线路，不久之后这条电报线路还会和美国联通，这项工作目前正在筹备中。

在波谢特和五月港驻有俄国的守卫部队。事实上，在这片地区凡是洋轮到访过的港口都有俄国的驻防部队。

同样位于维多利亚湾的纳霍德卡港距离五月港80英里。在这里有一个中国人的定居点，这些中国人是海带的采收者，为了晾晒、储藏海带而定居在此地。虽然纳霍德卡港的港口条件在一些方面不如五月港，但该港同样易于船舶停靠，避风及港口水深条件也比较好。

洋轮到访过的另一个地区是沿海岸线一直向北的奥尔加湾，也叫作西摩尔港①，该地距离纳霍德卡港大概150英里。

在这里有一些中国人，他们用采收来的海带交换波谢特、海参崴等地的洋人运来的小米、茶叶、糖、白酒以及一些布匹等商品。据说西摩尔港被认为是该地区最好的港口，易于船舶停靠，避风条件好，港口海水深度大。

在距离奥尔加湾以北500英里的地方是卡斯里特湾②（俄国在此处设有军事据点），通常船只会在此处卸下部分货物来减小吃水深度，以便能够顺利到达尼古拉耶夫斯克。尼古拉耶夫斯克位于黑龙江上，是欧洲商品的一个集散地。木材、皮货、薪柴是该地仅有的几类对外出口的商品。

洋轮从俄国南部港口运送来的产品，除了以上所述之外，高丽参、大麻、麻籽油、小米、豌豆、水牛皮、虾米、兽皮以及其他各种数量较少的洋货和土货的贸易往来也很频繁。其中也有一小部分货物因为无法销售而被退回，尼古拉耶夫斯克同这些口岸以及珲春的贸易往来在未来有继续发展的可能。

从事海带采收的多是中国人，采收工作从5月开始，他们使用

---

① 原文中为Seymour，此处为音译。
② 原文中为Castries，此处为音译。

的装载工具是小船或是把树干掏空制成的独木舟,每次能够装载 150—250 捆海带,每捆海带大约有 35 斤重。这些小船或独木舟在天气不好的时候很容易翻船。

在《中华帝国全志》① 一书中将满洲地区很多有趣的方面同加拿大类比。例如,两地区都使用狗来拉雪橇,把树木掏空做成木船。

回到本报告的主题,从表 4 的比较可以看出在过去三年烟台主要土货出口情况。

表 4　1864—1866 年烟台主要土货出口情况

单位:担

品类	1864 年	1865 年	1866 年
烟台豆饼	615297.59	755052.98	749506.96
牛庄豆饼	23953.96	1272	5457.60
棉花	61805.03	19141.92	34302.02
大枣	21529.76	24073.75	34809.79
金针菜	4575.09	4431.82	2620.90
甘草	2038.52	1672.76	3909.86
药材	7942.63	6195.83	9767.02
豌豆	651098.77	470471.44	550108.42
瓜子	1933.94	5768.20	4252.95
茧绸	183.53	341.37	648.29
野蚕丝		61.85	73.54
草缏	1689.39	607.03	1459.89
烤烟	1765.96	732.11	961.02
小麦及其他粮食作物	14240.54	59538.95	8020.71
粉丝	24313.75	31373.12	44821.22

从表 4 可以看出,与 1865 年相比,1866 年烟台豆饼的出口略有下降。下降的原因有以下几个方面:由于 1865 年庄稼歉收,在

---

① 《中华帝国全志》作者为让-巴普蒂斯特·杜赫德(Jean-Baptiste Du Halde, 1674—1743),法国耶稣会士,汉学家,历史学家。

海上来风：近代东海关贸易报告（1864—1919）

当季新大豆上市之前，库存的陈豆价格较高；市场上有关于汕头豆饼需求很小的不实传言；因为豆油价格不高，去年很多豆饼磨坊在农历七八月停产。此外，据称与之前相比，近来有越来越多的豆饼从牛庄出口到南方口岸。

1866年棉花出口与1865年相比有较大增长。其中大部分棉花出口到汕头、厦门、福州，近几年来，烟台出口到这些口岸的棉花显著增长。本地棉花价格低廉以及印度棉花短缺是棉花出口增长的原因。然而1866年出口到香港的棉花同1865年相比却有明显下降。目前棉花的种植区主要分布在山东省的南部和西部地区。

大枣出口的增加是去年大枣收成特别好，大枣的市场价格较低所致。然而金针菜（本口出口的金针菜主要来自河南省）出口缩减据说是1866年河南省金针菜歉收所致。

表4各种产品中，与1865年相比出口量有所增加的是甘草、药材、豌豆、野蚕丝、茧绸、草缏、粉丝等；出口量减少的产品是瓜子、小麦及其他粮食作物。山东省出口的蚕丝是野生柞蚕的蚕丝，这种蚕以低矮的柞树为食。蚕丝在质量方面有很大差别。山东省的很多地方出产这种蚕丝。如果不断增长的市场需求能够引起蚕农对柞蚕饲养的重视，那么蚕丝很有可能成为本地的一项重要产品。小麦出口减少是由于中国从加利福尼亚进口的小麦增多，南方市场上对本土农作物的需求减少。本地大概在农历八月进行小麦播种，第二年农历五月收获。由于今冬降雪量异常稀少，现在农民普遍对庄稼长势忧心忡忡。

从烟台或天津进口的洋货、糖、纸张等产品在山东境内经过济南府和东昌府转运到河南、山西和陕西，换取当地的土货特产，其中比较重要的土货有：

来自河南的金针菜、白蜡、药材；

来自山西的甘草、药材、毛皮；

来自陕西的烟草、药材。

去年，烟台到黄县之间坎坷崎岖的大路在东海关监督潘霨道台的主持下进行了扩建修整，修整后的道路运力大为提升，可以通行运货马车，弥补了之前该路不能通货车的不足。这条路成了通往济南府、天津、北京的大路的一部分。轻便的、货值较高的货物通过陆路运输到内陆地区，货值较低、相对笨重的货物在冬季河流封冻之前则是利用货船通过大清河来运输的。

因此这是一项非常重要且具有实用功效的工程。距离烟台口大约100里的黄县是一座繁华的城市，拥有很多重要的商行会馆。它是南北货物的重要集散地。距离黄县大约80里是招远县，因硫黄温泉而闻名，然而如果想到该县泡温泉，需穿越崎岖不平的山路。尽管招远县周边有几个豆饼作坊，但招远县并不具备商业价值，那里的几个豆饼作坊同烟台的相比规模小且设备简陋。尽管据说这些小作坊生产的豆饼会用民船运往60里外的一个码头，但主要还是供当地喂养牲畜之用。在离招远县城不远的沙质平原上有众多硫黄温泉的小泉口，其中有个名叫招远塘的小村庄，有三个澡堂建设得很好，可以免受恶劣天气的影响。其中两个是公共澡堂，不仅当地人经常光顾，就算是外地的一些病弱残疾的人也经常会去；另一个是官府澡堂，仅供政府官员和富人使用，当然，洋人也能使用这个澡堂。滚沸的温泉水中含有丰富的硫黄，据说这种温泉水具有很好的治疗和保健作用。在很远之外就能看到这些温泉产生的水蒸气，其中一个温泉散发出的硫黄味尤为强烈浓重。我曾经探访过这几个温泉，并从当地人那里了解到，当刮北风时，温泉会处于非常不活跃的状态，根据我的实地观察也确实如此，当地人还告诉我，当北风大作的时候，这些温泉则会完全停止喷涌。

下雪时，在温泉周边，雪一落下就立马融化。温泉周边很大范围内都是石质地形，荒凉至极，此情此景很容易使人联想到是火山造就了此地的地形地貌。当地居民用温泉的热蒸汽来软化柳条，然后把这些柳条剥去外皮，制成各种极具当地特色的、精美耐用的带盖篮子。除了以上所述的温泉之外，在山东省的东部地区也有温泉——在宁海州的周边地区有一个，在距离烟台不远的登州府的周边有两个，这些温泉都已被洋人探访发现。在即墨县附近以及山东省南部的沂州府附近也存在温泉。

离开黄县，沿着烟黄大道所到的另一个重要的地方是莱州府，莱州府是一座规模很大且建设得很好的城市（毫无疑问莱州府曾经一度非常重要），然而现如今，莱州府的商业却不怎么兴盛繁荣。莱州府的主要产品是草缏、茧绸和粉丝。

莱州府是一个深受社会上流人士以及退休官员们喜爱的定居地，莱州府以出产滑石而闻名，滑石可以用来制作精美绝伦的艺术品。

下一个值得一提的地方是潍县，该县是一座重要的商业和制造业之城。潍县拥有几家钢铁制造厂，据说大炮和洪钟也是在这里浇筑的。潍县的周边地区有一些煤矿，开采、经营活动相当频繁。在距离潍县不远处有一个村庄，通往天津的公路在此处分出支路通往济南。也正是从这个村庄开始，这条通往天津的公路的重要性大大下降。沿路的村庄小镇面积不大且非常简陋——从萧瑟倾颓的城墙放眼望去，老旧的市镇里满是破败的土屋。这条路经过的大部分地区是贫瘠荒凉的，土壤出现盐碱化现象。大片的土地无法耕种，仅有一些矮草和耐盐碱的海洋植物勉强生长。山东省北部边境地区的土地几乎全都用来种植大枣。这些枣树树龄很大，成行成排地栽种得很齐整，从远处看像是打理得很好的大规模农场庄园。

沿着通往济南府的大路，过了潍县，另一个重要的地方是青州府。青州府是一座设施完善、风景如画的大城市，有很多生产茧绸、粉丝等的作坊，然而与其商业地位相比，青州府的农业重要性更为突显。青州府治下有两座相距仅10里地但风格迥异的城池，其中一个城池驻有八旗戍卫部队，隶属于相对独立的军事官署管辖。青州府的道路宽阔平坦，但房屋是泥土房，当地居民看起来比较邋遢可怜。

济南府位于烟台的西南方，是山东省的首府。济南府是一座干净整洁、设施建设良好且具有重要商业地位的大城市。作为一个物资集散中心，济南府拥有众多实力雄厚的商行，很多周边省份的商人在此设立商号。

济南府位于盆地地形之上，四周几乎被众多的山地丘陵包围。环绕着济南府的是一条护城河或者说是沟渠，由济南府当地随处可见的泉水汇集而成。出于这个原因，济南府地下水位很高，稍微开挖两三英尺，便会有泉水汩汩涌出。这些泉水汇聚成河，流入 18 里外的卢沟，并在那里沟通了大清河水系。

在济南府以西 50 里的齐河，有一座 15 拱的桥，过去河水从桥下流过，而现在拱桥所在位置成为河流的中心。这是因为，黄河在流出河南省省会开封府之后，由原来的东南方位的旧河道（旧河道现在基本干涸）改道，朝东北方向奔涌而去，直接注入大清河。当河水汇流之后，齐河的河水据估计能漫过桥面 8 英尺，周边大片地区遭到洪水侵袭，附近众多村庄被毁。河水变浅后，大清河河口地区远至鲁西曹州府仅够小型船只航行。

烟台通往济南府的大路所经过的大部分地区土壤肥沃，小麦、小米、玉米、豌豆等粮食作物产量很高，这些地区分布有众多的村庄，人口稠密，一片富裕繁荣之景。结实的城墙之外环绕着挖得很深的护城河，高墙深池，据说这一地区的重要性要超过直隶的很多县城。

山东省拥有丰富的矿藏，有理由相信在山东省东部大部分地区或多或少都有金矿的存在——本省岩石以石英石为主，还有其他的一些地理特征也表明金矿的存在。据说在一些相互间距离很远的地方都发现有不少金矿，尽管人们的采金方法简单原始，（主要是大雨过后在溪流里找寻），但发现的黄金的数量还是不枉乡民们的辛劳付出。

从方铅矿中可提炼出大量的铅以及不少的银。宁海州、登州府的附近地区有方铅矿分布。据说在更南的地方也有方铅矿。我所见的一些山东省的方铅矿样本，纯度非常高。

登州府周边地区发现有磁铁矿分布。崆峒岛上也发现有铁矿石。

在距离烟台口不远的两处地方发现有石棉矿分布。

除了在本口附近发现的矿藏外，山东省其他的一些地方据说也发现了金属和煤。潍县附近的煤矿前文已经提到过，有理由相信在登州府附近有煤矿分布。上述很多内容涉及山东省的矿产资源和地质测绘方面的知识，这些信息是从卡迈克尔[①]博士和韦廉臣[②]牧师那里获得的，两位均居住在本地，且探访考察过山东的很多地方。

在上年的海关报告中提到的烟台同朝鲜之间通过民用舢板进行的贸易，自去年秋天一支法国舰队进攻朝鲜之后就基本上停滞了。法军进攻朝鲜是由于朝鲜屠杀了好多在朝法国传教士。这一事件在本地引发了不小的关注，一艘曾在法军之前到访过朝鲜的小型美国船上的乘客和全体海员被杀的后续报道更是引起了人们对此的关注。朝鲜的高丽参在中国是贵重之物，据说由于高丽参的稀缺性及其高昂的价格，尽管朝鲜官方正试图严禁这种民船贸易，但近来还是有很多民船从本口冒险前往朝鲜。有理由相信，如果事态的发展迫使朝鲜对外开放，那么烟台在商业上的重要性将大为提高。

烟台这个称呼更适合本口（正如福琼[③]先生已经指出的，芝罘是对它的误称，芝罘仅仅是烟台海湾对面一个小村的名字）。烟台拥有自己独特的优势。它是一个商贸活动频繁、拥有众多重要的商业中心、省内外人员物资交流往来频繁的大省——山东省唯一的对外开放口岸。烟台是一个便于船舶停靠的口岸，而且还是北方三口中唯一一个在冬天仍然开放的港口。可以毫不自夸地说，烟台的贸易将会不断发展。从其地理位置来看，烟台具有发展成为中国同日本、俄国远东地区以及朝鲜经贸往来中心的优势条件。正如它已经

---

① 原文为 Carmichael，此处为音译。

② 原文为 Mr. Williamson，即 Alexander Williamson（1829—1890），是最早到达烟台的基督教徒，1855 年来华。

③ 原文为 Fortune，此处为音译。

显现出来的，烟台可以支配、控制众多的自然资源，如果中国政府采取进一步发展的政策，那么烟台的重要性将不容小觑。

为您效劳是我的荣幸。

卢　逊

代理税务司

1867年烟台贸易报告

烟台东海关,1868年1月31日

总税务司阁下:

在1865年和1866年烟台贸易报告的统计数字中,每一年的贸易额都分别比前一年有所增长,这是令人满意的;遗憾的是与1866年相比,1867年的进出口贸易额都大幅度减少,税收也因此减少,到港船只数量也减少。

这一局面在某种程度上可能是市场存货过剩以及1867年中国贸易状况不佳造成的,但主要原因是1867年下半年山东省出现了叛乱①,烟台与济南府在下半年几乎完全终止了贸易往来。

1867年,烟台贸易总值为6265373两,比1866年少了2352845两。

表1的比较分析是根据这两年的报告得出的,它将说明贸易总值减少在各个贸易分支项下的具体情况。

表1 1866年、1867年进口和出口的贸易情况

单位:海关两

	进口		
	1866年	1867年	减少量
洋货进口值,扣除复出口额和金银进口值	4178948	3203188	975760
土货进口值,扣除复出口额和金银进口值	1793294	1494416	298878
总计	5972242	4697604	1274638

---

① 指捻军,本报告中的叛军、叛乱皆指捻军。

续表

出口			
	1866 年	1867 年	减少量
土货出口到国外值	774557	191294	583263
土货出口到中国港口值	1871419	1376475	494944
总计	2645976	1567769	1078207

这些数字表明，1866 年的进口额比 1867 年多出约四分之一，出口额多出约三分之二。

出口到国外的土货贸易额大幅度下降，在很大程度上是由于 1867 年的贸易报告形式与以前所采用的形式相比有了很大的改变和简化；因为在 1866 年的贸易报告中，所有出口到香港的土货都被列为出口到国外的土货。1867 年的贸易报告中只有实际从香港发往外国的土货才被列入土货出口到国外的表中，而在香港销售的土货或从香港运往中国港口的货物皆列入土货出口至中国港口表中，表头为"香港，可能再出口到中国港口"项下。

叛军的接近引发了警报，几艘从南方港口载货而来并计划在烟台登陆的船只转往牛庄，在牛庄进港卸货并装载出港的货物。除此之外，据说几艘从南方租来前往烟台的船由于收到山东有叛乱出现的传闻而改道了。这些事实有助于解释 1867 年烟台的土货进口量和出口量大幅度减少的原因。

1864 年至 1867 年烟台进出港的船舶数量和吨位如表 2 所示。

表 2 1864—1867 年烟台进出港的船舶数量和吨位

单位：艘，吨

进港船只			出港船只		
年份	数量	吨位	年份	数量	吨位
1864	448	138884	1864	452	140565
1865	464	150401	1865	444	143571
1866	493	173830	1866	501	173952
1867	447	160620	1867	457	164317

海上来风：近代东海关贸易报告（1864—1919）

进港船只：34艘来自日本，14艘来自阿穆尔①以南的俄国港口。另有157艘轮船：76艘来自上海，72艘来自天津，7艘来自牛庄，2艘来自香港。

出港船只：20艘驶往日本，9艘驶往俄国港口。另有155艘轮船：75艘驶往上海，75艘驶往天津，2艘驶往牛庄，3艘驶往香港。而1866年进出港的轮船数量均为138艘。与1866年相比，尽管1867年来港的帆船数量有所下降，轮船的数量却显示出增长趋势，旗昌洋行②的轮船与烟台沿海之前的固定航船之间的竞争十分激烈。

但在考察1867年进港的洋船时，另一个值得注意的情况是，1867年的进港船只中，3艘来自新南威尔士州纽卡斯尔；3艘来自威尔士加的夫；1艘来自泰恩河畔纽卡斯尔；1艘来自英国利物浦，载满煤炭；1艘来自英国利物浦（经天津），载有大约500包布匹货，还有一些铅和铁。

日益发展的轮船运输业有利于发展煤炭贸易，而运到烟台的煤炭一般来说都能销售一空。

烟台贸易的一个新特点是从英国直接进口布匹和金属。这些金属似乎已经销售一空，而这些布匹也将以利润丰厚的价格销售。

据说还有其他船只正从英国启程，船上有布匹货、煤炭等货物。英国与烟台正致力于建立直接贸易，与英国的直接贸易将有望在烟台和天津取得成功。因为从英国直接进口（从上海转口）货物避免了各种税费、运费、保费等一系列费用，其出售价格将低于从上海进口货物的价格。

若实能如此，那么洋商在山东的境况将得到大大改善，长期以来一个相当不利于洋商赢利的情况是，华商习惯于在上海自行购买货物，然后将货物运到烟台和天津。到目前为止，试行的直接贸易

---

① 原文Amoor。阿穆尔河即黑龙江。
② Shanghai Steam Navigation Company，即美国人Samuel Russell建立的旗昌洋行。

取得了成功。值得一提的是，1867 年布匹货的进口值比以前有增长，这可以从表 3 的主要进口物品对比中看出。

表 3 1864—1867 年贸易报告中的主要进口物品对比

货物名称	单位	1864 年	1865 年	1866 年	1867 年
信石	担	350.23	853.30	949.94	1349.55
槟榔果	担	2606.61	3509.47	3173.43	1201.25
铜纽扣	担	380.51	518.76	581.50	298.22
粗瓷器	担	1990.21	635.69	1163.83	2065.01
布匹货：					
染色织棉/染色锦缎	匹	2897	4707	7466	13218
白织棉/白锦缎	匹	5179	4350	2400	5650
印花布	匹	3411	7464	4311	5450
花缎	匹	480	1380	260	1450
粗斜纹布	匹	1300	5292	8170	17254
手帕	打	1808	1096	1268	643
粗斜纹棉布	匹	1195	—	—	1313
染色市布	匹	664	1227	3724	2856
染色花点市布	匹	2429	1950	5550	15348
本色洋布	匹	55619	154610	140477	165005
白市布	匹	5316	19863	10053	13529
白花点市布	匹	5202	5950	8798	12898
标布	匹	23401	30860	19891	58130
洋红布	匹	4836	8098	7595	15884
玻璃板	平方英尺	173300	123800	125800	4700
粗夏布	担	572.15	688.25	2325.79	1595.26
细夏布	担	48.35	24.76	79.39	193.70
干靛青	担	585.05	269.77	439.29	597.71
洋菜	担	14.40	0.40	108.22	247
洋火	各罗斯	3383	7675	19828	13207
金属类：					
铁条	担	7051.45	7855.64	4003.60	1500.35
铁枝	担	6773.65	4797.13	6645.30	5691.01
铅	担	8398.43	9875.15	3420.22	417.78
水银	担	11.56	180.79	16.50	68.88
锡	担	448.58	1168.35	368.54	1051.14

海上来风：近代东海关贸易报告（1864—1919）

续表

货物名称	单位	1864年	1865年	1866年	1867年
针	根	1632200	26316000	95921000	36284000
桐油	担	3.08	177.96	664.33	864.92
白皮土	担	1308.01	2468.27	3799.14	2828.89
喇庄土	担	—	31.12	58.80	45.60
公班土	担	82.24	171.75	152.17	95.98
波斯土/金花土	担	—	—	6	—
熟鸦片	担	10.15	15.21	27.57	3.31
上等纸	担	8463.94	9715.41	12717.16	5099.06
下等纸	担	33092.21	17783.83	33401.30	30731.30
黑皮纸/黑纸	担	17272.41	6789.37	4849.40	2160.50
大米	担	—	200	350	5294.65
一等海带（日本）	担	6573.48	23691.18	18535.85	22223.74
二等海带（俄国）	担	—	17733.12	75546.28	56168.82
绸缎	担	157.05	316.86	512.24	435.11
绸带	担	27.79	14.33	48.17	95.30
丝线	担	1.91	7.83	29.74	20.34
丝绵混织品	担	—	22.14	37.18	37.91
红糖	担	199486.06	129935.73	190811.27	125169.87
冰糖	担	4860.41	4002.96	7656.20	5196.37
白糖	担	68249.46	4978565	54185.05	44225.64
苏木	担	2839.37	21755.18	33872.96	10850.62
毛织货/绒类：					
精纺毛呢	匹	173	530	230	119
驼毛呢	匹	108	602	886	1814
绉纱	匹	—	2473	470	120
羽绫	匹	105	519	370	700
粗斜纹呢	匹	1122	777	1620	920
羽纱	匹	1289	11333	5747	20520
驼绒羽纱	匹	2956	1320	2107	3700
条纹边薄呢	匹	488	1064	833	589
绒棉布	匹	700	657	710	2230

30

从表3可以看出，与1866年相比，1867年部分布匹货和毛织货、水银、锡、日本海带、细夏布的进口量有所增加；而绸带、桐油、粗瓷器、干靛青、洋菜、大米、信石的进口量明显减少①。

布匹货（尤其是本色洋布、白市布、标布）需求量的增加，据说在某种程度上是由于关东商人散布的小道消息中说这些货物将被允许在朝鲜关口进行黄金、人参、木材和纸张的易货交易，一些载着布匹货的民船被派往离边境不远的关东凤凰城，但据说结果不尽如人意，因为边境易货贸易（以前允许一年两次）自1865年②法国武力侵略朝鲜以来仍然受到限制。然而，一部分易货贸易似乎已经恢复了，一些民船载回了朝鲜人参、黄金等。

在上述贸易报告中提到的这种由中国民船在朝鲜沿海进行的秘密贸易，似乎也因为朝鲜对此类贸易的警觉而几乎完全中止。

与1866年相比，1867年洋船在烟台与阿穆尔以南的俄国港口之间进行的贸易明显减少；但据说俄国政府已经采取措施，在一些港口附近修建道路，并派遣移民在大部分港口定居下来。因此，这一贸易部门的未来发展是尚可被期待的。

自1867年10月27日起，俄国海带进入中国市场，税银每担一钱，为二等海带；而一等海带税银每担一钱五分，其他海带也与一等海带同等征税。这无疑将有利于俄国海带在烟台的贸易发展。

表4是近四年主要出口货物的出口量。

表4　近四年主要出口货物的出口量

货物名称	单位	1864年	1865年	1866年	1867年
豆饼(烟台)	担	615297.59	755052.98	749506.96	390804.06
豆饼(牛庄)	担	23953.96	1272	5457.60	249.60
毛毡帽	件	8378	13751	21793	14582

---

① 原文为减少，但根据表3此处说法有误。
② 原文写作1865年。实际上是1866年法国派舰队以惩办朝鲜大院君屠杀天主教徒为名，进攻朝鲜。

续表

货物名称	单位	1864 年	1865 年	1866 年	1867 年
棉花	担	61805.03	19141.92	34302.02	2914.04
黑枣	担	11689.35	13150.48	16544.23	8862.34
红枣	担	9840.41	10923.27	18265.56	11044.04
咸鱼	担	1160.79	2238.99	4412.81	2225.39
菌类	担	250.29	298.10	219.45	139.71
朝鲜人参（一等）	担	0.72	2.76	0.41	15.88
朝鲜人参（二等）	担	8.88	8.16	8.81	6.87
土人参	担	32.14	16.96	32.79	31.51
草帽	件	13810	45631	16078	82504
百合类金针菜	担	1453.36	2125.54	736.75	727.41
幼鹿茸	副	1071	74	184	386
中药材（百合类）	担	4575.09	4431.82	2620.90	1371.24
甘草	担	2038.52	1672.76	3909.86	1513.62
药材	担	7942.63	6195.83	9767.02	6875.50
豆油	担	19156.05	25532.81	7388.52	5496.74
豆类	担	651098.77	470471.44	550108.42	418016.18
虾干	担	3890.49	4878.76	11646.56	3516.96
甜瓜籽	担	1933.94	5768.20	4252.95	2487.11
银杏子	担	671.64	83.40	353.64	544.51
芝麻籽	担	4746.50	1965.44	1585.08	399.55
茧绸	担	183.53	341.37	648.29	728.44
野蚕丝	担	—	61.85	73.64	25.54
草缏	担	1689.39	607.03	1450.80	1463.80
兽脂	担	86.34	65.22	327.58	818.50
烟丝	担	1765.96	732.11	961.02	526.48
粉丝	担	24313.75	31378.12	44821.22	42474.83
白蜡	担	40.47	12.45	18.97	13.45
小麦	担	14240.54	59538.95	8020.71	1696.26

表 4 中的对比表明，与 1866 年相比，1867 年朝鲜人参、草帽、幼鹿茸、银杏子、茧绸、草缏和兽脂的出口量增长，除此外，表 4 中所列出口品的出口量都减少。

受大量印度棉花在南方市场重新出售的影响，棉花出口量减少。

1867年，两艘洋船由烟台向长崎运了牛。

由于取消了之前对洋船进口豆子和豆饼到上海的限制，1867年有8艘轮船、5艘帆船从烟台装载60000多担豆饼运往上海。

1867年金银进口321399海关两，出口1628812海关两；1866年金银进口281053海关两，出口2056294海关两；1865年金银进口361650海关两，出口1207376海关两。1867年关税和船钞总值为238911.110海关两；1866年关税和船钞总值为322974.089海关两；1865年关税和船钞总值为243514.182海关两；1864年关税和船钞总值为228920.670海关两。

综上，与1866年相比，尽管1867年的税收大幅度减少，却仍高于1864年，考虑到1867年烟台的特殊情况，那么1867年的税收与1865年相比仍是可观的。

1867年5月，在烟台港入口处最大的岛——崆峒岛上建起了一座灯塔（卢逊灯塔①）。10月，一座高大壮观的会馆在租界的外围地区建成，这个会馆是由在烟台的汕头人建成的，名为潮州会馆。另外，为了改善以前此处租界缺乏保护的情况，从东部到西部的海滩上建起了大面积的迂回绵延的石墙。事实上这堵石墙在建造过程中跟邻近的一些山丘修建成一体，使得它在受到攻击时无法在整个长度上防御；但它的存在激发了烟台人的信心，因为叛军在进攻山东省期间没有进攻过任何有石墙保护的地方。建造这项工程的资金，以及在附近各个山口修建关卡和栅栏的资金，都是由潘霨道台向中国居民征收房屋税筹得的。

关于叛乱者1867年在山东省的行动，没有收到非常准确的报告，但以下关于1867年每月贸易报告中获得和转达的情报的摘要可能并非毫无意义。

6月——收到捻匪从河南渡过运河并侵占邻近济南府、泰安

---

① 又称为崆峒岛灯塔、山东灯塔。

府、青州府的村庄的报告。有传言说捻匪随后在济南府附近被击溃，其领导人逃匿，但大群叛军仍停留在山东省。据说山东东部有土匪和当地叛军起乱，可能导致贸易的危机和萧条。

7月——情报显示，叛军已向东行进，并侵扰邻近莱州府、平度州、胶州、莱阳县、即墨县、栖霞县的村庄。7月14日，两小队叛军的骑兵侦察队在通往租界的东、西山口出现，西山口附近有一具被侦察兵杀死的劳工的尸体，燃烧的村庄的浓烟在附近的山丘上都可以看到。7月上旬，大批村民涌入外国人居住区，但大多数人在月底已返回家园。叛军虽人数众多，但武装力量弱，缺乏有力的组织，据说清军将其包围在山东海角，清军重新挖通了一条以前存在于北起莱州府、南达胶州沿海之间的运河并加以守卫，以拦截逃离的叛军。

8月——情报显示，叛军已成功地突破清军包围，正在向南方撤退，贸易活动有恢复的征兆。

9月——与济南府的通信似乎已重新恢复，洋船也比以前有了更多的雇用订单。

10月——据报道，叛军打败了在山东省南部的藩台领导下的官军，许多人死亡或被俘，大部分枪支和辎重被抢走。

11月——关于捻匪的行动没有可靠的情报，但他们应该已经离开了山东省。

到了年底，据说官军在农民的协助下在山东彻底击败了叛军，有人预言叛军必将迅速离开山东。

外国军舰进港，他们的指挥官在叛军逼近的谣言所引起的骚动之下表示愿意在他们的力量范围内提供一切援助，这对于减轻中国人的恐慌产生了有益的作用，而英国阿古斯号（Augus）作战蒸汽单桅帆船的到来，则如及时雨一般令人安心。

关于山东省捻匪的人数说法不一，从40000人到70000人不等，但40000人可能更接近事实。他们中有几个洋人，但他们的行动显示这似乎不是一支有组织的部队，而更像是一群流匪。同时，从他们没能占领任何有围墙的地方的事实来看，他们似乎并未持有足够的枪支，以至于当对他们采取强力措施时，他们很快就被驱逐出了山东省，且没有太大阻力。

前些年影响南方港口贸易的灾难，最近对山东产生了不利影响，在南方各省平息叛乱之后，又有叛军侵入山东，这必然给人民带来许多痛苦，也必然对商业造成严重损害。

1867年山东省的另一个灾难性的事件，是由大清河（黄河）决堤引起的大范围的洪灾。10月，济南府附近黄河决堤，其影响虽然是破坏性的，但似乎只是暂时性的。

1867年长期持续的旱灾使直隶人民备受苦难，但山东省并没有遭受旱灾，而且据说庄稼收成还算不错。因此，随着叛军被驱散，以及烟台与济南府重新开放交通（烟台的贸易状况很大程度上取决于济南府），当地商人预测，烟台的贸易将得到恢复。

卢　逊

代理东海关税务司

1868 年烟台贸易报告

烟台东海关，1869 年 1 月 31 日

总税务司阁下：

烟台 1868 年的贸易报告，充分证实了 1867 年报告的预期，即可能会因驱逐叛军①及重新开放与济南的联系而有利于贸易。与 1867 年相比，1868 年进港船只数量和吨数、贸易总值和税收都有了大幅增长，这是十分令人满意的。

为与 1867 年做对比，表 1 列出了进出港的船只总数和吨数。

表 1　进出港的船只总数和吨数

单位：艘，吨

年份	进港船只	进港吨数	出港船只	出港吨数
1868	548	210572	543	209988
1867	447	160620	457	164317

在 548 艘进港船只中，有 124 艘美国船，219 艘英国船，4 艘丹麦船，8 艘荷兰船，10 艘法国船，136 艘北德船，5 艘挪威船，42 艘暹罗船。

1868 年的贸易总值为 8540912 海关两，比 1867 年增加了 2275539 海关两（见表 2）。

---

① 指捻军。

表2 1867年、1868年进出口对比

单位：海关两

进口		
	1867年	1868年
洋货进口值,减去复出口和金银进口的值	3203188	4662641
土货进口值,减去复出口和金银进口的值	1494416	2352454
总值	4697604	7015095
出口		
	1867年	1868年
土货出口到国外值	191294	125701
土货出口到国内港口值	1376475	1400116
总值	1567769	1525817

表2数据表明，1868年洋货进口值与1867年进口总值基本持平，土货进口值增长了50%以上。表3将列出1867年、1868年的主要进口品，这些进口品共同促成了进口贸易值的增加。

表3 1867年、1868年主要进口品的贸易值

货物名称	单位	1867年	1868年
槟榔果	担	1201.25	3805.40
铜纽扣	担	298.22	387.14
煤炭	吨	3258	4929
棉花	担	260.12	3302.29
布匹货：			
染色织棉/锦缎	匹	13218	7951
白织棉/锦缎	匹	5650	4896
印花布	匹	5450	17196
花缎	匹	1450	660
斜纹棉布	匹	17254	25234
粗斜纹布	匹	680	1320
手帕	打	643	2292
粗斜纹棉布	匹	1313	1415
染色市布	匹	2856	2289
染色花点市布	匹	15348	13523

续表

货物名称	单位	1867年	1868年
本色洋布	匹	165005	542018
白市布	匹	13529	24471
白花点市布	匹	12893	13250
标布	匹	58130	219804
洋红布	匹	15884	17804
绒布	匹	—	1501
细斜纹布/平绒布	匹	190	314
玻璃板	平方英尺	4700	185900
粗夏布	担	1595.26	513.16
细夏布	担	193.70	40.87
麻袋	匹	100000	293000
干靛青	担	597.71	588.19
洋菜	担	247	602.76
洋火	各罗斯	13207	33611
金属类:			
铁条	担	1500.35	14895.64
铁枝	担	5691.01	16932.16
铅	担	417.48	4128.17
水银	担	68.88	58.07
钢	担	1538.05	4471.20
锡	担	1051.14	395.17
针	根	36284000	105483000
桐油	担	864.92	1924
白皮土	担	2828.89	3240.10
喇庄土	担	45.60	73.20
公班土	担	95.98	50.55
波斯土	担	—	7
熟鸦片	担	3.31	3.60
上等纸	担	5099.06	8740.32
下等纸	担	3073.70	63165.62
黑皮纸/黑纸	担	2160.50	4394.13
罐头	担	881.15	2105.37
大米	担	5294.65	9428.10
日本海带	担	22223.74	24100.95
俄国海带	担	56168.82	56243.25

续表

货物名称	单位	1867 年	1868 年
绸缎	担	435.11	448.24
丝棉混织品	担	37.91	47.45
红糖	担	125169.87	240602.15
冰糖	担	5196.37	8860.11
白糖	担	4425.64	104608.91
烟丝	担	416.74	1807
姜黄	担	1152.01	4654.67
苏木	担	10850.62	14163.13
毛织货：			
驼毛呢	匹	1814	3028
驼毛呢，人造的	匹	150	950
绉纱	匹	120	430
羽绫	匹	700	964
粗斜纹呢	匹	920	1401
羽纱	匹	20520	34407
驼绒呢	匹	3700	4512
条纹边薄呢	匹	589	2384
绒棉布	匹	2230	2020

布匹货的进口量增长最显著，尤其是本色洋布、白市布和标布；1868 年这些进口品的进口量比 1867 年增加了 549629 匹，而 1867 年的进口量也比它之前的任何一年都多。

毫无疑问，这一贸易项的巨大增长主要是由于进口商以较前几年更低的价格清理了他们的货物。

例如，1866 年，烟台的本色洋布价格是从 2.9 海关两到 4 海关两不等；1867 年，价格是从 2.5 海关两到 3 海关两不等；而在 1868 年，价格是从 2.2 海关两到 2.5 海关两不等。

在如此低的价格下，洋布得以与土布竞争，而且能够与运输到更远的内陆的运输费用相抵。

1867 年报告中提到的英国制造商与烟台港进行的直接贸易稳健发展。

1868年，挑战者号、辛白林号、埃莉诺·伍德号和维吉尔号都是从英国直接将棉布和其他织物运往烟台和天津，这些货物销路很好并且利润丰厚。

埃克塞尔号、克卢瑟斯通号和克雷斯莫尔号也直接运来煤和铁，而福尔丁号和拉贡号也直接运来煤。

其他几艘船或已在途中，或即将到来，因此可以推断，这是第一个贸易结果能完全实现利益攸关者期望的年份，并保证了贸易的持续和扩展。

从烟台从事这项业务的人的报告来看，这一点似乎是确定的：预计1869年直接进口的货物数量将是1868年的两倍。

洋铁和洋铅的进口量显著增加。

1867年铁条和铁枝的进口量为7191担；1868年进口量达31827[①]担。

铅的进口量增长比例更大，其进口量从1867年的417担增长至1868年的4128担。

然而，锡和水银的进口量减少了。

1868年鸦片的进口量比1867年增加了400担。在进口的3370担鸦片中，有3240箱是白皮土。烟台本地人不吸食公班土和喇庄土[②]，且这两种鸦片销路不畅。

到目前为止，每担鸦片在进口正税基础上要再缴纳30两的税厘。其中21两纳入常关出口税[③]账目，9两是厘金。

从华历十一月初一（公历12月14日）起，鸦片税厘减为18两6钱，其中常关出口税10两5钱，厘金4两5钱，剩余的3两6钱，由一个最近设立的征收税款的机关（称为洋药税厘公所）征收。

[①] 原文如此，并非四舍五入。

[②] 马尔瓦（Malwa）鸦片，又称白皮土，在中国也叫小土，印度鸦片的一种。巴特那（Patna）鸦片，多称公班土，在中国也叫大土，印度鸦片的一种。贝拿勒斯（Benares）鸦片，在中国也叫喇庄土、新土，印度鸦片的一种。波斯土也称为金花土。

[③] 疑似应为进口税。

在这一税金削减之后,预计鸦片进口量将增加。

1868年,俄国海带贸易状态一直很低迷。

尽管如此,海带的进口情况与1867年相比还是不错的。

表3中的其余物品,洋火、针、日本海带、纸、糖和洋菜,与1864年以来的任何一年相比,进口数量都有明显增加。

从本报告开始时的主张来看,出口贸易似乎有所下降,但事实并非如此;与1867年相比出口值下降,是因为1868年价格较往年的平均价格来说偏低。

从表4可以看出,虽然豆类的出口量减少了近100000担,但所列举的大多数主要出口品的出口量明显增加了。

表4 主要出口品的出口量

货物名称	单位	1867年	1868年
豆饼(烟台)	担	390804.06	630206.78
毛毡帽	件	14582	31400
棉花	担	2914.04	1018.57
黑枣	担	8862.34	22838.72
红枣	担	11044.04	9723.16
咸鱼	担	2225.39	1884.49
鲜果	担	2692.91	3070.13
菌类	担	139.71	142.41
朝鲜人参(一等)	担	15.88	13.65
朝鲜人参(二等)	担	6.87	9.76
土人参	担	31.57	12.13
草帽	件	82504	391306
中药材(百合类)	担	1371.24	3334.16
甘草	担	1513.62	5291.13
药材	担	6875.50	9940.73
豆油	担	5496.74	857.50
豆类	担	418016.18	318201.22
柿子干	担	2106.07	2337.70
虾	担	3516.96	5085.25
茧绸	担	728.44	690.34
野蚕丝	担	25.54	6.32
黄丝	担	3.66	289.25

续表

货物名称	单位	1867年	1868年
草缏	担	1463.80	1772.87
烟丝	担	526.48	331.29
粉丝	担	42474.83	46036.16
核桃	担	1116.37	3982.13

1868年黄丝的出口自烟台开埠以来首次值得关注。虽然只有少量的出口，但总的出口量达到了近300担；而且，当业者普遍意识到优质丝绸总是能够畅销时，无疑会有更多的优质丝绸进入市场，而且这种情况很有可能——因为山东是一个有能力大量出口丝绸的区域。

1868年金银进出口值与1867年的对比如表5所示。

表5　1868年金银进出口值与1867年的对比

单位：海关两

年份	进口	出口
1868	325874	4195728
1867	321399	1628612

1868年税收总值为284363.216海关两，比1867年税收多了45452.106海关两。

表6是1868年各国缴纳的税钞所占份额。

表6　1868年各国缴纳的税钞所占份额

单位：海关两

国家	税钞
美国	78733.357
英国	106874.376
丹麦	1645.065
荷兰	2371.695

续表

国家	税钞
法国	4256.266
北德	60089.556
挪威	884.521
暹罗	29508.380
总值	284363.216

新任命的海关监督刘达善于8月28日抵达烟台,并于30日(八月十五日①)与勤勉工作五年多的前任道台潘霨进行了职权交接。

刘达善表示,他非常愿意追随潘道台的脚步,与洋人官员建立友好关系,这种关系的维持对他的前任的事业成功发挥了重要作用。

去年因在烟台港口附近发现黄金而产生的兴奋情绪或多或少地减弱了,那些因采矿前景的乐观描述而被诱惑去尝试探矿发财的人则彻底失望了,当地报纸撰稿并发表评论,希望能阻止其他企图再次从事这种非法行径的人。

如果无序采矿者取得了成功,那么合法贸易就会随之出现混乱和中断,这是毫无疑问的。因此,他们的彻底失败对于所有希望烟台港口贸易持续稳步发展的人而言是值得庆祝的。

怀　特
东海关税务司

---

① 原文为 15th of the 8th moon,经查实为七月十三。

1869年烟台贸易报告

烟台东海关，1870年3月31日

总税务司阁下：

1869年的贸易情况并不乐观。

1869年的进口贸易或多或少表现为缺乏活力、商品经济萧条，因此洋商和华商怨声载道。

银价腾贵（比常年价高约20%），导致进口减少。所以在烟台的部分华商决定停止与内地商人早前的订货交易，银价暴涨无疑限制了他们的交易。

据说，从内地（票号）通过汇票而来的白银数量减少，本地商行蒙受损失，因此改变了交易方式。

货款交割的不便，给洋商也带来了严重的亏损。为了检查这种不纯银锭的流通，当地成立了公估局。

该机构将终止银锭的随意溢价，并以固定的兑换率代替市场浮动，这一举措最终将会有利于所有的商人。然而国内采买者发现自己的既得利益被剥夺了而拒绝承认新的机构，同时进口商拒收除了印有"公估局"印戳以外的银锭，公估局成立的直接结果是港口暂时延缓了与内地的布匹和鸦片贸易。

1869年的进口贸易总值计6320285海关两，而1868年为7015095海关两。

其中，与1868年相比，1869年的洋货进口值减少了220301海关两，土货进口值减少了 474509 海关两。

与 1868 年的进口量相比，1869 年几乎每一种棉织品的进口量都大量减少，主要的棉织品，即本色洋布、白市布和标布，进口量减少了 226685 匹。斜纹棉布和粗斜纹棉布的进口量比 1868 年增加了 25490 匹。花缎和染色市布增加了 1609 匹，绒布增加了 419 匹。

目前，洋毛织品、洋棉毛混织品的进口量无足轻重，几乎所有种类的布匹货进口量都有所减少。

1868 年的低价诱使商人购买了远超过需求的货物量，1869 年初的库存足以满足内地的有限需求。

作为冬装的原料，洋毛织品还没有成为山东省居民的需求商品，最普通和最廉价的食品和服装种类就可使一个质朴而节俭的人满足。

洋毛织品项下任何布料的增长前景都十分渺茫，这是毫无疑问的。

洋铁需求量持续增加，1869 年洋铁的进口量大大超过 1868 年。1869 年铁条的进口量为 23540 担，而 1868 年为 14895 担；1869 年铁枝的进口量为 27161 担，而 1868 年为 16932 担。

原来山西泽州府大量供应给山东省的土铁几乎完全被洋货取代，洋铁价格比土货低一半。此项进口品的消费量有逐年增长的可能性。

铅的进口量达到 3250 担。

水银、锡和钢的需求太有限，无法促进其进口。

1868 年底已有大量煤炭库存，1869 年的大批进口使库存进一步增加；1869 年煤炭的进口总量多达 9959 吨，相当于前三年总进口量。

1868 年报告中提到的税（local taxex）① 减少之后，鸦片消费量将大幅度增加的预期尚未得到证实。

---

① 每担鸦片在进口正税基础上要再缴纳 30 两的税厘，华历十一月初一（公历 12 月 14 日），鸦片税厘减为 18 两 6 钱，其中常关出口税 10 两 5 钱，厘金 4 两 5 钱，剩余的 3 两 6 钱，由一个最近设立的征收税款的机关（称为洋药税厘公所）征收。在这一税金削减之后，预计鸦片进口量将增加。原文见 Reports on Trade at the Treaty Ports, 1868, p. 25。

白皮土的进口量略有减少，但喇庄土的进口量增加了 63 箱，公班土的进口量增加了 8 箱，使进口总量与 1868 年大致相同。

1869 年，白皮土的价格波动很大，每担的价格在 509 海关两到 615 海关两之间波动；公班土和喇庄土每担的价格在 430 海关两到 545 海关两之间波动。

从日本进口的优质海菜，数量减少了 15000 担；另外，从俄国进口的海菜数量为 82370 担，1868 年为 56243 担。

日本海菜每担的价格从 3 两 6 钱到 4 两不等；而俄国海菜每担的价格为 1 两 4 钱到 1 两 7 钱，更适合贫困者。

尽管价格低廉，但需求量与供应量不成正比，因此进口商存货仍然很多。

糖的进口量减少到 167705 担，纸进口量为 7923 担，可能是由于这些进口品 1868 年的进口量大。

蜜饯、绸缎、烟草、姜黄和桐油的进口量，与 1868 年相比都有减少。

胡椒和苏木的进口量增加，胡椒的进口量为 1631.76 担，苏木的进口量为 17094.73 担。

1869 年与英国的直接贸易是：Helpmeet、Emulation、Farningham 和 Princess of Wales 各轮船运来了棉制品和毛织品、金属、玻璃板、针、洋火等。Ada、Eleanor 和 Premier 各轮船也满载以上商品，首先在天津卸下天津港预定的那部分货物。同样地，Cedars 首先到阿穆尔，后到达烟台。

另外，Anevoca、Bonito、Jenny 和 Singapore 各船从加的夫载煤炭抵达，总计 2615 吨。

1868 年从英国入境的共 10 艘船只：6 艘直达烟台，3 艘途经天津，1 艘经由厦门。

表 1 显示了过去两年内从英国直接进口到烟台的各种货物的总量。1868 年这些"直接装运的货物"估计价值为 87390 英镑，1869 年为 121723 英镑。

表 1　从英国直接进口到烟台的各种货物的总量

货物名称	单位	1869 年	1868 年
本色洋布	匹	89000	60550
白市布	匹	2000	4200
标布	匹	35450	13800
染色花式棉布	匹	1550	6100
斜纹棉布,粗斜纹棉布	匹	4965	—
印花布	匹	1100	250
帆布	匹	110	—
棉纱	担	35.69	18.07
毛织品	匹	714	686
煤炭	吨	2615	3233
铁条	担	4806	1403.92
铁枝	担	12936	7813.46
铁丝	担	100	—
铅	担	675	316.68
马口铁片	担	84	—
针	根	2500000	1000000
洋火	各罗斯	6810	1500
玻璃板	平方英尺	148900	54100

出口贸易方面，比起 1868 年，1869 年主要的土产品的出口运输增长显著。

豆类的出口量增加了 173914 担，豆饼的出口量增加了 21222 担，枣的出口量增加了 16612 担。

豆油的出口量在过去三年逐渐减少，1869 年的出口量增加了 19122.95 担：今年年底突然出现了巨大的需求，主要是向日本出口。

表 2 列举了其余值得注意的出口土货。

表 2　其余值得注意的出口土货统计

货物名称	单位	1868 年	1869 年
咸鱼	担	1844.49	1516.21
鲜果	担	3070.18	3849.19
菌类	担	142.41	210.58
草帽	件	391306	245990
中药材（百合类）	担	3334.16	3189.95
甘草	担	5291.13	8935.13
药材	担	9940.73	9112.95
柿子干	担	2337.70	850.87
虾干	担	5085.25	6004.62
茧绸	担	690.34	572.17
野蚕丝	担	6.32	66.47
黄丝	担	289.25	41.75
草缏	担	1772.87	5432.19
烟丝	担	331.29	308.10
粉丝	担	46036.16	46230.54
核桃	担	3982.13	4004.35

随着出口的增加，金银的运输量不断减少。因此，1869 年从这里运走的银锭价值为 3217775 海关两，而 1868 年为 4195728 海关两。出口铜的价值为 3010 海关两。金银的进口值为 249278 海关两。

与 1868 年相比，1869 年的航运船只数量增加了 50 艘，吨数增加了 20507 吨。进港的 598 艘船只中，美国 136 艘，英国 228 艘，丹麦 8 艘，荷兰 16 艘，法国 5 艘，北德 162 艘，挪威 7 艘，秘鲁 1 艘，俄国 2 艘，暹罗 33 艘。

1869 年的年度关税收入总值为 287856.726 海关两，比 1868 年增加了 3493 海关两，进口税、鸦片税和子口税的赤字超过了出口税所征的总值，1868 年出口税总值为 73242 海关两，1869 年出口税总值为 95140 海关两。

表 3 列举了 1869 年各国缴纳的税项。

表 3　1869 年各国缴纳的税项

单位：海关两

国家	鸦片税	进口税	子口税	出口税	船钞	各国合计
美国	42148.107	4288.315	2280.148	11077.557	620.000	60414.127
英国	44826.000	25098.904	11480.981	34556.018	5962.000	121923.903
丹麦	—	8.580	989.978	2190.213	232.000	3420.771
荷兰	786.000	2191.286	444.323	3373.043	352.800	7147.452
法国	—	68.235	915.351	1553.071	160.000	2696.657
北德	3128.605	8068.579	15440.567	32628.370	4259.000	63525.121
挪威	600.000	323.067	778.409	1205.693	—	2907.169
秘鲁	—	—	—	249.136	—	249.136
俄国	—	14.544	454.199	207.107	108.000	783.850
暹罗	588.300	13303.190	526.930	8100.120	2270.000	24788.540
各项总计	92077.012	53364.700	33310.886	95140.328	13963.800	287856.726

怀　特

东海关税务司

1870年烟台贸易报告

烟台东海关，1871年1月1日

总税务司阁下：

谨随函奉上一系列附表，其中记录了1870年烟台的贸易统计数据，同时，遗憾的是，由于我刚到本口工作，我只能附上最简短的解释说明。

进口贸易——今年年初，布匹货项下各类的贸易情况仍然十分萧条。洋纺织品的进口量远远低于平均水平，同时由于内地市场缺乏需求，即便低价出售，货物仍很难被处理掉，这种情况一直持续到6月。由于天津港口暂时封闭[①]，商人们转从烟台港购买货物，因此1870年烟台的进口总额超过了以往任何一年。

标布需求量最大，1870年的进口量比1869年增加了304630匹，比1868年多出184926匹，比1867年多出346600匹。

另外，本色洋布的订货量较少，1870年的进口量比1869年减少了71840匹，比1868年减少了157782匹。其他材质的布匹货，白色和染色市布、粗斜纹棉布和斜纹布、印花布的进口量则略有增加。

从伦敦直接进口布匹货共计69825匹，比1869年的一半多一点。进口货物包括50900匹本色洋布，1000匹白市布，16250匹标布，150匹洋红布，960匹斜纹布、粗斜纹棉布，505匹印花布和

---

① 1870年天津教案导致天津局势紧张。

60匹帆布。

表1列出了1870年的价格变化,表2对1867年至1870年进口洋货进行了比较。

表1 1870年价格变化

单位:芝罘两/匹

货物名称	最高价	最低价	平均价
本色洋布	2.32	2.23	2.27
白市布	2.45	2.16	2.29
标布5+1/2斤	1.88	1.50	1.70
粗斜纹布(英)	3.40	3.10	3.25
粗斜纹布(美)	3.80	3.25	3.52
漂白细洋纱	1.95	1.25	1.60
粗斜纹棉布	2.85	2.25	2.52
洋红布	2.45	2.06	2.26
染色织锦/锦缎	3.35	2.85	3.10
条格麻纱	2.75	2.20	2.47

表2 1867—1870年进口洋货比较

货物名称	单位	1867年	1868年	1869年	1870年
本色洋布	匹	165005	542081	456139	384299
白市布	匹	13529	24471	13369	14931
市布,白花点织缎	匹	18548	18146	10650	8355
染色市布,平纹	匹	2856	2289	3186	5787
染色市布,印花花点织缎	匹	28566	21474	5336	12108
标布	匹	58130	219804	100100	404730
粗斜纹布	匹	17254	25234	45032	25771
粗斜纹棉布和斜纹布	匹	1313	1415	7107	22926
印花布	匹	5450	17196	7719	14857
洋红布	匹	15884	17804	16703	11649
素剪绒和细斜纹布	匹	870	3135	3180	1225
羽纱	匹	1814	3028	1230	1058
小呢	匹	589	2384	2392	2483
羽绫	匹	700	964	634	1997
细斜纹布	匹	24220	38919	34150	27170
哔叽	匹	920	1401	1096	1240

续表

货物名称	单位	1867年	1868年	1869年	1870年
毛棉混织物	匹	2230	2020	470	1334
金属类：					
铁枝	担	5691	16932	27862	16937
铁条	担	1500	14896	23541	13052
铅锭	担	417	4128	7378	7570
钢	担	1538	4471	1787	1283
红糖	担	46359	63980	38638	44580
白糖	担	3643	15330	7880	7515
煤炭	吨	3258	4929	9959	3124
玻璃板	平方英尺	4700	185900	178920	379100
洋火	各罗斯	13207	33611	29740	19005
针	根	36284000	105483000	126480000	110800000
苏木	担	10851	14163	31258	34260

洋药在本年初大量进口，在年末之前，已经有4180担洋药进入市场，这一数额比以往年份的最高进口量多了138担。其中约有30%是通过烟台当地帆船再转口到满洲市场的，剩下的被山东省消费。白皮土每担的价格为505海关两到530海关两不等，公班土每担的价格为390海关两到442海关两不等。洋药进口情况如表3所示。

表3 洋药进口

单位：担

货物名称	1867年	1868年	1869年	1870年
白皮土	2829	3240	3018	4014
公班土	96	51	51	40
喇庄土	46	73	142	126
总计	2971	3364	3211	4180

金属。铅锭的进口量略有增加。与1869年相比，铁枝和铁条的进口量减少了21414担。这种下降显然是由于年初时库存量大，

这两种进口品都受到当地铁匠的高度重视。烟台的铁匠数量似乎很多，他们制造大量农具、豆饼模具、抬枪、刀、马蹄铁和钉子。

在烟台地区，洋铅越来越多地用于制造家庭器具，如烛台、茶杯架、灯以及寺庙装饰品。

其他洋货中，单是苏木和玻璃板就有大量进口。对煤炭、海带、针和洋火的需求低于往年平均水平。

在进口的76328担海带中有54221担来自俄国港口，俄国海带价格低廉，所以比日本海带更受欢迎。

土货进口。在土货方面，贸易状况不佳，几乎所有的商品都不乐观（见表4）。

表4 土货进口对比

单位：担

货物名称	1867年	1868年	1869年	1870年
信石	1350	1144	1245	1278
槟榔果	1201	3805	2210	1343
铜纽扣	298	387	178	154
棉花	260	3302	2394	3588
夏布(一等)	193	40	17	24
夏布(二等)	1595	513	554	154
靛青	597	588	817	670
洋菜	247	602	606	288
药材	2530	1594	2102	1522
桐油	864	1924	1006	1841
上等纸	5099	8740	15561	11078
下等纸	30731	63165	64267	30357
绸缎	435	448	215	160
红糖	78811	176622	112342	118720
白糖	40583	89279	18647	27777
冰糖	5196	8860	8369	3480
烤烟叶	416	1807	1748	682
姜黄	1552	4654	3267	2440

海上来风：近代东海关贸易报告（1864—1919）

出口贸易——由于香港和日本的需求旺盛，1870年烟台的主要出口品豆饼的交易量比1869年增加了12818[①]担。豆油的出口量也增加了25000[②]担，而豆类的出口量减少了92866担。

在其他出口品中，黄丝、茧绸、生丝、核桃和粉丝等的出口量增加，而枣、甘草、药材、草帽和草缏的出口量减少（见表5）。

表5 主要出口品比较

货物名称	单位	1867年	1868年	1869年	1870年
豆饼	担	390804	630207	651429	769142
豆油	担	5497	857	19980	44530
棉花	担	2914	1019	68	301
枣	担	19906	32562	49174	40238
草帽	件	82504	391306	245990	115460
甘草	担	1514	5291	8935	6954
药材	担	6875	9941	9113	8752
豆类	担	418016	318201	492115	399229
茧绸	担	728	690	572	637
黄丝	担	4	289	42	415
生丝	担	26	6	67	255
草缏	担	1464	1773	5432	4087
烟草	担	526	331	308	476
粉丝	担	42475	46306	46231	50482
核桃	担	1116	3982	4004	5001

1870年部分出口品每担价格如下：豆饼，73—83分；豆油，3—4.35海关两；豆类，3.40—4.05海关两；粉丝，3.40—3.90海关两；核桃，2.50—3海关两；烟丝，26—32海关两；烟叶，5.25—7海关两；甘草，2.80—3.50海关两；黑枣，2.50—2.70海关两。

在对外贸易方面，有两个特点值得特别注意，即棉花几乎从出口市场消失以及生丝交易的增加。在1864年，美国战争造成棉花需求量

---

① 原文如此，根据表5计算为117713。
② 此处为约数，根据表5计算为24550。

增加，其出口量多达 60000 担，并且，曼彻斯特制造商对山东棉花有兴趣，可以合理猜测，山东的农民将会更加重视棉花生产。然而，棉花出口量一直在减少，1870 年这类出口品的出口量仅为 301 担，由此可以推断，棉花这种作物只能供应当地市场，除非其他地区的市场价格异常高，否则就不能吸引出口。

另外，1870 年黄丝、野蚕丝的出口量比 1869 年的出口量多了 100 担。供应黄丝和更昂贵的出口品的地区是宁海州、莱阳、文登、栖霞；而野蚕丝则来自青州、沂州、胶州。以上出口品都由烟台港出口到上海，若华商货源质量可靠，这些货物将最终被出口到国外。黄丝价格为每担 350—370 海关两不等，野蚕丝价格为每担 130—160 海关两不等，本年产值为 400000 海关两。

毫无疑问，丝货出口将发展成为本埠最重要的一个分支，因为桑树在整个内地都很常见，并且即使是毗邻海岸的不毛山丘也适合生长灌木栎树，而普通的蚕则以这种植物的叶子为食。

威廉森先生在他对山东土产的评论中指出，山东省养的蚕有三种：一种是用来织普通茧绸；另一种是用来织美丽的白色织物；第三种以胡椒树的叶子为食，产出一种黑色的蚕丝。

航运。直接运来洋货的船有来自马赛的 Ivy，来自伦敦的 Amberwitch、Chingtoo、Bessie Morris、Zohrab，来自澳大利亚的 Boy Bendixen、Katarina Maria、Foldin、Edmond Gressier、Bonnie Dunkeld。后面提到的这五艘船运来的是煤炭。至于沿海船只，今年前三个月沿海船只较少，日本和南部港口的运费也相应上升至每担 35 分到 40 分之间。然而，到了 5 月中旬，需求平稳，运费也降低到了每担 10 分到 15 分之间。最受欢迎的沿海船只，即北德船只，由于有被法国单桅帆船（cruizers）攻占的危险，在欧洲战争①爆发的消息传到这里后，被禁止签订租船合同，因此其中 17 艘在港口停靠了将近半年。船运表显示，大部分货品是由英国、美国、丹麦、荷

---

① 普法战争。

兰、挪威的船只运输的，总入境人数略多于1869年。

全年贸易总值达7028378海关两，扣除转口费用后为6580598海关两，而1869年为6320285海关两。

1870年税收比1869年增加了18526海关两，共计306383海关两。

以下附录表格，列出了各国征收的关税、金银进出口和出入境客运量的统计数字。

好博逊
代理东海关税务司

附表I 税收

单位：海关两

国家	鸦片税	进口税	子口税	出口税	船钞	总计
美国	44594.750	8115.699	1435.831	13398.337	1547.200	69091.817
英国	73816.670	19121.623	9122.501	37984.590	6955.800	147001.184
丹麦	—	455.584	1486.402	3987.556	547.200	6476.742
荷兰	—	172.262	996.199	5941.514	1242.400	8352.375
法国	—	135.556	112.445	1182.388	120.000	1550.389
夏威夷	—	126.572	73.731	220.396	15.000	435.699
北德	210.000	3687.50	7367.808	21745.332	2934.500	35945.140
挪威	120.000	1122.461	1862.650	5092.614	920.800	9118.525
俄国	600.000	161.650	212.993	—	—	974.643
暹罗	427.5	13904.121	161.581	8205.732	3454.8	26153.734
瑞典	—	721.392	60.729	354.335	146.400	1282.856
总计	119768.920	47724.420	22892.870	98112.794	17884.100	306383.104

附表II 金银进出口

	进口		出口	
	金银（芝罘两）	铜钱	金银（芝罘两）	铜钱
牛庄	5100	—	50000	—
天津	188596	—	203466	—
上海	41150	—	2328247	5800000

续表

进口			出口		
	金银（芝罘两）	铜钱		金银（芝罘两）	铜钱
宁波	17406	—	福州	2500	
阿穆尔	4000	—	阿穆尔	45010	
日本	24644	—	汕头	35100	—
总计	280896	—	香港	1700	
			俄国	14050	
			总计	2680073	5800000

附表Ⅲ 出入境客运量

单位：人

客往					来客			
帆船		轮船			轮船		帆船	
欧洲人	中国人	欧洲人	中国人		欧洲人	中国人	欧洲人	中国人
6	49	—	—	香港	—	2	1	11
1	148	—	—	汕头	—	—	—	71
—	60	—	—	福州	—	—	2	50
4	127	—	—	阿穆尔	—	—	1	58
3	6	148	390	上海	203	437	7	58
4	48	75	309	天津	73	607	—	53
5	16	4	48	牛庄	8	37	6	12
—	6	—	—	宁波	—	—	—	—
—	6	—	—	淡水	—	—	—	—
—	20	—	—	打狗	—	—	1	32
—	30	—	—	长崎	—	1	1	26
1	10	—	—	横滨	—	—	—	9
—	—	—	—	神户	—	—	2	1
2	13	3	—	兵库	—	—	3	14
—	—	—	—	函馆	—	—	1	—
1	7	—	—	大阪	—	—	4	—
12	4	—	—	五月港①	—	—	14	7
—	—	—	—	波谢特港	—	—	43	—
2	73	—	—	纳霍德卡	—	—	1	30
—	—	3	18	澳大利亚	—	—	—	2

① 即符拉迪沃斯托克。

附表Ⅳ 各国1869年和1870年进出港船只数量与吨数

单位：艘，吨

国家	进港 1869年 数量	进港 1869年 吨数	进港 1870年 数量	进港 1870年 吨数	出港 1869年 数量	出港 1869年 吨数	出港 1870年 数量	出港 1870年 吨数
美国	136	75487	134	73906	137	75658	133	73688
英国	228	86620	252	101237	231	87109	250	100792
丹麦	8	2109	20	5421	8	1977	21	5753
荷兰	16	4270	27	6761	16	4270	26	6553
法国	5	1835	7	1847	5	1835	6	1560
夏威夷	—	—	3	450	—	—	3	450
秘鲁	1	110	—	—	1	110	—	—
北德	162	45171	98	25752	166	45402	85	22593
俄国	2	517	1	270	2	517	1	270
瑞典和挪威	7	1962	27	7304	7	1962	27	7304
暹罗	33	14998	33	15568	32	14618	32	14694
总计	598	233079	602	238516	605	233458	584	233657

1871—1872 年烟台贸易报告

烟台东海关，1873 年 1 月 31 日

总税务司阁下：

随函谨附 1871 年和 1872 年烟台贸易报告。

进出口贸易值（除金银外），1871 年为 9550219 两，1872 年为 10198788 两。这些数据按表 1 数据核算得出。

表 1　1871 年、1872 年进出口贸易值（除金银外）

单位：海关两

类别	1871 年	1872 年
洋货进口	822737	1084552
洋货出口	167987	170590
口岸贸易	8559495	8943646

进　　口

1870—1872 年主要的布匹货贸易情况如表 2 所示。

表 2　1870—1872 年主要布匹货贸易情况

单位：匹

进口品	1870 年	1871 年	1872 年
染色平纹市布	5787	7479	5900
染色花点市布	4350	3843	4649

续表

进口品	1870年	1871年	1872年
本色平纹市布	384299	567947	531099
白平纹市布	14931	15703	16468
白花点市布	7400	9401	10947
标布	404730	385633	379904
洋红布	11649	22875	23385
染色织缎/锦缎	7758	6977	12100
白织缎/锦缎	955	2350	2350
印花布	14857	5223	12651
粗斜纹布	25771	21841	48687
粗斜纹棉布	22926	9235	27945

1871年至1872年，山东的棉花收成异常好，并从上海进口了大量棉花，其售价甚至低于本地产的棉花。棉花加工的土布，由于其经久耐用，故比标布更受欢迎。另外，市布也越来越受欢迎，可能会导致标布进口量的减少。

1871年至1872年，洋红布越来越受到中国人的青睐，因其可做女装、童装、外套衬里、靠垫、枕头、棺材内部衬里。

染色织缎、印花布、粗斜纹布、粗斜纹棉布的进口量大量增加。据说这是因为它们的出售价格低于常价，需求变得更多了。

1870—1872年主要毛织货的进口数量如表3所示。

表3 1870—1872年主要毛织货的进口数量

单位：匹

进口品	1870年	1871年	1872年
羽纱	1058	996	920
羽绫	1997	3134	569
哔叽	1240	847	980
毛呢	24696	18701	32179
花棉绒布和素棉绒布	2483	450	680
小呢	2483	1328	2084
绒棉混纺布	1334	1051	352

烟台毛织货的进口仍在发展中，仍是相对来说不重要的贸易部门，此项下的进口贸易几乎没有什么值得注意的。1871—1872年，哔叽和棉绒布的进口量远不如1870年。1871年，羽绫的进口量是过去五年中最多的，而毛呢的进口量则是过去五年中最少的。1872年，羽绫的进口量大幅减少，而毛呢的进口量则大幅增加，但很难解释是什么原因导致了这种波动。

1870—1872年，洋药的进口情况如表4所示。

表4　1870—1872年洋药的进口情况

单位：担

洋药	1870年	1871年	1872年
喇庄土	126.00	75.60	74.40
白皮土	4014.40	3439.00	4129.84
公班土	39.75	64.80	32.97
波斯土	4.75	5.00	1.00

与1870年相比，1871年白皮土的进口量减少了575.40担，喇庄土的进口量减少了50.40担。1872年，白皮土的进口量比1871年增加了690.84担，比1870年增加了115.44担。

据悉，在1872年3月末之前，厘金将会上涨，以使天津当局有能力支付当地及周边地区因洪灾而产生的巨额费用，在3月25日以后进口的所有鸦片，每箱支付税费35.74两，而不是21.28两。这刺激了1872年前三个月的洋药进口。从3月25日以后直到秋季，洋药进口才稍稍活跃，并一直持续到1872年底。

山西的土烟，据说非常受消费者的喜爱，因为它价格便宜，并可大量混入洋烟中。

1871—1872年，几乎所有种类的金属的进口量都有所减少，尤其是铁的进口量。1871年铁条的进口量为8167.63担，1872年则为8836.59担，而1870年为13051.72担。铁枝的进口量，1871年为13419.19担，1872年则为5742.92担，而1870年为16936.61

担。这在某种程度上可能是因为银价的上涨。之前每两兑换12000枚铜钱，现在约可兑换16000枚铜钱①。因此，尽管金属的市场报价没有显示出太大的变化，但是，对于那些以铜钱交易的华商来说，它要贵得多，因此他们更喜欢买土铁，价格相当便宜，尽管质量比洋铁差得多。

糖在1871年的进口量是1868—1871年中最多的（见表5）。

表5 1868—1871年糖的进口数量

单位：担

糖	1868年	1869年	1870年	1871年
红糖	240602.15	150979.76	163300.43	276014.74
白糖	104608.91	26527.41	35291.80	104482.69

1871年的贸易并不兴旺，售价也只是有余利而已。1871年末，市场供应过剩，1872年1月，继续运抵的大量货物使市场情况更趋低落，大量的货物不得不在春季和夏季转口到天津、牛庄和上海。1872年红糖的进口量为238449.38担，白糖的进口量为46427.72担，进口总量与1871年过大的进口量相比，大幅减少。

值得注意的是，海带的进口量稳步增长，1865年以来俄国和日本海带的进口量如表6所示。

表6 1865—1872年俄国和日本海带的进口量

单位：担

年份	俄国	日本
1865	17773.12	23691.18
1866	75546.28	18535.85
1867	56168.82	22223.74
1868	56243.25	24100.95

---

① 白银与铜钱的比价原文中记为12000、16000，疑为1200、1600，保留原文，存疑。

续表

年份	俄国	日本
1869	82370.31	8879.86
1870	54221.02	22107.45
1871	87612.53	24771.93
1872	151949.89	24348.79

1872年俄国海带的进口量大幅度增加，主要是因为俄国有大量的库存，再加上新货异常充盈，价格大幅下降，使进口商能以低价向烟台销售，并以低于常价的价格出售。俄国海带，在俄国售价每担6钱到7钱不等，在烟台售价则为平均每担1.25两，利润仍相当可观。山东进口量很大，并由山东运往河南、山西和陕西。俄国海带在山东省主要用作食物，由于价格低廉，与价格更高的日本海带相比更受贫民喜爱。海带作为一种蔬菜，先浸泡再切成大块，然后煮熟。它也因能被煮成果冻状而备受青睐，据说这是富人最喜欢的一种甜食。据报道，在煤矿附近，人们用它做汤吃，对防治甲状腺肿大有好处。

俄国海带通常捆成大约20英寸长的一小捆，折叠成束，6束组成一大捆，由海带系带固定，没有外层覆盖物。

俄国海带是由居住在奥尔格湾、小五湖港（Siao-wu-hu）①、纳霍德卡港的中国人采集，他们通常在5月前后出发，乘坐由掏空的树干制成的小船或独木舟，并在俄国和日本海最南端海岸附近的众多岛屿中寻找海带，每艘船可容纳150捆至250捆海带。海带大致干燥后打包储存，但似乎只进行了简单的清洁，因为海带被运至烟台时通常非常潮湿并含有大量的盐和沙子。只要海带暴露在空气中就会损失重量。新鲜海带在俄国到烟台港口之间的航行中平均的重量损失率约为10%。

在风味和营养方面，日本海带比俄国海带更胜一筹。平均每担

---

① 此处为音译，疑似塔尔密湖，具体地名仍需再确认。这三处都位于海参崴附近。

的价格为 2.50 两到 3 两不等，但最受欢迎的种类价格达每担 4 两到 5 两。

1871 年至 1872 年，俄占满洲地区和烟台之间从事海带贸易的船从 19 艘增至 26 艘。

出　口

1870—1872 年烟台主要出口品的数量如表 7 所示。

表 7　1870—1872 年烟台主要出口品的数量

出口品	单位	1870 年	1871 年	1872 年
豆饼	担	769143	670407	730548
黑枣	担	11449	4471	7366
红枣	担	28789	15380	25037
草帽	件	115460	113044	71400
中药材（百合类）	担	3732	1841	2942
甘草	担	6954	3618	5877
药材	担	8752	10889	7564
豆油	担	44530	9493	15067
豆类	担	399229	480243	486954
茧绸	担	637	758	1175
野蚕丝	担	255	734	978
黄丝	担	415	589	302
草缏	担	4087	7012	15184
粉丝	担	50482	54775	69540

豆饼。1871 年有 477089 担豆饼运往汕头，127915 担豆饼运往厦门，其余部分运往福州、上海和日本；1872 年，481561 担豆饼运往汕头，197577 担豆饼运往厦门，其余部分运往福州、上海和日本。1872 年，只有 1080 担运往日本，而 1871 年运往日本的有

29175担。

大量枣由烟台出口到上海，1871年上海的进口量为6215担，1872年为17740担，剩下的大部分出口到香港。

中药材（百合类）。汕头1871年的进口量为352担，1872年为518担；厦门1871年的进口量为647担，1872年为470担；香港1871年的进口量为617担，1872年为997担。

豆油的出口量在1871—1872年出现了下降，这在一定程度上是由于日本以前对豆油的需求量较大，而现在几乎没有了。

1871年草缏的出口量比1870年多了2925担。这批产品全部销往美国市场，但由于数量太多，供过于求，大量库存积压至1872年，因此1872年对美国的出口量就减少至约6000担。其余的约9000担已被运往英国，在那里发现了一个草缏市场，据说中国货在与洋货的竞争中处于有利地位。

1872年春，一家新的公司在烟台成立，其业务似乎仅限于购买大量的鸡蛋来制备蛋白制品，其生产过程和用途一直高度保密。1872年，这种产品的出口量为46.76担，并在东海关申报其总值为3148两。

航　运

从表8可以看出，1871—1872年，船舶总数略有减少，但吨数有所增加。1871年初的航运需求量很大，但港口内没有足够的船只来满足需求，因此货运价格居高不下，船只一到港就被雇用。这种状况一直持续到5月前后货运价格下降，此后直到10月前后，由于南下大米货运量大增，货运价格急剧上涨并持续走高，直到1872年春才略有下降，但全年的价格仍维持在能赢利的水平。

表8　1870—1872年各国航运情况

单位：艘，吨

国家	进港 1870年 数量	吨数	1871年 数量	吨数	1872年 数量	吨数	出港 1870年 数量	吨数	1871年 数量	吨数	1872年 数量	吨数
英国	252	101237	252	106067	233	97239	250	100792	253	106110	234	97675
美国	134	73906	151	83096	155	91669	133	73688	151	82934	156	92049
北德	98	25752	114	29974	129	25865	85	22593	129	34000	128	35409
法国	7	1847	8	2688	6	2032	6	1560	7	2116	8	2881
荷兰	27	6761	19	5378	10	2406	26	6553	19	5341	10	2443
丹麦	20	5421	14	3617	10	3311	21	5753	13	3293	11	3635
西班牙	—	—	—	—	—	—	—	—	—	—	—	—
瑞典和挪威	27	7304	10	2244	11	2499	27	7304	9	2022	12	2721
俄国	1	270	—	—	—	—	1	270	—	—	—	—
非通商口岸	36	16018	20	8997	27	11415	35	15144	19	8786	31	13440
总计	602	238516	588	242061	581	246436*	584	233657	600	244602	590	250253

＊原表如此，经计算实为236436，保留原表数据，存疑。

1871—1872年，航运事故较多。1871年6月18日，H. M. S. Barossa货轮在进港时，在芝罘岛发生事故，但幸运的是成功脱险，没有造成严重损坏。6月4日，一艘载货从烟台港开往Siaowu-hu的德国Chusan纵帆船在Sir James Hall Group①最北端的岛屿上失事。

9月21日，英国的横帆双桅船马提尔达（Matilda）撞上了烟台山脚下的岩石，船体完全损毁。

大约在1872年3月10日，英国的轮船白河号，载有从上海到天津的大米，在庙岛群岛附近沉没。

10月25日，荷兰船冯德尔（Vondel）在山东半岛东南部的

---

① 即现在朝鲜半岛的瓮津群岛。

Flat Rock①失事。当地人立刻登上这艘船,将船上的物品抢夺一空。船长和船员们乘坐舢板船在烟台附近登陆,当舢板船船长在烟台等待他的报酬时,他自己的船在一场新的大风中失事了。

10月28日晚,英国船舟发(Chowfa)在港内抛锚时,在大风中挣断了缆绳,漂到岸边的岩石上,幸好没有受到太大的损坏。

12月11日,载货从烟台开往上海的英国货轮苏思兰(Southland)在离烟台以东52英里、成山头以西15英里的沙角(sandy point)②失事。

税 收

过去三年的税收如表9所示。

表9 1870年至1872年的税收

单位:海关两

税项	1870年	1871年	1872年
鸦片税	119768.920	100282.422	117180.807
进口税	47724.420	46640.837	56814.078
子口税	22892.870	40735.060	30637.946
出口税	98112.794	93157.063	112728.844
船钞	17884.100	10191.700	13610.600
总计	306383.104	291007.082	330972.275

帕 姆

代理东海关税务司

---

① 即现在的荣成楮岛。
② 现烟台市牟平区养马岛周边海域。

1873年烟台贸易报告

烟台东海关，1874年1月30日

总税务司阁下：

在最短时间内由积累财富的欲望而引起的激烈的贸易竞争，使得外商在前几年，尤其是1871年和1872年，进行了大量交易，这必然带来痛苦的觉醒。1872年末和1873年，国内外市场出现了供过于求的情况，结果由于缺乏需求，贸易普遍停滞。后来，货币危机使整个欧洲都感到惶恐，在北美大陆的主要交易市场中也得到了同样的反应。主要贸易中心受到影响，其在中国的分支机构也必定受到了不利影响。不幸的是，烟台并没有幸免于影响，正如在1872年和1873年的税钞比较中看到的一样，本年度的收入尽管超过了1865年和1867年，但比1872年少53520.058海关两，比1871年少13554.865海关两。1872年、1873年东海关税钞统计如表1所示。

表1 1872年、1873年东海关税钞统计

单位：海关两

税钞	1872年	1873年	增长	下降
进口税	56814.078	34040.143	—	22773.935
鸦片税	117180.807	93636.000	—	23544.807
出口税	112728.844	105197.529	—	7531.315
子口税	30637.946	33487.245	2849.299	—

续表

税钞	1872 年	1873 年	增长	下降
船钞	13610.600	11091.300	—	2519.300
总计	330972.275	277452.217	2849.299	56369.357
1873 年相对增长			2849.299	
1873 年实际下降			53520.058	

从表1中可看出进口贸易值和出口贸易值的下降。沿海贸易的增长太少，无法抵消总体的下降，但运输业除外。我现在很荣幸地提交一份报告，以对烟台贸易中出现这些现象的原因进行更仔细的研究。

进　口

这种贸易又可分为洋货进口和土货进口。前者将再次需要对从外国（包括香港）直接进口到中国沿海港口（主要是上海）的货物进行细分。这两个贸易分支值如表2所示。

表 2　进口来源对比

单位：两

	1872 年	1873 年
从欧洲、美洲直接进口的洋货的价值	1084552	625617
从中国港口进口的洋货的价值	4103070	3201781

从表2中可以看出，1873年的下降幅度较大，为1360224两。其中，涉及布匹的直接贸易下降幅度最大。

由于缺乏一个以人民福利为施政方针的政府，中国人民处于绝对贫困的状态，他们对商品的消费需求极度匮乏。只要中国人这种需求状况保持不变，1871和1872这两个年份，从巨大的进口来看，必须这样记录在案：外国商船错误估计了市场实际需求，或者说有误判。但是，除了1873年初的大量库存积累之外，其他因素也同样起了作用，导致存货减少。为了阐明某些贸易物品增加而其他物品相应减少的原因，表3可作为研究的基础。

表3　主要进口洋货统计（含复出口）

货物	单位	1872年	1873年	货物	单位	1872年	1873年
布匹（包括几打手帕）	匹	1084276	736509	铅	担	6333.10	2477
毛织货	匹	40103	40573	针	千根	143000	193550
鸦片	担	4238.53	3346.20	胡椒	担	2909.30	2694.90
玻璃板	平方英尺	56500	106580	日本海带	担	24348.79	38717.961
火柴	各罗斯	22153	23775	俄国海带	担	151949.89	23285.75
铁条	担	8836.59	936.63	苏木	担	23065.25	22608.83
铁枝	担	5742.92	3611.56	红糖和白糖	担	63219.68	36816.78
钢	担	903.24	1073.52				

布匹类商品——布匹类商品进口下跌347767匹，不足以弥补1873年洋货进口中的巨额赤字。直接原因可能是：在美国战争期间及之后的几年内，实际上是直到1870年，山东的确向中国南方出口了大量布匹，当时印度的供应量低于实际需求。这必然会减少土货的数量，并因此产生对外国布匹的需求。但从那以后，山东原棉的出口就停止了，它再次被用于生产土布。原色布和布衫的数量同时下降，证明了这种土布的复兴，这是最受当地人喜爱的商品，但在价格和耐用性上却无法与土布竞争。另一个重要原因是，自1865年以来，与朝鲜的易货贸易还未恢复到以前的水平，这影响了对布衫的需求，尤其是对原色布的需求。

除了进口数量减少外，从已获得的或多或少可靠信息中可以看出，商人手头上仍有大量的布匹库存。因此，海关贸易比以往更加活跃。

确定布匹货的价格绝非易事，在参考1868年的烟台贸易报告时发现，每匹原色布的价格值得我们关注。

1866 年 ··· 2.9—4 两
1867 年 ··· 2.5—3 两
1868 年 ··· 2.2—2.5 两
1873 年 ··· 1.50—1.94 两

绒类商品的进口量一直很小，且未经历过很大波动。1873 年的退货表显示，与 1872 年的进口量相比，增加了 470 匹。需求量很小，是由于绒类服装价格昂贵，至少在较贫穷阶层中需求量更小，因为较贫穷的阶层通过使用绵羊或山羊皮更有效地抵御了寒冷。

鸦片——各种鸦片的进口量为 3346.20 担，比 1872 年少 892.33 担，并且由于复出口了 243.21 担，进口量进一步减少了。

本年度每担实际价格为：

白皮土 ··················· 440—490 两，平均 470 两
喇庄土 ··················· 435—460 两，平均 441 两
公班土 ··················· 440—455 两，平均 452 两

就白皮土而言，以上报价远低于 1869 年和 1870 年贸易报告中所记录的报价。该类洋药的平均价格显示，仅在这一年的一小部分时间内价格高涨。此次上涨是去年 11 月印度该作物收成不好所致。

烟台的厘金税是 34.26 两/箱。税务机关可以按照惯例，从这笔税款中向外国和本国进口商索要 1.60 两/箱，除非有厘局盖章，否则鸦片不被允许离开此地。

金属——在这一贸易分支中（钢除外，其显示出缓慢增长），值得注意的是下降幅度很大，尤其是铁，自 1869 年以来，铁的进口量逐步下降，铁条只有一年例外（见表 4）。

表 4 历年进口铁类统计

单位：担

年份	铁条	铁枝
1869	23540.57	27861.54
1870	13051.72	16936.61
1871	8167.63	12419.19
1872	8836.59	5742.92
1873	936.63	3611.56

经过对当地铁匠的询问，发现进口铁对他们来说是必需之物，因为它更容易加工，且更纯净、更具延展性。但索价太高，使本土人无法在很大程度上使用它，因为如果使用进口铁他们必须每斤花费 70 钱，而本土铁每斤的成本仅为 50 钱。另外，进口商表示，英国国内铁价过高，以致进口铁亦得抬高价格。由于价格上涨，本土铁匠不得不重新使用从山西运来的铁，这影响了英国的铁业贸易，间接导致了铁矿和煤矿工人出于提高工资目的的罢工运动的成功。高昂的煤铁价格将会促使中国开采国内的资源。

海带——来自日本的海带种类繁多，比 1872 年的进口量增加了 $14369.17\frac{1}{2}$ 担，尽管其固有价值高，关税更高，但仍无法弥补贸易损失。1873 年俄国海带进口减少了 128664.14 担。

俄国海带质量较差，若不是价格便宜，永远无法与日本海带竞争，而且自 1867 年 10 月开始每担只需支付 1 钱税，来自其他国家的海带则征收 1 钱 5 分的税。1872 年，俄占满洲地区当局发出通知，宣布在某一日后，对每捆海带（重约 34 斤）征收 3 戈比（相当于 1.42 分）的出口税，并且只允许从设立海关的符拉迪沃斯托克港和奥尔加湾港运出海带。为免缴这项税收，在俄国从事海带贸易的富有中国商人利用 1872 年上半年货物运费极低的情况，被鼓励以低价将他们的全部库存出售给外商，他们欣然投机。以致到了 1873 年秋，商人手中仍有未售出的存货。

俄国的出口港口只有两个，小五湖港和纳霍德卡港附近的海带采集者（皆为中国人）放弃了这一贸易，因为他们没有办法通过陆路或海路把海带运到符拉迪沃斯托克港和奥尔加湾港。因此，这些人移居国外，从事淘金和洗金工作。事实证明，这样的工作报酬丰厚，以至于地理位置较好的地方的海带采集者也加入了淘金的行列，这很可能是由海岸上发现的海带数量减少而引起的。

众所周知，尤其是中国人完全知道，整个沿海地区的山脉都含金矿，他们违反严格规定，偷偷地挖掘珍贵的矿石。1869年，居住在俄国境内的中国人在宁古塔边疆同胞的协助下，依靠武力占有了五月港附近的阿斯科尔德岛的丰富金矿。不久派往该岛的俄国军队又将中国人赶走了。

1872年，允许俄国本土的一等商人挖掘黄金，条件是以固定的价格（据说是价值的80%）将黄金卖给政府。许多俄国商人立即遵守这一政策，因此对劳动力的需求变得非常大。但由于该国人口稀少，不得不给予高额工资，这使得海带采集者不得不将自己出卖给那些获得特权的淘金者。在海带季开始的时候，几乎无任何劳动力来收割海带，而海带的收成又很差，这些原因加在一起，使海带价格大涨。所有库存已于1872年售空，而中国又有大量未售出的存货，因此很容易解释为何1873年烟台的海带进口量很少。

主要进口量显示，与1872年相比，玻璃板的进口量增加了50080平方英尺，火柴的进口量增加了1622各罗斯，针的进口量增加了50550千根，与1872年相比，胡椒的进口量减少了214.40担，苏木的进口量减少了456.42担，糖的进口量减少了26402.90担。至于增加和减少的原因，这里无法给出。

进口贸易的另一个分支是土货。大部分到达这里的土货，都是由本省和邻近省份内陆的各大贸易集市的商人作为收货人。在烟台的中国商人只是作为进口和转运代理人，他们对这些商品的实际用途毫无兴趣，而且在大多数情况下，他们无法解释对任何特殊商品的需求量是大还是小。

与1872年相比,1873年土货的进口贸易价值如下。

土货进口值,包括再出口:1872年1870916两;1873年1757779两。

上文中出现的1873年价值的减少额为113137两。1873年的价值必须分摊到从中国港口进口的98640两,以及从香港进口的14497两,即贸易报表中显示的从香港进口的本土货物。

表5显示了与1872年相比,一些主要的土货进口的增减情况。

表5　1873年主要的土货进口的增减情况

品类	单位	1872年	1873年	增加	减少
麻包	件	254815	438430	183615	—
铜纽扣	担	435.38	309.25	—	126.13
煤	担	9846	37364.60	27518.60	—
棉花	担	16182.42	5918.68	—	10263.74
纸扇	件	383140	518178	135038	—
未加工棕榈叶	件	21976	262565	240589	—
粗夏布	担	873.66	1201.53	327.87	—
土靛	担	1085.03	1243.13	158.10	—
中药	担	2173.34	1620.78	—	552.56
一等纸	担	12875.30	13703.71	828.41	—
二等纸	担	23229.64	26651.80	3422.16	—
蜜饯	担	2055.15	1591.02	—	464.13
茧绸	担	207.37	$216.18\frac{1}{2}$	$8.81\frac{1}{2}$	—
红糖	担	186288.21	198503.62	12215.41	—
白糖	担	35369.21	35939.94	570.73	—
冰糖	担	1957.39	11354.05	9396.66	—
钢	担	384.50	1484.04	1099.54	—
烟丝	担	2454.76	1765.27	—	689.49
姜黄	担	3812.71	3518.04	—	294.67
金银	两	128906	159264	30258*	—

* 原表如此,计算有误。

从表5中可看出，土货进口额的下降并不是因为主要商品进口数量的下降，而是因为众多次要商品进口数量的下降。

表5间接表明，由于英国劳动力市场价格的提高，某些商品，如煤和钢，在中国已不能以足够便宜的价格出售，以防止本土在各方面都较差的商品竞争成功。煤在这方面最为突出。外国煤炭每吨只需支付5钱的关税，吨数下降了1223吨，而土货的关税却高出13倍，每斤4钱，比1872年的进口量增加了27518.60担，且质量极差。

出　口

随着出口关税的大幅下降，需注意到土货出口贸易值也同样下降（见表6）。

表6　土货出口贸易值统计

单位：海关两

	1872年	1873年
土货出口贸易值（不包括再出口）	2607771	2138512
1873年下降	—	469259

为了证明这种减少，下面列出一个表格（见表7），仅显示一般贸易波动的项目（省略了部分）。

表7　土货出口分类统计

品类	单位	1872年	1873年	品类	单位	1872年	1873年
豆饼	担	730547.66	821889.16	种子	担	3488.28	1790.51
豆类	担	486953.66	316763.63	绸缎	担	1175.19	1319.58
黑枣	担	7365.80	11108.53	蚕丝	担	977.75	7
红枣	担	25037.44	21886.07	黄丝	担	301.90	21.11
咸鱼	担	1984.52	4395.40	废丝	担	606.81	179

续表

品类	单位	1872年	1873年	品类	单位	1872年	1873年
新鲜水果	担	4942.78	10177.32	蚕茧	担	1.37	—
草帽	件	71400	102031	粉丝	担	69540.08	76433.93
草缏	担	15184.06	10222.91	毛线	担	380.94	1593.96
豆油	担	15066.71	24632.79		担		

减少的原因不在于供本地人消费的物品的贸易，而在于外商直接感兴趣的贸易。在本土人的贸易中，一种物品的减少是由其他物品的增加来弥补的。例如，豆类在出口中减少了170190.03担，大幅下降，但却被以下物品出口额的增加所平衡。

豆饼 …………………………………… 91341.50 担

咸鱼 …………………………………… 2410.88 担

豆油 …………………………………… 9566.08 担

新鲜水果 ……………………………… 5234.54 担

粉丝 …………………………………… 6893.85 担

毛线 …………………………………… 1213.02 担

值得注意的是，由于豆类的出口量减少，更多的豆类被加工成粉丝、豆油和豆饼。

1873年的好收成使豆类的价格从去年的每斤1两贬值到1873年的每斤9分，这种贬值必然影响到年度报表中整体出口贸易的价值。

山东省基本上为其他省份提供了水果。1873年的出口量与1872年相比有很大增长，出口量增加5234.54担。最受追捧的是山东梨，它是中国南北社会各阶层喜爱的水果，尤其是在吸食鸦片的人中很受欢迎。马可·波罗对山东梨的描述是："这些梨个头巨大，每件①重达十磅，果肉洁白，香如点心。"

---

① 原文如此。

蚕丝 1873 年的出口量与 1872 年相比减少了 970.75 担。

黄丝 1873 年的出口量与 1872 年相比减少了 280.79 担。

废丝 1873 年的出口量与 1872 年相比减少了 427.81 担。

蚕茧 1873 年的出口量与 1872 年相比减少了 1.37 担。

草缏 1873 年的出口量与 1872 年相比减少了 4961.15 担。

1873 年，香港的出口税少了，而这一收入赤字远远没有被出口的绸缎（144.39 担）和草帽（30631 件）的增加所抵消。

由于 1871 年和 1872 年欧美市场库存过剩，法国和意大利的蚕病疫情减轻，1873 年除了丝绸外，对劣质的山东丝绸没有任何需求，而丝绸由于时尚，受到极大的追捧。据说，丝绸贸易赚取了丰厚的利润。

从 1873 年开始，由于欧洲市场过热，草缏出口量减少，只有草帽出口量增加，以满足北美、南美和日本的稳定需求。

最不幸的是，烟台与该省的内陆地区——真正的生产地和消费地——被绵延的山脉阻隔，只能靠差得"一言难尽"的道路通行。这对丝绸贸易产生了相当大的影响。最好的丝绸产地位于山东一隅，西临大运河，南接安徽省，而安徽省的产品只能通过漫长而昂贵的陆路运输或用船沿着漫长的山东海岸线走海运到达。

作为丝绸产地，该省自古以来就很有名。在中国的历史记录中，有这样的记载：永光四年（公元前 43 年[①]），在东莱郡附近的东牟山，即现在的莱州府，收集了一万多担茧丝，并首次用于纺绸。马可·波罗也提到了该省西南部生产的黄丝："这里有很多商人，他们的贸易规模很大，丝绸的丰富程度是令人惊叹的。他们拥有最美丽的花园，盛产大量水果。"

由此看来，烟台的丝绸贸易实际上是很少的，因为丝绸贸易在大运河和北、南、西三面的陆路上出口销路更广。在所有的国内市场上，尤其是在北京和湖南的各大城市，烟台的绸缎因便宜和耐用而受到追捧。

[①] 原文如此，应为公元前 40 年。

金融市场——烟台市场的一个特点是缺乏流动资金，这种情况非常严重，以至于鸦片的进口商虽然手头有大量的库存，但对于突然运到这里的货物，只能在拖延数日后支付关税。如果由此得出该省整体上极度贫困的结论，那便是错误的，因为表8中每年出口的大量金银足以推翻这种结论。

表 8　烟台口岸金银进出口情况

单位：海关两

年份	进口	出口
1865	361650	1207376
1866	281053	2056294
1867	321399	1628812
1868	325874	4195728
1869	249278	3217775
1870	280896	2680073
1871	228965	3274487
1872	128906	2626940
1873	159264	2712475

表 8 显示的 9 年中，金银进口总额为 2337285 两，而金银出口总额为 23599960 两，比进口总额多出 21262675 两。

这种资金流失，虽然在烟台（该港口对大型内陆贸易市场的地位在某种程度上类似于黄埔对广东的地位）非常明显，但如果没有像内陆贸易这样庞大的媒介，就山东而言，绸缎、水果、粉丝，也许还有粮食，是不可能多年持续存在的。此外，不可忽视的是，河南、安徽、山西、朝鲜等地的部分商人，为了支付他们所购买的洋布匹等货物的费用，直接或间接地促进了银钱的流出。

航　运

与 1872 年相比，船舶运输总体上很好，只是沿海地区的帆船数量减少，导致船钞收入大幅下降。船舶进出港情况如表 9 所示。

表9　船舶进出港情况

单位：艘，吨

年份	出港		入港	
	数量	吨位	数量	吨位
1872	616	270598	603	266272
1873	581	246436	590	250253

表9中包括本年度中国蒸汽船入港15艘，吨位8929吨。

至于暹罗船只进行的规模非常大的运输贸易，值得注意的是，这些船只都是由在暹罗有永久或临时住所的中国人拥有和真正使用的。每艘船上都有一两个欧洲人，他们只是船长。这种贸易模式已经存在了近20年，这证明了中国商人若不是受到胁迫，会自由地利用欧洲人的改进方法，并在不损害欧洲人利益的情况下，把这些方法变成自己的，以获得利益。

这些年对吨位的需求极大，除了7月、8月和9月上旬，南方市场非常低迷，北方的价格相比之下也很高，所以很少有运费收入。

对1873年烟台贸易的回顾表明，贸易受到了很大的影响，不会恢复到1871年和1872年的良好状态，除非发生像欧洲丝绸作物歉收和对烟台外商有所帮助的类似事件。但是，烟台虽没有使本地居民迅速获得财富的能力，却给予他们一个宜居的气候、一个被最迷人的风景所包围的地方。在古代，这里的名声就已经很响亮了，以至于吸引了两位皇帝①造访芝罘岛，观海祭，或者，正如这两位名人的批判者所说，在那里祭奠海神，以便给他们一个机会见到海神，使他们获得永生。公元前219年，秦始皇在秦朝半岛上，在最高的山上立了一块石碑。公元前94年，据说汉武帝曾到芝罘岛（两次都是指芝罘，而不是烟台）拜日。在那里还发现了两块石头，据说汉武帝打算在那里建一座桥，连接九天中的一座山。

---

① 秦始皇、汉武帝。

最后，将1873年发生的事件按时间顺序排列：

3月4日，招商局的伊敦号轮船抵达，这是第一艘进港的中国商船。

7月10日，日本使节及随行人员从天津抵达该地，并于同日启程返回日本。

8月18日，14艘在广东建造的木制船抵达此处，组建山东地方舰队。

10月20日，从长崎开来的英国诺曼号货船在崆峒岛群附近的礁石上撞得面目全非。

布　朗
东海关税务司

1874年烟台贸易报告

烟台东海关，1875年4月3日

总税务司阁下：

　　1874年本港贸易在大多数方面都不错。整个中国北方局势稳定，山东和辽东五谷丰稔，商业繁荣。但并没有明确的迹象表明这里的贸易条件有任何明显的改善。不过，未来还是很有希望的。这里和其他地方一样，蒸汽船已经在取代以前只有帆船（无论是小船还是外国船只）才能享有的生意。中国和欧洲的商人们已经做好了准备，期待着帆船逐渐被蒸汽船所取代。享有政府资助的中国籍的蒸汽船①也在将戎克船排挤出航运市场，而在当地，由于S. S. N. 公司（旗昌轮船公司）建立了通往牛庄的蒸汽船支线，通往辽东沿海的其他运输势力必定被削弱了。中国蒸汽船在运输贸易中获得了比1873年（即试行的第一年）底多三倍的份额。这些时代的迹象使人们对外国新事物固有的偏见逐渐消失又抱有希望。幸好，北洋大臣②对此并不排斥，普通中国人也在逐渐接受。蒸汽船需要煤炭，而煤矿已被下令开采。我不禁希望，李鸿章那双管理这些新思想的英明之手，仍能在我们北方各省掌舵。而在一个地方的成功，可能会迅速促使在山东和牛庄附近开采其他金属矿和煤矿。

---

① 这里可能是指招商局的船只。
② 法语 the premier pas，联系下文这里可能是指李鸿章。

海上来风：近代东海关贸易报告（1864—1919）

我现在要讲的这一年的贸易，并没有呈现明显的反差或特别的特征。鸦片的进口量非常大，因此我们的税收总额也很高。在其他方面，幸运的是，今年并没有出现像1871年和1872年贸易过度的情况；1873年，贸易利润一直相当丰厚。

下面我详细分析这一年贸易的主要细节并说明波动的主要原因，不仅与前几年进行比较，而且与更早的几年进行比较。在商人们最感兴趣的商品即鸦片、杂货、草缏和丝绸方面，可以追溯到十年前，而在其他方面，则包括三年到七年不等的回顾。

总货值——洋货贸易（据我所了解）达7812000两。其中4161000两（占比53%）为洋货进口的价值；1690000两（占比22%）为土货进口的价值；其余的1961000两（占比25%）为土货出口的价值。在这些总数中，以及在所有其他为做比较而引用的总数中，再出口被省略了；我将进一步给它们一个特别的段落。与1873年（需要特别注意的一年）相比，进口（主要是洋货）增加了50多万两，而出口则略有减少。与1871年或1872年相比，洋货进口值下降了，出口也是如此。此外，1871年、1872年和1873年洋货和土货进口和出口的年均值，显示出1874年的劣势（见表1）。

表1　1874年进出口与前三年平均值的比较

类别	1871—1873年平均值	1874年
洋货进口	4267000两，50%	4161000两，53%
土货进口	1838000两，21%	1690000两，22%
土货出口	2352000两，29%	1961000两，25%
总计	8457000两，100%	7812000两，100%

虽然就价值提供的标准而言，结论是1874年的贸易量低于平均水平，但我们必须记住，1871年和1872年的数字表明进口量严重过剩，特别是在洋布方面。

进 口

鸦片的货值为 1956824 两，占本口进出口贸易总值的 25%。1871 年，鸦片货值占本口贸易总额的 18%；1872 年占 20%；1873 年占 20%。1874 年的进口量为 4157 担，比 1873 年多出 1000 多担[①]，比 1871 年、1872 年和 1873 年三年的年平均数高出约 800 担。表 2 显示了 1865—1874 年烟台的鸦片进口量（去除再出口量）。

表 2 1865—1874 年烟台的鸦片进口量（去除再出口量）

单位：担

年份	白皮土	公班土	新土	金花土	熟鸦片	总计
1865	2428.77	169.35	31.12	—	15.21	2644.25*
1866	3562.78	149.77	50.40	6	27.57	3796.32**
1867	2608.89	76.78	45.60	—	3.31	2734.58
1868	2954.65	43.35	72	7	3.22	3080.22
1869	2890	51.21	135.20	—	4.62	3081.03
1870	3764.40	38.55	111.60	—	—	3914.55
1871	3073.90	58.80	69.60	—	$0.86\frac{1}{2}$	$3203.16\frac{1}{2}$
1872	3769	5.37	67.20	1	0.32	3842.89
1873	3004.39	31.20	68.40	—	—	3103.99
1874	$4068.41\frac{1}{2}$	$24.81\frac{1}{2}$	60	—	$3.68\frac{1}{2}$	$4156.91\frac{1}{2}$

* 原表如此，经计算实为 2644.45，此处保留原表数值，存疑。
** 原表如此，经计算实为 3796.52，此处保留原表数值，存疑。

从表 2 可以看出，1874 年的进口量比 1870 年的进口量多出 242 担，而 1870 年是以前进口量最大的一年。那些对由烟台供应

[①] 此处原文中用的单位是 chest（箱），不知是否是作者有意混用。按当时一箱鸦片为 100—120 斤计算，这与担和斤的比值类似。

的辽东和山东地区的鸦片消费情况感到好奇的人会发现，1865年、1866年和1867年这三年的年均进口量为3058.38担；1868年、1869年和1870年的年均进口量为3358.60担，1871年、1872年和1873年的年均进口量为3383担，这是一个稳定的增长。去年的进口量为4157担。

鸦片贸易的经营方式如下：我们的主要进口商是著名的孟买沙逊公司开设的两家洋行。中国人用白银从这两家公司购买鸦片，他们将鸦片重新包装成较小的包裹，并印上他们的品牌，其中主要是泰兴号和E-sim商行的品牌。这样一来，鸦片就可以进行零售了，无论是通过本省的陆路，还是通过向北部海湾港口的戎克船运输。我的前辈曾描述过鸦片的地方税：在1869年以前，它的税额为每担30两；1868年底，它被降低到每担18.60两，但在1872年初再次提高，现在每担32.20两。我从权威人士那里得知，去年大量进口是由于其价格较低，而低价贯穿了整个年度，部分原因是当地进口商与本省和西部其他地区鸦片作物的竞争；代理人与上海某些鸦片经销商的联合，迫使该经销商将大量鸦片投放到这个市场上；以及由于担心中日之间的战争①，在这一年中提前进行了大量的采购，未售出的存货也很多。

本埠的Robert Lilley先生，是一位非常出名的、善于观察的绅士，他曾多次到山东和其他省份旅行，他告知我关于山东鸦片的情况。在这里和济南府之间，罂粟生长在安静的山谷里，在一两亩或更小的土地上，在大路边却看不到。桃村，距离烟台30英里，是离这里最近的地方，在那里已经发现种植罂粟的痕迹；沿着从兖州到沂州的那条大路，一直到王家营（靠近与江苏的北部交界处），它生长在如上文中所描述的小块地方。从东昌府到开封的道路上也是如此，在那里，它每年与高粱或小麦交替种植。

---

① 日本入侵台湾导致两国关系紧张。

在这条路上的一个村子里，Lilley先生观察到大约10亩地用于罂粟种植；一亩地生产50两重的鸦片，每两价值400铜钱。虽然据说种植罂粟的收益比种植小麦大，但与所需的劳动力和精力并不相称，而且产品被认为远不如印度鸦片。土产鸦片主要是在其种植地附近的城镇中被人吸食。在山东，当人们在他们的罂粟田里被问及鸦片时，他们很不愿意回答这些问题。这种行为表明，无论如何，山东不同于四川，在四川，人们自由地谈论罂粟和其他作物。罂粟种植时间为秋末，4月底开花，甚至到6月底，5月至7月为采摘期。翌年的高粱播种后，用罂粟茎秆浸泡后的液体作肥料。

在山东吸食鸦片的人，并不是那些朴实勤劳的农民，而是一些好吃懒做的人，或者上层的有钱人、衙门中的差役等。许多人自称在叛乱时被迫闲暇而染上了这种习惯。在我看来，这种最危险的恶行的补救措施必须是自身的觉醒，而不是靠外部力量的强制。一旦外国文明开始在中国人民中注入新的智力知识，我不能想象中国会像现在这样继续因鸦片而衰落。

布匹货——这些货物与棉纱和棉线共占该年贸易值的18%。在烟台，最重要的商品是原色布、标布和英国斜纹布，因为在1874年，原色布贸易值占全部贸易值的10%，而上述三类商品共占14%。1871—1873年原色布年平均进口量为476561匹——这与其说是一个客观的平均数，不如说是一个过高的平均数，因为前两个年份的进口量大得惊人。1873年的进口量为339238匹，1874年增加到427670匹。在布料中，这三年的平均数量为312962匹。1873年的进口量为182922匹；1874年出现了小幅增加，为184233匹。表3将向有兴趣的人展示这两种货物和英国斜纹布的年进口量，以及美国斜纹布进口量的下降情况。

表3　1865—1874年本口进口曼彻斯特棉货情况

单位：匹

年份	原色布	标布	英国斜纹布	美国斜纹布	荷兰斜纹布	斜纹布总数
1865	154210	20860	无	特定	单独	4842
1866	137027	19891	无	特定	单独	6273
1867	160435	57330	无	特定	单独	15339
1868	536613	213094	无	特定	单独	21259
1869	446739	263264	无	特定	单独	39839
1870	374449	402098	无	特定	单独	20111
1871	562997	385073	7938	8923	2820	19681
1872	527449	370891	34931	6715	3790	45436
1873	339238	182922	57317	9905	990	68212
1874	427670	184233	21192	4432	1650	27274

三年平均每年进口原色布的数量为：

1865—1867年平均为150557匹

1868—1870年平均为452600匹

1871—1873年平均为476561匹

三年平均每年进口布料的数量为：

1865—1867年平均为32694匹

1868—1870年平均为292819匹

1871—1873年平均为312962匹

但是，这样表明的规律性的增长并不是令人惊异的，我们还记得几年前的商品成本是多低的。在1874年，一匹质量不错的原色布的成本是1.65两至1.70两。我的前任在1873年的贸易报告中已经给出了前几年的常见价格，从中可以看出这些货物价格是如何逐渐下降的。

英国斜纹布进口量稳中有升，美国斜纹布进口量下降，是由于英国斜纹布相对便宜。但这些货物的销售一直没有利润。1873年，它们的进口量过大，本口内地市场上仍有大量存货，新的一年开始时，这些存货还在。这一事实也在一定程度上解释了1874年进口量小的原因，但这一解释不能证明如此大幅度的下降是合理的，特别是全年的价格都非常低，实际上，大约相当于英国国内成本。零散货物业务由该省本地人经营，他们的商行在内陆的大城镇设立，转运代理人驻扎在烟台，采购代理人则在上海。主要的市场是周村和潍县，这两个大城镇的地理位置很好，适合分销。第一个市镇距离烟台有十天的路程，位于博山地区，该处是一片辽阔而肥沃的平原，而且非常接近通往济南府的路。长期以来，这里是博山地区的煤、铁、玻璃、瓷器以及莱芜谷地的染料产品的市场；现在，巨大的名声表明了它在零散货物贸易中的重要性。它的地理位置很好，有几条分销路线，经莱芜谷到泰山和兖州府（手推车运输），到济南府，到烟台等。此地的布匹由骡子从烟台运送，每驮携带34匹，每匹支付的运费是1钱银子，即每匹骡子3.4两。对于潍县，我只能说，它的分销业务规模是巨大的，虽然潍县商帮本身还没有吸引很多注意力。

在努力预测布匹业务的未来时，不能忽视的是，它有两个困难要克服：一个是全中国共同的困难——令人厌恶的霉菌；另一个困难是其他港口对烟台的影响。上海控制了烟台的市场，而在上海以亏损的价格销售布匹，将其转化为购买茶叶和丝绸的资金，会马上影响我们的市场。也正是这个原因和类似原因，终于使外商相信，与英国建立直接贸易的尝试是失败的，必须放弃。同样，现在可以明显地感觉到镇江对这里价格的影响。东昌府是山东一个非常重要的布匹货集散市场，1871年从镇江进口了25980匹棉布，1872年进口了57560匹，1873年进口了40719匹，出现这样的情况也并不奇怪。济南府在1871年进口16910匹棉布，1872年进口37650匹，1873年进口20805匹；而济宁州在1871年进口72798匹，1872年进口145254匹，1873年进口77747匹。在1870年以前，这里的布匹都是由烟台运来的，但这里地处大运河边，交通便利，现在完全由镇江供应，据说这里是山东最大的布匹货市场。烟台现在没有超出运河的范围。为了进一步说明镇江对山东的供应程度，我在此加上一个反映1872年及1873年情况的表格，显示由镇江港运往通常由烟台港运往的地方的货物数量。附在1874年镇江贸易报告后的子口税单，可提供有关这方面的后期资料。值得注意的是，每年都会为距离烟台160里的登州府签发镇江通行证。

表4中显示了镇江供应山东各地的布匹货与烟台的交易情况。

表4 镇江供应山东各地的布匹货与烟台的交易情况

单位：里，匹

地名	距烟台的距离	原色布 1872年	原色布 1873年	标布 1872年	标布 1873年	斜纹布 1872年	斜纹布 1873年	其他棉织品 1872年	其他棉织品 1873年	总计 1872年	总计 1873年
章丘	990	100	—	50	—	—	—	—	—	150	—
济南	1100	29270	16050	7300	3860	1030	735	50	160	37650	20805
青州	740	1550	1700	750	500	—	435	—	20	2300	2655
曲阜	1450	—	50	260	50	—	15	—	—	260	115
单县	1660	100	—	—	—	—	—	—	—	100	—
沂州	960	16500	3200	6420	1000	645	90	250	200	23815	4490
莱州	380	1150	—	300	100	190	60	—	—	1640	160
临清	1480	1150	1000	100	—	—	—	—	—	1250	1000
泰安	1280	5100	300	1750	—	210	—	—	—	7060	300
德州	1380	3300	300	1900	200	415	—	144	—	5759	500
登州	160	2150	—	1550	150	45	120	—	—	3745	270
东昌	1340	45150	33850	10800	5100	1360	1095	250	674	57560	40719
东平	1420	1050	350	500	450	—	105	—	—	1550	905
武定	88	10250	750	2210	100	225	45	210	—	12895	895
兖州	1390	20200	6850	3520	1550	405	860	50	160	24175	9420
总计	—	137020	64400	37410	13060	4525	3560	954	1214	179909	82234

在 1874 年的整个贸易值中，毛织品只占 2% 左右（174195 两），驼绒羽纱价值 82204 两，冲花呢价值 31404 两，余下的 60587 两则为其他八种的总价值。

布匹货 1871—1873 年年均进品量与 1873 年和 1874 年进口量如表 5 所示。

表 5　1871—1873 年年均进口量与 1873 年、1874 年进口量（布匹货）

单位：匹

品类	1871—1873 年平均值	1873 年	1874 年
驼绒羽纱	26295	28839	20551
冲花呢	2127	3033	2617
英国羽纱	1011	1170	1190

表 6 列出了金属、海带和其余几种重要洋货的进口量。

表 6　金属、海带和其余几种重要洋货的进口量

商品	单位	1868—1870 年平均值	1871—1873 年平均值	1873 年	1874 年
铁条	担	15966.86	5887	842	5372
铁枝	担	19754.31	7000	3339	3834
铅	担	5185.40	2791	2472	4348
煤	吨	5658	3967	3570	3068
玻璃板	平方英尺	100033	66960	86280	82300
针	千根	104921	126147	183035	131021
火柴	各罗斯	24494	19579	22950	15375
胡椒	担	—	2033	2636	3581
俄国海带	担	71524	74130	11746	52969
日本海带	担		28255	37016	39113

进口金属——共计 80928 两，占整个贸易值的 1%。1873 年铁的进口量很少，因为国内价格高；价格一直在下降，而且仍在下降，所以 1874 年与山西和山东铁的竞争变得简单了，进口量也增

89

加了。但它们仍然低于以前。我根据 Wilson. Cornabe & Co.[①] 的贸易报告,在此列出已计算出的主要金属的平均价格(见表7)。

表7 烟台口进口金属平均价格情况

单位:海关两

金属品类	1873年	1874年
铁枝	3.65	$3.35\frac{1}{2}$
铁条	3.07	$3.10\frac{1}{2}$
平铁	3.55	3.44
方铁	$2.98\frac{1}{2}$	$2.92\frac{1}{2}$
铅	$5.53\frac{1}{2}$	$5.81\frac{1}{4}$

在不扣除再出口的情况下,进口的铁条总量为5636担;进口的铁枝总量为4937担。表8显示了该产品的进口来源情况。

表8 烟台口金属进口来源情况

单位:担,%

来源地	铁条 数量	铁条 百分比	铁枝 数量	铁枝 百分比
香港	1562	$27\frac{1}{3}$	1635	33
上海	2734	$48\frac{1}{3}$	229	5
中国其他港口	—	—	714	14
英国	510	$9\frac{1}{2}$	1596	32
欧洲	830	$14\frac{1}{2}$	613	12
暹罗	—	—	150	4
总计	5636	100	4937	100

---

① 烟台的和记洋行。

大部分的铁是用暹罗船从香港运来的，他们在香港将来自海峡殖民地的货物在北上的途中处理掉一部分。铅的进口量很大，尽管成本增加了，但火柴全年都没有什么销售量，库存仍在。俄国海带的价格一直很低，因此进口量很大，质量也很差。

表9显示了1872—1874年烟台口主要土货进口情况。

表9　烟台口主要土货进口情况

商品	单位	1872年	1873年	1874年	1874年与1873年比较	
					增加	减少
铜纽扣	担	378	301	389	88	—
本土煤	吨	586	2224	0	—	2224
棉花	担	16143	5919	740	—	5179
粉丝,纸	件	383140	518178	608453	90275	—
本土人参	担	385	11.41	75.28	63.87	—
粗麻布	担	863	1198	1328	130	—
干靛青	担	842	1200	415	—	785
中药材	两	6994	7039	10930	3891	—
桐材	担	3239	1809	3136	1327	—
一等纸	担	12060	12709	5328	—	7381
二等纸	担	22673	24648	23378	—	1270
蜜饯	担	1623	1409	1604	195	—
丝绸	担	24.69	27.50	30.30	2.80	—
丝织品	担	206.25	215.96	303.20	87.24	—
本土钢材	担	385	1484	4732	3248	—
茶叶	担	57	64	334	270	—
加工烟叶	担	1668	1714	1142	—	572
姜黄	担	3720	3436	4342	906	—

本土煤进口量的大幅减少，并不像表面上看起来的那样，而是表明这一商业分支的突然衰退。1873年的数值是非常大的；当时进口的煤炭大部分仍在这里的仓库里，供招商局的船只使用，而且大部分煤炭是通过走私活动带到这里的。事实上，本土煤的进口量始终是微不足道的。值得注意的是，本土钢材的进口量大幅增加，

它来自上海。外国钢材的进口量也在增加，但增幅较小。表9中省略了糖类，它们的贸易情况需要特别注意。外国和本国所产白糖、红糖及冰糖，价值为1089329两，占1874年贸易额的14%。1873年，红糖、白糖和冰糖的价值为918240两，占贸易额的12%；1872年为813307两，占贸易额的9%；1871年为1610057两，占贸易额的18%——这是开埠以来最大的进口量。

糖业与鸦片和布匹货的生意一样重要，有必要对其经营方式进行简要说明。住在这里的商人都是汕头和厦门的中国人，他们只是这些港口的委托人。这些船是在汕头注册的，用于运输广东糖，在厦门登记在册的则通过打狗运送台湾糖。他们把货物运到这里，由租船人派驻烟台的代理人以物易物，换取豆类和豆饼，再运往南方。那么，奇怪的是，这些山东土货的出口是由南方人进行的。表10列出了从1868年开始的本土和外国糖类的净进口量。

表10　1868—1874年糖类净进口量统计

单位：担

年份	红糖	白糖	冰糖	总计
1868	215765.82	99187.26	8627.05	323580.13
1869	137835.27	25103.13	7216.82	170155.22
1870	144584.52	33096.01	2878.13	180558.66
1871	269063.78	102393.06	12986.29	384443.13
1872	206459.65	38430.88	272.52	245163.05
1873	201687.91	40238.29	10628.88	252555.08
1874	205830.49	64674.41	12452.70	282957.60

出　口

表11显示了烟台口近三年来土货的主要出口量，不包括再出口量。

表 11　1872—1874 年烟台口土货出口量（不包括再出口量）

商品名称	单位	1872 年	1873 年	1874 年
豆类	担	486953.66	316763.63	290543.80
豆饼	担	730547.66	821889.16	876093.94
豆油	担	15066.71	24632.79	20032.02
黑枣	担	7365.80	11108.53	11454.38
红枣	担	25037.44	21886.07	34968.81
染料	担	2192.50	2560.45	2901.93
咸鱼	担	1984.52	4395.40	4008.11
新鲜水果	担	4942.78	10177.32	5579.55
一等朝鲜人参	担	37.83	40.41	28.03
玻璃器具类	担	677.08	997.20	603.25
草帽	件	71400	102031	139831
鹿茸	双	—	273	332
药品	两	35705	45691	61604
干虾	担	11444.90	10633.75	12868.83
粉条	担	69540.08	76433.93	73382.61
小麦	担	25637.70	22452.92	—
羊毛制品	担	380.94	1593.96	1589.62

除咸鱼、玻璃器具类和羊毛制品外，这些商品在 1874 年对贸易总额的贡献不少于 16000 两。值得注意的是，豆类的出口量逐年减少，而豆饼的出口量却在增加。

枣主要生长在青州县。青州、临朐和昌乐周围的平原地区种植了这种树。每年的收成差异很大，1874 年的收成非常好。

粉条出口到香港，其中三分之二出口到加利福尼亚和澳大利亚，供那里的中国人食用，每年变化不大。粉条不仅用绿豆制造，还用高粱粉制造，不过用高粱粉制造的较差，因为更容易发霉。主要交易市场在黄县。

1874 年没有外国船只出口小麦。

表 12 为 1864—1874 年蚕丝及茧绸的出口情况。

表 12　1864—1874 年烟台口蚕丝及茧绸出口情况

单位：担

年份	茧绸	生丝	黄丝	废丝
1864	183.53	—	—	—
1865	341.37	61.85	—	—
1866	648.29	73.54	9.80	—
1867	728.44	25.54	3.66	—
1868	690.34	6.32	289.25	—
1869	572.17	66.47	41.75	—
1870	637	255	415	—
1871	758	734	589	—
1872	1175	978	302	602
1873	1320	7	21.11	179
1874	744.60	8.72	8.23	37.50

对于茧绸，我没有什么特别要说的。在 1868 年，黄丝的出口首次值得注意。在以前的报告中经常表达的希望是，它可能会发展成主要的出口商品之一，但这不可能实现。外国市场更喜欢江苏蚕丝，它比山东黄丝更容易在上海找到买家，比山东黄丝便宜 100 两。山东省仍在继续生产黄丝，主要是在青州府、莱芜谷地和沂州府，但它的市场只在北京、关东和华北其他地方，因为商人拒绝接受外商的价格，他们认为它会与南方丝绸竞争。当地商人声称，以前的价格是每包 280 两（每包 80—90 斤），现在是 230 两，但在上海赔本 20 两也得卖掉。

草缏——这种非常有趣的产品 1868—1874 年的出口情况如表 13 所示。

表 13　1868—1874 年烟台口草缏出口情况

单位：担

年份	1868	1869	1870	1871	1872	1873	1874
数量	1773	5432	4087	7012	15184	10223	13177

1872 年，英国市场库存过多，但直到 1873 年 9 月初，仍有大量出口。此后，出口量略有下降，部分原因是英国需求量减少，时

尚的变化不利于继续生产草帽。但是，仿佛是为了弥补一方面的需求不足，加之草缏最近在国内的价格下降，因此用它来制作手提箱，今年的出口总量也不错。

这种贸易的历史提供了一些关于政治经济、中国人性格以及外国人在与这个民族进行贸易时不得不面对的困难的提醒。当英国开始进口中国商品时，英国同业者请求议会保护他们，防止引进廉价的中国商品，因为这种商品剥夺了他们赖以生存的经营方式。然而，议会坚持自由贸易原则，英国编织业者现在成为中国草缏的再加工者，中国草缏取代了原来他们自己编织的粗等草缏。尽管如此，他们的生活还是比以前好。草缏主要产于诸城地区（县）——那里有许多朝城和光城（音译）① 制作的帽子，在从东昌府到开封府的路上，一直到山东省的边界到处可见草缏。莱州府一带的地区也有制作。这一带大部分地区都是种植小麦的平原，可以看到妇女和女孩在门前或在路上行走时编草缏。当然，较粗的草缏是在寒冷的天气里编的。在附近的市场上，妇女们每编织一条 10 多英尺长的草缏，就能得到 7 个铜钱，而且，她们每天能挣到 50 个铜钱（约 4 美分），因此，她们是相当乐意去做的。草缏业者都知道国外对这种产品的需求量很大，因此我们的商人们努力在生产方式上进行改进，但至今还没有什么结果。人们要么将纯白色的麦秸，也就是离地面最近的四五寸麦秸编成草缏，要么就用两倍长的麦秸编成所谓的杂色草缏，其上半部分的颜色宁可是棕色的，也不要白色的，但他们不会只用上半部分棕色的五寸麦秸编成全棕色的草缏。但这不是我们出口商遇到的唯一困难。草缏业者的"olo 风俗"是在刚开始时编得很细，然后越来越粗，直到最后，这可以通过比较本地草帽的帽冠和帽檐来看出。这种习俗仍然被沿用，当草缏到达大商人手中时，如在莱州府，草缏必须由他们准备和包装到国外市场，它由长而粗的线圈组成，一端很细，另一端逐渐变粗。在包装商的仓库里，将它

---

① 这两个地方待查。

编成线的小伙子们只需将麦秸缠绕在两个直立的钉子上,这两个钉子相隔两英尺,钉在一个小凳子上。在从这些钉子上的线圈缠绕时,他们应该在达到每个线圈的较粗部分时,丢弃这个,并通过在一个新线圈的细端编结继续缠绕。他们很容易把一些较粗的部分绕进绺子里,但会在绺子完成之前,就在外面用质量较好的草缏遮住。因此,在购买草缏时,必须非常小心,每一绺内部的 240 条草缏都必须检查。起初,草缏是通过团体购买的,但现在每一条都必须经过购买者的检查。这些滥用职权的行为,以及为了增加重量而经常弄湿辫包的事实,在曼彻斯特出口包装的类似做法上也能找到相应的证据。在改善这些不利条件方面,一个很大的困难在于,上海总是准备为这里被拒绝或退回的草缏提供市场。如果中国卖家货物不令人满意,就会简单地"哄骗"太苛刻的烟台买家,在中国北方的这个"草缏的大仓库"获得自己满意的价格。只要这种情况继续下去,还有什么能迫使编织工在工作上有任何改进或改变呢?

草缏的价值范围为 10 两/担至 70 两/担。1874 年的出口额为 259711 两,占整个贸易额的 $3\frac{1}{3}\%$。

复出口贸易

我在上述意见中不考虑复出口问题,但必须从烟台进口的外国和本地商品的再分配问题说起。复出口产品每年的总价值变化不大。1871—1874 年烟台口复出口统计如表 14 所示。

表 14　1871—1874 年烟台口复出口统计

单位:两

年份	1871	1872	1873	1874
数量	361480	532479	313127	422652

其中一半以上是由发往另外两个海湾港口①的外国货物组成，其次是发往这些地方的本地货物。

在1874年，价值280000两的洋货和价值142000两的土货由外国船只转运，主要是运往牛庄和天津，其次是运到俄占满洲地区和日本。

在所有转口的货物中，牛庄进口了价值213439两的货物，其中包括鸦片、布料、绒布、海带、糖、靛青、纸等。天津进口了价值88843两的货物，约一半是糖，其余为少量杂物；上海进口了价值75373两的货物，主要是鸦片回流，部分是海带和人参；俄占满洲地区进口了价值15543两的棉布、羊毛、糖和金属；少量剩余部分是与日本、香港、汕头和厦门的贸易。

航 运

与1873年相比，运输贸易情况良好，蒸汽船数量的增加足以抵消帆船的减少。这一年年初，旗昌洋行建立了他们服务北方的一个分支机构，在牛庄与烟台之间开通固定航线，每周一趟，并且全年都在持续通航。1873年、1874年烟台口船舶进出口统计如表15所示。

表15　1873年、1874年烟台口船舶进出口统计

单位：艘，吨

蒸汽船	入关		清关	
	数量	吨位	数量	吨位
1873年	322	184766	321	184106
1874年	354	207444	357	209291
帆船	入关		清关	
	数量	吨位	数量	吨位
1873年	294	85832	282	82166
1874年	272	84781	267	82537

① 原文是 the other Gulf ports，这两个口岸应该是天津和牛庄，Gulf 应该是渤海。

中国船只继续争夺对外商的航运市场份额。1873年，中国船运占本口货物总吞吐量的 $3\frac{1}{3}$%；1874年，占 $9\frac{1}{2}$%。特别是春秋两季的货运，对中国船只有利。

税　收

本年我们的税收为313039两，是开埠以来除了1866年和1872年最多的一次。最高的税收是在1872年，达到了近331000两。

本年度的巨额数值是大量进口鸦片所致。除去鸦片税，多年来收入变化不大（1872年除外），自1868年以来（包括1868年）的平均数是188400两，1874年的收入低于3000两。随着蒸汽船比例的上升，烟台的船钞收入逐年减少，1870年约为17000两，现在按整数计算，为10400两。

在我们第二部分末尾公布的国籍表中，显示了不同国家对关税收入的贡献比例，请相关人士注意，申报表的结尾处刊登了国籍表。在我们1873年的全部收入中，英国缴纳了总数的49%，德国24%，美国13%，暹罗5%。1874年，英国缴纳了47%，德国25%，美国18%，暹罗4%，中国2%。

1874年，在山东半岛北部的岬角上建造了一座漂亮的灯塔。经过长期努力，在获得土地使用权后，工程于7月开始，12月15日灯塔开始运行。该设备是为中国海岸提供的最好的设备，是一级的固定式透镜；它高出海面200英尺，白光（一部分被玻璃罩染成红色）在21海里的距离内可见，即能在30英里的距离内被看到。

在这一年里，烟台港本身的外观和吸引力都有所改善和增加。几座新的欧式住宅已经建成；新教教堂是一座朴实无华但非常整洁耐用的石头建筑，有90个座位，已于12月完工；美丽的天主教堂现在已经建到了一半的高度。法国和比利时的公使在此消夏，荷兰的驻华临时代办也曾把烟台作为他的下榻之处。英国教会最近委派了两名传教士至此。

许多地方事务需要关注。外国人聚居地很迫切地需要改善市政系统，开辟某些新的道路，而最迫切的则是建立警局。我从当局了解到，烟台本地人口约有 27000 人，其中五分之四是男性。

杜德维
东海关税务司

1875年烟台贸易报告

烟台东海关，1876年3月31日

总税务司阁下：

贸易产生的直接动机在于贸易能够带来收益，但这远非其主要的经济因素。中国各地和世界上其他国家相比，在生产商品的种类，以及生产同种商品的资源禀赋方面有很大差异。撇开运输不谈，中国的各个港口都能从这种差异中获益。在贸易运转良好的情况下，商人获得的回报虽然有限，但足以偿付其经营活动所承担的风险以及付出的辛劳。通过贸易，每个口岸不仅能利用所有口岸的优势及资源，而且能够分享全球范围内不同地域、气候、人群的资源。与此同时，开放口岸各行各业也会受到影响，贸易不仅会形成行业间的竞争，也会丰富当地市场，使新产品、新娱乐方式相继涌现，激发市场购买力。商业能使产业发展保持活力，为大规模的生产提供动力和手段。

以上所述是普遍性的真理。我希望能够简单直白地讲清楚：中国的不同地方乃至全球的不同国家，它们在自然禀赋方面存在很大差异——在气候、土壤、物产、地理位置及机遇方面均存在差异。这种自然禀赋方面的多样性是客观存在的，人类不能使之减少，即使是有充分的理由渴望其减少。除了这些自然禀赋的差异外，中国不同地区及世界不同国家的人民在历史发展过程中形成了各自独特的偏好、才能、习惯、体质、智力以及利用自然资源的能力。虽然这些方面灵活多样，并非固定不变，但不可否认，它们确实存在，而且在某种程度上也将一直存在。这些天赋的、传统的、后天的方面的差异是贸易产生的基础。没有这些方面的差异，贸易将不会存在，并且当这些差异消失时，贸易也会随之终止。人类进行贸易不是为了娱乐，而是为了使双方都能从贸易中获得利益，一旦这种共同利益消失，人们的贸易活动也会终止。只有在贸易各方都生产自己具有优势的产品，用以交换自己不具有生产优势的产品时，贸易才是有利可图的。

在相对成本限定的范围内，贸易中商品的价格是由供求关系决定的。商品种类的繁复或是交换过程的迂回复杂对这一基本原则均没有实质上的影响。例如，如果山东不用一种产品（如豆饼），而是用两种或是十种产品交换汕头的白糖，那么只要汕头的市场有需求，山东将会优先选择其劳动生产率较高的那些产品进行交换。当这种产品的市场价格降低导致利润降低时，就会选择输出其他生产效率较高的产品，如此这般，山东将会一直根据市场需求大量输出某类产品。不论用于交换的产品是一种还是多种，也不论贸易的形式是直接的还是间接的，利润的多少取决于两点：首先是输出产品与输入产品的成本之比，其次是这两类产品的市场需求状况。一国出口产品的相对劳动生产率越高，市场对该产品的需求越大，则贸易为该国带来的利润就越丰厚。对于同一国家的不同地区来说也是如此，而且可以这么说，在同一国家内部进行自由的商品交换是非常有益的。

山东省烟台地区的贸易在很大程度上可以说是一种物物交换，虽然简单的以物易物要比完全不进行交易要好很多，但是很显然，这种交易方式存在一些先天固有的缺陷。在单纯的物物交换中，交易只有在卖方提供某种特定种类及数量的产品或服务，而买方恰巧有这样的需求时才会发生。而大多数情况下，要同时具备这些条件是很困难的，如果一个人想要卖出自己的产品，那么他必须寻找到恰巧需要他的产品的人。不仅如此，这个人还必须能够恰巧提供他所需要的产品，交换才能成立。正如在历史上，提尔国王海勒姆用黎巴嫩的香柏树与以色列国王同所罗门交换小麦和橄榄油一样，从曼谷和香港出发由暹罗轮船运来的商品也在烟台口进行物物交换，之后整条船满载着货物返航。本土的交易也是通过这种形式进行的。其他地方的土货输入到烟台，作为交换的烟台土货也输出到其他地方。一般用来表示商品价值或是充当结算工具的货币在烟台的交易中很少使用。因此我们可以看到，在一个简单的以物易物的系统中，贸易变得非常不方便、浪费时间，而且商品的质量也难以得到保障，交易活动受到时间、地点等现实条件的限制，因而，贸易的发展也会受到阻碍。

烟台规模较大的对外贸易也是通过物物交换的方式实现的，用白银或诸如草缏、蚕丝之类的土货交换进口商品。

在进口商品中，棉布、绒货、金属来自英国；洋药来自英属印度；火柴、针、水银产自欧洲大陆；煤来自澳大利亚；锡和燕窝产自新加坡和马来西亚；红树皮、槟榔、小豆蔻、肉蔻、胡椒、糖、檀香、苏木产自暹罗；煤、樟脑、茶、明胶、海带产自日本；还有来自俄国远东外满洲地区的海带。

出口到外国的主要产品是草缏、粉条、茧绸、野蚕丝。

进口土货主要有：从牛庄运来的本土或朝鲜产的高丽参；上海的丝织品；汉口的烤烟、夏布、白蜡、桐油；福建的纸张；厦门的糖；汕头的糖、纸张、蜜饯、红米；广东的铜纽扣、干靛青、各式扇子、白铅、黄铅、纸张、绣花丝绸、绸带、丝织物、烤烟；以及台湾的红糖、姜黄。

出口到中国其他口岸的土货：豆饼、茧绸、大豆、虾米、甘草以及粉丝运往厦门和汕头；草缏、药材、高丽参、甘草运往上海；大豆、药材、粉丝、甘草、草帽运往广东。

根据以上所述，即使是一个不熟悉北方贸易行情的人也会知道中国有哪些地方会出口商品到烟台，烟台会出口什么产品到这些地方，以及烟台与哪些国家有商业上的往来。但是需要时刻记住的是，大宗的洋布进口是通过上海间接进行的，烟台同国外的直接贸易不管是什么形式的都是不存在的，而且只要内地大的进口商继续派他们的代理人到南方采购洋布，烟台同国外的直接贸易就永远不会存在。烟台没有资本家。来自曼彻斯特的商品通过货运代理在烟台到港卸货，然后会立即雇骡子或马车转运到内陆地区。实力雄厚的大商人大多居住在长山县的周村以及济南府。这些商人出售产品换取银锭或是土货。这些地区的市场价格可以通过调查获取，但是烟台基本上没有什么布匹交易市场。我的前任们，在撰写往年的贸易报告时，基本上统计的是原色布、洋标布、粗斜纹布的一个大概的平均价格。当然在烟台本地也有少量的棉布买卖。来自上海的布匹，由洋商进口的占 1/8，本地商人进口的占 1/8，其余 6/8 会被转运到内地，而这六份中有两份会在当地布匹市场上销售。这些布匹每周以不同的标价进行销售，但是存货量不大，以至于不能形成一个固定的交易市场，自然而然地也就没有持续不断的市场需求。

众所周知，在烟台做生意的绝大部分是中国商人。但是如果进口商品不再通过代理人在上海采购，而是就地进口就地交易的话，洋商的情况会好很多。这样洋商就能够通过进口贸易，与华商展开竞争。那样就会形成正规的市场，有稳定的市场需求以及充裕的市场供给。进而贸易增长，烟台得到前所未有的发展，成为山东地区进口商品的集散地，而且从它的地理位置和交流的中心方面来说，烟台将始终保持其重要地位。

然而，如果烟台的洋行能掌控进口商品的销售，有一个问题不容忽视，那就是贸易费用的问题，虽然这项费用的必要性很值得怀疑。狄妥玛[①]先生在其撰写的《1866 年天津贸易报告》中就曾提及该问题，他在 9 年前说过的问题在今天依然存在——"我提到的这种费用，是由买办征收的，买办扮演中间人的角色，随着贸易

---

① 狄妥玛，英国人，1867—1868 年任津海关税务司。

海上来风：近代东海关贸易报告（1864—1919）

的产生而兴起，他们会收取 2%—3%的费用。洋商雇主们对此怨声载道，但是在摆脱买办过高收费方面却毫无进展。在目前洋商以及华商所面临的客观现实面前，这个问题要解决起来并不容易。如果一个懂中文的洋商突然不通过买办进行贸易活动，可能会面临类似议会候选人没有竞选代理人的窘境。这个问题的解决不是一蹴而就的，需要坚持不懈地努力。为经商学习必要的中文并非难事。中等词汇量就足够了，在中国，没有比北方的这些港口更适合与当地人直接交流的地方了。"

很多因素综合在一起，导致洋商在当地贸易中很难与华商展开竞争。不仅仅是在烟台，几乎在所有的商埠，对外贸易发展的历程都应该是这样的，起先贸易由洋商掌控，然后逐渐过渡到由洋商和华商联合操控，最后演变为主要由华商来控制。而当贸易发展到最后一个阶段时，通常认为的条约所具有的减免洋货税负的这一作用将会完全丧失，因为即使在有条约明文规定的情况下，清政府的官员仍然可以对从事洋货贸易的华商征税，这实际上就等同于对洋货在常规关税之外，再额外加税。然而，事实并非如此，真实的情况是，贸易一旦开始，就会在它所能进入的任何地方——如上海、天津以及其他一些港口——发展起来，并且极可能有很大的增长。当地政府官员也在条约规定的关税基础上对华商加征一些税费，但这些地方的贸易依然有较大发展。之所以会这样，原因可能很简单，虽然在商品流通过程中，关卡重重，征税的具体额度几乎没有任何限制，但即使是在中国这样的国家，也有一个界限，没有政府官员敢越过这个界限过量征税。

在这方面做一个大概的推测比提供准确的信息容易。然而有一点值得关注。烟台洋商在缴纳进出口货物关税银的数量方面相对于华商略微有点优势。自 1863 年烟台口开埠后，芝罘两与海关两的兑换比为 104.4∶100，这一兑换比得到海关税务司的认可，而且洋商就是按照这一税率缴纳关税的。另外，华商需缴纳所有应纳税款的 7/10，他们按照 106.4 芝罘两兑 100 海关两或是比洋商高出

2%的兑换比，将税费交至海关银号。本地银——烟台银①的真实价值是106.4两兑100海关两，洋商在缴纳税费时少缴2%，因此进口货物数量较多的话将会节省一大笔费用。我时常感到好奇，为什么华商不雇洋人办理通关，这样按照他们现在缴纳关税的标准，每缴100海关两，就会节省2两本地银。如果洋商进口100担鸦片，则所需缴纳的税费为313.2两烟台银，但如果是中国人，进口同等数量的鸦片，其所需缴纳的税费为319.2两烟台银，因此仅在此项上，洋商就有6两烟台银的收益。需要说明的是，我无法解释为什么对洋商的海关两汇率定得如此低。

烟台是一个商业中心，烟台贸易呈现增长的发展趋势。然而镇江会对烟台贸易的发展产生影响。这是因为有15万匹本该由烟台中转的棉布是通过镇江转运的，从而使得烟台布匹的进口量减少。年景不佳时，会有多种因素共同导致贸易额下降。当贸易发展状况较好时，主要贸易部门都会出现增长，市场整体比较乐观，满怀希望的商人容易将暂时性的贸易额增长视作永久繁荣的象征。

烟台在商业意识方面，并没有因其他口岸的影响而有所增强。从关于开埠以来历年贸易额的表中，很明显能看出这一点。表1集中展示了1863年以来烟台贸易发展的准确状况，以避免读者从个别非正常的现象中得出错误结论。

表1以海关两表示下列各项的贸易额：

1. 进口洋货
2. 进口土货
3. 土货出口以及洋、土货复出口到国外
4. 土货出口以及洋、土货复出口到中国其他口岸
5. 对外贸易税收总额

---

① 英文为Chefoo taels，又可以译为芝罘两。清末各地流通的白银成色不同，不同地区的白银在流通过程中必须按照标准银折算。

海上来风：近代东海关贸易报告（1864—1919）

表1 1863—1875年进入、离开烟台港的外国商船运载的货物价值以及对外贸易税收总额

单位：海关两

年份	进口洋货	进口土货	土货出口以及洋、土货复出口到国外	土货出口以及洋、土货复出口到中国其他口岸	总额	对外贸易税收总额
1863	1452612	807678	68113	1491201	3819604	156152.832
1864	1412645	1484840	90313	2751931	5739726*	228920.670
1865	3295609	1162268	94187	2455277	7007341	243514.182
1866	4263962	1810275	153727	2734431	8962395	322974.089
1867	3294489	1524179	220255	1601480	6640403	238911.110
1868	4845654	2392142	133168	1848543	9219507	284363.216
1869	4506718	1876025	385006	1754138	8521887	287866.726
1870	4621900	1282906	351787	2253610	8510203	306383.104
1871	4389733	2198452	160907	2398627	9147719	291007.082
1872	4968987	1792065	163400	2844502	9768954	330972.275
1873	3666090	1683696	118224	2230089	7698099	277452.217
1874	4254382	1755015	141473	2141145	8292015	313039.371
1875	3754601	2205868	193962	2516165	8670596	304036.563

＊原表如此，经计算实为5739729，保留原表数据，存疑。

我编制表1的目的在于说明烟台的贸易额在其开埠不久已达到一定水平，之后就没怎么增长或是发展，而是近乎停滞。换言之，烟台每年的总贸易额非常稳定。但是，过去几年的数值需要某种程度的限定，因为一些商品的价值比十年前低得多。1863年的贸易报表仅仅反映了当年海关税务司署成立后9个月的情况。1864年烟台口的贸易额有很明显的增长。本地的发展兴盛与豌豆和豆饼对外出口限制的取消有很大关系，之后豌豆和豆饼成为烟台仅有的几项重要的出口商品。正是这一年，华商第一次亲自到上海采购棉布。通过这种方式，在某些程度上节省了佣金，利润提高。这一时期大宗的贸易掌控在华商的手中。

1863年鸦片的消费量只有每月100箱。这一年俄国的海带开始被当作一种食物进口到烟台。中国割让北起库页岛黑河口、黑龙江，南至图们江、朝鲜，西起乌苏里江，东到日本海的满洲地区给俄国。俄

国因此拥有绵延狭长的海岸线及许多优良港口,特别是在其南部边界地区。这一地区每年都会有大量的海带出口到烟台,但是促使海带贸易发展的真正因素是,对海带(次等的海带)征收的关税由之前的每担1钱5分降为每担1钱(从1867年10月27日开始实行)。

1864年,是烟台口开埠第二年,除了一年例外,出口额比过去任何时候都要大。这种大规模出口一直持续到1865年、1866年。值得注意的是1866年洋货进口额明显大幅增加。这是当年鸦片的大量进口导致的,1866年鸦片的进口额比1865年多50%以上,几乎是1864年的三倍(见表2)。

表2　开埠之初烟台口鸦片进口统计

单位:担

年份	1864	1865	1866
数量	1401.00	2686.35	4043.68

实际上,如果从表1"进口洋货"一栏中,扣除鸦片的贸易额,那么每年贸易额差别并不大。

1867年,进出口贸易额都有明显的缩减,当年的税收总额也因之减少。贸易缩减的原因是叛军[①]进入山东地区。1867年下半年,烟台口与省府——济南的交通往来被切断。山东有4万到7万名捻匪,他们的存在,不仅是百姓的灾难,对商业发展也造成很大影响。

烟台口的发展繁荣依赖于它与内陆地区良好的来往交流,1868年平定捻军叛乱之后,贸易总额大幅增长,超过往年,并且超过了除了1872年外的以后各年。棉布特别是原、白色布和洋标布方面的增长尤为引人注目,当年棉布的进口量达到549629匹,远超过1867年。

1869年由于白银价格异常增高,本地的商人不再向内地商人赊账,当年贸易发展明显缺乏活力。同往年进口贸易相比,1869

---

① 此处指捻军。

年各种类型的棉纺织品及鸦片的进口均有明显的下降。土货出口有些许增长。

统计数据显示1870年、1871年、1872年烟台的商业呈现持续发展的趋势。从海关税收来看，1872年的发展状况最好，出口额大幅增长，达到2844502海关两，这一数值是历年来的最高纪录，此后再也没有达到过。

1872年是反常的一年，不但进口规模大增，整体贸易规模也非常惊人。这一时期商人们对真实的市场需求产生了错误的预期。

如表1所示，1873年贸易不再延续往年的上涨趋势，出现大幅缩减。造成这一现象的原因是：市场供给过多，缺乏需求，贸易普遍停滞。

1874年贸易无特殊变化，但如果同1873年相比，进口、出口都呈现上升趋势。

同1873年、1874年相比，1875年烟台口的贸易额有所增加，以下是该年的一般情况和显著特点。

贸易额——1875年，除金银贵金属贸易外，烟台的进出口贸易净额达到7786768海关两，同1874年的304429海关两相比，有明显的增长。其中洋货进口额3525094海关两，占总贸易额的45.27%，土货进口额1993461海关两，占总贸易额的25.60%。这两类进口贸易的具体情况如下。

进口洋货

来自英国的洋货	165165海关两
来自新加坡和马来西亚的洋货	2855海关两
来自澳大利亚的洋货	31001海关两
来自欧洲大陆的洋货	11544海关两
来自俄国远东地区的洋货	100817海关两
来自日本的洋货	44490海关两
来自菲律宾群岛的洋货	8732海关两

来自暹罗的洋货 …………………………… 54425 海关两
来自香港的洋货 …………………………… 477907 海关两
来自中国其他口岸的洋货 ………………… 2857665 海关两
 总计 ………………………………… 3754601 海关两

进口土货

从牛庄进口的土货 ………………………… 33588 海关两
从天津进口的土货 ………………………… 10368 海关两
从汉口进口的土货 ………………………… 39 海关两
从上海进口的土货 ………………………… 469841 海关两
从宁波进口的土货 ………………………… 2499 海关两
从福州进口的土货 ………………………… 84534 海关两
从淡水进口的土货 ………………………… 1012 海关两
从打狗进口的土货 ………………………… 326543 海关两
从厦门进口的土货 ………………………… 159659 海关两
从汕头进口的土货 ………………………… 813107 海关两
从广东进口的土货 ………………………… 244878 海关两
从香港进口的土货 ………………………… 59800 海关两
 总计 ………………………………… 2205868 海关两

以上统计数据包括复出口在内，具体复出口的数据如下。

洋 货

复出口到俄国远东地区 ……………………… 5453 海关两
复出口到日本 ………………………………… 2227 海关两
复出口到香港 ………………………………… 3966 海关两
 小计 …………………………………… 11646 海关两
复出口到牛庄 ………………………………… 84763 海关两
复出口到天津 ………………………………… 25664 海关两
复出口到上海 ………………………………… 103779 海关两

复出口到福州 …………………………………… 31 海关两
复出口到厦门 …………………………………… 84 海关两
复出口到广东 …………………………………… 3540 海关两
 小计 …………………………………………… 217861 海关两
 总计 …………………………………………… 229507 海关两

土 货

复出口到牛庄 …………………………………… 92940 海关两
复出口到天津 …………………………………… 72905 海关两
复出口到上海 …………………………………… 1249 海关两
复出口到厦门 …………………………………… 531 海关两
复出口到汕头 …………………………………… 1010 海关两
 小计 …………………………………………… 168635 海关两
复出口到香港 …………………………………… 1325 海关两
复出口到俄国远东地区 ………………………… 7997 海关两
复出口到日本 …………………………………… 34450 海关两
 小计 …………………………………………… 43772 海关两
 总计 …………………………………………… 212407 海关两

出口贸易总额为 2268213 海关两，在贸易总额中占 29.13%，具体情况如下：

出口到俄国远东地区 …………………………… 2914 海关两
出口到日本 ……………………………………… 19613 海关两
出口到香港（转而出口到国外）……………… 116171 海关两
 小计 …………………………………………… 138698 海关两
出口到香港（转而出口到中国其他口岸）…… 204606 海关两
出口到牛庄 ……………………………………… 7650 海关两
出口到天津 ……………………………………… 5276 海关两
出口到上海 ……………………………………… 878002 海关两

出口到宁波 ·········· 1200 海关两
出口到福州 ·········· 20080 海关两
出口到厦门 ·········· 318451 海关两
出口到汕头 ·········· 652229 海关两
出口到广东 ·········· 42021 海关两
　　小计 ·········· 2129515 海关两
　　总计 ·········· 2268213 海关两

与上年相比，洋货总进口额下降了460739海关两，土货进口额上涨了450853海关两。出口额增长了390435海关两。

上述统计不包括金银贵金属贸易的情况，金银贵金属的进出口情况如表3所示。

表3　烟台口金银贵金属进出口情况

进口		出口	
上海	34200 海关两	上海	1833644 海关两
天津	17100 海关两	天津	179723 海关两
牛庄	18920 海关两	牛庄	132520 海关两
汕头	5163 海关两	汕头	80 海关两
总计	75383 海关两	厦门	4400 海关两
		俄国	4600 海关两
		总计	2154967 海关两

洋货进口

棉布——1875年，各种棉布的进口量为752197匹，与1874年相比，下降了32869匹。在进口棉布中，有61749匹是直接进口，690448匹是从中国其他口岸（主要是上海）转运而来。

原色洋布，与上年相比下降明显，这类产品的市场需求一直很小。

1875年的进口量是347259匹，而1874年的进口量是438339.5匹。

洋标布进口量增长，1875年进口231223匹，1874年进口量只有193513匹。

洋红布进口量持续增长，1875年进口量为36441匹，1874年为25810匹。

细斜纹布，本年进口33470匹，上年进口20430匹。粗斜纹布进口量稍有下降。

过去十年所有类型的棉布进口（扣除复出口）的数值如下：

1866年……211118匹	1871年……1051301匹
1867年……317820匹	1872年……1078394匹
1868年……870621匹	1873年……732830匹
1869年……816940匹	1874年……$752873\frac{1}{2}$匹
1870年……887654匹	1875年……736945匹

以上统计数字表明烟台是一个优良的洋布转运中心，与中国其他口岸相比，其重要性位列第五。其他四个进口量较大的口岸分别是上海、汉口、天津和镇江。

绒货的贸易量不大。1875年绒货的净进口量为34014匹，比上年增长5767匹。棉绒布依然是需求量最大的。这类产品近六年的消费量如下：

1870年……26493匹	1873年……28839匹
1871年……18471匹	1874年……20551匹
1872年……31574匹	1875年……24231匹

冲毛呢和英国羽纱的进口量同1874年相比有略微的增长。

鸦片——鸦片净进口量同1874年相比缩减很大，下降了

1196.91担。

鸦片进口量大幅缩减不是因为吸食者减少，而是以下多种因素综合导致的。

第一，1874年的鸦片进口量高达4156.91$\frac{1}{2}$担，远远超过历年的进口量，其供应量大大超过了市场的需求量，直到该年年底，依然有大量鸦片滞销，从而导致1875年第一季度鸦片进口量明显减少。

第二，不仅有土烟从山西、四川、广东贩运而来，而且山东境内很多地方都在种植罂粟，甚至在离烟台几英里的山谷里就可以看到种植的罂粟。本地土烟的加工生产很普遍。土烟的售价大概是每担280海关两。但是很少有大宗交易，因为这种交易基本上是隐秘的，从事此业者试图以此逃避税负。土烟单独吸食的话，口味并不是很好，所以通常是掺入等量的孟加拉鸦片混合吸食。

毫无疑问，土烟的消费量在不断增长。不仅仅是因为土烟便宜，更是因为中国人认为同印度鸦片相比，土烟的危害更小。总之，土烟是洋药强有力的竞争者，在过去一年里，在鸦片贸易方面，土烟挤占了洋药的大部分市场份额，给洋药贸易造成了前所未有的冲击。

第三，鸦片贸易额下降的另一个原因是本地商人日趋严重的掺假行为。烟贩们剥掉鸦片球的表皮，从里面抽出大约2两的鸦片，然后沿着抽取时产生的孔洞填入芝麻籽、甘草、红糖以及两三味中药等的混合物。然后再裹上之前剥掉的表皮，抽取出的鸦片则会在本地市场上出售，而掺假的鸦片球会流入内陆地区，主要是周村和济南府。

这种混合而成的鸦片被称为假烟膏，即假的鸦片。假烟膏最早出现在烟台是在1875年6月。最开始从上海乘船来的华人会在他们的行李包裹中夹带五六十斤假烟膏，然后用小舢板走私到岸上。海关查处没收了一些。到7月时，走私开始变得频繁，数量从3担到 8 担不等，去年一年中这种假烟膏的进口量累计为 246.49 担。据华人说，过去半年，由于掺假行为，印度鸦片的进口至少减少了 200 箱。当地官府正在严查此事，有官员告诉我，他们将尽最大努力来杜绝在洋药中掺假的行为。洋药进口减少 200 箱导致关税收入减少 6000 海关两，厘金每担 34.27 海关两，总计减少 6854 海关两。这也是官府下大力气查处这种狡诈的掺假活动的原因。

上述假烟膏外表看起来很脏，其价格大概为每担 20 海关两。据我所知，这些假烟膏是在汉口附近地区制造加工的。

截至 1875 年 12 月 31 日，过去 12 个月中洋药的平均成交价为：白皮土，每箱 434 海关两；公班土，每箱 456 海关两；喇庄土，每箱 442 海关两。

金属——同 1874 年相比，铁条和铅的进口量明显下降。其他金属特别是铁枝①的进口量有所增加。表 4 是过去三年所有金属的进口量统计。

表 4　1873—1875 年烟台口金属类进口量

单位：海关两

类型	1873 年	1874 年	1875 年
铜	89.76	115.32	146.74
铁条	842.40	5372.33	3995.10
铁枝	3339.14	3834.18	12974.79
铁丝	—	421.50	741.71
铅	2472.30	4348.47	3752.06
水银	23.61	$23.08\frac{1}{2}$	$65.75\frac{1}{2}$
锡块	163.41	399.04	472.34
马口铁片	—	60.30	171.65
洋钢	1073.52	1247.24	3231.02
土钢	1484.04	4732.26	2045.40

---

① 原文中为 Iron, Bar, Nail-rod。

同前两年相比，1875年铁枝的进口量增长显著，预期将会再次达到1869年和1870年的进口量。

杂货类——日本海带的进口量大幅下降，与之相反，俄国海带的进口量却大幅增长。造成该变化的原因在于俄国海带价格便宜，更受本地人的青睐。

棉纱、火柴、针、玻璃、胡椒以及苏木的进口量也有所增长。与往年相比，1875年的进口贸易（除鸦片外）总体情况比较令人满意。

其他进口贸易项目情况如下。

土货——土货的进口额1874年为1618725海关两，到1875年底增长到1993461海关两。然而关于土货进口却没有什么值得大书特书的地方。土货的交易纯粹是中国式的，而且完全掌握在中国商人手中。实际上，试图阐明某种土货进口增长或是下降的原因是非常困难的。当被问及相关情况时，中国商人对商品的市场需求大小的解释总不能令人信服。很难说清楚土货进口的增长是否仅仅是运输方式由原来的民船运输改成现在的洋轮运输所致。以往大宗的糖是通过戎克船由宁波运至本口，而现在几乎所有的糖都是通过洋轮来运输的，相较之下，由洋轮来运输利润更大。糖的进口在烟台口的各项贸易中占据重要地位。本地华商却反映1875年的糖业生意非常糟糕，毫无利润可言。糖业的投资风险非常大，而且确实有很多商人损失严重。1875年底，汕头和暹罗运来的糖库存积压严重，而市场需求却很少。估计来年从事糖业生意的商人数量将会减少。已有的库存积压严重，而新一季的糖又源源不断运来，加之整个行业利润降低甚至到了无利可图的地步，这些应该会使烟台那些从事糖业生意的华商不再像过去那样盲目投资，而是变得更加理智审慎。

表5数据为过去十年中，外洋、国产糖类的进口量。

表5 1866—1875年烟台口历年糖类进口统计

单位：海关两

年份	红糖	白糖	冰糖	总计
1866	175230.60	50799.69	7012.31	233042.60
1867	119620.17	36491.02	4676.62	160787.81
1868	215765.82	99187.26	8627.05	323580.13
1869	137835.27	25103.13	7216.82	170155.22
1870	144584.52	33096.01	2878.13	180558.66
1871	269063.78	102393.06	12986.29	384443.13
1872	206459.65	38430.88	272.52	245163.05
1873	201687.91	40238.29	10628.88	252555.08
1874	205830.49	64674.41	12452.70	282957.60
1875	198595.52	88448.81	8410.46	295454.79

最近十年中，除了两个特殊年份外，1875年是本口开埠以来糖类进口量最大的年份。

从1875年12月的糖类价格和1874年同期的对比中，可以很明显地看出，1875年底各色糖类均不景气。

1874年

暹罗红糖…………………… 每担（净重）2.80海关两

台湾红糖…………………… 每担（净重）2.60海关两

打狗红糖…………………… 每担（净重）2.55海关两

汕头红糖…………………… 每筐（毛重120斤）3.45海关两

厦门红糖…………………… 每筐（毛重120斤）3.20海关两

广东红糖…………………… 每筐（毛重120斤）3.30海关两

广东白糖…………………… 每筐（毛重120斤）6.70海关两

汕头白糖…………………… 每筐（毛重120斤）6.20海关两

厦门白糖…………………… 每筐（毛重115斤）6.80海关两

1875年

暹罗红糖…………………… 每担（净重）2.40海关两

台湾红糖……………………………每担（净重）2.20 海关两

打狗红糖……………………………每担（净重）2.10 海关两

汕头红糖……………………………每筐（毛重 120 斤）2.60 海关两

厦门红糖……………………………每筐（毛重 120 斤）2.70 海关两

广东红糖……………………………每筐（毛重 120 斤）2.60 海关两

广东白糖……………………………每筐（毛重 120 斤）5.70 海关两

汕头白糖……………………………每筐（毛重 120 斤）5.50 海关两

厦门白糖……………………………每筐（毛重 115 斤）5.70 海关两

上述价格来自和记洋行①的贸易函件，该洋行竭力想从当地商人那里了解糖类贸易的市场变动情况。

大量台湾蔗糖由洋轮运输到烟台，然后再通过民船复出口到江苏省的盐城和海州。两个海州的商人透露，尽管盐城、海州这些地方更靠近上海，但是考虑到上海官府征收的糖税，相较之下从烟台转运蔗糖更合算。

出　口

表 6 显示了 1871—1875 年烟台口主要出口商品的波动情况。

表 6　1871—1875 年烟台口主要出口商品的波动情况

商品种类	单位	1871 年	1872 年	1873 年	1874 年	1875 年
大豆	担	480243.52	486953.66	316763.63	290543.80	286638.94
豆饼	担	670406.84	730547.66	821889.16	876093.94	1066814.30
豆油	担	9493.19	15066.71	24632.79	20032.02	701.81
黑枣	担	4470.87	7365.80	11108.53	11454.38	7089.33

---

① 在烟台的英商 Wilson Cornabe & Co. 19 世纪 60 年代来烟，从事贸易、航运等业，是烟台英商中的领袖。海关报告中屡有提及。

续表

商品种类	单位	1871年	1872年	1873年	1874年	1875年
红枣	担	15379.50	25037.44	21886.07	34968.81	40060.84
染料	担	1861.03	2192.50	2560.45	2901.93	2392.85
咸鱼	担	2791.80	1984.52	4395.40	4008.11	3634.61
鲜果	担	4917.33	4942.78	10177.32	5579.55	3648.36
一等高丽参	担	11.80	$37.83\frac{1}{2}$	40.41	28.03	$23.60\frac{1}{4}$
玻璃器皿	担	561.68	677.08	977.20	603.25	395.74
草帽	顶	113044	71400	102031	139831	127594
金针菜	担	1840.56	2942.14	1247.83	1546.76	5181.09
药材	总值	46763	35705	45691	61604	65362
虾米	担	6795.93	11444.90	10633.75	12868.83	7109.78
茧绸	担	758.42	1175.19	1319.58	744.60	108339
野蚕丝	担	733.72	977.75	7.00	8.72	283.80
黄丝	担	588.62	301.90	21.11	8.23	34.85
草缏	担	7011.65	15184.06	10222.91	13176.97	17072.24
粉丝	担	54775.28	69540.08	76433.93	73382.61	88435.43
羊毛	担	222.35	380.94	1593.96	1589.62	1692.73

与前几年相比，1875年出口总量增长很大程度上是因为豆饼、草缏、粉丝贸易的发展。特别值得注意的是，豆饼的出口量超过100万担，占出口总量的1/3。草缏出口量超过往年，是土货贸易中重要的产业部门。草缏贸易的一个新特点是大量草缏从烟台口被华商转运到上海，然后从上海再出口到英格兰和美国。去年出口的豆油基本上全是用民船装载运输的，主要是运往江苏盐城。棉花也是出口土货中的一项。与1874年相比，蚕丝贸易焕发出新的活力。

但是不容忽视的是，表6中的数字不能反映出口贸易的全部情况。因为土货的进出口并不全是通过洋轮来运输的。

复出口贸易规模非常小，没有什么值得关注的地方。

航 运

1875年共有696艘轮船进港,总吨位数达332802吨,其中365艘为蒸汽船,吨位数为220029吨;331艘为帆船,吨位数为112773吨。同一时期,烟台口有707艘轮船清关离港,总吨位数达336076吨,其中365艘为蒸汽船,另外342艘为帆船,其吨位数为116047吨。吨位数方面较1874年的进港40577吨、离港44248吨有大幅增长。进港和通关的帆船数量显著增加,事实上,烟台口自1866年之后,从没有像1875年这样来往过这么多的船只。有些船是从南方而来,还有一小部分是因为在牛庄没有受到租用而停靠在烟台口。1875年全年船舶运力充足,大大超过运输需求,加之生产缩减,导致运费极低。轮船在港停泊数周等待招租。有时租船的价格低至到汕头每担货物9分钱,到香港每担10分,到厦门每担7分。而在1874年到这几个地方,即使是在运费最低时也分别在20分、27分、16分。进港的帆船中,147艘是德国船,108艘是英国船,39艘是暹罗船,13艘是丹麦船,12艘是法国船,8艘是美国船,5艘是瑞典和挪威的船,3艘是荷兰船,2艘是夏威夷船,1艘是奥地利船,1艘是西班牙船。

在一年中的大部分时间里,轮船招商局的船只同其他船运公司的船只一样,来来去去,在航运业务中占有相当大的份额。

税 收

1875年征收的捐税总额为304036.563关平银,比1874年减少了9002.808关平银。除鸦片外,所有项目上的捐税收入都有明显的增长。鸦片项捐税收入减少了38418.227关平银,足以抵消其他项上的增长,最终使得捐税收入总额略有下降。

海上来风：近代东海关贸易报告（1864—1919）

综 述

如果我们以外人有限的眼光来看，1875年烟台口的贸易情况是低迷惨淡、无利可言的。但是从更广的角度来看，值得庆幸的是1875年一整年的情况要好过1874年。

烟台在很多方面的条件非常优越，不管是沟通与内地的商贸往来，还是作为一个中转中心，连通满洲乃至很有可能最终对外开放的朝鲜，烟台在商业发展方面都具有重要地位。然而，烟台的发展也存在一个障碍，就是缺乏一个良港以沟通西部地区，缺乏大江大河导致烟台同内陆地区的水路交通成为难事，更甚者崎岖不平的道路状况严重阻碍了主要消费区和生产区之间的自由往来，而恰恰是这种相互往来对烟台商业的全面发展具有至关重要的作用。

烟台贸易的发展在实质上并没有超过本口以往的最高水平，我个人总结，原因如下。

第一，用骡子、小马、驴来驮运货物几乎是烟台口同内陆地区商品货物运输、转运的唯一方法。这种交通运输方式成本之高、运输之困难是显而易见的。我想说，如果能够从烟台口修建一条直通济南府的铁路，那么放眼整个中国，烟台的商业价值将没有几个港口能比得上。

第二，烟台贸易没有增加是由于缺乏资本，以及当地商人长期赊购赊销的做法。

当赊销成为日常交易的基础时，这种方式的优势就会丧失，而其风险则会陡然增大。如果通过赊销的方式给那些有充分担保的商人提供周转资金，这种方式是具备明显优势的。但当赊销的规模扩大，赊出方不顾赊购方的信誉或担保情况，像对待熟人朋友那样随意赊销给陌生人，赊销方不能准确掌握赊购方目前及未来的偿还能力，那么赊销模式是极其危险的。不管现在还是将来，不同类型的赊销都会广泛地存在于各类贸易群体之中。当赊销日益复杂化、系统化，演变为一种人们习以为常的支付方式，进而成为一个口岸商贸活动的主要基础时，赊销的危害就会显现出来。危害之一就是赊销会导致价格上涨，且赊销的规模越大、越彻底，价格就越高。如果有十分之一或百分之一的负债不能偿还，那么所有商品的价格将会相应上涨10%或是1%。如果负债延期偿还，那么主要成本将会增长3%—4%。如果所有的交易来往都通过赊销来完成，那么随着商品的交易转手，这些增加的费用将会不断累计传导，最终导致商品价格的大幅上涨。只有赊销这种交易方式所带来的交易的便利足够大时，由赊销引发的一系列价格的上涨才能忽略不计。赊销这种交易方式在一定程度上能保证未来的收益，而且从短期来看并没有什么损失。中国人总是倾向于采取这种交易方式，而且很奇怪的是，如果有人想赊购商品，也总会有人希冀通过在赊销的高价中获利而愿意相信他并赊给他商品。

很难说清楚中国人是怎么做生意的。据我了解，他们也经常抱怨这种赊账方式，但他们仍然排斥银行，他们宁愿事先支付一定比例的货款，也不愿支付借贷的利息。

烟台经济往来中的赊销现象非常普遍，就连华商把货物运到南方口岸或是香港的运费也是等到他们有钱了再结清的，而且按照惯例，通常是在年关的时候结清。在这种赊销体系下，一个略有资财却不守诚信的年轻人，以半年为期赊购大量货物，再将货物运到较远的地方（那里同样流行赊销），在那里他可能会降低价格来快速销售出商品以获得收益，然后携款而逃。而如果这个年轻人诚实守信但财力单薄，那么他也可能会进行赊销，结果就是盈利很少，商品售空之后却发现自己的收入不足以偿付债务。毫无疑问，这种赊销方式的首要产物便是鲁莽冒险的投机习气，在这种大环境下商业公司很难得到发展，取而代之的是落后低端生产行业的普遍流行。

本地商人在买卖交易中采用赊销方式必将有损于贸易的发展。只有那些能够按期还款并且信誉良好的人才能够得到赊销方低价的优待。正如以上所阐释的那样，赊销对商人来说更多的是弊大于利。毫无疑问，中国的贸易非常依赖外国资本，如果华商们都能恪守"现收现付"这一金科玉律，那么对经济活动的各方来说都将是大有裨益的。

海运大事记

1875年8月18日、19日、20日，烟台遭遇了史上罕见的大风。狂风从东北方向呼啸而来，翻涌起滔天巨浪。大风席卷了海关的码头，码头北部被毁。道路被淹严重，税务司署只能赤着脚蹚水进去，租界的街道也只能借助小舢板通行。

8月19日晚上，英国的艾隆堡号①三桅帆船的一根缆绳断裂，然后飘向东边的海滩。快到午夜的时候，艾隆堡号帆船断裂，第二天早上已经完全沉没了。五人丧生，其中包括四个中国人，一个朝鲜男孩。20日早晨，德国的双桅帆船彼得号②靠岸，躲过了这次大海潮。

同一天晚上，德国三桅帆船凯瑟琳娜号③锁链断裂，随波漂流，在距离海关码头几英尺的地方搁浅。这艘船同样侥幸躲过了巨浪，没有破损。

12月18日，德国的三桅帆船莱斯莫纳号④被猛烈的北风吹到了距离烟台35英里的咬牙嘴⑤西边的双岛村附近。一名船员被淹死。当地的中国人对船长和船员表现出了超乎寻常的善意，他们自

---

① 原文为Ellon Castle，此处为音译。全国报刊索引数据库中收录的《北华捷报》中有关记录翻译为"艾伦城堡""埃伦城堡"等。
② 原文为Peter，此处为音译。全国报刊索引数据库中收录的《北华捷报》中有关记录翻译也为彼得。
③ 原文为Catharina，此处为音译。
④ 原文为Lesmona，此处为音译。
⑤ 原文为Cape Cod。位于现在威海市北的靖子头。

愿安排人手看守船只，防止船只被盗窃和损坏。这艘船后来被公开拍卖，然后被拆散分解了。

12月13日，日本驻华特别全权公使森有礼先生在前往北京的途中经过烟台。由于这个季节非常不利于行船，公使先生及其随行人员转由陆路前往京城，他们一行雇了两顶轿子，每顶轿子八名轿夫，外加八辆马车。

冬季英国的炮艇红隼号①停靠在烟台口，以保护洋人的利益。

侯立威
二等帮办

---

① 原文为Kestrel，此处参考全国报刊索引数据库中收录的《北华捷报》中有关记录的翻译用法"红隼"。

1877年烟台贸易报告[*]

烟台东海关，1878年3月31日

总税务司阁下：

去年本口的贸易，从总体上讲是令人满意的。该省去年物产丰稔，使得该省从1876年的饥荒中逐渐得以恢复，这场灾荒严重地破坏了该省的中部、西部地区，造成近200万人流离失所。

货　值

该口当年的总贸易额为6101350两，较前年减少330922两。

洋货进口货值达到2578096两，1876年为2417428两。土货进口值为1570986两，上年为1524755两。出口货值的减少足以引人注目。1875年出口货值为2268213两，1876年为2490089两，1877年跌落至1952268两。出口减损最大的两项是黄丝和野蚕丝。

1876年意大利农作物歉收导致欧洲对中国蚕丝的需求猛增。从烟台出口的黄丝货值为456386两，野蚕丝货值为239694两。1877年，欧洲政局的不确定性导致了欧洲消费市场的严重衰退，烟台出口的黄丝货值仅有35633两，野蚕丝货值也只有30078两。

---

[*] 缺少1876年烟台贸易报告。

进 口

鸦片——鸦片的进口总量，在 1877 年有 2152 担，货值 95 万两，此项进口税为 68000 两，几乎占到该口当年税收总额的 1/3。烟台口岸鸦片进口的近五年数量（不含复进口）如下：

1873 年 ………………………………………… 3104 担
1874 年 ………………………………………… 4153 担
1875 年 ………………………………………… 2960 担
1876 年 ………………………………………… 2228 担
1877 年 ………………………………………… 2152 担

本口岸进口的鸦片主要是白皮土，有 2082 担。本口全年鸦片的总进口量为 2152 担。

该省的土烟种植在过去两年中迅速增加，据可靠消息，山东每年可以消费掉 600 箱土烟，近乎一半都是该省所产，而其余的则来自山西、河南两省。

布匹货——进口的原色布减少近 50000 匹，本年的净进口量有 250000 匹，而 1876 年有 297000 匹。但是洋标布较 1876 年有 34000 匹的增量，1877 年为 202000 匹，1876 年是 168000 匹。

一方面，美国粗斜纹布的需求稳步增加；另一方面，英国粗斜纹布正在失去市场，销量明显下滑。就美国粗斜纹布而言，1877 年进口 30000 匹，而 1876 年仅有 17000 匹；英国粗斜纹布 1876 年进口 29000 匹，但 1877 年降至 7500 匹。

洋红布也很引人注目，1877 年进口约 30000 匹，而 1876 年只有 17000 匹。

表 1 是近五年来主要布匹货进口统计。

表1　1873—1877年烟台口布匹货进口统计

品类	1873年	1874年	1875年	1876年	1877年
原色布（匹）	339238	427699	343688	297092	250253
洋标布（匹）	182922	184233	225489	168606	202167
英国粗斜纹布（匹）	57317	21192	21971	29254	7570
美国粗斜纹布（匹）	9905	4432	4850	16980	30447
细斜纹布（匹）	33802	20430	33390	11026	19404
原色粗布（匹）	580	960	1900	6367	16405
洋红布（匹）	31852	25545	35336	17448	29906
棉纱（担）	1380	1622	4087	3885	2523

毛绒货，1877年进口货值100000两，其中驼绒羽纱44621两，小呢17868两，羽绫16680两。

过去五年主要进口毛绒货如表2所示。

表2　1873—1877年烟台口毛绒货进口统计

单位：匹

品类	1873年	1874年	1875年	1876年	1877年
羽纱	1170	1190	1434	801	903
羽绫	995	929	1289	1023	1380
哔叽	937	620	779	521	339
驼绒羽纱	28839	20551	24231	9936	13944
小呢	3033	2617	2792	1688	1489

但是，很少有国外的资本投入到烟台的布匹贸易中，在过去几年当中，外国商人一致认为，在该口的布匹贸易从未成功过。在布匹贸易中有一点值得称奇的是，现在有越来越多的布匹是由洋行在上海市场上购进，然后再在本地市场上以同上海的市价差不多的价格销售。上海两和芝罘两之间存在大约4%的成色差异，使得这种贸易方式在扣除运费和杂费之后，依然有利可图。

金属——铁货，包括铁枝、铁条，一如既往地保持着旺盛的市场需求。在进口铁货中4/5是铁枝，1/5是铁条。马口铁进口明显增长，1877 年有 1649 担，1876 年只有 544 担。

表 3 为 1873 年以来进口金属数量。

表 3　1873—1877 年烟台口金属进口统计

单位：担

品类	1873 年	1874 年	1875 年	1876 年	1877 年
铜片	89	115	146	—	153
铁条	842	5372	3995	2580	2235
铁枝	3339	3834	12974	5858	7770
铅	2472	4348	3752	2979	3862
马口铁	163	399	472	544	1649
钢	1073	1247	3231	674	1296

杂货——俄国海带的进口数量，本年有 53608 担，日本海带则有 10110 担，从俄占满洲地区进口的海带在穷人阶层中有较大需求，主要由于其价格低廉。海带的市价一般为每担 1.5 两，而日本海带的价格在同等情况下则要花费 2.5 两。

进口土货——蔗糖贸易，本年明显严重下滑。红糖和白糖本年的净进口量有 123020 担，而 1876 年则有 229951 担。但是糖的进口数量的下降，并不能说明该项的实际消费量下降，1877 年，进口的减少似乎是去年进口量过多导致。

出　口

烟台主要大宗出口商品有豆饼、大豆、粉丝、草缏、茧绸。

烟台出口的货物总值有 1952268 两，其中豆饼有 500000 两，草缏 350000 两，粉丝 260000 两，茧绸 255000 两，大豆 117000 两。剩余其他货物有 470000 两。其中中草药 87000 两，人参 75000 两，大枣 69000 两，黄丝和野蚕丝 65000 两，蔬菜 27000 两，草帽

20000两。20000两以下杂货不再赘述。

在出口的 626526[①] 担豆饼中，运往汕头 332128 担、厦门 149426 担、上海 136159 担、福州 8812 担。这项贸易完全掌握在中国人手中，外国人根本无从染指。

外国商人最感兴趣的出口土货是草缏，这一项目出口的增长很值得注意。1867 年，该项出口首次突破 1000 担，具体讲，是 1463 担。在五年之后的 1873 年，这一数量增加到 10223 担，而 1877 年再度翻倍达到 20802 担。

这些草缏半数以上由洋行通过上海运至伦敦和纽约，而剩余部分则在上海市场消费。

伦敦市场上，对草缏的需求持续增加，是因为在英国和美国，这一商品的需求量很大，草缏可以用来制造男士和女士帽子，也有相当大的数量用来做篮子和其他家具装饰。由于该项贸易的巨大利润，当地的从业者和从事该项贸易的洋行共同推动该项生产的发展。该项出口贸易今年有望继续增长。

1867—1877 年草缏贸易的出口额如表 4 所示。

表 4　1867—1877 年草缏贸易的出口额

单位：担

年份	1867	1868	1869	1870	1871	1872	1873	1874	1875	1876	1877
出口额	1463	1773	5432	4087	7012	15184	10223	13177	17072	14149	20802

航　运

1877 年，进出港的洋船有 630 艘 352735[②] 吨，较去年减少 80

[①] 原文如此，计算有误，保留原文数据，存疑。

[②] 原文如此，计算有误，保留原文数据，存疑。

艘 24498 吨，其中蒸汽船 426 艘 282356 吨，帆船 204 艘 70381 吨。

值得注意的是，中国的蒸汽船进出港 233 艘次 173293 吨，首次在本口航运中占据首位。

税　收

1877 年的税收较 1876 年有小幅下跌。进口税和鸦片税基本没有太大变化，但是子口税有近 8000 海关两的减少，出口税的减少额也大致如此，船钞减少了约 3000 海关两，所以本口今年总税额为 215056.794 海关两，而 1876 年则是 234534.154 海关两（见表 5）。

表 5　过去 5 年烟台口税收情况

单位：海关两

年份	进口税	出口税	子口税	鸦片税	船钞	总计
1873	34040.143	105197.529	33487.245	93636.000	11091.300	277452.217
1874	41034.394	100677.801	33361.899	127497.677	10467.600	313039.371
1875	47223.732	109389.894	39261.187	89082.450	19079.300	304036.563
1876	24861.265	98686.674	32243.515	67671.900	11070.800	234534.154
1877	25237.496	89117.999	24634.749	68102.550	7964.000	215056.794

本口大事件

1 月 19 日晚，英国船只 Annie Grey 号满载着谷物，在烟台港入口附近由于浓雾天气触礁搁浅，至 25 日船只沉没，有一部分货物被抢救出来。

10月4日，英国帆船Aurora号从宁波驶向天津，在龙门港①附近遭遇大风，被吹到岸上。万幸的是，该船搁浅在沙滩上，并且成功地乘涨潮大浪之际返回海里。

11月15日，从香港出发驶向烟台的德国三桅帆船Gustav Adolph号，在烟台港入口的东部沙嘴处受到撞击。船上货物被迫卸下，为了脱困，该船的桅杆也被迫砍断，被救后该船损失严重，后来被公开拍卖。

东海关下辖的各灯塔有效地运转。

英国炮船本年冬天在本地驻扎。

前税务司杜德维先生在他的1874年报告中呼吁应当注意的相关问题，仍然没得到应有的重视。

建立公用码头是非常迫切的。洋人居留区内外道路的情况极其糟糕，也应引起公众高度重视。

辛　盛
东海关税务司

---

① 现烟台市牟平区养马岛附近。

1878年烟台贸易报告

烟台东海关，1879年3月14日

总税务司阁下：

非常荣幸为您呈上去年烟台口的贸易报告以备您参考。

去年烟台口进口贸易总额为6111435海关两，出口贸易总额为3206006海关两，总贸易额为9317441海关两，同1877年、1876年相较分别增长3216091海关两、2885169海关两。

1878年洋货进口额达4159390海关两，其中进口洋药3426担，总额为1840916海关两；棉纺织品（不包括棉纱）进口额为1332574海关两；毛绒货类进口额为182954海关两；金属进口额为254180海关两；其他杂货进口额为548766海关两。

尽管从严格意义上来说，没有洋货是直接从英国进口而来的，但是有一部分洋货——特别是铁、纱线、洋红布，是从英国的港口运到烟台来的，虽然途中也会在上海进行中转。这部分洋货的进口额为41355海关两。

土货进口额为1952045海关两，其中糖类的进口额为584208海关两，纸张进口额为539943海关两，丝绸进口额为158382海关两，稻米进口额为123233海关两，原棉进口额为112640海关两，其他土货进口额为433639海关两。

出口贸易额为3206006海关两，其中草缏出口额为840660海关两，豆饼出口额为795350海关两，粉丝出口额为388351海关两，茧绸出口额为 304479 海关两，黄丝出口额为 265673 海关两，其他出口品贸易额为 611493 海关两。

入超达 2905429 海关两，用于支付该部分差额的金银出口额为 1382026 两白银。

进口洋货

鸦片——去年鸦片贸易最显著的特征是，同 1877 年相比增长了 1274 担，全年 12 个月中，鸦片净进口量为 3426 担，这一数值大大超过前三年的平均水平。自 1875 年以来各年的鸦片净进口量如表 1 所示。

表 1　鸦片净进口量

单位：担

年份	1875	1876	1877	1878
数量	2960	2228	2152	3426

虽无法准确得知去年土货的供应量与洋货进口量的比例，但是据我所知，去年土药的供应量要比 1877 年少。基于此，我认为去年进口贸易的增长应该归因于洋药进口的增长。去年（1878 年）洋药的平均价格为：白皮土每担 547 海关两，公班土每担 424 海关两，喇庄土每担 407 海关两。

棉货——去年全年棉布的贸易状况不错，进口商的利润非常可观，棉布的价格基本上一直略高于上海的市价。原色布 1878 年的进口量为 229463 匹，同 1877 年的 250253 匹相比有所下降。然而，洋标布的进口量有较大增长，而且其交易规模呈稳步扩大趋势。1874 年洋标布的进口量为 193513 匹，1875 年达到 231223 匹，1876 年为 177568 匹，1877 年增加至 206078 匹，1878 年达到 270362 匹。

在我撰写的《1877年烟台贸易报告》中，我曾提到美国棉货在本地市场上日趋流行。去年美国棉货的市场需求量非常大，其进口量达到有记录以来的最大值。

本地的消费者似乎更喜欢不上浆的优质棉布，然而很不幸的是，曼彻斯特所产的大部分棉布都是上浆的。夏德①先生在1877年各口贸易报告概要中提到的普罗文德诉兰开夏案②，希望随着英国法院做出最终裁决，这一案件能够有效阻止部分兰开夏纺织业主们肆无忌惮的掺假行径。要知道正是这一邪恶的做法，导致了过去十年来英国棉布在中国市场上失掉了大量的客户和市场份额。

美国粗斜纹布的进口量为59957匹，大大超过1877年的16785匹。粗斜纹布的进口量为58165匹，而去年该类棉布的进口量仅为31872匹。此外，去年有6430匹的美国细斜纹布也进口到烟台。美国布匹的进口总额达312560海关两，约占1878年全年棉布总进口额的$23\frac{1}{2}$%。1877年美国棉布的进口额为143364海关两。

洋红布的进口量与1877年相比增长了23308匹。然而，市场消费需求的增长并没有引起市场价格的增长，因此洋货进口也就并没有因为需求量增长而变得获利丰厚。

表2是过去五年中烟台口每年进口主要棉货的数量。

表2 烟台口棉货贸易统计

商品种类	1874年	1875年	1876年	1877年	1878年
原色布（匹）	438399	347259	299142	252003	229463
洋标布（匹）	193513	231223	177568	206078	270362
美国粗斜纹布（匹）	6173	4850	17120	31872	58165

---

① 夏德，德国人，1878年任总税务司公署二等帮办、署造册处税务司。
② 原文为PROVAND V. LANG TON，经考证"PROVAND"应为人名，此处直接音译为普罗文德。此案为一名伦敦商人状告曼彻斯特一家公司的案件。

续表

商品种类		1874年	1875年	1876年	1877年	1878年
英国粗斜纹布（匹）		21815	24315	30931	7778	14673
美国原色粗布（匹）		1060	1900	6407	16785	59957
洋红布（匹）		25810	36441	18667	30532	53840
细斜纹布（匹）	英国	20430	33470	11687	18701	17440
	美国					6430
棉纱（担）		1622	4087	3897	2583	3767

毛绒货类——毛绒货的进口呈稳步增长趋势，而且现在毛绒货贸易大都由华商操控。1878年羽纱的进口量为1245匹，与1877年的903匹相比显著增长；羽绫1877年的进口量为1460匹，而1878年的进口量达到1554匹；小呢的进口量1877年为1555匹，1878年为3487匹。驼绒羽纱的进口也呈现明显的增长趋势，其进口量1877年为14530匹，而1878年的进口量达到27470匹。

金属——去年各类金属的进口量显著增长。1877年铁枝的进口量为8122担，1878年其进口量为25635担。铁条1877年的进口量为2235担，1878年的进口量为6233担。1877年锡的进口量为2223担，1878年的进口量为7076担。1877年铅的进口量为3887担，1878年其进口量达到7011担。

其他杂项洋货的进口——在洋货中，日本和俄国远东地区的海带进口有少许增长。其中，日本的海带1877年的进口量为11429担，1878年的进口量为13599担。俄国海带的进口量1877年为66216担，1878年为77216担。洋针全部为德国制造，1877年进口量为178270千根[①]，而1878年其进口量为285115千根，其进口额达42414海关两。1877年进口火柴的总箱数为40712箱，1878年其进口量为33945箱，进口总值为26731海关两。现在火柴也主要是由德国制造的。

---

① 原文此处单位为mille，《各关华洋贸易总册》中直接译为"密力"。

进口土货

糖类，不管是红糖还是白糖与 1877 年相比均有显著增长，其中红糖的进口量增加 14401 担，白糖的进口量增加 10434 担。上一季度糖业贸易利润相当可观，华商们对他们这一年的经营状况非常满意。

表 3 是过去五年制糖的净进口情况。

表 3　烟台口糖类净进口情况

单位：担

年份	红糖	白糖	冰糖	总计
1874	190057	60730	12452	263239
1875	164061	81886	8411	254358
1876	193992	35959	313	230264
1877	99224	23796	724	123744
1878	113625	34230	5324	153179

1878 年纸张和棉花的进口规模非常大，而且远远超过 1877 年的进口量。丝绸的市场需求扩大，与 1877 年相比，1878 年的进口量增加了约 150 担。

表 4 显示了过去五年主要土货进口的相关情况。

表 4　烟台口主要土货进口情况

单位：担

商品种类	1874 年	1875 年	1876 年	1877 年	1878 年
一等纸	2550	3661	3463	5671	9721
二等纸	23378	30232	25212	33063	42750
神纸	2778	5840	4003	5876	6165
丝绸	303	374	205	187	326
棉花	740	467	7017	6849	9836
大米	—	—	59999	195113	72488

出　口

1878年草缏第一次在出口中占据了首要位置，其出口额为840660海关两，折合240000英镑。

草缏出口总量为28022担，其中14835担由洋行组织运输到上海，一部分出售给当地的洋行，一部分转运到伦敦和纽约。此外，有大约2000担是由广东商人组织出口的，他们受命于上海的洋行。在这些出口到上海再转运到国外的草缏中，大约70%出口到英格兰，30%出口到美国。

1878年年初时，草缏的市场价格较为合理，交易状况不错。

三四月间，受英国市场积极利好消息的影响，在烟台的那些为伦敦和上海客户收购草缏的洋商们之间展开了激烈竞争。受此影响，草缏的价格迅速上涨，而且一直居高不下，达到有记录以来的最高值。在这场激烈的投机热潮中，华商们在很多时候可以左右草缏行市，在草缏主要销售地——上海，这种状况尤其明显。华商们获利颇丰，1878年他们的盈利大约为250000海关两。

1月，烟台市场上中等和一等的白草缏价格为每担30两关银，4月价格涨到每担37两关银，且草缏的实际质量更为粗劣，如果将质量考虑在内，这种草缏1月的价格为每担25两关银。

花草缏的价格波动更明显。1月一等花草缏的价格为每担17两关银，4月价格涨到每担24两关银，5月初降到每担21两关银。此后直到10月价格持续上涨，该月价格达到每担37.5两关银，与年初价格相比增长了120%。

草缏加工者急不可耐地想参与到这场史无前例的涨价热潮之中，在制作过程中急于求成，这样生产出的草缏不管是在质量上还是在色泽上都低劣粗疏，买方对此抱怨不迭。

仅烟台一口，去年草缏的出口就超出往年40%，如此大规模的出口，自然导致欧洲市场上草缏价格的急剧下跌，而进口商们又不愿低价出售他们先前以高价在中国收购的草缏，从而导致伦敦的那些仓库货栈里出现大量的库存积压。

1878年下半年，在欧洲市场经营惨淡以及经营商拒绝降价的双重影响下，烟台草缏的贸易受阻。前九个月出口商乐意以高价购买草缏导致经销商的采购价格相应加高。因此不管是经销商还是草缏制作者都不会轻易接受降价。但是如果洋商们坚决抵制这种不理智、无利可图的高价，那么最终经销商和草缏加工制作者也不得不接受降价。

过去十年草缏的出口情况如表5所示。

表5 烟台口草缏出口统计

单位：担

年份	1869	1870	1871	1872	1873	1874	1875	1876	1877	1878
数量	5432	4087	7012	15184	10223	13177	17072	14149	20802	28022

就目前为止的出口量而言，今年的草缏出口量极有可能大幅缩减。

茧绸的出口显著增长，究其原因很大程度上是由于欧洲和澳洲的市场需求持续增加。

黄丝和野蚕丝的出口也有明显增长（见表6）。

表6 过去5年茧绸和蚕丝的出口统计

单位：担

商品种类	1874年	1875年	1876年	1877年	1878年
茧绸	744	1083	1520	1762	2435
野蚕丝	8	283	1597	161	425
黄丝	8	34	1629	124	1115

1878年豆饼的出口量为994187担，创1875年以来之最。粉丝、枣、大豆的出口也有一定程度的增长。这几类产品的贸易状况无特别之处。

税　收

本署去年税收为313835.155海关两，同1877年相比增加了98778.361海关两。

具体各部分税收增长如表7所示。

表7　烟台口本年度税收增长情况

单位：海关两

类别	增长额	类别	增长额
鸦片税	42610.575	土货复进口半税	14423.369
进口税	7154.193	船钞	3930.800
出口税	30659.424	总计	98778.361

在全年总税收中，船钞收入为11894.8海关两，其余税收为301940.355海关两。进出口商品税收中，仅鸦片一项税收为110713.125海关两。其他所有洋货的进口税收入总额为32391.689海关两。土货复进口半税收入为39058.118两关银，土货出口税收入为119777.423海关两。

1863—1878年总税收状况如表8所示。

表8　1863—1878年总税收状况

单位：海关两

年份	进口 一般货物	进口 鸦片	出口	复进口	船钞	总计
1863	31933.405	12344.700	78576.272	24049.155	9249.300	156152.832
1864	41094.013	30549.156	111393.549	33217.665	12666.287	228920.670
1865	40648.878	76164.119	95113.265	20738.020	10849.900	243514.182

续表

年份	进口 一般货物	进口 鸦片	出口	复进口	船钞	总计
1866	54258.082	118470.681	103826.068	32275.958	14143.300	322974.089
1867	37025.720	86816.039	77854.708	24368.043	12846.600	238911.110
1868	59146.526	96289.680	73242.762	42680.648	13003.600	284363.216
1869	53364.700	92077.012	95140.328	33310.886	13963.800	287856.726
1870	47724.420	119768.920	98112.794	22892.870	17884.100	306383.104
1871	46640.837	100282.422	93157.063	40735.060	10191.700	291007.082
1872	56814.078	117180.807	112728.844	30637.946	13610.600	330972.275
1873	34040.143	93636.000	105197.529	33487.245	11091.300	277452.217
1874	41034.394	127497.677	100677.801	33361.899	10467.600	313039.371
1875	47223.732	89082.450	109389.894	39261.187	19079.300	304036.563
1876	24861.265	67671.900	98686.674	32243.515	11070.800	234534.154
1877	25237.496	68102.550	89117.999	24634.749	7964.000	215056.794
1878	32391.689	110713.125	119777.423	39058.118	11894.800	313835.155

航 运

进港、离港船舶的数量与总吨位数与1877年相比增长了21艘船26524吨。

1878年烟台口进港、离港的洋船为651艘，总吨位数为379259吨。有417艘为蒸汽船，其中211艘为中国籍，其总吨位数为157548吨；179艘为英国籍，其总吨位数为117575吨；15艘美国籍，其总吨位数为7176吨；8艘为德国籍，其总吨位数为7534吨；4艘丹麦籍，其总吨位数为4217吨。1877年本口进港、离港的蒸汽船为426艘。

1878年烟台口进港、离港的帆船有234艘，121艘为德国籍，其总吨位数为39427吨；79艘为英国籍，其总吨位数为30042吨；

18 艘为美国籍，其总吨位数为 9975 吨；9 艘为法国籍，其总吨位数为 3399 吨；3 艘为荷兰籍，其总吨位数为 552 吨；2 艘为暹罗籍，其总吨位数为 1142 吨；1 艘为丹麦籍，其总吨位数为 365 吨；1 艘为瑞典籍，其总吨位数为 307 吨。1877 年，进港、离港的帆船数量为 204 艘。

总　结

银价持续下跌使得洋商们的布匹贸易前景惨淡，因为洋布要与土布展开竞争，但是售价上涨与白银贬值之间难以协调相适。

尽管如此，回顾去年烟台贸易总体情况，我对烟台未来的发展依然抱有信心。1878 年全年的贸易总额与 1877 年相比增长近 3250000 海关两。几乎每项税收都有所增长，而且自 1863 年东海关税务司署成立以来，也只有两个年度的税收超过本年度。

这些事实可被视为本地区将会繁荣发展的征兆。

辛　盛

东海关税务司

1879年烟台贸易报告

烟台东海关，1880年2月9日

总税务司阁下：

  仔细比较本口的贸易统计数字可以发现，自1863年开埠以来至1879年12月31日，所有贸易统计分支——航运、洋货及土货进出口、货值及税收——均有大幅增长，都是令人满意的。对贸易造成不利影响的是本年山东东部地区的高粱和黍的歉收，6月、7月和8月的大雨致使骡马运输和所有其他内陆交通运输几近停顿，直到最近道路才勉强可以通行。总之，1879年的贸易数额已达到合理的预期。然而，这些作物的歉收，却被全省各地的小麦丰收和山东中部各种作物的年均丰收水平所弥补。贸易量的增加虽然是普遍的，但在洋货进口方面却有非常明显的增加。可能是由于前几年的存货耗尽和价格下降，刺激了洋货的销售，但整个贸易的大幅增长足以表明该省已从最近饥荒造成的困境中恢复过来，而且由于对其产品的需求增加和价格提高，该省的商业状况逐步好转。

  烟台主要从上海进口洋货，与英国、欧洲大陆、澳大利亚、俄占满洲地区、日本和香港的直接贸易额相对较小，1879年仅为785611两，而经上海的洋货进口贸易价值为5352783两，即1460863英镑的净额（即扣除转口货值473183两，主要是对天津和牛庄）。从1869年到1875年，洋货平均进口总净值为4241411[①]

[①] 原文如此，计算有误，保留原文数据，存疑。

海上来风：近代东海关贸易报告（1864—1919）

两。1876年是饥荒之年，洋货进口总净值降至2417428两。1877年增加了155000①两，随即在1878年上升到4159390两，1879又增加了1193393两。

土货进口，主要是来自上海、广东、厦门、汕头和台湾岛的打狗，共约2362190两或净额644681英镑（即不包括复出口的93885两），与前几年的平均水平相比，增加了630661两，与1878年相比，增加了410145两。土货直接出口到国外的价值为201365两，运到中国港口的价值为3047160两，出口贸易总额为3248525两，即886576英镑。比1878年增加了42519两，比前十年出口贸易平均价值增加了938687两。洋货和土货进口总净值7714973两，超过出口贸易总额（3248525两）4466448两。而出口的金银中，用于支付该超额部分的金额，就海关能够确认的来看，为2880756两。港口净贸易总额，即洋货和土货进口（减去再出口）和土货出口的净值为10963498两，或3617121英镑，比1878年的贸易额增加了1646057两，比1877年增加了4862148两。从1869年起，贸易值从8260362两上升到1872年的9133830两，从那时起，逐渐下降到1877年的6101350两，然后又上升到上面所记录的数额。表1列出了自1863年开埠以来烟台的贸易净值和毛值。

前面的数字所显示的贸易扩张是非常令人满意的，但这些估价仍不能充分代表山东、吉林、山西、陕西、河南等地的消费和生产能力，这些地方消纳本港的进口货物，并以其剩余产品供应本港出口。单单是本口所在的省份山东，面积就有65184平方英里，大约相当于苏格兰、爱尔兰和威尔士加起来的面积，或者乔治亚州或密苏里州的面积。多年前经计算其人口为28958764人，或每平方英里444人；尽管发生了饥荒和其他事件，但现在很可能超过了这个数字，其人口几乎等于英国的人口，即大约3000000人。大运河从西北的临清州进入本省，然后向东南方流淌，穿过西部地区，进入

---

① 原文如此，计算有误，保留原文数据，存疑。

表1 1863—1879年烟台口贸易值

单位：两

年份	洋货进口总净值 一般进口 2277452	土货进口总净值	出口贸易总额	净贸易总额	对外转口 一般转口 82291	对内转口 82291	转口总额	港口贸易总值
1863			1545633	3823085			82291	3905376
1864	1350691	1465530	2758547	5574768	124110	84643	208753	5783521
1865	3342908	1178482	2529006	7050396	97708	34926	132634	7183030
1866	4178948	1793294	2645976	8618218	272628	96633	369261	8987479
1867	3203188	1494416	1576769	6265373*	227715	97174	324889	6590262***
1868	4662641	2352454	1525817	8540912	386042	145927	531969	9072881
1869	4437907	1877945	1944510	8260362	267107	80625	347732	8608094
1870	4532115	1191392	2426887	8150394	293148	147962	441110	8591504
1871	4303898	2212688	2310673	8827259	278984	82496	361480	9188739
1872	4848068	1677991	2607771	9133830	339554	192925	532479	9666309
1873	3647969	1624081	2138512	7410562	179429	133698	313127	7723689
1874	3985833	1618726	1877780	7482339	268549	136289	404838	7887177
1875	3525094	1993461	2268213	7786768	229507	212407	441914	8228682
1876	2417428	1524755	2490089	6432273**	244923	242838	487761	6920033
1877	2578096	1570986	1952268	6101350	201914	151688	353602	6454952
1878	4159390	1952045	3206006	9317441	268438	157510	425948	9743389
1879	5352783	2362190	3248525	10963498	473183	93885	567068	11530566

* 原表如此，计算有误，保留原表数据，存疑。
** 原表如此，计算有误，保留原表数据，存疑。
*** 原表如此，计算有误，保留原表数据，存疑。

海上来风：近代东海关贸易报告（1864—1919）

江苏。但没有河流从烟台通向与之贸易的内地城市和城镇。运输工具只有骡子、驴子、马和笨重的马车，它们在所谓的公路上缓慢地行进，而这些公路常常只是一条因车辆不断通行而形成的沟壑，其被大雨冲刷得只剩下裸露石头的路面，甚至连脚步稳健的骡子也难以通过。由于没有正经的公路和河流，并且只有这种缓慢而昂贵的运输方式，贸易极难拓展。即使在目前的情况下，内陆贸易量也是非常可观的。一位长期居住在这里的商人，向我提供了他在1874年就这个问题所做的一些记录。他说，从烟台出发的内陆交通可从以下事实来估计：每天至少有2000头牲畜——骡子、马和驴子，有时还有骆驼——满载而归，拉着马车进出烟台。以这些牲畜的普通平均载重量计算，每天从烟台陆路运输的商品总量约为200吨。由于山东既不生产糖，也不生产纸（这两种物品消耗量大），这两种物品每年的进口量为21000吨（糖18000吨、纸3000吨），并用上述方式从烟台运往全省各地。除此以外，每年还进口约15000吨土货，包括4000箱鸦片、1000吨铁、500吨铅、10000吨棉花和羊毛制品。烟台出口的商品都是从山东内陆运来的，包括运往广州和南方港口的30000吨粉条、6000吨草绳、2000吨水果、1500吨小麦、2000吨谷物、2000吨染料，以及玻璃器皿、中草药、种子、根茎植物和杂货。这些数字必须大大扩大，才能代表目前的进出口情况，这一点可以参考1879年的统计数字，还有许多其他商品没有列举出来，这些商品的运输只能说是困难重重，花费巨大。

煤在博山或者登州府（离烟台约70英里）附近，以及省内许多其他地方都有发现。潍县煤矿的煤价，据说约为每吨5先令。有充分的理由证明，烟台的未来在于开发山东的矿产资源：金、银、铜、锡、铅。各方报告都认为，如果开采得当，这些矿藏中的一部分将具有极高的价值，同时这些矿藏的开采将为成千上万的人提供就业机会。这些矿藏衍生出来的财富将会促进全省民众的消费和生产，从而增加贸易进口。目前，还没有人试图将这些隐藏的宝藏开发出来。

进口贸易

1879年，烟台口洋货进口贸易主要产品如表2所示。

表2　1879年烟台口洋货进口贸易主要产品

种类	数量	价值
布匹货	1146822匹	2142890两
洋药	3536.70担	1915039两
羊毛制品	26337匹	156756两
金属	101815.75担	286005两
杂货	101815.75担	852093两
总计		5352783两

与1878年相比，洋货进口值增加了1193393两。将数字进行对比可见英国布匹货几乎被美国货取代。值得注意的是，1874年美国斜纹棉布仅进口了4432匹，但此项现已上升到68643匹，而英国斜纹棉布则反之，从21193匹下降到1879年的4177匹。美国粗纹布已从1874年的960匹增加到97882匹，而英国粗纹布的进口量只有2850匹，这是令人遗憾的。值得欣慰的是，这一巨大的差异在某种程度上被英国细斜纹布的进口所弥补，数量为19470匹，而美国只有2540匹。原色布是进口最多的，有422936匹，与1878年相比增加了195723匹，比前三年的进口量有较大增长，但与1874年相比减少了4763匹。市布、白锦缎、染色布和印花布52608匹，比前三年多出几千匹，比1875年和1874年分别多出约5000匹和8000匹。标布为352073匹，比前五年的平均数多出约171000匹。洋红布67908匹，比1878年增加了14400匹，比1874年至1877年的平均数增加了约3倍。几乎同样增多的是斜纹布、印花布、棉纱布、羽绫、花缎等，增加了49580匹。素剪绒为1493

匹，这是一个数量极少的进口品，在过去六年中从未达到2000匹。手帕从1874年的1496打增加到3525打。1879年进口的各种布匹货总量为1146822匹，比前五年的最高值都要多出近50万匹，但这只够为山东每单位人口提供$1\frac{1}{3}$码的布匹货。这里每年从英国进口一定数量的布匹货，这些商品是专门为烟台市场生产的，但由于这些商品在上海缴纳关税，在烟台的统计中并没有成为径运贸易的一部分。

1874年仅进口1622担棉纱，五年内进口量已达到10021担，约可织成167000匹棉布。1866年，当它的进口量为零时，一位烟台商人写道："每年有超过4000000磅的棉布商品由（山东）本地人纺织，因此这个港口的棉纱贸易规模是巨大的。"这一预测已得到充分验证。土原棉和土布出口量可观。前者的进口量为6647担，相当于110000匹棉制品，出口量为135担。后者进口量为326.34担，或者说5400匹棉花成品。

鸦片——各种鸦片的总进口量为4172.99担，比1878年增加370.45担，比前两年的进口量多出1000多担，但前两年是灾荒饥馑之年。除此以外，还有12月27日汉光号运来的161箱鸦片，但由于天气恶劣，直到1月才能卸货，因此按照惯例，这些货物没有出现在1879年的统计中。1878年有部分库存（636.88担）转口到上海，主要是在中国北方不受欢迎的老白皮土。从进口白皮土的数量3575.79担中扣除复出口的数量579.28担，仅从鸦片报单来看，与1878年的净进口量相比，似乎减少了181.36担。但情况并非如此，因为根据厘金局的报单，今年的消费量比前一年多了约200箱。9月初，新一季的白皮土到货，比往常早了不少，但由于口味寡淡，起初需求量不大。到了月底，天气渐渐凉爽，在济南府和莱州府的市场上，订货者络绎不绝。山东省人口正从最近的饥荒中迅速恢复，因此，明年这种鸦片的消费量可能会增加。在价格上，它一直在每担530两到600两之间波动。最近，随着孟买产地市场鸦片的价格上涨，加上适度的供应以及来自内河诸港①和宁波的日益增长的需求，其价格有望提高到每担580两。

孟加拉鸦片，公班土进口59.60担，复出口9.60担。喇庄土的价格较低，已经取代了公班土，本年进口330.60担。公班土的价格为每担420两，喇庄土的价格为每担400两，两者由于印度的严重投机活动，价格有上升的趋势。

波斯土进口207担，复出口48担，该土质量好，需求量很大。这种鸦片在本口主要是由较贫穷的阶层将其与土烟混合吸食。我听说，复出口的这种鸦片中掺杂了糖。

据称，由于镇江的鸦片厘金比烟台低6.27两，有相当数量的鸦片通过陆路运往山东。据我观察，1878年镇江进口了8639担白皮土，而这一大批白皮土中的一部分被运到济南或莱州，也不是不可能的。据说，出于类似的原因，天津也向本省提供鸦片，但我注意到，它的进口量比我们自己的进口量大得多。

土药产于本省的兖州、曹州、东昌、沂州等县。此外，山东也是从河南、山西、吉林三省而来的土药的消费地。据我所知，禁止种植罂粟的禁令效果不佳，而该省官员也并不愿厉行禁止。据报去年河南的收成很好，但我没有得到可靠信息，以了解本省和邻近省份的生产或消费数量。

羊毛织品——毛羽绫24447匹，与通常的年进口量1300匹至1500匹相比，有了大量增长。这种增长在一定程度上弥补了棉绒布的减少，后者从1875年的25385匹和1878年的27470匹减少到1879年的17508匹。小棉呢2691匹，几乎未达到常年水平。羽纱和哔叽分别为1521匹和942匹。

五金——铅5651担，洋钢4092担，比1878年减少600担，但比前三年的平均水平高出2000担。锡板1961担，比1878年减少4200担，但也高于平均水平。故以上每一项都有很大程度的增长。

---

① 原文是 River Ports。亦可能是长江沿岸各口岸，此处存疑。

海上来风：近代东海关贸易报告（1864—1919）

锡板在这里从来都不是一个重要的进口商品。1878年是一个非常特殊的年份，锡主要是供济南机器局使用，用于制造青铜或雷管。1877年的数量是1806担，与1879年的数量非常接近，这可能是正常的需求量。

铁枝1876年的进口量是6108担，现在是39904担。铁丝，1876年进口941担，现在为3051担，水银进口也有相应的增长，为424担。旧铁，如马蹄铁、旧锅炉板等，进口量达29830担，价值为35434两，这类进口贸易一定是个有利可图的投机活动。据我所知，英国的废铁店为之一空，它们的货源也被提前一年预订。这种旧铁又是根据需求而加工出来的，其中很多是用来给每天往返于这个地方的大量骡马钉上蹄掌。

煤——本省每年进口4000吨至6000吨外国煤，而本省本身就有丰富的矿产，这是一个奇怪的事。煤的产地在距烟台约200英里的潍县，矿井成本约为每吨5先令，在距烟台约70英里的博山和登州府附近以及其他几个地方都有煤。据说煤的质量很好，很适合蒸汽机和机车使用。像烟台这样的港口没有利用这一财富来源几乎是令人费解的，这里是各国战舰的夏季会合地，也是巨大的商业蒸汽船运输中心——1879年，蒸汽船的进出港次数不少于857次，需消耗612216吨煤，本口也是北方三个港口中唯一的不冻港。

进口煤主要来自日本和澳大利亚。

日本煤燃烧快，灰多，现在这里的售价是每吨8.50元，澳大利亚煤是每吨11.25元。

玻璃板进口182600平方尺，火柴进口28885各罗斯，均大大减少。洋针进口282507.5千根，大多是德国制造的，在每个当地人的摊位上都能找到，零售价为每盒10个铜钱，每盒25根到30根。

煤油的进口量为7049加仑。在1875年，煤油的消耗量接近10000加仑，在富裕的中国人中，煤油的使用量迅速增多，取代了豆油和花生油。煤油的使用需要用特殊结构的灯，广东人总是因时制宜，制造并大量出口这种灯。这里已经收到了好几批这样的灯。

土货——该项贸易净值为2362190两，与1878年相比增加了410145两。它几乎完全掌握在华商手中，一个简短说明和统计表就足够说明这种情况。

信石①进口2566担。这种药物的进口量似乎每年都在增加，据信这种毒药的销售没有任何限制。它以红色矿物的自然状态运到这里，主要用于耕地的修整，以消灭蠕虫、蛆虫和其他寄生虫。1878年在该省，蛆虫对农作物造成了巨大的伤害，数以百万计的蛆虫来到这里，吞噬了幼苗。目前大量进口信石很可能是为了应对另一次类似的入侵。铜纽扣的进口量大幅减少，为4355②担；粗夏布的进口量为1593.88担；姜黄的进口量为4302.53担；日本海带的进口量增加，为18919担；俄国海带的进口量增加，为135138担；一等纸的进口量增加，为10942担；二等纸为26732担，显示出巨大短缺；而神纸为4325担，有1000担到2000担的短缺。1875年，只有8.90担大米进口；1877年饥荒期间，消耗了195113担的大米；今年的需求量是100431担。是在山东的原住民阶层中兴起了对这种食品的偏爱，还是为居住在这里的越来越多的南方商人所食用而进口的？很可能是后者。在奢侈品中，丝织品、丝棉混合品、丝帽明显减少，但丝带、丝腰带和丝线的大量增加，稍微改变了这一现象。红糖，1879年为177671担，与1876年的250138担形成鲜明对比；白糖52600担，与1875年的92106担相比也是如此。不过，冰糖10956担，却高于前四年的平均水平。

表3是1875年至1879年主要土货进口的比较，它将比文字更容易显示出这一时期这一贸易的波动。

---

① 主要成分是硫黄。
② 原文如此，与表3中数值相差甚多，保留原文，存疑。

表3 1875—1879年主要土货进口统计

商品名称	单位	1875年	1876年	1877年	1878年	1879年
信石	担	1731.53	1326.93	1527.27	1921.38	2565.68
铜纽扣	担	986.96	646.77	375.23	789.87	1053.80
棉花	担	508.24	7016.62	6849.16	9596.58	6647.04
粗夏布	担	1043.83	939.94	391.75	739.59	1593.88
药品	担	2568.17	1485.29	1334.37	2715.84	2454.92
一等纸	担	8907.39	3668.38	2682.52	10207.78	10942.48
二等纸	担	31411.90	26441.43	33062.80	43838.49	26732.07
神纸	担	5021.25	4061.93	5285.21	6324.36	4324.66
大米	担	8.90	59999	195113.16	72488.25	100430.55
丝帽	件	885	1450	1636	10035	7281
丝绵混合品	担	25.10	25.46	11.95	16.20	13.36
刺绣品	担	15.95	5.38	—	3.12	4.86
丝织品	担	373.51	204.98	187.03	326.11	276.39
丝带	担	108.77	37.87	26.57	52.09	106.39
丝腰带	担	—	—	—	—	12.84
丝线	担	9.45	7.07	10.18	19.70	23.97
红糖	担	230257.48	250137.94	105795.23	127144.22	177670.87
冰糖	担	12174.44	954.50	723.66	5682.89	10956.46
白糖	担	92105.55	46663.21	27023.38	34821.31	52599.76
烟草	担	3012.46	1618.95	1139.39	2007.44	1810.89
姜黄	担	2193.41	1757.61	2257.77	2469.01	4302.53

出口贸易

据海关统计，山东及邻近的吉林、山西、陕西、河南等省的农产品和制成品，经该港出口到国外并从沿海运出的有55种，价值为 3342410 两，比 1878 年的出口值多出 136404 两，比 1877 年多出 1410142 两。

豆类和豆饼是迄今为止出口清单上最重要的物品，它们的贸易完全掌握在华商手中。前者 193602 担，货值 205217 两，后者 1184535 担，货值 935781 两，运往沿海地区，主要运往厦门、汕头、上海、福州以及香港，然后再运往其他地方。日本也进口了 5778.48 担豆类和 14958 担豆饼。1875 年出口 286639 担，此后豆类的出口量从未超过此值，而豆饼的出口量基本超过了前五年的出口量。

鲜果，蒸汽船运输使其出口量从 1874 年的 5580 担增加到 1877 年的 21914 担，然后下降到目前的 10583 担。出口量的下降可能是由于该省在果实成熟期间雨量异常增加，果实歉收。

果干 1147 担，与前四年相比，出口量有所增加。

毡帽的贸易量 1875 年达到 20090 件，1878 年出口量过少，现在已经稍微恢复了，有 3380 件被运送到上海。

黑枣和红枣 40974 担，比 1878 年的 46835 担有所下降，并未达到往年平均水平。

朝鲜人参，一等参 23.88 担 23383 两。二等参 2.42 担 2398 两，均超过 1878 年，但低于往年平均水平。人参是如此便携，而对它的关税——一等参每斤 5 钱，二等参每斤 3 钱到 5 钱——却如此之高，这些人参通过牛庄海关出口的数量不多，毫无疑问，大部分是走私的。

丝绸的出口不尽如人意。蚕茧出口 1798.1 担，价值为 229321 两，而 1878 年为 2435.83 担。现在的出口量大约等于 1877 年的出口量，比 1876 年多 278 担，比 1875 年多 715 担。黄丝为 998.26 担，价值为 232507 两，1876 年和 1878 年的出口量分别为 1629.95 担和 1115.16 担，大大超过了 1875 年和 1877 年的出口量。精制生丝为 36.27 担，而前四年没有出口，野蚕丝的出口情况如表 4 所示。

海上来风：近代东海关贸易报告（1864—1919）

表4　1875—1879年野蚕丝出口统计

单位：担

年份	1875	1876	1877	1878	1879
数量	283.80	1597.96	161.58	425.27	475.46

废丝从1875年的63.29担到现在的747.78担，出口量大增。养蚕缫丝是山东的重要产业。本土织工生产的产品大多质量低劣，在用其纺织时经常打结，而且没有花纹，如果以之染色，则呈淡蓝色。花纹织造需要在织布机上做大量的准备工作，与普通织造的不同之处在于纱线的数量、排列和移动方法。为了解决这个困难，人们发明了提花织机。如果这种设备被引进到这里，它的优势变得明显，它很快就会被利用；如果被科学地发现，毫无疑问，它将会创造一种苯胺或其他染料的制剂，适合于染花纹丝绸，从而产生一种时尚的颜色，一个新的和有利可图的贸易将会在预料之中出现。最近，一家德国公司成立了一家名为"弗兰达"的大型缫丝局，在两名熟练的洋雇员的监督下，使用外国机器。它所生产的成丝质量上乘，可根据需要进行提花或织锦。当这家公司全面运作，其机织品被人们所熟知和欣赏时，我们希望它能获得应有的成功。

草缏，13年前，该行业的出口量仅为1463担，1878年增至27823.85担，1879年由于英国贸易的普遍萧条和这里的雨季，出口量下降到25901.86担，价值647323两。它在我们的出口产品中已经变得如此重要，值得我们多加注意。草缏有白缏、花缏、黑白色缏、黄缏等种类，质量也参差不齐，今年白缏的价值变化为10两到60两，杂色缏（或称为花缏）的价值变化为10两到50两。其税赋为每担7钱，不论其价值如何。白缏主要在本省的莱州、武定、泰安等地制作，武定府的Malin-to[①]制作的

---

①　地名待查。

白缏是最好的。杂色缏主要在直隶的大名府和冀州府生产，也在河南府的 Weichi-chiao① 制作，从产地运到本口。莱州府和附近村庄生产的大多是纯白色的草缏，数量占出口总量的三分之一到二分之一，有时甚至达到三分之二。少量的白缏通过运河运至天津出口，1878 年出口了 9216.25 担。也有些从省城附近的地方通过运河和陆路运到烟台市场。这些地区也生产黑白色缏、斑点缏和一两种花缏，但这些种类只构成了该行业的一小部分。在制作黑白色缏时使用的黑麦秸以前是用一种外国材料染色的，而且是按照英格兰的草缏经销商常用的方案。但中国的生产者发现这种方式成本很高，为了增加他们已经很高的利润，一般都采用他们自己的方式，即用其他材料染色，其结果是生产出一种劣质的黑色。在制作过程中，这种染料渗入白色的稻草中并使之变色，这使黑白色缏最近在英国受到了一些非议。由于外国买家的竞争，很难说服中国人，如果草缏的质量更可靠，价值的波动就会减小，业务可能会大大扩展。杂色缏，由白色和黄色或浅褐色混合而成，颜色的多样性是通过使用整个麦秸来产生的，而不是像白缏那样，在叶片与鞘的交界处断开，鞘下的茎秆部分由于不暴露在光线和空气中而自然漂白。除上述之外，还生产少量的黄色缏或仿缏，但迄今为止，这种草缏的宽度太小，质量太低，不适合国内市场。这种草缏是由麦秸的上端加工而成，白色的一端被丢弃。在过去的一年多时间里，草缏作为一种产业似乎已经被引入山西，并且有少量的麦秸从那里被带到这。草缏竞争是非常公平的，但到目前为止，宽缏已经占据优势，这已经有点阻碍了现成的销售，它可能已经满足了，如果更大比例的窄草缏已经出现。大量白缏的长度从 40 码到 80 码不等，重量为 6 两到 7 两，大量杂色缏的长度从 40 码到 80 码不等，重量为 6 两到 7 两。在每年出口的所有类型的草缏中，约三分之二销往欧洲，其余的销往美国市场；但由于英国贸易普遍萧条，如前所述，1879

---

① 可能是尉氏县，待查。

年对欧洲的出口比前一年少，对美洲的出口则较多。《泰晤士报》的一位记者注意到，在贝德福郡，有许多妇女和女孩从事草缏工作，目前草缏的价格约为每二十码四便士。一个人平均要花一天的时间才能编织二十码的草缏。光是稻草的成本就为一便士到三个半便士，所以有很多人每天为了一便士到三便士而工作。但奇怪的是，英国的草缏在那么低的生产成本下，却无法在价格上与中国草缏竞争。

草帽 22230 顶，与 1877 年出口的 162362 顶相比较少。这些草帽主要市场在汉口，但广州也需要少量草帽。以前，它们是通过运河到达汉口的，后来用蒸汽船运到汉口，而最近两年的减少不无可能是由于它们又回到了原来的路线。

甘草，13669 担，价值 47569 两。粉丝，100133 担，价值 460609 两，都基本超过了常年的出口量。后者中，日本进口了 34039 担，俄占满洲地区进口了 2850 担，其余的则被送往沿海港口和香港转口。

航　运

1879 年，烟台进出口贸易的商品价值为 11530566 两。687 艘船入关，689 艘船清关，共出动 1376 艘次载货 804365 吨。其中，蒸汽船 857 艘次，合计 612216 吨；帆船 519 艘次，合计 192149 吨。在国籍方面，中国蒸汽船 417 艘次，324686 吨；英国船只 523 艘次，308902 吨；德国船只 287 艘次，106113 吨；美国船只 96 艘次，45588 吨；荷兰船只 15 艘次，3676 吨；暹罗船只 14 艘次，6578 吨；丹麦船只 12 艘次，3180 吨；瑞典和挪威船只 6 艘次，2640 吨；法国船只 4 艘次，1596 吨；俄国船只 2 艘次，1406 吨。虽然今年的吨位略有增加，但所雇用的船只数量和航行次数与前四年的统计数字非常接近，因此没有必要加以评论。

表5是过去一年的租船摘要，显示了几个港口的吨位分布情况。

表5　租船摘要

单位：艘，担

	船只数量	载重
自此前往香港	8	85100
自此前往厦门	24	187350
自此前往汕尾	10	84000
自此前往福州	1	5500
自此前往俄占满洲地区	13	104600
自此前往长崎	6	25000
自此前往神户	1	5000
自此前往黄埔	1	4000
自此前往天津	1	3300
总计	65	503850
自牛庄前往香港	2	6700
自牛庄前往汕尾	13	127500
自牛庄前往福州	1	6000
自牛庄前往厦门	2	19500
自牛庄前往黄埔	1	11000
自牛庄前往神户	1	5000
总计	20	175700

如果不记录一下过去一年里沿海地区航运业的事故情况，这份报告将是不完整的。

1月5日，收到德国费德罗号船主的来信，称其船圣诞节期间在山东半岛东部的石岛湾因暴风雪搁浅，被当地人盗抢。中国炮舰泰安号奉命前往事发地调查，10日上午带着船长和船员返回。该沉船以26美元的价格出售。

1月21日和22日，北风和东北风呼啸而至，将德国的丽贝卡号从港口的停泊处冲出，该船漂到了烟台山灯塔东侧的岩石上。船

海上来风：近代东海关贸易报告（1864—1919）

员们被绳索拉上岸，随后发现船上进了半船的水，经过勘察后，该船被认定为不再适航，并被公开拍卖。在这次大风天气中，浮标被吹走，海关码头的登岸台阶也受到一些损坏。

23日，有消息说德国的秃鹰号在离烟台约16英里的福山河附近搁浅，船员因冻伤致残。布雷顿博士带着几匹骡子，立即前往指定地点，在路上遇到了船员，他把他们带回来，他们境况不妙。一名日本水手已经死亡，船长也随后去世。在船员中，有几个人处于危急状态，其中有一两个人恐怕要因冻伤而被截肢。秃鹰号的残骸被拍卖。

24日，有情报称，德国罗莎-博特彻号货船满载福州纸货，在Cape Cod①附近的宁海州金沙港上岸。中国炮舰泰安号由道台派去援助，26日，带着船长、他的妻子和船员返回。

3月1日，狂风袭来，对港口内的航运造成了一定的破坏，海关码头的北墙被大风吹走了一大半，西北端的登岸台阶也被海浪冲毁。

英国的勿忘我号和德国的卡桑德拉号被掀出锚地并搁浅，前者在滋大洋行②的码头外，而后者则在盎斯的码头和海关码头之间。勿忘我号被判在拍卖会上公开出售；随后它浮出水面，经修理后出海。卡桑德拉号在8日晚卸货，并在春季大潮中浮出海面，但没有受到任何实质性的伤害。

英国Benclutha号帆船在宁海州金沙港附近失事。格罗勒号于次日前往救助，但未能成功。该船在海关巡查员的建议下在公开拍卖会上出售；随后，该船于4月17日安全进港。

6月16日，道台衙门传来消息，怡和洋行的顺利号（船长Paynter），载货前往烟台、天津，13日晚间因大雾，在山东半岛海岬镆铘岛附近搁浅。道台立即命令泰安号炮舰舰长火速赶往事发地点，该舰同日下午4时30分出港，于次日上午11时到达岬角。

顺利号被发现时完全受损，而船长Paynter认为它已经不可能

---

① 此处在海关报告中多次提到，译者认为这一地方最可能是今牟平区养马岛附近。

② Messrs. Fergusson & Co. 汉译名滋大洋行，是烟台最早的英国洋行之一。

继续航行了。乘客们都被安全地安置在岸上，大部分的货物已经从船上移走。晚上8点，泰安号带着顺利号的部分乘客转往丰顺号、厦门号和安平号各船，第二天上午8点抵达。19日，厦门号从沉船处抵达，因天气原因被迫离开，带走689包顺利号的货物。次日清晨，新南浔号载着英国特使兼全权公使威妥玛爵士及其他乘客前往天津。该船从沉船中打捞出26箱鸦片。24日，安平号抵达，带着前一天被遗弃的顺利号船长 Paynter 和船员等。7月2日，这艘沉船在拍卖会上被售出。

8月1日早上，一场台风袭击了烟台，异常的海潮和暴雨对船运和岸上的财富造成了巨大的破坏。从早上6点到11点，狂风大作，将街道和院落中的大树连根拔起，并造成其他破坏。在这段时间里，雨下得很大，居住区的下层街道很快就被水淹没，本港被淹没了两三英尺深。海水冲过了海关码头，一度威胁到检查区，但幸运的是，当风最大时，潮水开始下降，从而避免了更严重的事故。这场台风的严重后果很快就显现出来了。

7日，挪威籍载重270吨的 Henrick Ibsen 号，从牛庄出发，载着货物前往厦门，驶入时已无前桅；10日，载重283吨的德国 Christian 号，装运豆饼从牛庄前往福州，同样失去了桅杆，被德国的 Marie 号拖入。12日，德国炮舰狼号拖着同国的卡尔·路德维希号抵达，先前它在洋面上处于失去动力状态。13日，衙门传来消息，称从汕尾运往烟台的德国货船 Von Werder 号于6日在东南岬角搁浅，距离顺利号失事地点2英里，7日该船已被大火烧得面目全非。德国炮舰狼号前往岬角，并于15日带着10名欧洲人和4名中国人，即 Von Werder 号的船员返回。

税　收

征收的税款和关税为341030.345两，与1878年相比，增加了

27195.190两；与1877年相比，增加了125974两，1877年税收是最低的；与1872年相比，增加了10058两，1872年税收是过去10年中最高的。在进口税、鸦片税和船钞方面，可看出增加的幅度，但主要是在出口方面，出口税由1877年的89117.999两增加到本年的128597.393两，这是过去10年中任何一年都没有达到的。子口税减少了9000两左右。

各国所占关税总额如下：英国121127两；中国105123两；德国80369两；美国23522两；暹罗3170两；丹麦2426两；瑞典和挪威2081两；其余由荷兰、法国和俄国贡献。

金 银

进口金银274108两，其中上海157601两；天津45221两；牛庄55871担，包括黄金3200两；厦门13115担；俄占满洲地区2300担。出口量为2880756两，其中仅上海就收到陕西的2475959两，包括31068两黄金；天津收到319387两；牛庄收到60180两；厦门、汕尾、俄占满洲地区收到2230两；日本收到23000担。金银的总流通量为3154864两，而1878年为2231356两，呈现出923508两的巨大增长。

客运量

中国乘客在北直隶湾[①]的流动值得关注。自从山东发生饥荒以来，就有相当多的中国人乘帆船和轮船出逃，主要是到牛庄。1879年，不少于3991名中国人乘坐蒸汽船前往该港口，花费17959两

---

① 即渤海湾。

旅费。有些是真正的移民，他们携家带口离开本省，到奉天、吉林和满洲的其他地方永久定居；有些是商人，他们随着牛庄的结冰期和开河期而在海上往返奔波；但大多数是苦力、农夫、手艺人等。去鸭绿江荒野中寻求人参的人，把家人留在这里，希望在五六年内回到他们身边。从牛庄出发的中国乘客只有383人，可以推测他们主要是由上述商人组成。来、往天津的中国蒸汽船乘客分别有3544人和4513人。这些运客的花费——按每人7.50两计算——每年有60437[①]两。

从烟台到天津只需20个小时的海路；如果尝试一下，就会发现有可能——通过雇用中国人担任工程师，在最便宜的市场上采购煤炭等——制造出一艘蒸汽船，能够在任何普通的涨潮状态下穿越大沽口，乘客全部都是中国人，从而以1两或1.50两的低廉票价运送他们。如果试行这样的计划，毫无疑问，目前所有的客运量都会转到蒸汽船上，并因此获得巨大的利润。

369名中国人乘坐帆船前往俄占满洲地区，568人来自俄占满洲地区。乘坐蒸汽船到上海的中国人有955人，洋人有274人；从上海来的中国人有831人，洋人有249人。蒸汽船和轮船的出发人数为10375人，到达人数为5720人，合计16096[②]人，而在1873年海关开始受理客运业务时为2784人。在总数中，洋人有1069人。

灯 塔

在这一年里，烟台灯塔和卢逊灯塔得到了有效的保护。在最近的检查中，发现他们的照明设备、厂房、塔楼、住宅、办公室、油

---

① 原文如此，计算有误，保留原文数据，存疑。
② 原文如此，计算有误，保留原文数据，存疑。

房、油罐、信号枪等都有彻底的维修和保养。各站已备足来年所需的油、灯芯及灯塔用品。

休 士
海关税务司

附：两艘蒸汽船线额外增加了水脚费用，其中一艘蒸汽船每次7.00两，另一艘蒸汽船每次2.50两，结果总是满载本土乘客。1880年前两条线路的收费减少到3两。

1880年烟台贸易报告

烟台东海关，1881年2月25日

总税务司阁下：

  与1879年的报告当中所提到的航运、洋土货进出口、税收达到了历年以来的顶峰相比，本年的贸易额有一个明显的下降。与1879年相比，鸦片和棉货的进口减少了100万两，土货进口减少了近17000两，出口贸易增加了15万两。进出口合计，虽然较1879年减少100万两，但仍较1863年以来的其他年份要多。如果不是关于本省和邻近省份爆发战争的谣言四起，加之军队的频繁调动，人民生活在一片紧张的气氛中，那么本年的贸易额将会与1879年持平，甚至会超过1879年的水平。本年该省处处可见景气的迹象。山东的工业部门充满活力，潍县周边地区造纸业发展迅速，以前只能生产一种糙纸，而本年各类纸张相继面市，并销往全省各地。在饥荒爆发以及之后的一段时期内，纺织工人难以找到工作，但现在纸张制造业对劳动力的需求很多，以至于有越来越多的年轻人正在学习这门手艺。制香业者们的生意也很不错，他们的产品几乎销售一空。庙宇和神佛造像被装饰一新，伶人戏子们对邀约应接不暇——这是一种经济繁荣的信号。农业丰收在望，得益于四五月丰沛的降水，小麦收成喜人。夏秋两季雨水较少，虽然地势高的旱地收成欠佳，但是淤积土地区较以往丰产。高粱长势喜人。豆类、黍类作物长势可称得上十分好。上年度夏季三个月的暴雨引发洪水，这些田地被洪水冲毁淹没，而本年度却已经是一片丰收景象了。

据说，本省东部地区出售的牲口数量比以往任何一年都要多，而且不断有牲畜从南部地区贩运而来。从沂州府到本省西部的情况不容乐观，由于夏秋连旱，这些地方的田地焦干，传统简陋的农具根本无法耕犁，冬小麦也就无法播种。到10月成群的黄牛就被卖至情况好一些的地方，人们说他们恐怕难以保证这些牲畜安然过冬。后来人们期待已久的大雪从天而至，驱散了人们关于灾难的一切忧虑。即墨县的民众往年都可以从果品中获得不错的收入，但是本年度很糟糕。虽然1879年他们的收成优于往年，但本年却彻底歉收，这主要是由于5月的雹灾，将果树上的花、芽砸落一地，造成果树减产。除了这些异常地区，本省其余各地丰稔有望。有理由相信，1881年将有一个好的收成，而且商业也会随之繁荣起来。

进口贸易

从外国、香港以及中国其他口岸进口的洋货总值为4383490两，其中复出口主要是销往汕头、天津、牛庄，其货值为220763两，剩余的4162727两则是在本地消费。进口土货主要来自上海、汕头、打狗、厦门、牛庄，货值为2511150两，其中165739两复出口到其他口岸，其余的2345411两在本地消费。

洋货进口贸易中，货值最大的是鸦片，本年度洋药项下的总进口额为2641.18担，总值为1416483两，而1879年是4172.99担。1879年是一个特殊的年份，与1878年相比多370.45担，比灾荒之前的两年进口额还要多出1000担。在1880年进口的洋药中，有230担复出口至中国其他口岸。减少的份额，主要是白皮土，本年度进口2098.76担，而1879年则是3575.79担，这可能是由于悬而未决的政治争端，加之中国土烟产量日益增长且价格日趋低廉；另外还有一部分原因是假鸦片的输入（有 221.75 担，货值为 3335 两，大约每担 15 两，且加征 5% 的从价税）。这种假鸦片在中国人当中又被称作芝麻膏，它是用芝麻制成的，俗称料饼、饼儿、假烟膏。在"年度贸易报表"中表 IV 有与之相关的详细数据。这些假鸦片的主要成分是芝麻子，还混有其他的成分，比如罂粟壳、罂粟碎屑等，这些是鸦片掺假的常用材料，但一般人很难辨别出来。这些假鸦片呈褐色，每个 2 斤，用篮子运至该口，包裹以油纸，主要从汉口经上海运来。1879 年，汉口运出 617.98 担，而到达烟台的只有 197.68 担，那么很显然，这些假烟膏有很多流向了其他地区。从苹果、糖或是小麦中提取的一些成分也用于鸦片的造假，其含量有时可以达到 40%—60%。土烟也是高度掺假，事实上土烟掺假已经成为惯例。熟烟（自然也是掺了假的）在烟台的烟馆中售价 40 个铜板每钱，而纯正的鸦片每钱需要 98—100 个铜板。

喇庄土，今年进口 321.48 担，而 1879 年进口 330.60 担，今年进口量位居第二，平均每担 450 两，在市场上颇受欢迎。

公班土，在当地并不怎么受欢迎，主要是因为价格太高。进口量从 1879 年的 59.60 担降至 1880 年的 31.26 担。

波斯土，进口量为 188 担，当品质较好时，其销路不错，与 1879 年相比，其进口量少了 19 担。

从上海进口的土烟数量极少，只有 1.74 担，1877 年、1878 年有关于一小部分熟烟进口的统计，但是随后两年中，海关没有熟烟进口的相关记录。

与 1879 年相比，本口鸦片贸易急剧下跌，其差额不少于 623329 两。

棉货——与 1879 年相比，该贸易项下几乎所有门类的进口量都有所下跌，原色布从 422936 匹跌至 284515 匹，漂白布从 28414 匹减至 24982 匹，染色点布从 10260 匹减至 638 匹，标布从 352073

匹减至 350413 匹，英国粗斜纹布从 4177 匹减至 2700 匹，英国原色粗布从 2850 匹减至 1967 匹，洋红布从 67908 匹减至 63770 匹；锦缎、印花布、缎布、手帕、羽绫、提花布、斜纹布进口量，尽管不如上述各项那么明显，但也都有不同程度的下跌。虽然英国细斜纹布进口量增加了 1090 匹，平纹细布增加了 321 匹，染色布增加了 1141 匹，花剪绒增加了 400 匹，但依旧不能弥补上述各类棉货进口量减少导致的缺额。进口的美国棉纺织品中，细斜纹布增加了 1705 匹，但是粗斜纹布从 68643 匹减至 41695 匹，有 26950 匹的差额，原色粗布从 97647 匹减至 95816 匹。

1880 年本口进口的各项棉货总计 956584 匹，货值 1729361 两，比 1879 年减少了 190238 匹，413529 两。

英美棉布进口量减少的原因，一方面正如本年鸦片进口量减少那样，从本年年中开始，战争阴云笼罩，流言不断，人们忧心忡忡；另一方面也缘于本地纺织业的兴起——具体表现为棉纱进口量大增，土布进口量减少了近一半。

棉纱，本年进口 1184.37 担，呈继续增长之势，比 1879 年增加 1828 担，这一数字比前五年中任何一年都要高出 3 倍以上。正如前文所说棉纱进口的增长促进了山东纺织业的发展。

棉线，进口量为 20.35 担，比 1879 年减少 14 担；棉胎的进口量 1879 年为 680 匹，而本年却没有出口记录。

毛货，1879 年进口量增长明显，达到 24447 匹，而往年一般是 1300—1500 匹。本年毛货进口量下降至 3010 匹，其主要原因在于去年进口量过多，导致库存积压严重，另外毛货容易褪色，不耐用也是导致进口减少的部分原因。

各色羽纱、素棉绒布本年进口 13784 匹，远低于往年平均水平，1878 年、1879 年该项进口量分别为 27470 匹和 17508 匹。

羽纱 1570 匹，哔叽 401 匹，小呢 2574 匹，与往年无异。

毛棉混纺织品的进口额为 1663 两。

毛货各项总进口量是 22496 匹，货值 142802 两。如果有某种毛货能够在保暖性、价格、耐用性方面超过棉衣的话，毛货的进口量将会大大增加。

金属——1879年金属项下各类除铅、钢、锡锭外都有大幅增长。本年度各项却都有减少。

铁枝1879年进口39904担，今年是15660担，铁丝1879年3051担，今年是3900担，铁板则从16067担降至14502担，旧铁进口大增，这些旧铁（包括锅炉铁、马蹄铁、碎铁）总进口量为67878.26担，货值92580两。这些进口的旧铁被打造成铁钉，这是本地最重要的一个生产部门，这些铁钉用于几千匹骡、驴、马的蹄掌——这些牲畜是山东省内的主要运输工具。旧铁也有相当大的部分流入本地的铁匠铺，由铁匠铺将它们打造成骡马的蹄掌。所以当地的铁匠铺和蹄铁匠的生意相当红火。忙碌的铁匠们总是辛勤做活到很晚，烟台的夜空被铁匠的火炉映照得通红，叮叮当当的打铁声不绝于耳。

铅本年进口1432.40担，只有1879年的1/4，洋钢从4091.89担跌至半数，而国产钢从2109.70担减至360.11担，锡锭从1878年的6243.47担和1879年的1960.90担跌到几乎可以忽略不计的59.80担。水银从1879年的404.73担减至19.68担。

杂货——洋煤，本年进口5100担，比去年有所增加。玻璃板本年进口330100平方英尺，几乎是1879年的3倍，火柴58070各罗斯，大米107291担，煤油11610加仑，这些都有大幅的增加。

洋菜本年进口680担，制针211550千根，俄国海带94887担，日本海带13218担，苏木12917担，这些在数量和货值方面均有明显下降。

进口的红糖和白糖，各有8275担和769担，主要是从暹罗和香港进口而来。

洋伞货值为1467两。

土货——进口的中国土货的净值是2345411两。土货贸易虽然货值较大，但是只有洋货进口贸易额的半数，实在是难以与洋商竞争。历年土货进口情况如表1所示。

表1　1875—1880年土货进口统计

品类	单位	1875年	1876年	1877年	1878年	1879年	1880年
信石	担	1731.53	1326.39	1527.27	1921.38	2565.68	1323.94
铜纽扣	担	986.06	646.77	375.23	789.87	1033.80	5100.00
棉花	担	508.24	7016.62	6849.16	9596.58	6607.04	946.79
夏布	担	1043.83	939.94	391.75	739.59	1593.88	1889.70
药材	担	2658.17	1485.29	1334.37	2715.84	2454.92	2941.95
一等纸	担	8097.39	3668.38	2682.52	10207.78	10942.48	6319.33
二等纸	担	31411.90	26441.43	33062.80	43838.49	26732.07	31929.07
神纸	担	5021.25	4061.93	5285.21	6324.36	4324.66	1712.71
大米	担	8.90	59999	195113.16	72488.25	100430.55	107291
丝巾	匹	885	1450	1636	10035	7821	7893
丝棉混纺	担	25.10	25.46	11.95	16.20	13.36	15.86
刺绣	担	15.95	5.38		3.12	4.86	
丝绸	担	373.51	204.98	187.03	326.11	276.39	$320.12\frac{1}{2}$
缎带	担	108.77	37.87	26.57	52.09	106.39	111.71
腰带	担					12.84	
丝线	担	9.45	7.07	10.18	19.70	23.97	25.94
红糖	担	230257.48	250137.94	105795.23	127144.22	177670.87	168865.98
冰糖	担	12174.44	954.50	723.66	5682.89	10956.46	7722.72
白糖	担	95105.55	46663.21	27023.38	34821.31	52599.76	77500.74
烤烟	担	3012.46	1618.95	1139.39	2007.44	1810.89	4571.74
姜黄	担	2193.41	1757.61	2257.77	2469.01	4302.53	3901.32

表1中，最重要的项目是糖，本年各类糖的进口货值达到1161789两，几乎占据整个土货贸易额的一半。红糖168865.98担，比1879年少了8805担，但是白糖本年进口77500.74担，去年是52599.76担，弥补了红糖缩减的差额。相比1879年冰糖减少3233.74担，但是依然大幅超过1879年之前的三年，是很令

人满意的。

丝绸类包括丝绸、缎带、丝线和 84 斤的蚕茧，总值 236929 两。在过去五年当中，丝绸呈现较大的波动趋势，本年进口 320.12 匹。缎带进口 111.71 匹，与以往五年的平均数相比有所增长。丝线 25.94 担，进口量稳步增长。

大米本年进口 107291 担，货值 136864 两，较 1879 年的 100431 担，及 1875 年的 8.9 担，有明显增长。这些大米均是用来供给驻扎在本省南部的军队，没有任何迹象表明，烟台会存在一个日益增长的大米市场。

棉花，外轮运来的土棉有明显的下降，1878 年 9596.58 担，1879 年 6647.04① 担，1880 年 946.79 担。

伴随进口数量减少的是省内土布制造业的迅速发展。我咨询过很多中国人，了解到除非山东省发生灾害事件，否则通过蒸汽船运棉花到烟台来是无利可图的。现在运输的方式已经改为帆船，这些帆船来自江苏的江北、通州等地。每年运至烟台的棉花数量大概有 25000 包，每包征收税费 7 钱，这些棉花从上述口岸以及上海，运至黄县和蒲台的大概有 17000 包，每担（130 斤）加征 1 钱 5 厘的税。从经过常关的民船数量来判断，棉花的运输已经以帆船运输为主。

纸张，一等纸 6319 担，虽然与 1876 年和 1877 年相比有所增加，但与 1879 年、1878 年两年相比，均少了大约 4000 担。二等纸 31929 担，远远超过 1879 年，但比 1878 年少了近 13000 担。神纸 1713 担，只有往年的 1/3。虽然纸张的进口量减少，但是并没有因此出现市场供应紧张的状况，其原因在于潍县及其周边地区纸业的发展。以前潍县只能生产糙纸，而现在几乎各个种类的纸张都可以生产，并销售到本省各地。各类纸张的进口货值在 1880 年达到顶峰，货值为 352633 两。

---

① 原文如此，与表中数值不一致，保留原文，存疑。

海上来风：近代东海关贸易报告（1864—1919）

出口贸易

本省及邻近省份丰富的物产由洋轮从烟台口径运外国、香港及中国的其他口岸，估计货值为3397677两；由烟台复出口至上述地区的商品有165739两，二者合计3563416两，达到历年的顶峰。这些商品当中包括草缏、豆饼、茧绸、野蚕丝、黄丝、粉丝、大豆、豆油、大枣、药材、人参、甘草、干虾及其他杂货，此处不再赘述。这些货物共计由169艘船载运，来往601次，总计吨位数为385255吨。海关出口税收为126689.62两。上海是烟台出口货物最大的目的地。货物抵达上海后，或是由上海径运外国，或是由上海分销至中国各地。其中包括：草缏，货值1099832两；茧绸、野蚕丝、黄丝、废丝，货值554833两；粉丝，货值262032两；大枣，货值45099两；另外还有药材、甘草、杏仁及其他杂货，货值总计2246480两。烟台与汕头之间的贸易居第二位，其中豆饼货值393352两，各类豆子货值3393两，粉丝货值87664两，大枣货值6367两，杂货货值49155两。运至厦门的豆饼货值为317769两，各种豆类的货值为53292两，干海货的货值为14865两，另外还有大枣、豆油、杂货，总货值为465647两。运至香港再转销中国其他口岸的货物价值59198两，通过香港再出口至外国的货物价值51813两，这些货物包括大豆、大枣、药材、粉丝和草缏。烟台径运到天津的土货货值1156两，而烟台复出口到天津的货物价值为39806两，这些货物主要是红糖、冰糖、一等纸、毡帽。牛庄名列第五，运至牛庄的山东物产如烤烟、药材及染料，货值为2282两，对牛庄复出口的物产则是红糖、白糖、烤烟、一等纸、白铁皮、白蜡，货值为30774两。有货值27808两的大豆、豆饼、大枣运往福州，而运往广州的货值则有18611两。运至宁波的大豆、红枣货值只有7981两。径运外国的土货中，有货值 4520 两的草缏运往英国；直接出口到日本的甘草、药材、茧绸货值共计 6668 两，复出口到日本的土货几乎全是红糖，其货值为 13113 两；运至俄占满洲地区的有棉花、棉衣、红糖、铁器、垫子、土布、一等纸、鞋子、茧绸、粉丝、杂货等，货值共计 17558 两。烟台出口、复出口至外国，以及运至香港再转运出国的货物，货值总计 93692 两。

草缏——14 年前草缏出口仅有 1463 担，1880 年已经扩大到 33368.09 担，货值为 1115925 两，这是有史以来草缏出口的最高纪录。尽管如此，却很难让出口商和当地华商满意。这是因为草缏产量大增导致价格下跌严重。市场上的草缏，除了几种常规的样式外，生产商也开始尝试几种新颖的花色式样。这些花色虽然符合中国人的审美，却不能迎合洋人的品味。

草缏的花色有蓝色、青色和黑色混色的；绿色和白色混色的，或是绿色和金色混色的；还有红色和白色混色，洋红和白色混色，金色和白色混色的。最后一种混色草缏和普通的杂色草缏没有多大的不同，如果不是其花纹更具规律性，人们会将它误认作杂色草缏。基本上所有的草缏都是在黑白草缏的基础上，再编进两种花色的草缏。唯一一种比较符合洋人审美的是洋红和白色的混色草缏，大约有 300 包这类草缏从内陆运来，其中有 150 包高价售出，经销商手里还剩余 150 包。其他种类的草缏销量平平。这些新想法，可以说是完全本土化的，虽然彰显了草缏从业者勇于尝试、敢于创新的精神，但令人遗憾的是，这些新式的花色并不十分符合外国人的口味。"锯齿牙"式草缏以及一些其他国外的草缏样式也被介绍到中国来，但是这些样式的编织方法和中国草缏匠人习惯的编织方法有很大的不同，致使编织者一时不能很好地掌握编织技巧，因此他们制作的草缏存在缺陷。去年出口量较大的是杂色草缏，其产量虽然大增，但其质量却明显下降，在伦敦市场上，其价格甚至要降到每 20 码 2—3 便士才能卖得出去，然而即便是在这种情况下，生产者也未能重视起来。和 1879 年一样，山西运来的草缏占到烟台草缏出口总量的10%左右。目前还无法有效提高草缏的质量，以扩大其出口规模。军队的调动以及随之而来的紧张气氛，更是阻碍了草缏的正常生产。

由于北京附近地区所产的白草缏比莱州生产的白草缏质地更轻且色泽更好，烟台出口的白草缏数量大幅下降。市场对白草缏的相关需求没有引起本省草缏生产者的重视。

据说黑白混色草缏获利不错，这是由于在黑白草缏染色时可以将整根秸秆一起浸染，从而与白草缏在染色时需要不停地分段浸染相比节省了大量时间，因此黑白草缏的产量很大。

豆饼——与1879年的1184535担，935781两相比，本年出口967717担，货值为722949两。1880年豆饼的出口量虽然比1879年、1878年略少，但同1876年、1877年相比却有增长。在我看来，本年豆饼出口量下降的原因在于，在过去的三四年中，某些豆饼生产者生产时在豆饼中加入一些其他物料用以增加豆饼的重量。南方的买家对这一行为心知肚明但又无可奈何。另外，在豆饼生产中存在着将原本56斤的豆饼制作得轻2—2.5斤，当进行交易时通过操纵杆秤，使这些短斤少两的豆饼依然按照56斤的规格足斤卖出的现象。这一做法遭到了汕头商会的抗议，他们提议每一个豆饼上都要加盖生产商行的戳记，山东的豆饼生产者自然拒绝了这一提议。双方互不相让，后来汕头商会终止了所有与本省商人的豆饼交易，时间长达数月之久，直到本省商人最终接受他们的提议。因此在豆饼贸易恢复正常后，1881年的出口量将会大幅增加。

豆油——在过去四年中，豆油的出口量从327担增加到7028担，本年豆油出口量是1879年的5倍。本年豆油出口量大幅上涨的原因在于，1879年豆油的价格为每担3.4两，而到1880年，豆油的价格变为每担2.5两，这大大增加了出口商的利润空间。

豆类——黑豆、绿豆、白扁豆、黄豆以及其他豆类，本年出口量为189873担，货值183622两。虽然同1879年相比本年豆类出口量减少了3729担，但还是要远远超过1878年、1877年、1876年这三年的出口量，因此豆类的出口总的来说是令人满意的。

茧绸——茧绸的出口量从1875年的1083担稳步增长至1878年的2436担，1879年下降至1798担，本年出口量有所回升，达到1940担。茧绸是以重量来买卖的。每匹茧绸大概长20码、宽1.5英尺，重量在2斤左右，每匹茧绸在最边缘会标记上它的重量。每匹茧绸的价格，根据其重量和质量不同，从3元到6元（鹰洋）不等，而且茧绸的价格与进口服装面料的价格差不多，但茧绸更为耐用。茧绸可以像棉布一样水洗而不受损伤，仅仅会失去一点点光泽。这种面料唯一的不足是不容易染色，到目前为止，中国人还没有掌握如何用化学方法提取碱，他们在这方面做过许多尝试但都不是很成功，这使得茧绸染色后常常看起来颜色不均，有些丝线颜色深，有些丝线颜色浅。自然而然地，这种茧绸制成衣服特别是袍子时，整件衣服颜色不均的现象非常明显。据估计，在本省有大约950架织机利用野蚕丝（柞蚕茧）加工制作茧绸；昌邑县大概有500架织机，宁海州有100架，栖霞县有150架，在烟台，宝兴洋行旗下装备有国外机器设备进行生产的烟台缫丝局有200架织机。只有昌邑县的土机能够生产出质量较好的茧绸。制作精良的白色茧绸主要是用来制作社会上层人士穿的夏袍，另外，在中国的洋人太太、小姐们也会用它来制作平常的礼服。做工较为粗糙的或是染色的茧绸常用来做成本地社会中间阶层人士穿的衣服。宁海州的茧绸虽然质地粗糙，但非常耐用，因此，更穷一点的人们多是用这种面料来做衣服。栖霞县所产的茧绸质地也非常粗糙，但是受到那些更注重耐用性而不在乎质地的人的欢迎。在烟台，仅有一家商号在出口这些质量较差的茧绸，而且多出口到中国的其他沿海口岸。质量较好的茧绸多是在本省内买卖、消费，很少有离开本省的，因此在出口报表中茧绸项下记录的主要是一些质量较次的茧绸品类。

野蚕丝，即以柞树叶为食的柞蚕所吐的丝。1880年野蚕丝的产量大概是7125担，其中有1732担由洋轮运销出口。自1875年以来，野蚕丝出口量的波动很大，1875年的出口量仅有283担，1876年出口量达到1597担，而在随后的1877年、1878年、1879年，野蚕丝的出口量又缩减至161担、425担、475担。1880年出口量又回升到1732担。

春天，当蚕由卵孵化成幼虫后，它们就会被妥善安置在柞树上，如果幼虫孵化后，户外气温依然很低，那么人们会在室内喂养这些蚕虫一些时日，通常不会超过十天。挂蚕上树直到蚕虫吐丝结茧之前，都需要细心照料以防飞鸟啄食蚕虫。1000枚蚕茧，大约4斤重，能抽11—17两蚕丝。

优质生丝的出口量从1879年的36.27担减少到本年的18.66担。1879年以前的优质蚕丝出口量没有统计。

废丝的出口情况非常令人满意，从1876年的29.15担增加到1879年的747.48担，在本年达到3018.56担。目前这些废丝很多是用舢板由海对岸的关东进口到烟台，然后再由此出口到其他地方。

粉丝——粉丝是本省的一个引人注目的产业。据估计，每年粉丝的产量大约为60500担，每担大约有135斤。粉丝根据质量分为三种：第一等的粉丝，全部只用绿豆加工制成，在其产地黄县的价格为每担4.40—5两；第二等的粉丝，产地为招远县，用绿豆和其他豆类加工制成，价格为每担4两；栖霞县、莱阳县、福山县出产的是三等粉丝，这种粉丝是用绿豆混合着小米制成的，价格为每担3.40—3.80两。粉丝出口从1877年的64906担扩大到103320担，1880年，粉丝出口额达到412760两。

鲜果——得益于航运的便利，山东盛产的水果，如梨、苹果、杏、樱桃出口贸易正逐步兴起。1877年鲜果出口量为21914担，1879年出口量下降至10583担，1880年出口量降为4976担。出口量下降可能是由于本地四家经营鲜果运输出口的商号中有两家经营不善倒闭,另一原因在于5月4日的雹灾使附近地区正值花期的果树遭受严重损害。洋人们在本地成功培育繁殖出个大味美的草莓、负有盛名的巴特利特梨以及其他一些优良的水果品种。有一位先生[①],成功引进了几种加利福尼亚地区的优质果树,目前已经可以进行分枝栽种了。当中国人认识到这些优质的水果将会卖得高价时,他们就会非常乐意栽种这些品种的果树,不出几年,美味的巴特利特梨以及其他一些高品质水果将会取代那些品质差的本土水果。核桃本年的出口量为2469担,货值为6671两。

以上所述干果中,出口规模最大的两项为:杏仁,出口量为1625担,货值为15761两;大枣,出口量为34414担,货值为84821两。其他以干果命名的各类果干、果饯出口量持续增长,从1877年的360担,增长到1880年的2170担,本年出口量几乎是1879年的两倍多。

复出口

进口洋货复出口到外洋的,有洋标布1650匹,货值2324两;铁及其他金属货值536两;杂货类货值754两。这些货物复出口到俄占满洲地区、日本、香港。进口洋货复出口到中国其他口岸的,货值为217419两,主要的商品为鸦片,货值为124251两;少量的棉货和绒货;111担纱线;694担锡锭;一部分铁、金属丝、铅和水银;价值8028两的染料;128担鹿茸;19500千根针;价值3068两的二等海带;一些胡椒、木材以及其他杂货。复出口的目的地主要是牛庄、天津、上海、厦门和汕头。烟台复出口到以上五口的土货,货值为151148两;复出口到香港、俄占满洲地区、日本的土货货值有14591两。主要的商品品类有帽

---

① 美国传教士郭显德。

海上来风：近代东海关贸易报告（1864—1919）

子、本地和朝鲜的人参、一等纸、生丝、草缏、红糖、白糖、冰糖，以及其他一些杂货。

贸易额

1880年烟台口的进口额为6508138两，合1952441英镑，出口额为3397677两，合1019303英镑。进出口贸易总额为9905815两，合2971745英镑，虽然这一数值比烟台口自1863年开埠通商以来的大多数年份都要高，但与1879年相比，却减少了1057683两，合317305英镑。与1879年相比，本年洋货进口减少了1190056两，主要是鸦片和棉布进口减少所致，二者本年进口减少了623329两，合413529英镑。本年土货进口量也出现了16779两的下滑，但总体来讲，下降幅度并不明显。本年的出口贸易额为3397677两，与1879年相比，增加了149152两，并且创过去十六年出口额之最。贸易逆差为3110461两。本年金银出口额为3120620两，进口额为498896两。

税　收

本年度各项税收共计288146.298两，同1879年相比减少了52884.047两。尽管税收减少的主要原因在于本年鸦片进口关税收入减少了41611两，但其他各项税收也都有所减少，进口关税、出口关税、子口税、轮船船钞分别减少4862两、2007两、973两、3529两。在所征关税中，英籍船有109570两，中国籍船有105020两，德籍船有56891两，美籍船有4193两，法籍船有3766两，非条约国船舶有5135两，其余关税收入则从丹麦、荷兰、瑞典和挪威船只征得。

航 运

本年度共有 338 艘船舶进出烟台港，往来航行 1196 次，船舶吨位共计 768477 吨。与 1879 年相比，进出港船舶数量减少了 180 艘 35888 吨。很显然船只减少量与吨位数减少量并不成比例，对进出港的不同国籍船舶情况的检查也证实了这一点。船舶数量及吨位数的减少完全是往来本口的帆船数量大幅减少所致，与帆船情况不同，本年进出口蒸汽船增加了 4 艘 28959 吨，这也表明来往烟台口的船舶的装载能力明显提升。

英国——本年度进出烟台口的英籍船，与 1879 年相比，减少了 33 艘 2215 吨。其中，进出港的蒸汽船有 360 艘，与 1879 年持平，但船舶吨位数却增加了 13899 吨——这一数量的增加，足以抵得上减少的 33 艘帆船的运力。这也清晰地说明了，在中国各口岸之间货物的运输方式正逐步由帆船运输变成蒸汽船运输，在往来的英籍船中，这种转变尤为显著。

美国——往来的美籍船舶大幅减少，与 1879 年的 96 艘 45588 吨相比，本年只有 10 艘 4328 吨，减少了 86 艘 41260 吨。来往的蒸汽船数量减幅明显，1879 年美籍蒸汽船 pingon 号频繁进出本口，但到本年不管是 pingon 号抑或是其他美籍船只都没有到访烟台口。另外，与 1879 年相比，本年来往的美籍帆船也减少了 14 艘 7790 吨。

德国——与去年相比，来往本口的德籍帆船数量大幅减少，但蒸汽船吨位数明显上升。本年度德籍帆船数量减少了 121 艘 34931 吨，而蒸汽船却增加了 26 艘 21548 吨，两者相抵，本年来往德籍船，净减少了 95 艘 13383 吨。从这里可以再一次很明显地看出，船舶数量和吨位数的减少不成比例。这样看来，我们可以得出这样的结论：尽管乍看上去，船舶数量的减少可能意味着本口在货物往

海上来风：近代东海关贸易报告（1864—1919）

来运输方面重要性的下降，但其实是运输方式正在由帆船运输转变成蒸汽船运输。

其他国家——法籍船只，本年度增加了 4 艘 1134 吨。丹麦籍船从 1879 年的 12 艘 3180 吨减少到 6 艘 1250 吨。荷兰籍船也减少了 12 艘 3148 吨。瑞典和挪威籍船增加了 2 艘 250 吨。来往的暹罗籍船与去年基本持平。

中国——与 1879 年相比，进出本口的中国籍船舶数量增加了 48 艘 26068 吨。

意外事故——和往年一样，本年度烟台口发生了一些意外事故。4 月 9 日，英国的三桅纵向帆船 Floral Star 号在成山角西南大约 18 英里处搁浅。英国军舰 Pegasus 号对它实施了救援，到 4 月 16 日时，英舰救出该船的船长和船员，但是该船的残骸不得不弃置在事故发生地。5 月 26 日，中国炮舰镇东号从 Thornton Haven 到达烟台，因触礁舰底受损。5 月 27 日，法国单桅战船 Champlain 号，从上海出发到烟台，撞沉一艘民船，民船上的船员获救。9 月 27 日，雨夜，从香港始发的满载货物的美国双桅帆船 Annie S. Hall 号，在烟台灯塔东南偏东、岗哨西北偏西附近地区触礁。美国军舰 Alert 号对它实施了救援，船上的货物不得已被卸下。后来该船从触礁地区脱险，10 月 9 日到达烟台港，此次事故中，该船受损不大。10 月 24—25 日，烟台遭遇从西北和西部吹来的大风，滔天巨浪冲进港口，使港口的民船以及岸上的财物受损严重。几艘大的民船被海浪冲到很远很高的岸上，一些小型的舢板被冲毁。准备从烟台开往牛庄的暹罗籍三桅帆船 Fortune 号，因大风卷走了船帆，不得不延期。11 月 25—27 日，西北偏北方来的狂风，伴随着强降雪席卷了烟台，造成了巨大的人员伤亡，航运方面受损严重。据说有 70 人以及 2 艘民船在崆峒岛灯塔附近遇险，有 4 名当地人从海难中脱险，躲避在邻近一个小岛的岩石下，他们生了一堆火来取暖，不承想导致供他们避险的岩石因冷热不均发生断裂，滚落下来将 4 人砸死。有 3 人以及 200 块料石在运往猴矶岛灯塔途中发生翻船，3人连同东海关租用的民船一起失踪。美籍双桅帆船Louise号，从牛庄启程准备驶往汕头，因桅桁断裂不得不驶进本口修整。德籍三桅帆船Anton Günther号在港口附近锁链断开，偏离了航道，幸运的是从海关救援船上抛来的缆绳及时拖住了该船，该船才避免了撞上岩石。在大风期间，大约有30艘民船被吹上海岸。

金　银

根据海关统计报表，本年度由洋船进口的金银货值有498896两，几乎是1879年的两倍。其中，从牛庄输入4700两黄金，242190两白银；从上海输入14377两黄金，134459两白银；由天津输入117547两白银。本年度金银出口为3120620两，与1879年相比增加了239864两。上海依旧是烟台口金银出口的主要目的地，有61253两黄金、2575014两白银出口到上海；天津是第二大目的地，有327115两白银出口到天津；有148627两白银出口到牛庄；有7184两白银出口到俄占满洲地区；另外也有少量白银出口到汕头和日本。本年度金银的进出口总量相当可观，达到3619506①两，而1878年、1879年则分别是2231356两、3154864两。

客　运

从北直隶海湾②到南方客运方面最值得注意的特点是，蒸汽

---

① 原文如此，计算有误，保留原文，存疑。
② 即渤海湾。

船更受偏爱，本年度有16502人选择乘坐蒸汽船来往于两地，而选择帆船的仅有747人。与1879年相比，本年客运多出2311人。有10065人来往于烟台和天津两地；3983人去到牛庄，其中仅有455人从牛庄来烟台；其余的可能是乘坐蒸汽船或民船由烟台直接去到上海、汕头；1007人往返于上海、烟台两地；有200人乘坐帆船去到俄占满洲地区，而有391人从那里回来；另外还有156人乘坐帆船从本口到牛庄、厦门、汕头、香港和日本等地。

灯 塔

本年度，东海关对下辖的烟台灯塔和卢逊灯塔进行了经常性的、切实的巡查。守备灯塔的职员们既灵活机敏又冷静沉着，且工作高效。灯塔的照明设备、建筑设施、员工宿舍、办公室、油料室、油罐、信号枪，以及各类工具都完好无损且经常被检修，各种簿册记录翔实且保存得很好。每一座灯塔哨所都备有充足的备用灯、汽缸、油、灯芯和其他各种灯塔用品，以备来年使用。

猴矶岛灯塔——该灯塔目前尚未竣工，本年8月28日，装设了一个临时六等折光固定灯，该灯塔高出海面300英尺，矗立在猴矶岛南面的山顶上，天气晴朗时，其有效射程为10海里。由于正处在施工中，目前从北方来看该灯塔灯光略微有点模糊。这个临时的指示灯运转良好，有几位蒸汽船的船长向我表达了对该灯塔的欣赏和赞美。建造该灯塔所用的石料经过切割、打磨、装配之后，先在东海关税务司署码头搭建起来，然后再拆下连同建造所需的木材——同样也是先在税务司署码头装配好的，以及工程所需铁质部件等，一起用民船运往55英里之外的猴矶岛。这些建材以及建造员工宿舍所需要的石头、砖等已经运到山顶上，其间花费了大量的人力和时间。所有的相关合同都已经落实签订好了，冬季无法施工，开春之后该项目将会很快重新开始。猴矶岛灯塔预计将在1881年夏季竣工并投入使用。

休　士
东海关税务司

1881年烟台贸易报告

烟台东海关，1882年2月11日

总税务司阁下：

1881年头几个月，烟台的布匹货、棉纱、毛织货、金属进口量较往年增多，进口量减少的有洋杂货和鸦片。进口量减少的土货有纸、原棉、绸缎，但糖和其他土产的进口量增加。查出口贸易，尽管豆类、豆饼、油、枣、绸缎、草缏、粉丝的出口量减少，但预计之后的出口量会增加。政策和当地的情况都有利于贸易的发展。伊宁问题①曾长期悬而未决，如今也将和平解决。山东省农业丰收；豆饼、茧绸、草缏、布匹、粉丝等工业生产活跃；预计将迎来作物丰产、贸易发展，人们对这种预期感到满足、愉悦。好景不长，天空中每晚出现的彗星造成了恐慌，人们迷信彗星不祥，认为彗星是饥荒、叛乱和其他灾祸即将发生的一种预警，对于彗星的预言纷至沓来。以下事件使关于彗星的谣传甚嚣尘上：琉球群岛主权问题的长期交涉所产生的中日关系紧张的谣言；中俄战争一触即发，南方湘军到山东驻扎；海军和武装力量增强的传闻；征壮丁修复城镇、村庄和山间要塞的破败城墙，富人若无代役则不能免征；济南府发生骚乱。这些不利的情况使人们感到不安。不久之后，9

---

① 即伊犁问题。伊宁古称宁远，为清代伊犁九城之一。清同治十年（1871），宁远被沙俄侵占，于光绪七年（1881）回归祖国。光绪十四年（1888），设宁远县；光绪二十二年（1896），为伊塔道台驻地；1914年，改称伊宁县。

月11日和12日,在距烟台一日里程远的地方下起了倾盆大雨。在这之前的大雨已经使溪流、河道、水湾的水位上涨,因此这场暴雨降下来的雨水只能涌进低洼的地方。淮河、胶河决堤,昌邑、潍县地界有些村庄整个被大水淹没,致使许多人丧生。在许多地方,本来有望丰收,几乎到了收获期的豆类和马铃薯作物要么全部被毁,要么严重受损,为应对紧急情况,从关东沿岸运来了大量豆类。从即墨到潍县有120英里的距离,在途经的每个村庄都能看到人群面对灾难时的绝望的目光。寒冬即将到来,这意味着死亡、贫困、不满和危险。随后,当局向这些受害者提供了援助。距济南府约50英里的齐东县遭遇了洪灾,黄河的一条支流冲破堤岸,淹没了一大片村庄,人们饱受苦难。许多道路和桥梁被淹没在水下,所有的交通都停止了,唯一的交通方式是涉水、游泳,或者漂浮在大陶罐中,又或者漂浮在木头和葫芦做成的粗糙的浮板上。受到种种条件的不利影响,贸易萎缩,进出口贸易停滞,商人因此怨声载道。昌邑县生产棉布,一直是棉纱的进口大县。1881年,棉布出售困难,直到年底仍有近1000包库存积压。自洪灾发生直至年底,对进口洋货、土货的需求呈缩减状态。鸦片进口的衰减尤为明显,1881年鸦片的进口量比1880年减少了644箱,比1879年减少了近2400箱。一家从事鸦片贸易的土行倒闭,并有传言说一家大的洋药行认为烟台不值得他们的洋行存续。土烟挤占了印度货的市场,这是非常明显而又普遍的一个现象。洪灾造成了进出口贸易的缩减,进口贸易值减少了450696海关两,出口贸易值也一度下滑,粉丝、干鱼和咸鱼、蜜饯、菌类和其他食品、土产的出口量减少。潮汕商帮在汕头的某些海关条例被撤销之前一直减少贸易,这对豆饼、豆类、豆油的出口产生了不利的影响,出口(其中汕头是主要市场)大幅下降。从事这项业务的三家大的土行倒闭。然而,随后豆货贸易恢复生机,从海关的角度来看,豆货贸易完全恢复了,出口量很大;但令人担忧的是,运输豆货的利润极低。事实上,根据华商的说法,进出口的大部分土产运输利润都不高,尽管1881年的出口值比往年最高值多出120500海关两,他们仍然认为1881年的贸易状况很差。以下是对进出口值的简述:净进口贸易值为6057169海关两,净出口贸易值为3518177海关两。进口货物由177艘船装载,共607次船运,总计391886吨;出口货物由193艘船装载,共608次船运,总计391857吨。税费、船钞总计275367.342海关两。本口贸易主要由7家洋行、13家山东商行、4家福建商行、5家汕头商行经营。

进口贸易

1881年,东海关的洋货净进口量(即不含再出口)和净进口值如表1所示。

表1 1881年东海关洋货净进口统计

洋货	净进口量	净进口值(海关两)
洋药	1759.10担	919254
布匹货	951713匹	1762250
棉纱	15244.58担	374653
棉线	46.16担	2309
绒货类	25151匹	158913
金属	136084担	292266
其他进口品	—	520713
净进口值总计		4030358

以上洋货的进口值比1880年少了132369海关两。这主要是由于洋药的进口值比1880年减少了372978海关两。1881年洋药进口量如表2所示。

表2　1881年洋药进口统计

单位：担

洋药	进口量	洋药	进口量
白皮土	1355.90	波斯土	114
公班土	30	总计	1759.10
喇庄土	259.20		

1881年洋药进口值为919254海关两。1881年洋药的进口量比1880年少了643.34担，比1879年少了2411.79担。洋药进口量逐年减少，部分原因可能是由厘金更低的镇江转口陆路运来的洋药挤占市场，但更多是因为江苏省和山东省产出的土烟挤占了市场。每担土烟能以低于洋药200海关两的价格买入，据称部分原因是土烟规避了对洋药征收的大部分税费。土烟质量有所提高，而且价格低廉，因此逐渐受到青睐，并成为印度鸦片的强大竞争对手。在沂州府和兖州府的一些县和江苏省的边界，大片富饶的土地都种植罂粟，除此之外山东省其他地方似乎并没有大量种植罂粟。一位长期与潍县税衙有联系的人士表示，三年前他离开该衙时，平均每天上报的18盎司的鸦片球数量为48个，每个市值11000枚铜钱，每天总计528000枚铜钱，即大概每天售出500墨元。这个信息的真实性无法确定，但他周边的人似乎相信他所说的，因为他的话有一定的价值。山东省的鸦片吸食者和成瘾者呈增加趋势。印度鸦片接连两年进口量下降，减少的量大约有3000箱，这严重影响了洋药进口，据说已导致一家土行倒闭，另有一家洋行因此考虑停业。1880年白皮土的价格奇高，高达每担560海关两，1881年白皮土价格降至每担530海关两至500海关两不等。与1880年相比，公班土、喇庄土、波斯土的价格波动较小。

布匹货——1881年各种布匹货的进口量总计951713匹，进口值为1762250海关两，与1880年相比进口量略有减少，但进口值有所增长，这是因为进口了价格更贵的布匹。1880年比较特别的

海上来风：近代东海关贸易报告（1864—1919）

情况是有几种布匹货销量骤降。1880年英国斜纹布的进口量缩减到2760匹，1881年为18883匹。英国粗纹布的进口量从1880年的1967匹增至1881年的5670匹。美国斜纹布1881年的进口量为51702匹，比1880年增加了10000匹；但是美国粗纹布1881年的进口量为76485匹，比1880年减少了19331匹。1881年英、美粗斜纹布的进口量分别减少了4730匹、1820匹。1880年至1881年，原色布的进口量从284515匹降至256740匹，标布的进口量从350413匹降至331803匹。色布和色花布的进口量也减少了，白市布和白花布的进口量增加了10000匹，但不足以弥补差额。洋红布1877年的进口量为30532匹，1881年增至79914匹。印花棉布、花缎、穆斯林棉布的进口量略有减少，但手帕、羽绫、稀洋纱、斜纹布、素剪绒的进口量增长显著。棉纱1881年的进口量为15244.58担，比1880年增加了3395担，比五年前的进口量多了近六倍。棉纱加上经洋关进口的1380.05担土原棉、39.39担土棉纱，以及由中国民船进口的42000包土棉，可以估测山东省棉布的生产力。1881年滋大洋行的贸易业务恢复，直接向中国大量输入布匹货、棉纱，大量盖有该行印戳的棉货进入烟台市场。这部分进口可以看作直接进口，因为货物从上海转口而来，而上海是大型远洋货轮的终点。

绒货类1881年的进口量为25151匹，进口值为158913海关两，与1880年相比大有增长。除了羽绫和纱羽绫进口减少外，其他绒货类的进口都有增长，其中增长最为显著的有毛呢、驼绒布、小呢。绒棉布是从价征税物，进口值为6848海关两，而1880年为1663海关两。绒货类不算是大宗进口品，但贸易状况让人满意。

金属——1881年金属的进口量为136085担，进口值为292266海关两。铁条、锡锭的进口减少，铁条1880年的进口量为14502担，1881年的进口量减至9682担，其他各项金属类进口品的进口量都有增长。铁枝和铁条，1880年进口量分别为15660担和3900担，1881年的进口量分别为30638担和6005担。1880年铅进口量

184

为 1432 担，1881 年增至 7313 担。洋钢 1881 年的进口量分别为 4342 担，几乎是 1880 年的两倍；水银 1881 年的进口量也几乎是 1880 年的两倍。土钢 1881 年的进口量较 1880 年有所增长，比前两年的进口量多出约五分之一。旧铁，包括钢板、马蹄铁等，用来再次铸造，进口量是历年最高（见表 3）。

表3　1879—1881 年烟台口洋钢铁进口情况

单位：担，海关两

1879 年		1880 年		1881 年	
进口量	进口值	进口量	进口值	进口量	进口值
29830	35434	67878	92580	75103	104898

铜和铜制板[①]进口量增长显著。锡板的进口量从 1880 年的 524 担增至 1881 年的 1360 担。1881 年锡锭的进口量仅为 52 担，1878 年为 6243 担，可能是之前的供给量超过需求量，1880 年的进口量为 60 担，1880 年和 1879 年的再出口量为 1402 担。济南府的机器局对锡的需求减少，在那里锡用来制造炸药和镀铜，这可能是锡锭进口量减少的原因。

其他洋货——进口值为 520713 海关两。最具代表性的大宗进口品是煤炭、染料和颜料、洋火、针、胡椒、苏木、檀木、呀嚙治木、海带。海带的进口量较 1880 年大量减少，具体可见表 4。

表4　烟台口海带进口情况

单位：海关两

海带	1880 年	1881 年
俄国海带	94884	52858
日本海带	13218	4953

---

① 原文为 Yellow Metal Sheathing。

海带进口的减少可能是因为过量的库存以及价格的下跌。几年前从海参崴、Algoa①、波谢特港经洋商、华商之手进口了大批俄国海带,利润丰厚。1878年大量中国人开始从事海带贸易。俄国海带比日本海带更受欢迎,并畅销整个山东省,俄国海带还以舢板船和帆船从烟台转运至关东诸港。日本海带主要来自长崎和神户,用帆船运至烟台,少量从上海用轮船运来烟台。主要用舢板船运到大山、利津县、登州府。

洋煤1881年进口量增至11951吨,因为预计有船队要停靠烟台。1881年是开埠以来进口量最多的一年。

洋火1881年的进口量为68239各罗斯,比前四年每年的进口量多出几千各罗斯。

针1881年的进口量为239450千根,跟往年比变化不大。

玻璃板1881年的进口量为168200平方英尺,比1880年进口量的一半多一点。煤油1881年的进口量比1880年减少了5295加仑。

日本茶1881年的进口量为2913担,其中有286担再出口到中国其他港口,烟台的净进口值为10309海关两。一方面,日本茶价格低廉,因此迎合了穷人需求;另一方面,据说日本茶能治疗胃热。

檀木1881年的进口量为6238担;苏木1881年的进口量为6487担;呀囒治木1881年的进口量为265件;软木桩1881年的进口量为1757件。

土货进口——土货进口主要来自上海、打狗、汕头、广东、香港,1881年的进口值总计2026811海关两,比1880年减少了318600海关两。土货进口通常是洋货进口的一半,1881年也是如此。土货进口主要掌握在华商手中。相关情况具体可见表5。

---

① 此地也应在海参崴附近,待查。

表 5　1876—1881 年烟台口土货进口情况

土货	单位	1876 年	1877 年	1878 年	1879 年	1880 年	1881 年
信石	担	1326.39	1527.27	1921.38	2565.68	1323.94	1197.46
铜纽扣	担	646.77	375.23	789.87	987.76	744.36	728.94
原棉	担	7016.62	6849.16	9596.58	6607.04	946.79	1380.05
粗夏布	担	873.24	391.75	723.16	1579.88	1889.70	897.18
细夏布	担	67.48	…	16.48	48.80	101.49	288.11
药材	担	1485.29	1334.37	2715.84	2454.92	2918.81	2768.41
一等纸	担	3668.38	2682.52	10207.78	10942.48	6319.33	9289.54
次等纸	担	26441.43	33062.80	43838.49	26732.07	31929.07	28346.28
神纸	担	4061.93	5285.21	6324.36	4324.66	1712.71	1785.18
米	担	59999	195113.16	72488.25	100430.55	107291	29471.81
丝绸帽	匹	1450	1636	10035	7281	7823	13722
丝棉混织品	担	25.46	11.95	16.20	13.36	15.86	6.49
绸缎	担	204.98	187.03	326.11	276.39	320.12	298.14
缎带	担	37.87	26.57	52.09	106.39	111.71	95.93
丝线	担	7.07	10.18	19.70	23.97	25.94	21.01
红糖	担	250137.94	105795.23	127144.22	177670.87	168865.98	163548.34
冰糖	担	954.50	723.66	5862.89	10956.46	7722.72	8515.36
白糖	担	46663.21	27023.38	34821.31	52599.76	77500.74	66022.23
烟丝	担	1618.95	1139.39	2007.44	1810.89	4571.74	1907.25
姜黄	担	1757.61	2257.77	2469.01	4302.53	3901.32	5742.61

可以看出，虽然信石的进口量减少，但总量仍然很大。信石被用作清除田间昆虫、蠕虫、蛆虫及其他寄生虫、害虫的杀虫剂。

原棉 1881 年的进口量为 1380 担，超过了 1880 年的进口量，但仍未达到历年进口量的平均值，1878 年的进口量为 9597 担。原棉由舢板船运输，这在以前的报告中也曾提到过。

铜纽扣、粗夏布、药材、次等纸、绸缎（帽子除外）、白糖、红糖、烟丝的进口量或多或少都减少了，神纸、冰糖的进口量增长了，但相较于其他项减少的量而言作用杯水车薪。

生丝进口量为 275 担，乱丝头进口量为 49 担。

与 1880 年相比，1881 年红糖的进口量减少了约 5300 担，白糖降幅更为明显，为11478担；1881年冰糖的进口量增加了742①担。这几种糖主要来自台湾府、汕头、厦门、香港和上海，汕头货比台湾货更受欢迎。糖的进口缩减，商行损失惨重，据说福建商行亏损了230000海关两。尽管进口的糖类中有14488担被再出口至牛庄、天津、日本、俄国，但仍积压了大量库存。

出口贸易

山东省和邻省的土产运往烟台出口至其他国家，并沿海岸运销至香港等，总值为3518177海关两。加上进口至烟台再转口到其他国家和中国港口的87451海关两，出口总值为3605628海关两，比1880年增加了120500海关两，是开埠以来出口值最高的一年。土产包括58类出口品以及一类名为"杂货，未命名"的。出口值较大的出口品有草缏、豆饼、黄丝、茧绸、野蚕丝、豆类、粉丝、枣、药材、干咸鱼、朝鲜人参、染料、甘草、中药材（百合类）。出口货物由193艘船装载，共608次船运，总计391857吨，税费船钞总计129950.138吨。出口货物的主要市场有：上海，主要是本地需求和再出口，总计2147668海关两；厦门，590688海关两；汕头，491378海关两；香港，出口到其他国家和中国其他港口，261718海关两；俄占满洲地区，25147海关两；日本，25738海关两；天津，21237海关两；牛庄，13196海关两；宁波，4167海关两；福州，11727海关两；广东，12964海关两。英国、美国未出现在出口的列表中，尽管他们进口了价值1070330海关两的草缏，但这可能是因为草缏从上海转口，直接从上海用远洋货轮运到英国、美国，因此这一部分已经算作上海的出口。

1881年草缏的出口值为1070330海关两，出口量比1880年减少了821.37担。具体见表6。

---

① 原文如此，计算有误，保留原文，存疑。

表6 草缏出口情况统计

单位：担

草缏	1880年	1881年
杂色缏	18177.14	15362.90
白缏	15190.95	17183.82
总计	33368.09	32546.72

与1880年相比，1881年出口至英国、美国的草缏大量减少。这是因为1881年出口了大量花缏，花缏在加工过程中使用的麦秆比普通的要多。因此，在数量相同的情况下，花缏的重量必然更大，而为了方便从内地运到港口，草缏按包运输，计重出售，平均每包的花缏数量当然会减少。出口的花缏主要是仿意大利胡椒眼的花样，洋人称之为"loop edge"和9股缏、11股缏、16股缏。这些花缏的主要特点在造型方面，并因此而备受追捧。出口量较大的草缏品种为素白缏，小部分为蓝色、黑色与白色混合的杂色缏，还有出口量极少的红白杂色缏，这些都和黑白色缏一起丰富了杂色缏出口。中国人设计的花缏很快因难以赢利而停产。1880年白缏和杂色缏的出口量过大，导致1881年这两种草缏出口量大量减少；再加上后来出口到销场的草缏超过了市场所需，因此价格也没什么上涨空间。与1880年相比，黑白色缏的出口量波动不大。少量锯子牙草缏从内地运到烟台，因为编草缏的人还没有完全掌握锯子牙草缏的编织方法，而且锯子牙草缏的销路也非常有限。

豆饼。1881年豆饼的出口量为1086489担，出口值为803311海关两，而1880年的出口量为967717担。毫无疑问，若不是潮汕商帮在1881年的数月间对豆饼贸易的控制，豆饼的出口量应该会大大增加。豆饼的价格在年末几个月骤降，每担亏损3分（candareens），据说烟台工厂习惯性地在晚上停工。据说尽管1881年的出口量很大，但并不能赢利。

豆类，包括黑豆、绿豆、白芸豆（white beans）、黄豆，1881年出口量为167835担，出口值为155067海关两。1881年的出口量比1880年减少了22000担，比1879年减少了3729担。出口量的减少是因为秋天的洪水冲毁豆类作物。关东对岸的港口用舢板船向山东输送了大量豆类。

豆油1880年出口量为7028担，1881年出口量减至2581担，出口值为7313海关两。据说有一种从厦门、汕头用舢板船向广东、宁波运输的油更受欢迎，这种油价格和豆油差不多，但照明时光更亮，油体更干净，并且可以用来烹饪，而山东的豆油只可以用来照明，因此竞争力弱。出口减少的真正原因可能是用舢板船运输所需水脚、损耗、船钞皆少，常关抽取每件1.5担3分税，而由洋船运输，需缴出口税和子口税，每担共计4钱5分。

1881年，茧绸、野生丝、黄丝、乱丝头等的出口值为732927海关两，比1880年增加了125549海关两。黄丝，1881年出口量为959.37担，出口值为288232海关两；而1880年出口量为508.93担，出口值为129445海关两。乱丝头的出口量增加了92.52担；细生丝的出口量从18.66担增至38.89担；茧绸的出口量从1939.61担减至1722.77担，出口值减少了29633海关两。四年前在烟台建立的一家名为弗兰达的缫丝局，使用外国机器缫丝，现在正在转型为上市公司，将由中国人大量控股，这一缫丝局的发展可能推动了绸缎的出口贸易。公司发起人在招股说明书中预测新公司将大大促进山东省绸缎贸易的发展。

1881年粉丝的出口量为91793.37担，出口值为377472海关两，而1880年为103319.63担412760海关两。一等粉丝由绿豆制成，而绿豆的减产使制作成本飙升，出口到南方港口不能赢利，导致粉丝出口的减少。为了应急，从俄占满洲地区进口大量绿豆，用舢板船运到烟台；从上海进口1000担绿豆，用轮船运到烟台。

1881年黑枣和红枣的出口量为50335担，出口值为87558海关两，而1880年为33414担。枣的出口贸易波动幅度很大。枣的价格一开始是每担 3.30 海关两，但收成太好，有时内地每天能收获 18000 担枣，价格先是降到了每担 1.80 海关两，随后跌至每担 1.10 海关两。在香港和其他南方市场，枣供过于求，价格一直较低，从每担 3 海关两降到 6 钱，货主损失惨重。

果干的出口量从 1880 年的 2170 担跌至 1881 年的 556 担，鲜果出口量从 4976 担上升到 7750 担；核桃出口 2027 担，比 1880 年少 358 担。

食品、干咸鱼、干虾、海参、杏仁、菌菇、金针菜种子、甜瓜、芝麻等出口状况良好。甘草 1881 年出口量为 5868 担，比 1880 年减少了 50%。药材出口 9425 担，染料出口 3313 担，土参出口 143 担，出口情况不错；朝鲜人参出口量减至 15.29 担。

复出口贸易

山东销路不畅的洋货再出口至外国的再出口值为 2490 海关两。包括 977 匹标布、一些棉布和绒布、少量铁条、胡椒、几各罗斯洋火。这些货物转口至俄占满洲地区和日本。再出口到中国港口的洋货：洋药 146.20 担，棉布 2050 匹，标布 1625 匹，洋红布 864 匹，还有少量粗斜纹布、斜纹布、棉羽绫及其他布匹货，259 担棉纱，1306 匹绒货，少量铁条和金属，23500 千根针，14955 担海带，286 担日本茶，以及运往牛庄、天津和上海的少量洋杂货。进口土货的转口去向：牛庄 10771 海关两，天津 21199 海关两，上海 38520 海关两，汕头 1839 海关两，广东 255 海关两，经香港转至外国 2076 海关两，日本 12368 海关两，俄占满洲地区 423 海关两。进口土货转口值共计 87451 海关两。进口土货转口货物包括菌菇、夏布、纸、生丝、乱丝头、黄丝、红糖、白糖、冰糖、姜黄，以及价值 3934 海关两的未单列的土杂货。

海上来风：近代东海关贸易报告（1864—1919）

贸易值

与1880年进口值相比，1881年进口值减少了450969海关两，原因是洋货进口值减少了132369海关两，土货进口值减少了318600海关两。净进口、原货出口贸易值分别如表7、表8所示。

表7　净进口贸易值

单位：海关两

	类别	贸易值
洋货进口值	（减去再出口值）包括从外国和香港进口的洋货,去除从中国港口的沿岸贸易进口	4030358
土货进口值	去除沿岸贸易,主要来自上海、广东、厦门、汕头、打狗（台湾）	2026811
净进口总值		6057169

表8　原货出口贸易值

单位：海关两

类别	贸易值
原货,直接出口到外国	149876
原货,出口到中国港口	3368301
原货出口总值	3518177

与1880年相比，1881年的原货出口增加了120500海关两，土货直接出口到外国的出口值增加了70775海关两，出口到中国港口的出口值增加了49725海关两。1881年的烟台净贸易值，即洋货土货进口值（减去再出口值）和原货出口值，共9575346海关两；比1880年少330469海关两，比1879年少1388152海关两。

进口值比出口值多出512181海关两。金银出口值1631629海关两，进口值708518海关两。

税 收

　　1881年征收的税费、船钞总计275367.342[①]海关两,其中鸦片税54916.137海关两。1881年的税收比1880年减少了12778.956海关两,并创烟台历年(1877年除外)税收新低。与1880年相比,1881年的鸦片税减少了17111.174海关两,子口税减少了1892.737海关两。进口税增加了1342.359海关两,船钞增加了1622.068海关两,出口税增加了3260.518海关两,某种程度上弥补了税收的减额。征收的税费中(鸦片税除外),英国95406.050海关两,德国67672.082海关两,中国45703.874海关两,美国3222.893海关两,瑞典和挪威2960.475海关两,丹麦2543.051海关两,暹罗2386.926海关两,法国516.354海关两,日本35.500海关两。

金 银

　　1881年东海关金银进口值为708518海关两,比1880年多了209622海关两。上海526387海关两,牛庄163290海关两,天津18841海关两。与1880年相同的是金银项下没有黄金的进口。1881年金银出口值为1631629海关两,比1880年减少了1488991海关两。出口值中上海占比最大,银锭1156302海关两,黄金58348海关两,使用船运;天津共274729海关两,其中包括价值5000海关两的黄金;牛庄,银锭141450海关两;剩余的出口到汕头和香港。1881年运输的金银和水脚总计2340147海关两,比1880年减少了1279359海关两。

---

　　① 原文如此,计算有误,保留原文,存疑。

海上来风：近代东海关贸易报告（1864—1919）

航　运

与 1880 年相比，1881 年进出港的帆船数量、吨数都增长了，这从某种程度上抵消了轮船减少的量。进出港的船舶（包括轮船、帆船）总数比 1880 年增加了 19 艘 5266 吨。相对于轮船的减少，帆船数量的增加并不能证明它处于更有利的情况之下，而且帆船数量的增加很可能只是暂时现象。帆船的运货量在年初剧增，随后逐渐减少，年末已回落到正常水平。

1881 年经停本港的 607 艘船中，英国 277 艘，计 186075 吨，包括 66 艘帆船，计 23567 吨；中国 191 艘，计 144724 吨；德国，14 艘轮船，计 12171 吨，102 艘帆船，计 37944 吨；丹麦，5 艘轮船，计 3900 吨，4 艘帆船，计 744 吨；其余包括美国、瑞典、挪威、暹罗、日本、法国（按运货量排名）。日本船首次在本年报告中出现。

船运事故——1880 年 12 月 24 日，德国船 Manila 在山东半岛东北角沉没，在距离镆铘岛不远处。12 名洋人和 1 名中国人靠船上的小艇获救。

1881 年 1 月 18 日，猛烈的西北风使海关码头受损严重。海水将北边的墙冲出两道缺口，紧急填补这些缺口需要 800 吨压舱石；南边的船舱和墙被冲毁。

2 月 23 日，一场西北风将英国船 Charley 的锚绳吹断，并将船吹到离 Fairway Rock① 几英尺的地方。船在这个危险的地方停留了一段时间，风停后危险才解除。

英国船 Carl Ludwig② 停留在离登州府不远的海岸上，在这场大风里船体被完全损毁，所幸无人丧生。

---

① 疑似现烟台山拐角处。
② 1879 年报告中该船属于德国。

3月3日，英国船 Martha 停在港口里一个并不太好的泊位。为减轻船的重量，部分货物被卸下船。但第二天风吹得更猛，船的锚绳断开，船被吹到海关码头的岸上，随后又回到海中，船体有轻微的损毁。

5月8日，轮船招商局的汉广号在半岛东北海角镆铘岛附近搁浅，随后完全损毁。这场事故在白天发生，事故发生时雾很大。无人丧生，大量货物，包括全部的鸦片，被打捞起来。

7月5日，一艘从日本向琉球群岛运输木材的小舢板船（遭遇5月25日台风），在山东半岛南端的 Chinchu 湾①附近被吹上岸，船上载有5名日本人。

11月6日，一艘海关登记的向卢逊灯塔运输补给的帆船被一场猛烈的西北风损毁，在宁海州附近失事。

大约在同一天，暹罗船 Meteor 在 Liaotao 半岛的 Society 湾②附近失事，船长和大副（德国人）以及20名暹罗人失踪。船上的押货员、6名暹罗人和16名厦门人被舢板船救起并于11月12日到达烟台。货物经管员说他们发现另有一艘船断桅，情况危急。烟台的道台出于人道主义关怀，赠予每个暹罗人20银元，货物经管员和中国的幸存者每人10银元。前往厦门和曼谷的暹罗船只 Charon Wattana 的船长乌尔里希，慷慨地将到香港的船费赠与16名厦门人、德国船 Annie 的船长穆勒，同样给了5名暹罗人船费。剩下的一名暹罗人脚趾因冻伤而截去，他目前还在 Dr. Brereton 医院等待康复。

11月23日，从牛庄开往汕头的汕头号，在本口登陆时煤仓着火。后来火被扑灭，船体轻微受损。

11月24日，狂风暴雪中，滋大洋行的一个铁灯被吹落到海员旅馆对面的石码头上并损毁，10艘本地装卸汕头号货物的舢板船

---

① 此处没有找到具体的地点。疑似现在荣成市的荣成湾。
② 此处待查。

要么沉没，要么损毁严重，并且丢失了大量货物。海关码头在这场大风中损失惨重。

客　运

　　1881年，有18729名中国旅客往返烟台、天津、牛庄和上海，这一数字大大超过了1880年，客运费可观；48人在这些港口之间乘坐帆船航行；523人乘帆船前往俄占满洲地区的港口，443人乘帆船返回烟台，38人乘轮船返回烟台。烟台、厦门、汕头和香港之间的乘客中本地人很少，包括前往这些港口的138人和来自这些港口的126人，他们主要是乘轮船。如之前一份报告所述，北部三个港口之间，有足够的空间建造浅水轮船，能够在普通水位下往返大沽和牛庄，专门用于运载中国乘客和货物。

灯　塔

　　1881年，烟台灯塔和卢逊灯塔得到了有效的维护，工作人员勤勉可靠，尽可能频繁地对其进行检查。烟台灯塔和卢逊灯塔的照明器、设备、塔楼、住宅、办公室、油室、水箱、信号枪和各种装置都处于良好状态并得到维修，所有的账簿和记录都按照说明保存。有足够的供1882年全年使用的油、灯芯、备用气瓶、灯具和其他物品，并且在各处口岸都有各种灯塔必需品。

　　猴矶岛灯塔——在灯塔和建筑物完工之前，本灯塔临时的六级屈光常明白光灯使往来的各船主和其他人非常满意。由于不可预见的情况，这里的灯无法使用，但在即将到来的夏季将恢复正常。

　　镆铘岛，或东南海角灯塔——已获得该拟建照明灯塔的额外用地，核准了预算，并提交了铁塔、灯室、照明和必需品的征购规格和图册，以及雾警报器的请购单等。

休　士

东海关税务司

1882年烟台贸易报告

1882年进出口贸易净值为9162607海关两，比1881年减少了412739海关两。与1881年相比，1882年洋货和土货进口的净值分别减少了531745海关两和157453海关两。1882年洋货进口的减少主要是因为鸦片的进口值减少了超过400000海关两；而棉制品、金属和其他一些主要进口品的进口值则超过了1881年。出口贸易方面，1882年出口值为3795636海关两，比1881年增加了276459海关两。关于洋货进口值，据估计，英国经由上海和香港的进口值占了英国进口值的五分之四。在土货进口中，上海占了大约一半，汕头占了近五分之一，打狗港占了六分之一以上。在出口和再出口中，上海的分销量远远超过三分之二；其次是汕头和厦门；再次是香港，由此转口至中国其他港口和国外；俄占满洲地区、日本、广州、牛庄、福州和打狗港（按转口量排名），承担了剩余的运货量。

1882年进口值比出口值多1752036海关两。金银出口值为2006297海关两，进口值为865025海关两。

上述数字作为显示山东省的消费能力和生产能力的数字很难被接受。这是一个农业和制造业大省，人口多而勤劳，北部、南部和西部同样都是生产力活跃和人口稠密的地区。正是与内地通信和交通的困难——用骡子、驴子和笨重的推车这种单一而昂贵的陆地运输方式——造成了当前贸易规模较小的局面。朝鲜最近通过条约开放对外贸易是山东贸易扩大的一个可能因素。朝鲜几个世纪以来的与世隔绝即将被终结，人们对这个陌生的保守民族及其风俗习惯和国家的物产有了深刻的了解。众所周知，朝鲜富产矿物，种植棉花，编织布料，种植灌木栎树和桑树，大量生产丝绸，一种名贵的人参可以作为出口的奇货，生产优良耐用的防潮窗纸，土产品包括毛皮和贝类；但可食用的海带除外，它的供应是巨大的，不知道生产是否只够国内消费，或是否有盈余可供出口。需求引发供给，中国和朝鲜之间迄今为止存在的易货贸易很可能发生在凤凰城（位于奉天东南部）和珲春的定期交易会上，每年都有外交官员往返北京。通过山东帆船在其西部沿海的半秘密运输，发展朝鲜和山东之间互利的商品交换。

航运——之前估价的货物共雇用 578 艘轮船，1158 运次，总计 875712 吨，以及 206 艘帆船，419 次船运，总计 150361 吨。其中，英国，263 艘轮船和 71 艘帆船，总计 439457 吨；招商局，262 艘轮船，总计 405915 吨；德国，41 艘轮船和 112 艘帆船，总计 146068 吨；丹麦，7 艘轮船和 5 艘帆船，总计 13928 吨；剩余的国家按照吨位数排序分别为瑞典、挪威、暹罗、俄国、美国、荷兰和法国。

进口贸易——为了便于统计，进口贸易分为两部分，即洋货进口和土货进口。洋货进口的总值为 3589415 海关两，应扣除因超过省内需求和为了更好地销售而转口的商品，共 90802 海关两，洋货进口净值为 3498613 海关两。据估计，经由上海和香港进口的英国货占了洋货进口的五分之四，剩余的洋货进口来自英属印度、俄占满洲地区、日本、暹罗、美国、澳大利亚、比利时、德国。自上海、汕头、打狗、广州、厦门、香港、牛庄、天津、福州进口的本国土货的总值为 1957257 海关两，其中扣除再出口贸易的 87299 海关两，土货进口净值为 1869358[①] 海关两。这些货物载运于 573 艘洋船，共计 377800 吨，所征收的税额为 130789.109 海关两。

---

① 原文如此，计算有误，保留原文，存疑。

布匹货是进口贸易最有价值的分支，也是洋人最感兴趣的分支，进口量共计 986129 匹，进口值为 1677563 海关两。1882 年的进口量略高于 1881 年，但进口值较低，这是低价面料的进口增加和价格的下降造成的。进口件数增加的进口品主要是原布、英国斜纹棉布、英国和美国的本色布、洋红布和斜纹棉布。美国货物包括本色布、斜纹棉布、粗斜纹布，共进口 132470 匹，进口值为 363563 海关两，占棉制品进口量的 13.5%、棉制品进口值的 21.5%。美国本色布似乎已经取代了英国货，美国本色布进口量为 90795 匹，而英国本色布进口了 20810 匹；但英国斜纹棉布和粗斜纹布略多于美国制造的相同产品。洋标布进口量为 224846 匹，不如前五年的年均进口量。手帕、棉羽绫、棉纱布、白粗布、斜纹布进口量都不多。棉纱的进口量从 15244 担减少到 11288 担，而土原棉的进口量为 2803 担，是 1881 年的两倍。

毛织品，1882 年的进口量为 17529 匹，进口值为 122298 海关两，比 1881 年少了约五分之二。减少的主要是棉绒布、羽纱和小呢。

金属，1882 年的进口量为 162528 担，进口值为 311263 海关两，进口量大增。增长的主要是旧铁、铁条和土钢。

煤油进口量增加了大约 9000 加仑。火柴和俄国海带的进口都是令人非常满意的。大量的棉制品、羊毛制品、铁、火柴等仍然积压在当地仓库中没有售出。神纸的进口量翻了一番，二等纸则比 1881 年的进口量多了 10000 担。一等纸的进口量减少了接近 2000 担。糖类中红糖的进口量减少了 44027 担，白糖的进口量则减少了 26381 担，糖果的进口量减少了 3101 担，其原因是台风导致台湾甘蔗毁坏，秋季价格大幅下跌，并且黄河的泛滥导致无法运货到内地市场。从事这项贸易的几家当地商行已经停业。

洋药，1882 年进口 1124.26 担，1881 年进口 1759 担。洋药进口量的减少是因为土烟的竞争。从 1878 年到 1881 年，由于印度连续低产，白皮土和大土的价格上涨甚巨，每担白皮土售价高达 700 海关两，除了最富有的吸食者外没有人能承担得起，这样便导致了更便宜的品种红土①和土烟得到青睐。红土的消费量一度迅速增加，但廉价似乎是它销量增加的主要原因，在更廉价的土烟产量增加，以及白皮土价格降低的压力下，红土的进口已经完全停止。

白皮土的进口缩减，部分原因是土烟的价格便宜，但更重要的是它的质量提高，现在通常无须混合任何洋药就可吸食。尽管白皮土的价格总体下降了24%，其进口量仍比1881年减少了433.32担。

公班土的进口量减少了87.52担。价格从年初时每箱（120斤）445海关两下降到年终时每箱400海关两。对这种洋药的持续需求是因为当地种植者至今仍无法生产出质量与它相似的鸦片。

由于洋药贸易的衰落，两家洋行已经关闭了它们在烟台的分行，大约20家开在当地的洋行或倒闭或退出贸易。

出口贸易——1882年出口贸易值为3649653海关两，包括土货再出口的87899海关两。上海的本地消费和转口运往外国和中国港口的货物总值为2219822海关两；香港供应本地消费和再出口的货物总值为211551海关两；汕头供应本地消费的货物总值为676553海关两；厦门是588310海关两；剩下的按货物总值由高到低排列分别是日本、俄占满洲地区、广州、福州、营口、打狗。在出口贸易货物的运输中，共雇用了473艘船只，运输289550吨，征收的税额为146764.323海关两。

草缏。1882年草缏的出口量为33799担，出口值为1115332海关两，1881年则为32546担。出口量的近一半是1881年报告中提到的花草缏。几乎没有什么创新，无限制和粗糙生产的影响仍然存在。当所有与该行业相关的人都认识到制作完美编织品的必要性时，出口值将大大增加。

豆饼。1882年的出口量为1252321担，出口值为940111海关两，而1881年为1086489担。此项出口的增长非常显著，但是从业者未必从中获利。豆类、枣、粉丝同样竞争十分激烈。南方口岸

---

① 波斯鸦片。

的价格非常可观，投机商人包租了约 60 班轮船到这里。制造商和生产商知道船必定要运货所以提高了价格。大量的货物陆续运抵南方口岸，导致价值大跌，每次船运造成的损失为 2000 海关两到 3000 海关两不等，致使 2 家厦门商行、7 家汕头商行、2 家广州商行和几家烟台商行倒闭。

豆类。1882 年的出口量为 139953 担，出口值为 144102 海关两，而 1881 年的出口量为 167835 担。减少的原因上文已经叙述，还有部分原因是收成不足。

粉丝。1882 年的出口量为 118560 担，出口值为 493605 海关两。比 1881 年多 26767 担。春夏两季，这批货物在香港的利润是每担 5 钱到每担 1 海关两不等，导致这里的价格上涨。后来，南方的价格下跌，船运反而不获利。

红枣和黑枣。1882 年的出口量为 41567 担，出口值为 67909 海关两，出口量比 1881 年少了 8768 担。减少的原因是，在今年下半年，货物南运遭受每担 1 海关两至每担 1.6 海关两不等的严重损失。

税收——1882 年关税和缴税的征收总额为 277553.432 海关两，比 1881 年的征收额多出 2186.09 海关两。进口税、出口税和船钞都有所增加，而土货复进口半税和鸦片税则有所减少。英国占总量的 45.05%，德国占 26.59%，中国占 24.73%，美国占 0.14%，其余国家按占比多少依次为丹麦、瑞典和挪威、无约国家①、法国、荷兰和俄国。

从海关的角度来看，在税收、贸易值和船运方面，1882 年的贸易是令人满意的；但从中国的角度来看，情况恰恰相反。

休 士
东海关税务司
1883 年 2 月 13 日，烟台

---

① 原文为 non-Treaty Powers。

1883年烟台贸易报告

通过对通商口岸贸易表的考察发现，1883年贸易净总值比1882年要稍高一些，但仍然低于过去五年的年平均值。

从1883年元旦直到夏天，一切都显示出这一年将是繁荣的一年。冬天雪量丰足，使土壤保持了有利于春季耕种的墒情；后来丰沛的雨水使谷类作物免于干旱。贸易报告中显示，植物的长势良好，当时存在的唯一令人不安的因素是关于可能发生战争的传言。但是在夏季来临，开始下大雨之后，情况发生了很大的转变，洪涝灾害和灾情蔓延的传言从黄河流域的西部地区传来，显然，这些地区对进口商品的需求必然减少，这将在很大程度上影响该地的贸易。如果不是东部地区免于遭受洪灾及其较为繁荣的条件在某种情况下抵消了这种影响，贸易波动会更大。预期中朝鲜口岸开放对该港贸易的影响尚未实现，从朝鲜进口的货物总值为189海关两，没有货物从烟台出口至彼处。

进口净总值，包括洋货进口和土货进口，总值为5428946海关两，出口总值达到3903455海关两，进口值比出口值多了1525491海关两，如果从这一超额中扣除金银此项出口超过进口的352654海关两，进口值仍有超过100万海关两的超额。

洋货进口——1883年洋货进口净总值为3228967海关两，相比于1882年的3498613海关两，降低了约8%。从外国的直接进口贸易值为986798海关两，仅占洋货进口贸易总值的1/4多一点，其中主要的部分来自英国和香港。然而，大部分洋货是来自以上海为主的中国港口。

棉制品是洋货进口中最重要的一个分支。1883年的进口量为867147匹，进口值为1460126海关两，与1882年相比，进口量减少了118982匹，进口值减少了217437海关两。进口量减少的主要是原色布，减少了174128匹，白粗布、美国斜纹布和本色布、洋红布的进口量也有大幅下降，美国商品减少了43%。另外，洋标布的进口量大大超过1882年，比1882年增加了134362匹，英国本色布的进口量也翻了一番多。一方面，因为英国货与更耐用的美国面料相比价格更便宜；另一方面，据说有相当数量的进口用于为慈善业制作衣服。

1883年毛织品的进口量为19886匹，进口值为129549海关两，比1882年增加了2357匹。这一增长主要是因为进口了相对廉价的棉绒布。

1883年洋药的进口量为907担，进口值为374214海关两，1882年洋药的进口量为1206担，进口值为548051海关两，1883年进口量减少了25%。进口量减少主要是因为白皮土进口的缩减，其进口量持续下降，逐渐被土烟代替。另外，大土的进口有所增加，其年平均价格比1882年每担高4海关两。红土价格略有衰减，它的年平均价格从1882年的每担395海关两降到300海关两。1883年，土烟不通过洋关进口，但有传言说，烟台和周边地区进口的土烟有一部分从西边陆路运来，还有部分自满洲用小船运来。

由烟台供给鸦片的地区，鸦片的消费量普遍有所减少，但这种减少与洋药进口的减少不成正比。土烟的低价格是绝大多数消费者所关心的，因此只要能够以现有价格供应，土烟就很有可能继续占有市场上的优势。

1883年金属的进口总值为282775海关两，比1882年减少了28488海关两。整个金属市场低迷，铁条和旧铁的进口下降尤为明显，其原因是西部地区的需求减少以及1882年底大量库存仍未售出。铁枝、铅和钢的进口量都有增长。

洋杂货方面，煤炭（尤其是日本煤炭）的进口量大大增加，以满足战舰和经常将这个港口作为加煤站的轮船的要求。洋火的进口量略减，这是由于洋火在秋季交易低迷，导致经销商再出口量比平时多。针的进口量也减少了，原因与洋火略同。俄国海带1883年的进口量远远低于1882年。进口量减少，经销商的损失也非常大，超过三分之一的货物不得不运往其他市场。

土货进口——1883年土货进口净总值为2199979海关两，比1882年多330621海关两。进口增加主要是来自汕头、厦门、打狗的糖进口增加所致。红糖进口量增加了23%，白糖增加了44%，冰糖增加了41%，虽然需求增加，但由于定价低，是没有利润的，给许多进口商造成了相当大的损失。总的来说，进口贸易不能说是繁荣的，许多主要大宗进口品的经销商都遭受了亏损。

出口——1883年出口总值，包括本土的再出口，共4006339海关两。1883年出口的总净值为3903455海关两，比1882年的出口总净值增加了123804海关两。只有少量直接出口到国外；主要出口到上海，出口到上海的总值为2293352海关两，用于转口到国外或本国其他港口，并供上海本地消费；其次是汕头、厦门、广州。

主要出口品有豆类、豆饼、红枣、丝绸、茧绸、草缏、粉丝。其中，豆类1883年的出口量比1882年增加了7230担。据报告，作物的质量较差，但要价很高，特别是在秋季后期，这是因为海湾地区的港口没有提供预期的数量。

1883年豆饼的出口量比1882年增加了96900担。据说豆饼交易情况很好，一些汕头经销商在年底前获利甚丰。11月初，豆类价格上涨得很高，以至于一些豆饼工厂一度停工。我听说一家从事豆饼生产的中国商行倒闭。

1883年枣类丰收，所以大量枣类从内地运来本口。黑枣和红枣出口量大幅增加，黑枣出口量增加尤其多。第一批交易的红枣价格良好，但价格突然下跌，这在很大程度上是因为南方红枣的价格下降。然而，这些新的枣子又湿又软，在港口的保存时间有限，所以不得不以低价出口。后来市场有所好转，但不足以弥补之前的损失。

1883年丝绸贸易一直不景气，欧洲丝绸市场的状况也影响了烟台。野蚕丝和黄丝是最重要的两项出口品，出口量远远大于1882年，前者增加了875担，而后者则增加了214担。另外，乱丝头的出口量减少了1489担。据说茧绸的贸易情况转好，价格更加稳定，出口量几乎是五年前的两倍，比1882年的出口量增加了29%。

1883年草缏出口总量为29036担，比1882年少4763担。白色草缏的减少量即为出口的减少量，而杂色草缏的出口量增加了797担，即约7%。彩色草缏的出口数量很少，此项被包括在杂色草缏的出口数量中。草缏质量没有普遍改善。

尽管1883年粉丝的出口量与过去五年的平均年出口量相比增加了，但仍比1882年下降了6%。据说货主秋季已经遭受了损失，但到了年底利润升高。

航运——1883年全年共有946艘船舶卸货，吨数合计为674978吨，1882年784艘船舶卸货，吨数合计为510964吨；即1883年比1882年多162艘，吨位增加了164014吨。此项的增长是因为1883年运抵卸货的轮船增加了，1883年为755艘，计601052吨，1882年则为578艘，计437216吨。也就是说，1883年比1882年增加了177艘轮船，计163836吨。考察各国轮船数量和其吨数如下：英国船，增加了185艘163428吨，1883年为448艘，总计357213吨，1882年为263艘，总计193785吨；德国船，减少了12艘10462吨，1883年为29艘，总计21363吨，而1882为41艘，总计31825吨；中国船，增加了13艘17883吨。帆船的数量略有减少，吨数却有些许增加。英国、美国、瑞典、挪威的船增加，而德国的船明显减少。帆船的主要业务是运载糖和煤炭到此地，并运走豆类和豆饼等大宗物品，但是帆船正在逐渐让位给轮船，与十年前相比，帆船数量和吨数分别下降了32%和10%。

金银——金银进口主要来自上海，1883年进口值为1099878海关两，1882年进口值为865025海关两；金银出口同样主要是向上海，1883年出口值为1452532海关两，1882年出口值为2006297海关两。1883年金银出口值比进口值多了352654海关两，1882年，出口值比进口值多了1141272海关两。此项数额两年之间的巨大差异，在某种程度上是因为黄河流域洪灾地区的慈善救济导致的金银进口增加，以及洋药进口减少导致的金银外流减少。

税收——1883年全年收税总计272577.302海关两，比1882年税收总额减少了4976.130海关两。进口税和鸦片税（几乎是进口关税的全部）项下出现了大幅下降，分别为10%和21%。1883年出口税和土货复进口半税的征收增加，比1882年分别多了2%和11%。

1883年，一个英国洋行歇业。

德　益
东海关税务司
1884年1月18日，烟台

1884年烟台贸易报告

考虑到各种对1884年贸易造成不利影响的因素，烟台的贸易可以说是超出了预期。

1883年遭受过洪灾的地区在1884年初仍处于严重的灾难之中，此后，在夏季，由于黄河决堤，其他在黄河流域附近的地区被淹没。1883年曾在民间流传的关于可能爆发战争[①]的传言在1884年初被证明很可能是真的，1884年下半年，未来事态的不确定性与日俱增。这种不确定性导致华商囤积了比实际需求量更多的货物，从而促使1884年烟台的贸易恢复到正常水平。

已知唯一的能促进本口贸易的因素是山东省大部分地区的丰收，某些作物的产量高出平均的产量。

1884年烟台贸易总净值为10060516海关两，1883年为9332401海关两，1884年比1883年增加了728115海关两。这一增额是因为洋货、土货进口和出口的增加。对比1883年，1884年的洋货进口值（3529095海关两）增加了300128海关两，约占贸易增加总额的41%；土货进口值（2393107海关两）增加了193128海关两，约占贸易增加总额的27%；出口值（4138314海关两）增加了234859海关两，约占贸易增加总额的32%。包括金银在内，进口的总净值比出口总值多1314592海关两。

---

① 中法战争。

下面对进口贸易的各项予以详述。

洋货进口——如前所述，洋货进口值超过350万海关两，其中从国外直接进口的不超过四分之一，而剩下的约四分之三是从中国港口转口的，主要是从上海。从国外直接进口的主要进口品是布匹货、棉纱、各类铁、煤、火柴、海带。从中国港口转口运来的洋货主要是洋药、毛纺织品、染料、颜料。

布匹货。布匹货仍然是本口洋货进口的大宗，回顾1884年的贸易时将此类货物放在首位是合适的。1884年的进口量为927717匹，进口净值为1518302海关两；1883年的进口量为867147匹，进口值为1460126海关两；相比之下1884年增加了60570匹58176海关两。增加的主要是原色布、美国斜纹布和本色布、棉羽绫、洋红布，尤其是美国的本色布，其进口量增加了60150匹，即141%。这些进口货物的突然增加主要是在1884年的第三、第四季度，据说是在秋季上海的棉货市场活跃不久之后发生的。但是其他种类的布匹货进口量明显减少，如洋标布、英国粗斜纹布，这些种类在1884年已经开始被更耐用的品种取代了。

棉纱。棉纱主要来自孟买，进口量似乎在稳步增长，有望成为本口最重要的进口品之一。1884年净进口量为19693担，净进口值为446709海关两，1883年为15900担385187海关两。就棉纱而言，烟台无疑是上海的主要市场之一。

毛织品。1884年进口量为20169匹，较1883年略有增加。羽纱的进口量增加了一倍多，主要是用于制作士兵的制服。小呢也有相当数量的增加。然而此项下的其他种类尤其是棉绒布进口缩减。

洋药。洋药进口量再度下降。1884年的进口量为852.48担，1883年的进口量为882.87担，1884年进口量减少的主要是喇庄土，而不是白皮土。1884年初，洋药贸易看似会恢复，但是后来寥寥无几的进口量表明了1884年的洋药进口量甚至会少于1883年（1883年的洋药进口量已经有所缩减）。

海上来风：近代东海关贸易报告（1864—1919）

金属类。1884年各类金属进口净值达到335889海关两，比1883年多53114海关两。其中铜、铁、锡项下进口增长很明显，而铅的进口量大大减少。

洋杂货。洋杂货进口种类繁多，但是只有煤、洋火、海带值得详述。煤始终是一项重要的进口品，煤的进口增长是由于轮船与中国北方口岸之间航班的增加和海军需求的增加。但是从总量上看，1884年煤炭的进口量却较1883年减少了近2000吨，这在很大程度上是由于1884年秋天的大部分时间舰队没有驻扎在烟台。1884年一艘轮船载煤炭从英国直接运至烟台。

火柴。火柴的进口值从80291海关两增加到136760海关两。海带的进口值从50285海关两增加到91906海关两，主要是从俄国进口，是次等品。1884年海带的进口量极为短缺。

土货进口——如前所述，各种土货进口值增加额约占贸易增加总额的27%，尤其需要注意的是原棉、夏布、桐油、纸、大米、丝货、糖。其中原棉和大米增加最多，其中原棉1884年的进口量为7000余担，进口值为86095海关两，1883年进口量为1000余担，进口值为12288海关两，即1884年比1883年增加了6000余担，约74000海关两。此项增加主要是由于秋季作物丰收，谷物汇集上海，市场价格便宜。

大米进口的增加是同样的原因，不仅是由于江苏大米的丰收及由此带来的米价的下跌，也是由于山东当地需要更多粮食以供应军粮。大米1884年的进口量为141481担，进口值为196740海关两，而1883年为40541担67385海关两，1884年比1883年增加了约100000担129335海关两。

夏布。夏布进口量整体上是增加的，但是质地较粗的品种的进口量减少，而质量更好的品种进口量增加，这主要是由于更加严格的海关检查，这是非常有必要实行的。

桐油。桐油进口量增加了一倍多，而纸和糖虽然较1883年在进口量上有增加，但是进口值减少了。丝货的进口量也呈下跌之势。

出口——1884年出口总净值增长额约占贸易总增加额的32%，出口的增长是来自向中国口岸的出口，主要是上海和汕头。下面对出口货物中的三个大宗即豆饼、丝绸和草缏进行详述。豆饼的出口量减少了103620担，主要是因为输往厦门的货物减少。

不同种类的丝和蚕茧出口量都增加了，野蚕丝增加了1055担，而乱丝头增加了4425担，黄丝增加了186担，蚕茧从1.32担增加到960担。但是茧绸的出口缩减了，与出口量异常巨大的1883年相比，1884年的出口量减少了1457担，即42%。

本年缫丝局继续营业，希望这些机器缫丝能够逐步推广，其蚕丝产品能够满足欧洲市场日益增长的需求。据我所见，缫丝样品的质量很高。我同样也看到了用这些丝制造的各种精美的面料。

草缏。草缏1884年的出口量比1883年增加了5760担，甚至较1882年的出口增加了近1000担。据我了解，这主要是由于美国对杂色缏的需求增加。

航运——1884年进港船舶的数量较1883年减少了48艘，但是吨数增加了24331吨，因此船只数量的减少所对应的吨数的增加在清算的时候非常引人注目。当解释到1884年比1883年多出17艘汽轮，这些汽轮的吨位较1883年的总吨位数增加了49067吨时，这种船舶数量减少、吨位增加的明显异常现象就变得可以理解。帆船减少了65艘24736吨。

10月1日，一些固定航班决定在华商和掮客偿清所欠的某些债务之前，禁止所有货物和旅客离开港口。决定提货单和客票不能签发给任何中国人。但是这项决议很快被撤销了，10月5日，乘客可以携带行李登船，但是官方不能发售船票，也不允许货物离港。10月7日，针对货物的禁令也被撤销了，货运贸易回到了正常的轨道。

客运量。1884年有426名洋人和20328名中国人到港，379名洋人和 11844 名中国人离港。洋人主要是往来于上海或天津，而中国人主要是往来于天津、牛庄或上海。

税收——1884 年的税收为 273754.653 海关两，较 1883 年增加了 1177.351 海关两。土货复进口半税和船钞有所增加，而进出口税和鸦片税厘则减少。

德 益
东海关税务司
1885 年 1 月 20 日，烟台

1885 年烟台贸易报告

值得注意的是，当回顾 1885 年烟台贸易时，完全没有发现曾被认为是对 1884 年港口贸易造成不利影响的那些因素，而且，在稳定的政治和当地局势的影响下，烟台的贸易额相对于过去五年贸易额的平均值取得了较大的增长。1885 年的贸易净总值比 1884 年增加了 50 多万两，比 1883 年增加了 100 多万两。

1885 年山东省的作物丰稔，收成状况很好。很幸运的是，没有关于重大灾害的报告。黄河流域西部区域没有遭受洪灾或旱灾，并且，有利的条件创造了贸易的上升趋势，尤其是洋货进口贸易，这导致了上文提到的年贸易值的增长。下面是对贸易总值等的简要概括：进口贸易，包括洋货和土货进口的净总值是 6507376 海关两，出口贸易的净总值是 4076110 海关两。进港 180 艘船，816 艘次，总计 630768 吨；出港 177 艘船，817 艘次，总计 631057 吨；税费和船钞总计 267396 海关两。进口值比出口值多出了 2431266 海关两。若从超额中扣除金银出口超过进口的 937385 海关两，仍有总计相当于 100 多万海关两的贸易入超。

船运——1885 年，轮船运输与 1884 年相比减少了，1884 年进港和出港的轮船总数是 1540 艘，共 1297127 吨，1885 年进港和卸货的轮船总数是 1383 艘，共 1162882 吨；轮船船次减少了 157 艘，吨位数减少了 134245 吨。

航运方面值得注意的一个特征是英国轮船数量大量减少，1885

年进港和卸货的英国轮船总数是 783 艘，1883 年为 894 艘，1884 年为 947 艘。另外，德国的轮船数量相应增多，1885 年进港和卸货的德国轮船总数是 166 艘，1883 年为 58 艘，1884 年为 108 艘。这个增长出现在 1885 年的旺季，英国公司为满足贸易需要，发现租用德国船是有利的。

洋货进口——洋货进口的净贸易总额是 4427505 海关两，与 1884 年的 3529095 海关两相比，增加了 800000 多海关两。增长的直接原因是最重要的进口品棉布制品的进口量非常大。洋货进口贸易中直接进口与前两年相比显示出下降的状态，衰退主要表现在从英国、俄国和日本的直接进口减少。上文提及的增长源于中国港口，尤其是来自上海港的洋货的超大幅增长。

布匹货。1885 年布匹货进口量为 1262687 匹，进口值为 2121075 海关两，1884 年进口量为 927717 匹，进口值为 1518302 海关两，相比之下 1885 年的进口量增加了 334970 匹，进口值增加了 602773 海关两。单项商品中增长最多的是原色布，从 1884 年的 202769 匹增加到 1885 年的 353766 匹，其次是美国本色布，1885 年进口量为 160697 匹，1884 年为 102650 匹。棉羽绫、英国本色布、洋标布、洋红布和斜纹布也有显著的增长。由于作物丰收，收入颇丰，现金比较充裕，人们对于洋货的消耗量相应增加了。1885 年，洋货市场扩展到了迄今为止相对不为人知的西部地区。

棉纱的进口量过去几年一直持续增长，1885 年也进一步增长。1885 年进口总量为 39881 担，总值为 754910 海关两，比 1884 年的 19692 担多了一倍多。棉纱主要是由孟买生产，与英国棉纱相比，孟买棉纱松散的结构和粗糙的表面更受当地人的喜爱，在织布过程中能纺出更长的线，并且，当被做成衣服初次穿的时候，它粗糙的表面让穿着它的人觉得更加温暖舒适。以棉纱做成的织物虽然相对便宜，但并不是特别耐用。1885 年投机成分混入棉纱交易，上文提到的大量进口某种程度上可能是因为贸易需求的上升。

毛织货。1885年毛织货进口量为18906匹,进口值为134431海关两,1884年进口量为20169匹;1885年的7787匹或说是将近一半的量,都是棉绒布的进口量。毛织货的进口在过去五年一直波动较小,而且由于山东省对其需求有限,此类贸易从未占过很大比例。

洋药。1885年洋药的净进口总量缩减至421.67担,不到1884年进口量的一半。1879年以来,印度药土的进口量一直呈下降的趋势,但是从未出现过像去年那样明显的下降。主要下降的是白皮土,从1884年的676担下降到了1885年的278担。其他的种类也都在下降。1885年白皮土和喇庄土平均每担的价格分别是475海关两和534海关两,1884年分别是419海关两和468海关两。

金属。铁枝和铁丝显示出可观的增长,这是由于铁钉、各类铁器生产量的增加所带来的需求上升,铁钉、各类铁器都是烟台的主导产业,其他种类的金属,特别是铅、锡,与去年相比贸易规模都有较大的缩减。然而,进口金属所有种类的净进口总值比1884年高72780海关两。

洋杂货。此项下包含的物品——煤,主要来自日本,没有达到预期的与前两年相当的进口量,进口量只有11755吨,1884年为18969吨,1883年为20884吨。

其他商品,特别是洋火、针和玻璃板,有明显增长。

煤油也有增长,1885年的进口量比前一年增加了20000多加仑。进口量为48710加仑,仍然很少。事实上,尽管煤油的价格极低,照明质量也很好,但只要山东省持续大量生产豆油,煤油就不可能被普遍使用。煤油是两者中较便宜的一种,但据了解,煤油的使用范围并没有扩大,因为煤油需要用昂贵的灯来点燃,而这些灯是穷人没有能力购买的,特别是因为他们缺乏经验,缺乏细心,灯具本身或其某些配件可能损坏或因其他原因不适合使用。

日本海带(或称一等品)和俄国海带(或称次等品)1885年的进口量都比1884年进口量多;后者质量有所提升。

土货进口——从整体上看，各类土货商品的贸易额与1884年相比不太景气，多数大宗进口品都大量缩减。然而，下降的趋势并没有波及原棉，原棉的进口量增加了50%以上。也有相当数量原棉由国内船运而来，从而使进口总量扩大到一个很大的规模。从这个事实和与棉纱贸易有关的数字可以看出，山东省的纺织工业正处于繁荣状态。

1885年大米的进口量为29894担，1884年进口量为141481担。1884年由于特殊情况，军需谷物量增多，进口量异常大。因此不能把它作为合理评判1885年进口量的标准。平均每年大米的进口量在25000担至40000担之间波动。

出口——1885年出口的农产品净值略有减少，1884年的出口值为4138314海关两，1885年的出口值为4076110海关两。与1884年相比，1885年与外国的直接出口贸易有所增长。这主要是因为去往俄占满洲地区的船只增加。因此，与中国其他港口尤其是上海、汕头和厦门的出口贸易出现了下降。

像往年一样，主要的出口品是豆类、豆饼、枣子、丝绸、茧绸、草缏和粉丝，因为1885年的交易规模特别大，每一类商品的交易虽然在某些情况下还没有达到1884年的交易量，但仍比往年要多。

豆饼的运输几乎保持不变。豆类出口量从1884年的95787担增长至1885年的169792担。然而，豆类船运的利润并不高。

运输枣子的托运商也没有利润。在装运日期前没有充分干燥，并且被封闭在轮船的密闭舱内，因此枣子在航行中腐坏或在交货时被发现不合格是很常见的。

1885年，丝绸贸易市场十分活跃，出口量大大超过了1884年前的平均水平。这在丝绸、茧绸上特别明显，丝绸、茧绸的出口量比1884年增加了500担。野蚕丝出口2049担，比1884年少了500担；但以1882年的出口量（609担）为参考，这仍然是出口贸易中一种巨大且不断增长的出口品。蚕茧的出口量从1883年的1.32

担增长到1884年的960担，1885年缩减至13.46担。

草缏出口有所增长，1885年的出口量为32938担，出口值为994725海关两，比出口量较大的1884年减少了1858担。在不同的品种中，白草缏的减少量在3000担以上，色草缏减少量在300担以上。杂色缏增加1000担，其中去年没有出口的黄草缏达到819担。一家主要经营草缏业务的英国公司在这一年里暂停了付款。

出口贸易中发现了一种现象，海关没收了一部分似乎是欺诈性包装的中草药。每个包里的内容物被分为一定的比例，大约三分之二是中草药，三分之一是草，但价格仍然与纯草药相同。起获赃物后的调查发现，貌似填草的骗局只是一种贸易欺诈手段，这在某种程度上似乎是把这种药出口到厦门港时的习惯。

金银——进口的金银主要来自上海和天津，总值为609527海关两，1884年为988560海关两；出口总值由1884年的1457856海关两上升到1546912海关两，主要出口上海。金银出口的总值是进口总值的两倍多。出口上海的金和银锭都有所增长。

税收——1885年的税收总值为267396.724海关两，比1884年税收总值少了6357.929海关两。子口税增长，但是进口税、出口税和鸦片项下的损失抵消了这一增长。

穆和德
东海关税务司
1886年1月16日，烟台

1886年烟台贸易报告

根据1885年的报告，令人欣慰的是，虽然1885年的贸易额和1884年相比增长了50多万海关两，和1883年相比增长了100多万海关两，但我们正在考察的这一年相比1885年，贸易额增长了100多万海关两。

本口内地本年农作物丰收。黄河泛滥，造成了山东的西部和西南部以及周边省份相邻地区的水灾，导致了一场可怕的灾难。但是，它对这个港口的贸易产生的不良影响，却幸好不足以阻挡它的繁荣。

洋货、土货的进口贸易总值为6847157海关两，出口贸易额为4851700海关两。港口的贸易总值为11843015[①]海关两，本年160艘船进出港，其中入港992船次，载重755643吨；出港989船次，载重753026吨。本年本口税钞为285480海关两，占贸易总额的2.41%[②]。

航运——与前一年相比，1886年的蒸汽轮船运输增加了415船次，吨位增加了270981吨；帆船减少了67船次，吨位减少了24137吨。因此蒸汽轮船和帆船总量增加了348船次，吨位增加了246844吨。

英国蒸汽船增加了132船次，吨位增加了115067吨；帆船减

---

① 原文如此，计算有误，保留原文，存疑。
② 原文如此，计算有误，保留原文，存疑。

少了 44 船次，吨位减少了 15712 吨。日本航线由"日本邮船会社"执行，在 3 月 22 日从敦贺开始，定期往返于长崎、仁川、烟台、天津，然后返航。这条航线共航行 64 船次，增加了 32006 吨位的运量。和记洋行在天津和香港之间开设了一条定期航行的航线，在烟台停靠。作为第一步，他们租了德国蒸汽船 Johann、Gerda 和 Activa，但是他们已经安排建造适应这种贸易的船只的消息是谣传。

洋货进口——国外进口贸易总值为 4676196 海关两，与 1885 年的 4427505 海关两相比，1886 年增长了 248691 海关两。在这个增量中，鸦片供应占了接近 154000 海关两，棉纱占了 350000 海关两。但是，许多商品的进口值在减少。与去年相比，与国外的直接进口贸易额略有增加。

棉织品。这类货物没有太多值得注意的。粗斜纹布进口量增长了，华素羽绫进口量减少了；美国粗布进口量增长了，英国粗布进口量减少了；原布、标布、洋红布和哔叽斜纹布进口量都比去年减少了。

棉纱进口量增加了 16844 担，所考察年度的进口量为 56725 担，而 1885 年为 39881 担。这种商品的进口贸易值正以稳定的速度增长。上面提到的增长的 16844 担，比 1883 年 15900 担的进口总量还要多，而且 1886 年的进口量是 1882 年的五倍。棉纱从孟买进口，毫无疑问，要比在山东生产更便宜。据说，进口的增长严重干扰了很多穷困妇女赖以生存的当地纺织业。中国人的观点出现了分歧：一部分人认为国外纱线将会取代国内的，而另一部分人坚持认为国内纱线更结实、更好用，会在与进口纱线的竞争中保存下来。我倾向于认为国产布料相比于进口布料更厚、更粗糙、更重、更结实、更贵。山东一直都是纺织之乡，人口众多，山东人坚毅、勤劳、节俭，能够靠几分钱买来的粗食生存，除了明智地引进机器，成为一个很快能赶上已经起步的物质文明的制造业国家外，别无他法。

羊毛制品，在这里的贸易中一直很有限，1886 年进口与上一年相比有所减少，1885 年进口与上一年相比也有所减少。

金属。与 1885 年的进口量相比，所有形式的铁都减少了。我认为，这是由于早些年的大量进口导致库存过剩。然而，国产钢的进口量增长了。1885年这些商品的进口量低于平均值，因此，1886年的进口量高于平均值。国产钢由汉口而来。

杂货。1883年，玻璃板的进口几乎是1882年的两倍。由于这些商品在1883年的进口量很大，到了1884年进口量下降，只比1882年增加了5400平方英尺，但在1885年，进口量几乎是1884年的两倍，1886年出口量又几乎是1885年的两倍。在本地的玻璃工厂建造起来之前，这种商品对于寒冷气候下的舒适生活至关重要，因此必须稳定地增加这一地区的进口。

与1885年相比，火柴的进口量减少，但1885年的进口量特别大，与1882年和1883年的进口量相比，这种广泛使用的珍贵便利品正在得到普及。

尽管针的进口量与去年相比有所减少，但与前四年相比有所增加。

煤油越来越受欢迎，进口量在1882年达到15000加仑，1883年17000加仑，1884年27000加仑，1885年48000加仑，1886年118000加仑。这种油正在取代豆油，它提供了更好的光亮，并且在纺织工业、草缏业以及私人住宅、办公室等方面广泛使用。这种油的价格从每箱（10加仑）约5美元降至约2.50美元。

土货进口——原棉是值得注意的。1884年，这种进口商品似乎受到了青睐，因为在那一年它的进口量达到了7000担，在1885年，达到了11000担，而在1886年，我们考察的这一年，已达到13000担。这里需要原棉来纺纱，并且值得注意的是，虽然原棉的进口量增加了，但棉纱的进口量仍然以较大的幅度增加。这可能表明：要么这个地区的棉花生产在增加，或者棉花的种植在减少；要么棉花生产在增加，但同时棉花种植在减少。然而，我倾向于认为，这种增加的主要原因是在中法战争期间，许多装载棉花的帆船被烧毁，商品只能用轮船装运，这种做法被认为是方便的，而且越来越多的商品被这样装运。

土货出口——本年度本地出口产品的总价值为 4851700 海关两，与 1885 年相比，增加了 775590 海关两。

草帽的出口增加值得注意。1882 年出口约 9000 顶草帽；1883 年，约 51000 顶；1884 年，52000 顶；1885 年，55000 顶；1886 年，56000 顶。这些是运往汉口和广州的，主要是运往后者。据说，前几年，帽子是通过陆路运到汉口，然后再通过陆路运到广州。

草缏产业是非常重要的，事实上，就对外贸易而言，它是从这一地区出口的最重要的商品，而且令人非常满意的是，在我们所考察的这一年中，这种主要商品的出口比前一年增加了 12000 担。在制造多样的草缏织品时，在彩色、素色、多色、精细加工等方面，既有继承，又有改进。在制作精良、生产成本低廉方面，山东草缏织品胜过日本。现在，人们把注意力集中到必须超越其他参与这一生产竞争的国家上，很可能生产出更精细、难度更大、装饰性更强的图案。山东的草缏完全可以和意大利、瑞士最好的草缏比肩。

刺绣，可用于细棉布或者其他服饰的装饰，此类商品相信可在山东有更好的发展。

这里乐于助人；这里有灵巧的手指；这里有节俭的习惯和温和的方式；这里有对和平的热爱；这里有对秩序的热爱：因此，多年以来，资本被吸引到这片海岸，而"铁马"① 又会将工业制成品从这里运往那些未开化的国家。

穆和德
东海关税务司
1887 年 1 月 28 日，烟台

表 1 显示的是 1886 年 12 月 31 日前各个国家出入烟台的轮船数量和载重量。

---

① Iron horse，多指火车，此处为蒸汽轮船。

海上来风：近代东海关贸易报告（1864—1919）

表1 1886年各国出入烟台的轮船和帆船数量和载重量

单位：艘，吨

国家	进口								出口								出入总量	
	载货		空载		合计		载货		空载		合计		数量	吨位
	数量	吨位	数量	吨位	数量	吨位	数量	吨位	数量	吨位	数量	吨位		
轮船														
英国	284	230487	175	151939	459	382426	231	203644	225	176349	456	379993	915	762419
德国	75	48649	46	28083	121	76732	79	51877	42	24855	121	76732	242	153464
法国	1	470			1	470			1	470	1	470	2	940
荷兰			1	1235	1	1235	1	1235			1	1235	2	2470
丹麦	2	1538			2	1538	1	769	1	769	2	1538	2	3076
瑞典,挪威	3	3582	2	2388	5	5970	4	4776	1	1194	5	5970	10	11940
俄国	2	1415	1	714	3	2129	2	1427	1	702	3	2129	6	4358
日本	17	8789	15	7214	32	16003	20	10005	12	5998	32	16003	64	32006
中国	119	104071	138	127846	277	231917	123	105923	153	125450	276	231373	553	463290
轮船合计	503	399001	598	319419	901	718420	461	379656	436	335787	897	715443	1798	1433863
帆船														
英国	23	9200	11	4375	34	13595	26	10901	10	3462	36	14363	70	27958
美国	3	1515	2	1072	5	2587	3	1614	2	973	5	2587	10	5174

222

续表

国家	进口							出口							出入总量	
	帆船															
	载货		空载		合计		载货		空载		合计			
	数量	吨位	数量	吨位	数量	吨位	数量	吨位	数量	吨位	数量	吨位	数量	吨位
德国	24	9757	13	5041	37	14798	29	11226	7	3164	36	14390	73	29188
丹麦	4	1160			4	1160	4	1160			4	1160	8	2320
瑞典、挪威	2	1325	4	1943	6	3268	3	1982	3	1286	6	3268	12	6536
意大利			1	542	1	542	1	542			1	542	2	1084
日本	1	441			1	441			1	441	1	441	2	882
暹罗	2	589	1	243	3	832	2	537	1	295	3	832	6	1664
帆船合计	59	24007	32	13216	91	37223	68	27962	24	9621	92	37583	183	74806
总计	562	423008	430	332635	992	755643	529	407618	460	345408	989	753026	1981	1508669

注：表中部分合计数据有误，保留原数，存疑。

1887 年烟台贸易报告

贸易值——贸易净值：扣除复出口额，即来自外国和香港的进口货物贸易额，除去中国沿海港口进口额，货值为 4630536 海关两。

沿海的土货贸易净值，主要来自上海、广州、厦门、汕头，价值为 2421347 海关两。

进口总额为 7051883 海关两。

与 1886 年的进口贸易值相比，增加了 204726 海关两，这归因于土货价值 250386 海关两的增长，而同时期洋货减少了 45660 海关两。

当地产品出口至外国的贸易价值为 596244 海关两。

除去沿海进入中国港口的本土产品贸易价值为 4931661 海关两。

本地出口总额为 5527905 海关两。

与 1886 年的出口贸易价值相比，增长了 676205 海关两，这归因于土货出口至外国 232011 海关两的增量和除沿海进入中国港口之外，本土产品价值 444194 海关两的贸易增长。口岸贸易净值，即外来和本土进口总值减去再出口以及本土出口值，为 12579788 海关两，比 1886 年的贸易净值高出 880931 海关两。

进口过剩总值高于出口贸易值，为 1696578 海关两。

航运——本年度报关了 1911 艘蒸汽船（总计 1579905 吨）与

170艘帆船（总计76170吨）。在总吨位中，英国占57.9%，中国占29.36%，德国占8.54%。

航运事故——3月25日，自斯旺西驶来的英国帆船Kaisow号载煤1100吨，在距家庭旅馆①东北部一英里处搁浅。幸亏天公作美，待卸煤120吨后，该船在无外力帮助的情况下，脱险了。7月21日，招商局的保大号（重达870吨），在紧靠灯塔北部、距灯塔四分之一英里处的半岛东北部岬角触礁，沉入大海。在驻威海卫的北洋舰队和招商局其他船只的帮助下，部分货物被打捞上来，而另一部分则被周边村民劫掠。部分货物得以幸存，这完全归功于当时海面平稳，船只没有漂流。

外国进口——这类贸易中最有价值的分支，也是外国人最感兴趣的产品，即棉制品。进口净总量高达1121802匹，价值达1890205海关两，比1886年增加了7224匹。

棉纱的进口量在过去几年中一直稳步增长。净进口量为67570担，价值为1251154海关两，比去年增长了10845担，149475海关两。这种棉纱，主要在孟买进行纺织，与英国棉纱相比，这种棉纱质地松散，外观粗糙，当地需求量更大。当地人认为，用前者织成的衣服外观较厚，从其毛茸茸的外表来看，它一定比用英国棉纱织成的衣服更保暖。据我了解，山东省本地棉纱纺织业几乎处于停滞状态，因为操作工人的薪酬只有20文/日，然而草缏业者的工资是其两倍甚至更多。

羊毛制品进口19984匹，价值124590海关两，高于去年进口的19058匹，124909海关两。

这一年的鸦片贸易，虽然没有引起人们的普遍关注，却有极其重要的价值，《烟台条约》中关于鸦片的条款于本年2月1日生效，进口鸦片608.06担，价值295376海关两。与1886年相比，减少了92.84担，价值67275海关两。中国土产鸦片的数量和受欢

---

① 原文中为The Family Hotel，烟台海边的一处旅馆。

迎程度逐年增加，富裕阶层将继续对印度鸦片有一定需求，因为它是一种高级产品。印度能否生产出更受穷人青睐的廉价鸦片，与本土产品和波斯产品相互竞争，还有待进一步观察。当前，没有外国公司在烟台从事鸦片贸易。据估计，在本口有130多个烟馆。

与去年相比，以铁条、铁钉、铁枝、水银、锻钢和本机钢为代表的金属制品，其贸易量呈下降趋势，减少了1600担。此外，部分金属制品贸易量呈增长趋势。铁丝和猪用钢，增长了3580担；旧铁增长了5005担。其中，最后一种产品，包括了锅炉铁、马蹄铁等。进口后再制造成舢板和农业用锚，这是由当地铁匠经营的大产业。

与1886年相比，下列物品（包括杂物项下）有所减少：煤4541吨，火柴13647各罗斯，针4207千根，一等海带14416担，二等海带38534担，玻璃板2383箱。以下物品有所增加：外国铜纽扣8400枚，洋菜271担，煤油19776加仑，机械用品35137两，苏木1120担。洋菜的进口量在1883年呈现逐步增长的趋势，而1883年仅进口274担。煤油在本省广泛推广使用，今年比去年多出一倍，1883年的进口总量为17600加仑。

土货进口——以下土货的进口与1886年相比均有增长：信石971担；原棉3458担；木油2441担；优质纸811担；纸钱2258担；丝帽10963担；红糖71263担；冰糖3799担；白糖30657担。然而，大米的进口则减少了13230担。

土货出口——出口的主要商品是豆类、豆饼、枣、丝绸和绢纺、草帽和粉丝。豆类，主要是由广东小船运来的，减少了25352担。毡帽的数量几乎增加了一倍，豆饼主要运往汕头、厦门，也通过船运运往浙江、江苏等地，增加了87580担。黑枣和红枣，多产自武定府、东昌府，增加了87580担。他们主要销往香港和广州。黄丝几乎全部来自青州府，并呈现出轻微的减少趋势。野蚕丝主要产自登州府的栖霞县、宁海州、文登县、荣成县，减少了1249担。蚕茧也大量从奉天运来，通过东北各港用蒸汽船或小船运输，蒸汽船占30%，小船占70%。草帽的出口增加了20924坦。非常遗憾的是，今年激励生产者的是产量而不是质量，我听说，生产者蒙受了重大损失。花草帽虽然一开始做得比较好，给生产者带来了丰厚利润，但最近一直是最劣质的，他们所遭受的损失是应得的。我们的中国朋友要吸取教训，也不是没有道理的。相同的结论同样适用于短草缠。直到他们认识到在选择使用的麦秸和制作草帽时必须更加小心。否则他们很可能没有机会弥补自己的损失。与去年相比，粉丝的产量增加了17747担。

金银——进口金银值为992765海关两，比1886年多进口342897海关两。上海运来了737065海关两，收到的金银中有价值1900两的黄金。出口额为1933836海关两，比1886年的出口额少35945海关两。运往上海的金额最大，为纹银1698846海关两和金140970海关两。本年度口岸间支付交易的金银进出总量价值为2926601海关两，与1886年相比，增加了306952海关两。

船钞和关税——本年度的船钞和关税收入为364547.086海关两，与1886年的税收相比，增加了79066.530海关两。此外，上述总数包括鸦片厘金44923.900海关两。该条款首次出现在年度报表中。除去鸦片厘金后，各国占总数的比例为：英国占57.02%，中国占19.90%，法国占19.22%，日本占2.01%，瑞典和挪威、丹麦、法国、俄国、美国和非条约国等共占1.85%。

评价——对于过去一年的贸易情况，各方都很满意。

穆和德

东海关税务司

1888年1月28日，烟台

1888年烟台贸易报告

1888年,烟台的贸易深受山东省部分地区严重的水灾和干旱之影响,泰安府和沂州府的灾情最为严重,本年进出口贸易净总值为11875904海关两,较1887年减少了703884海关两。

航运——1888年对沿海经营的联营航运公司来讲应该是收益颇丰的一年,并且它们在烟台这一年内的确比往年做得更好。1888年运往汕头的豆饼价格下降;尽管如此,豆饼的船运似乎仍和以前一样。日本邮船株式会社的轮船继续定期从日本开往天津和本口,挂靠朝鲜港口。1888年有973艘轮船入港,计798005吨,去年为954艘,计789039吨。与以往诸年相比,外轮有减少的趋势。每年的帆船数量都在减少。进港的帆船从1885年的125艘49558吨一直减少到1888年的58艘23439吨,帆船的减少导致货主经常难以找到合适吨位的运载工具,因为这些船只在一年内只签了三份租约。在总承载货物中,英国船占57%,中国船次之,占30%,其次是德国、日本、法国、瑞典和挪威、俄国和朝鲜。

洋货进口——尽管内地遭受了严重的灾难,山东的市场需求仍是正常的,价格保持平稳。贸易净值是4510993海关两,比1887年少了119543海关两。这是部分市场收窄所造成的。由于黄河泛滥,以往依赖烟台输入的陕西和河南市场缩小,而天津却因此受益,天津成为陕西和河南获得商品的最近途径。现在主要由天津满足陕西和河南的市场需求。

鸦片。此项贸易现已完全掌握在华商手中，过去几年进口量呈逐步下跌的趋势。土烟的产量逐年增加，相应地，洋药进口量逐年下降，已经从1881年的1796担下降到1888年的318担。1888年，洋药的平均价格为每担500海关两，而土烟的平均价格为每担280海关两。

布匹货。与贸易有关的一个显著特点是近三年来美国斜纹布和本色布的销量下降，1888年这些货物的进口量不到1887年的一半，销量下降主要是由于美国国内市场对这种棉布的需求量激增。这种下降使英国斜纹布、本色布受益，这两者从1887年的155530匹增加到1888年的232641匹。然而，英国的这些棉布并没有拥有与美国的棉布相同的价格，而是较美国的棉布每匹便宜半两。与1887年相比，原色布的进口量增加了20967匹，对这类商品的需求一直保持平稳，特别是八分之一磅的布，价格也上涨了。标布的进口量减少了57007匹，而且这些商品的进口量正在持续下降，中国人更喜欢原色布，是因为原色布更长、更宽、质量更好，价格也逐渐跟标布一样便宜。1888年布匹货进口量是1033998匹，而去年是1102475匹。

毛织货。此项贸易跟往年基本相同，这些商品历来需求有限。1888年其贸易净值仅114885海关两。

金属类。该项贸易没有大的变化，铁枝和旧铁继续大量进口，后者用于制造农业和家庭用具，这种制造是该省不同地区的主要工业活动。旧铁应该是以小块形式运到这里，如马蹄铁或碎钢板，因为运往内陆的唯一方式是驮运。大件货物的价格较低，因此在旧铁离开港口之前必须支付包装成大件货的差额。值得注意的是铁丝的进口量增长了2161担，因为当地人用铁丝来做灯笼架子，根据大小每个价值20—70个铜钱。

洋杂货。可以注意到，煤油的进口量非常多，1888年进口量达444372加仑，而1887年是137814加仑，煤油进口量增加是因为与当地豆油相比它的价格比较便宜，由于干旱，当地豆类作物歉收，只生产了一小部分豆油。豆油的平均价格是每担5海关两，而煤油的平均价格只有每担3.4海关两。中国商人进口煤油都是供本地使用，穷人用一个带锡柄的瓶子来代替煤油灯，在瓶子的顶部有一个盖子，盖子上有一根用锡制成的管子穿过，这种原始的灯可以花3美分买到。山东省煤油使用量增加，煤油的输入基本靠帆船。现在上海是美国煤油的仓库，美国煤油从上海以高额的运费用轮船运至该口，轮船只能在甲板接收煤油，而风险则由货运商来承担。① 自来火进口量较1887年增加了52990各罗斯，主要是通过轮船从香港直接进口。二等海带进口量增加了5316担，据说从事此项贸易的进口商获利颇丰；本年秋季需求量很大，价格上涨15%。针的进口量减少了48650千根，一等海带的进口量也减少了5815担。

土货进口——土货进口总体呈下降趋势。减少最显著的是红糖的进口，其进口量比1887年少52296担，白糖也比1887年少38161担。济南、武定、济宁等地是该省的主要消费区，糖是通过水运运到那里的，但是由于黄河在河南郑州地区决口，上述地区河流没有充足的水量，无法用船运输，而用骡子运输运费昂贵，进口自然减少。上等纸和下等纸进口有所增加。但棉花和神纸的进口比1887年有所减少，棉花进口量比1887年减少了5046担；神纸进口量比1887年减少了4908担。1888年土货进口净值为2167726海关两，而1887年是2421347海关两。

出口——豆饼是出口的大宗之一，但利润低微，听说有几家工厂已经关门了。1888年的6月和7月大豆的价格很低，此后上升为每担1海关两，或较平均价格上涨了20%。前文提到的大豆的歉收在很大程度上预示了这个结果。

多年来草缏贸易一直控制在此地洋商的手中，过去是一项不错的出口项目。然而在1887年该项贸易遭到了严厉的审核，当年出

---

① 货物运输的一种方式，风险较大。

口量大增，但是从事该行业的洋商却损失惨重，从一定程度上讲是由于草缏的粗制滥造。当低等草缏进入英国市场的时候价格下跌，市场的销售状况非常不好。据说美国市场依然遭受着当年严重的供过于求的影响。外国的抱怨和责备甚多，以至于从事该项贸易的洋商通过英国领事向道台提交了一个联合备忘录，指出该项贸易所造成的损失和如果不停止贸易所必然造成的损害。1888年初这些商人几乎全部拒绝购置草缏，直到年中的时候此项交易才得以完全恢复。这似乎对中国人产生了预期的效果，因为更好的产品得以产出。另一个结果是，价格上有一定的下降，本地经销商开始明白他们以前的策略是目光短浅的。1888年的草缏总出口量是45642担，比1887年减少了20054担。虽然出口数量远低于1887年，但所有人似乎都对这一结果相当满意。因此，我们有理由希望1889年该项贸易会更加的繁荣。中国人在仿造外国草缏方面显示出非常强的聪明才智。令人惊讶的是，在山东他们对这些样式的复制使该项贸易进一步的发展令人期待。

  1888年，洋商直接出口的山东茧绸有显著增长，43000匹被他们购买并发往欧洲和美国。外国人以前从未当场购买过这么大的数量。一种淡黄色、乳白色的平纹茧绸，在国内与欧洲大陆普通的丝绸媲美，主要是因为它的价格便宜，尽管制造这种商品的野蚕丝价格有些高，但低价在欧洲和美国市场上销售茧绸是有可能的。中国织工比从前更加注重茧绸的制作，现在已生产各种长度和宽度的茧绸。茧绸是由穷人在他们的家里制造的，令人满意的是能买到不同宽幅的茧绸。不同的茧绸需要不同的织机（如果不是新织机），而织机的更换成本很高。除了平纹茧绸外，一些略带花纹的茧绸也已经生产出来，但是山东的织工还没有能够成功地模仿英国的花样设计。据我所知，几年前，其中一些是由烟台缫丝局制造的，当时使用外国机器在外国管理下工作，但是这种试验生产没有利润。已经有人试图引导中国人使用不同颜色的丝绸编织，但蓝色似乎是他们能染上的唯一颜色，由于生产速度较慢，尽管生产出了一些比较讨人喜欢的图案，但它们还没有占领外国市场。据说野蚕丝不能染色，但这一困难也许可以克服。为了增加其在国内市场的吸引力，茧绸的染色和织造仍有许多工作要做，希望这些方面可以有巨大的发展。

1888年的野蚕丝出口量为2172担，比1887年多940担。这个行业的主要特点是生产小纩丝，这种小纩丝更适合于家用机器，这可能是导致出口增加的原因。这种丝织物现在比以前使用更广泛，主要用于长毛绒和素剪绒制品。但令人遗憾的是，中国没有更多地关注缫丝问题，因为如果生产更干净、更均匀的丝线，国外的需求会更大。大纩丝的需求量仍然大大超过小纩丝，前者更容易被当地人缫绕，希望小纩丝能根据主要买家的要求渐渐实现标准生产。其缫丝装置的更换并不会过于昂贵。

黄丝出口稍有增长，年末市场的兴旺使货主免受巨大损失。

1888年乱丝头的出口量为6488担，出口值为349453海关两。1887年乱丝头出口量为8343担，出口值为365845海关两。乱丝头的价格从1883年的每担15海关两上升到1888年的每担50海关两以上。据悉，当价格开始上涨时，中国商人着手大量掺入废料，并持续这一行为，这对贸易造成了很大的损害，若不制止这一行径，贸易定会遭受更大损害。据说有些乱丝头中丝绸含量仅为约40%，为了在国内市场上维护这一商品的声誉，这里的洋商可能会采取与上文提到的草绳事件相同的解决办法。

1888年10月、11月蚕茧的需求量很大，但是中国经销商因为货少而无法在期限内交货。交货是在迟些市场价格较高的时候进行的。

毛毡帽的出口量逐年增加，1888年超过32000件被运走。毛毡用中国帆船从满洲运到烟台。

客运——可以注意到移民到俄占满洲地区的人数正在增加。中国人通常在4月的第一周离开这里，在这个港口关闭前回乡。他们的主要职业是采集海草，听说他们每月的收入大约是7美元。

税收——1888年的税收总值为317436.264海关两，比1887年少了47110.822海关两。减少的主要原因是鸦片税收和子口税减少，前者为28158.426海关两，后者为12274.470海关两。税收总值中英国占53%，中国占25%，德国占20%。

金银——1888年的进口总值为747873海关两，比1887年少了244892海关两，其中来自上海的黄金有5700海关两。1888年的出口总值为1927813海关两，比1887年少6023海关两；金银几乎全部出口到上海。

总论——从整体上看，1888年的贸易虽然没有造成太大的损失，但对于华商而言仍有不足。在当地，广东和汕头商行比往年少了，烟台当地的华商在一些主要港口和香港建立了自己的商行，把贸易更多地掌握在自己手中。尽管中国和日本有频繁而定期的轮船往来，但是中国北部与朝鲜之间的贸易并无决定性的发展。一些主要消费区现在由于饥荒而普遍贫困，因此1889年的前景是暗淡的。

爱格尔

东海关税务司

1889年1月31日，烟台

第二部分

历年烟台口华洋贸易情形论略
（1889—1919）

光绪十五年（1889）烟台口华洋贸易情形论略

窃查烟台口本年出进口货物实价银共值关平银一千二百六十六万六千五百七十八两，较之上年多增七十九万六百七十四两，据此情形似是贸易较前兴旺。然细为查核，出口货物固为至美，其进口货物内有一弊在焉，谨为详申于后。兹将本口贸易情形分为三款，第一款论火轮船及帆船吨数：查本年本口出入轮船共二千二百零四只，计一百七十七万四千七百三十二吨，上年系一千九百四十八只，计一百五十九万七千九百六十一吨，则本年之数较胜于上年。论本年本口出入帆船共五十八只，计二万五千四百四十四吨，上年系一百十八只，计四万七千五百八十六吨，则本年之数较逊于上年。轮船既多，帆船虽少，亦自无关紧要，惟烟台一口货物原不能有轮船至二千余只之多，只以各船以本口为往来经过之地，故不论有无货载，均乐常川到口。查轮船货物提单，烟商以为未便，现经招商局、太古行、怡和行三家改为提货红单，此提货红单以其本行轮船运货，不惟提货凭单兼为保险据纸，烟商交相称便，故该三家生意胜于他行。查日本国轮船，本年有一百十四只，计八万六千七百七十二吨。上年五十八只，计四万八十六吨，则本年之数倍多于上年。只以初开新路，系自上海驶烟台往朝鲜再到珲春，此路轮船不往东洋。论烟台有新轮船一只，船名广济，为内地民轮船专开往不通商口岸。本年所到之处，自

237

海上来风：近代东海关贸易报告（1864—1919）

烟台往龙口到虎头崖为止，烟台距虎头崖计路共三百七十五里。查虎头崖地方海水不深，轮船下锚未甚相宜，然该处距莱州府沙河镇只三十里，路途甚近。沙河农民以作草帽缏为业，运送往虎头崖均称方便。论广济民轮驶行共有八月，进口土货，计运草缏一万二千余包，粉干、土药、野丝、乱丝头等物甚夥。其出口洋货，系棉纱、洋布及各色洋杂货并官运赈济米粮，机器局、矿务局应用机器等货，往来搭客亦日盛一日。该船试行八月，前四月内因彼处人未周知无多，运载未免亏赔。至后四月商民尽晓，生意得以大旺。统计八月，虽无甚赚赔，然系先绌后盈，日强之势有厚望焉。查中国有新轮船一只，名曰北平，系开平矿务局专运煤斤者，乃中国始有此样轮船也。

论各国轮船往来数目，以一百分均之，查上年英国有五十七分，本年五十四分，则本年较上年计少三分；上年德国有九分，本年七分，则本年较上年少二分；上年日本国有二分半，本年五分，则本年较上年多二分半；上年中国有三十一分，本年三十三分，则本年较上年多二分。其余一分为法俄等国均之，此第一款论轮船、帆船之情形也。

第二款论洋货、土货进口数目。查本年洋货进口估价共四百四十二万九千一百三十六两，较上年少八万一千八百五十七两，所少之数初以为无甚低昂，继而细核则知，四百四十二万九千一百三十六两之中有买赈济洋米二十五万八千三百九十八两，此项洋米并不在贸易之数。若将此项扣除，实较上年少三十四万二百五十五两，则知进口各项洋货类均无上年之多，兹将进口洋货分别开载于后。查洋药大小土本年进口二百八十五担，上年三百十八担；原色洋布上年进口二十九万一千二十四匹，本年二十一万八千四百八十四匹；白色洋布上年进口五万一千八十七匹，本年四万九百九十六匹；小原布上年进口二十万七千三百四十四匹，本年十八万四千六百七十六匹；红洋布上年进口八万六百七十匹，本年六万四千六百六匹；棉羽绫上年进口四万三千二百五匹，本年二万六千五十匹；

手巾上年进口七千二十九打（每打即十二条），本年二千四百六十四打；英国粗布上年进口十六万五千七百七十一匹，本年七万七千五百十九匹；英国斜纹布上年进口六万六千八百九十匹，本年五万六千一百三匹。洋货贸易本年较上年进口之数均为短少，惟美国粗布上年进口五万一千一百八十五匹，本年十万八千五匹；美国斜纹布上年进口一万九百五匹，本年二万七千九百三十匹，较上年数多，此二宗货每年进口或美多英少，或美少英多，未能一定。本年洋布进口数目虽少，然商家预知本口不能畅销，先行知照上海少发，是以均为亏赔。

查进口棉纱：本年新分印度、英国为两样花色，英国本年进口二千二百五十三担，印度本年进口五万六千四担，两样合计尚逊于上年之数，上年未分花色计进口六万九百二十一担。

查绒布进口数目：英羽纱上年九百七十匹，本年七百八十匹。羽绫上年二千五百二匹，本年二千七十匹；哔叽上年一千三百四十匹，本年八百八十匹；哆啰呢上年二千七百二十四匹，本年一千四百十六匹。本年较上年之数均为短少者，盖因北方人性喜衣棉与皮，不乐绒布，故销售不畅，进口者少也。

论铜铁类进口数目：本年均稍逊于上年，惟旧铁上年有八万四千八百六十担，本年七万三千四百六十四担，本年逊于上年尤甚。查此项旧铁其样不一，除马掌、机轮、铁路、铁条相等外，惟铁路交头环锁之铁巴进口最多。华人用为改造船锚、饭锅、钉勺、刀剪、农器等物，不特本地乐售，出口亦最易销。此宗生意烟台鼎盛至本年，缘何减色，情形实有未解。

论洋杂货：本年有由朝鲜国进口绿豆三万五千九百五十五担，此样货在往年多系出口。查朝鲜绿豆价值虽较烟台便宜，然颜色及豆粒并不如烟台之货。

论洋煤：上年进口九千四百三十八吨，本年一万八千八吨，则本年较上年之数加有一倍，盖因各国兵轮商船俱于烟台装载煤斤之故。

海上来风：近代东海关贸易报告（1864—1919）

论自来火：上年进口二十二万一千二百十三各罗斯（每各罗斯即一百四十四盒），本年二十一万九千四百二十六各罗斯，则本年较上年之数无甚低昂。

论火油：上年进口四十四万四千三百七十二加伦①（计二铁箱为十加伦），本年三十四万七千四百六十加伦，则本年较上年少九万六千九百十二加伦，其短少情形尚未确知。兹将本年火油分晰各国进口数目列于后：查美国进口三十二万一百六十加伦，俄国进口二万七千三百加伦。烟台未知此样火油好歹如何，贸易尚未甚多。美国火油向系德福牌子②，每箱计二元五角，本年又有倭敦福新牌子十箱进口，每箱三元，烟台先为试用是否合宜，于旧牌子德福何如。

论土货：进口实价共值二百四十万二百二十二两，较上年多增二十三万二千四百九十六两，据此情形似较上年兴旺。及细核其中有食物四十三万四千一百十一担，估值银六十三万四千五百三十八两，查上年食物进口只有八万一千两。若于六十三万四千五百三十八两内照扣上年八万一千两，计有五十五万三千五百三十八两，再扣除本年多增之二十三万二千四百九十六两，实有三十二万一千四十二两为少买土货之数，可知各色土货均较上年短少。兹将进口土货分别开载于后，查赤糖上年十六万二千九百七十担，本年十四万三千八百四担；纽扣上年三百六十七担，本年一百八十四担；桂皮上年三百八十八担，本年一百五十七担；棉花上年一万一千六百九十三担，本年二千三百八担；土布上年三百四十三担，本年一百八十六担；绸帽上年一万七千九百三十六顶，本年六千四百八十四顶；细夏布上年八百二十七担，本年三百七十八担；粗夏布上年九百五十八担，本年五百九担；粗葵扇上年一百十七万七千七百五十把，本年五十二万三千五百十把；各色药材上年估价一万八千四百

---

① 即加仑。
② Devoe，是美国美孚石油公司的品牌。

六两，本年一万一千六百八十八两；上等纸上年一万五担，本年六千三百四十三担；下等纸上年四万三千六百八十八担，本年二万八千三百十八担；糖果上年二千五百十二担，本年一千七百九十二担；绸缎上年二百五十二担，本年二百十担。所有土货本年均逊于上年之数，惟神纸一色上年二千八百五十六担，本年七千八百三十四担，进口之数本年较胜于上年。查食物类合计中外进口米粮共六十一万三千三百六十一担，估值银八十九万二千九百三十六两。此数内有中国驳运糙米五万八千四百五十七担，外有烟台赈济局以专照载运米粮三万三千一百七担，估值银三万八千三百四十两，此项赈济食物另有专照，不载入贸易总册。据此可知食物进口有如是之多，而他货进口之所由减少，此第二款论洋货、土货进口之情形也。

第三款论土货出口数目：查本年出口土货估价共五百八十三万七千二百二十两，较上年多六十四万三十五两。查本年土货复出口估价共有十一万七千七百六十四两，上年十万三千六十六两，本年较上年亦为加增。兹将出口土货分别开载于后。豆饼上年一百二十九万九千四百八十五担，本年九十六万六千七十二担，本年较上年少三十三万三千四百十三担。豆饼虽少而各色豆子有加倍之多，则贸易自非不佳。查各色豆子数目，上年七万八千九百九十六担，本年十五万八百三十七担。论各色鲜果贸易亦佳，上年二万七千四百九十担，本年三万四千四百二十三担。草帽上年三万八千八百七十六顶，本年四万四千四百五十一顶。豆油上年五千二百十六担，本年七千五百十担。粉干上年十四万七千八百七十四担，本年十四万九千担。至他项杂货均与上年无甚区别。

论运出外国土货：草帽缏、茧绸、黄白丝、野丝、蚕茧、乱丝头等货，因运出外国情形未能深悉，询据洋商，谓华人制作草帽缏货亦最佳，惟遇售主若多即不欲细作以致工粗料杂，不免多疵，远不如外国之货。倘能细心制造，其美能与外国相同。闻意大利国制造此货，其所种之麦专为作帽而用，并不取食麦穗。盖割取麦穗，恐将麦茎伤损耳。又能选料精工制作，故臻至美。查上年草帽缏出口四万五千六百四十二担，本年五万二千一百六十二担，本年较上年多六千五百二十担；论山东茧绸上年出口二千二百十一担，本年二千七百六十六担，此项生意甚为赚钱；白丝上年出口三担，本年四十七担；黄丝上年出口一千四百二十二担，本年二千四百二十五担；野丝上年出口二千一百七十三担，本年二千七百三十二担，生意亦佳；蚕茧本年出口较逊于上年，盖因雨水不时，茧多朽腐，是以货少；乱丝头上年出口六千四百八十八担，本年八千三百二十五担，此项生意亦好。缘华人以乱丝头为无用之物，外国以机器能将此货纯疵分清，择其纯者，用项甚广。比如剪绒即此丝所作，他货不胜枚举。惟华人每将此货掺和泥土以重斤两，日久恐外国不喜购买也。论平度矿务局金沙出口，计三千六百七十六担，估值一万六千四百两，此货运至外国以机器分清，自知每担得金若干，此第三款论土货出口之情形也。

论洋货、土货复出口情形：查本年复出口之货大半运往朝鲜者居多，所运之数较上年无甚区别。窃以朝鲜口岸与中国通商口岸税章不同，若能无异，洋货发给免单，土货照完半税，生意必当兴旺。盖烟台地近朝鲜，轮船既多，则贸易断不致少。

论轮船往来搭客数目：本年由牛庄来烟台一万五千五百二十六名，由天津来烟台一万四千一百八十七名，由上海来烟台一千九百六十五名，由香港来烟台一百五名，由朝鲜来烟台一千三百四十名，由日本国来烟台二百九十名，由俄国来烟台一千四百九十二名。自烟台往牛庄二千五百八十名，自烟台往天津一万三千一百九十三名，自烟台往上海一千二百三十名，自烟台往香港二十二名，自烟台往朝鲜八百九十九名，自烟台往日本国一千九十六名，自烟台往俄国者四百七十九名。内地民轮船广济由龙口、虎头崖两处来烟台，搭客共有一千六百八十名，自烟台往龙口、虎头崖共九百十名。

论各项货物税银并洋药厘金数目：上年三十一万七千四百三十六两二钱六分四厘，本年三十二万一千七百七十七两五钱七分二厘，本年较上年多收四千三百四十一两三钱八厘。内计进口税银五万四千三百七十四两四钱二分八厘，出口税银十八万七千六百七两七钱六分九厘，半税银三万四千五百十三两五钱二分五厘，洋药税银八千五百七十一两四钱五分，船钞一万三千八百六十六两四钱，洋药厘金二万二千八百四十四两。再将数目分别中外，计外国共二十四万七千一百二十九两一钱四分四厘，计中国共七万四千六百四十八两四钱二分八厘，统计中外共三十二万一千七百七十七两五钱七分二厘。

论金银钱三项：查本年进口一百五十九万四千八百五十四两，较倍多于上年之数，盖大半系赈济银钱也。本年出口一百八十三万二百六十两，较上年少九万七千五百五十三两。

论山东稼穑年成情形：本年春苗亢旱，待雨良殷。及至秋成得收十之有七，则农有喜色，民尽欢声也。查本年烟台自德商宝兴洋行关闭后，尚无他商续开。现闻宁海州地方出有金矿，众商欲为集股开办。

论黄河决口于税务有碍：窃查本年进口货物类大形减少，盖以黄河决口，山东被灾之区民不聊生，自无贸易。所幸出口之货尚多，然商民莫不悬悬时虑，倘复有决，则出口货物亦何堪言状。现闻黄河业已坚修，庶可一劳永逸，将见贸易日兴，税饷日旺矣。不甚盼祷之至。

光绪十六年正月初四日
烟台口代理税务司庆丕呈报

光绪十六年（1890）烟台口华洋贸易情形论略

窃查本口贸易情形，本年本口进口货物较上年大有起色，所有布匹多增五十万四千余件，印度棉纱多增四万八千余担，美国火油多增二万七千余箱，赤糖、白糖多增八万八千余担，统计进口多增价值之数，计关平银一百二十一万八千余两。惟出口货物比上年较为减色，丝绸短少二千余担，蚕茧短少九百担，草帽缏短少一万一千余担，统计出口短少价值之数计关平银一百二万二千余两。

一、本关税课。本年共收三十一万六千余两，较上年短收五千余两。其短收之故有二：一因进口之布匹、铁枝、铁丝、玻璃片等货多由上海转来，其由外国来者较为减少；一因出口丝绸及草帽缏等货均为短绌。

一、外洋贸易。进口洋货价值实数关平银八十九万余两，较上年少关平银四十四万九千余两。此项洋布上年进口三万一千余匹，本年进口八千余匹，本年较上年少二万三千余匹。英国及印度棉纱上年进口一万余担，本年六千余担，本年较上年少四千余担。铁枝上年进口一万余担，本年六千余担，本年较上年少三千余担。铁丝上年进口二千余担，本年六百担，本年较上年少一千余担。海菜上年进口八万二千余担，本年七万六千余担，本年较上年少六千余担。所有比上年兴旺之货系：铁条本年进口七千余担，上年二千余担，本年较上年多四千余担。旧铁本年六万二千余担，上年四万七千余担，本年较上年多一万四千余担。铅本年三千余担，上年一千余担，本年较上年多一千余担。糖本年一万五千余担，上年二千余担，本年较上年多一万三千余担。

出口土货共价值之数计关平银三十九万四千余两，较上年少关平银七千余两，盖因各色水果本年出口价值一万七千余两，上年三万四千余两，本年较上年少一万六千余两。生牛皮本年五担，上年四百余担，本年较上年少三百余担。赤糖本年一百余担，上年一千余担，本年较上年少一千余担。所有比上年兴旺之货系：油本年出口一千五百余担，上年五百余担，本年较上年多一千余担。粉丝本年四万一千余担，上年三万六千余担，本年较上年多五千余担。

复出口洋货：共价值关平银一千余两，较上年少三万五千余两。此项货物复出口往珲春①，价值关平银一千九两。复出口往日本，价值关平银十八两。所有短少情形，盖因上年以朝鲜为外国，今以朝鲜如通商别口故耳。

一、沿海贸易。原出口之货，共价值关平银四百四十二万余两，较上年少关平银一百一万五千余两。以华商经手生理而论：查各色豆子本年六万四千余担，上年十二万五千余担，本年较上年少六万一千余担。水果本年二万二千余担，上年三万一千余担，本年较上年少九千余担。惟豆饼一宗大有起色，本年一百七万一千余担，上年九十五万余担，本年较上年多十二万余担。再则粉丝本年十一万余担，上年五万九千余担，本年较上年多五万余担。红黑枣本年二万四千余担，上年一万九千余担，本年较上年多五千余担。草帽本年六万一千余顶，上年四万四千余顶，本年较上年多一万七千余顶。以华洋商经手生理而论：查草帽缏之白花等色，本年三万七千余担，上年五万一千余担，本年较上年少一万三千余担。该货在外洋上年生意大为减色，是以出口较少。闻德国及瑞士国之布帽缏，在欧洲及美国市中大见畅销，致使中国之草缏不利于市也。查本口草帽缏

---

① 即珲春。

不但货色不佳，即制造之法亦未善耳。白草缱价值与向往不甚悬殊。花草缱价值上半年最高下半年甚低。黄丝本年二千三百余担，上年二千四百余担，本年较上年少七十余担，此货之收成亦颇平稳，货色虽无甚低，然亦平平似不若从前之精致。又因银价涨落无常，贩运之商即不肯高抬货价，是以该价较上年减去一二成。野蚕丝本年二千三百余担，上年二千四百余担，本年较上年少一百余担，此货头帮货色最高价值亦昂，惟外国市中不甚销流，银价又时有涨落，生意平平，价值较上年亦减去一二成，每担自九十五两至一百十两之谱。茧绸本年一千九百余担，上年二千五百余担，本年较上年少六百余担。乱丝头本年六千五百余担，上年七千九百余担，本年较上年少一千余担，盖以银价不合，采办者皆裹足不前，此货每担长者落至三十两，短者落至二十两，数年以来其价值未有如是之低减者也。蚕茧本年三百余担，上年一千一百余担，本年较上年少八百余担，盖以夏间多雨，货色不佳，故年尾较年头价值减去二成。

复出口之货：共价值关平银二十三万六千余两，较上年多八万三千余两。洋货布匹，上年复出口四千余匹，本年二千余匹，本年较上年少一千余匹。英国棉纱所有进口大半系复出口转运天津。铜铁等类复出口为数甚夥，然大半系往朝鲜者，此项生意惟铁货类复出口甚旺。杂货中嫩鹿茸复出口者多往汕头，本年减少一半而进口之嫩鹿茸则与上年相等。自来火本年一万八千余各罗斯（每各罗斯即一百四十四盒），上年四千余各罗斯，本年较上年多一万四千余各罗斯。此货复出口者亦多往朝鲜。黑胡椒复出口最多，则全往朝鲜者。俄国火油本年无，上年二千余箱。查复出口土货运往朝鲜及通商各口皆称兴旺，其由外国进口之货生意尤佳，如铜铁、自来火等件均由香港而来，其土货中吃食等物则系转运朝鲜者。

复进口之货：共价值关平银七百三十九万九千余两，比上年多一百七十万五千余两。查洋货中之布匹，本年计一百三十六万余匹，上年八十三万二千余匹，本年较上年多五十二万七千余匹。印度棉纱本年九万八千余担，上年四万六千余担，本年较上年多五万一千

光绪十六年（1890）烟台口华洋贸易情形论略

余担，皆由上海进口。铜铁等类除铅较为减少外，其余生意均属加增。旧铁一项，本年四万八千余担，上年三万余担，本年较上年多一万七千余担，此货仍前畅销。杂货贸易亦系有赢无绌。美国火油生意较胜于俄国。美火油本年五万五千余箱，上年二万七千余箱，本年较上年多二万七千余箱。俄火油上年五千余箱，本年不过千箱之数。土货生意价值略形短绌。而棉花本年一万二千余担，上年二千余担，本年较上年多一万担。夏布本年二千余担，上年八百余担，本年较上年多一千余担。各等纸本年五万余担，上年三万四千余担，本年较上年多一万五千余担。其进口大米去年三十万担，本年六万二千余担。至各等糖本年二十七万六千余担，上年十九万一千余担，本年较上年多八万五千余担。烟本年五千余担，上年四千余担，本年较上年多一千余担。统以烟糖等货加增及米谷入口较减而论，则东省[①]尚未丰年。内地税，则洋货入内地，除土药、洋药而外，各等杂货均无税厘，惟广济船装运之货俱归常关纳税。土货出内地，除土药之外，通省亦无税厘，惟广济船装运货物完税均归常关。

一、船只。本年共出入二千一百四十一只，计一百七十一万七千余吨。上年共出入二千二百六十二只，计一百八十万余吨。本年较上年少一百二十一只，计八万二千余吨。所少之船惟英德两国为最，以一百分计之，英船少二分三五，德船少一分三。中国与日本之船稍有起色。若以税则而论，招商局、太古、怡和三公司因水脚合同期满，未经再议，则本年前九个月水脚便宜之极。所有各色布匹由上海进口者，此时每吨计银二两五钱，他货每担水脚银一钱，并保险亦在其内，出口货物水脚减至一半。惟豆饼水脚照常，此项水脚因归租船自理，故仍与上年相同。八九月间，上海有赴津之货甚夥，该三公司议暂从权，所有水脚什货等仍照旧章办理，由上海进口之各色布匹每吨四两，别样货价亦照此扣算。至烟台、朝鲜、日本来往之水脚似与上年略同。

---

① 即山东省。

旅客：查近三年内由本口往来数目列后：

光绪十四年

来烟洋人三百余名　华人一万五千余名　去外埠洋人四百余名　华人三万三千余名

十五年

来烟洋人四百余名　华人二万四百余名　去外埠洋人六百名　华人三万六千余名

十六年

来烟洋人五百余名　华人二万六千余名　去外埠洋人五百名　华人四万三千余名

本年招商等三行互相跌价。轮船由烟台去天津，搭中国旅客，每位自二两五钱落至七钱，由上海来烟台搭客，每位自七两落至五两。查本年往来旅客甚多，并非一定以落价如斯。本年旅客较上年虽多一万二千余名，而上年水脚未落之时，业已较前年多八千余名，盖因华人传知轮船之便，是以日见其盛也。由烟台往来日本水脚，本年与上年价值相同。

一、金银。共由外国进口计合关平银五千余两，出口计合关平银三万四千余两，比上年进口少关平银一万二千余两，出口少关平银二万余两。由中国口岸进口计关平银一百九十六万八千余两，出口计关平银二百九十三万四千余两（铜钱出入之数不在此列），比之上年进口加增关平银四十九万二千余两，出口加增一百十四万八千余两，其中进口之银有三十万两系修河之款，自应扣除，不在进口加增之内。出口之银自北京由陆路运来极多，购办丝绸什货之类，此等银两多系羊肚松江之银，每锭重五六两不等，再由河南省来款系转运盐斤，两省盐运为数甚巨，其盐运之银曰盐锞，每锭计重十两，再由奉天来银谓之锦宝，天津来银谓之卫宝，以上所进之银改经镕化铸成烟台之宝，曰元宝，每锭重五十两。

一、药土。计洋药共进口三百余担，价值关平银十四万余两，比上年多二十余担，所多之数系公班、喇庄之货，与前三年洋药价值大略相同，其洋药情形未闻，设法如土药之贱售而广销也。土药加增极广，价值尤廉，较洋药不过半价。是以洋药之销比往年仅十分之一，而吸烟之人在在皆是。计烟台卖烟者共有一百三十五家，内五家只卖洋药，十家洋药、土药各半，二十家三分洋药、七分土药，一百家则均系土药，似此情形华人大不以洋药为重。

土药本年有二担二十六斤出口去牛庄，上年并无出口者。查山东种植土药，初尚无害于田禾，后虽渐次增多，然亦不过仅敷本省所用。近年以来栽种日广，盖因销流甚速，农田乐种，不免有妨禾稼。查土药最盛之地，兖州府属之滕县，济宁州属之金乡，金乡又为土药总汇之地，该处地土之性与土药相宜。从前贩运之商皆系本省，自上年来有南客二家，今年则有十二家矣。本年登州府黄县，由金乡购运一千余担，莱州府属掖县购运二千余担，两县所购土药计有一千余担来烟台并旅顺、威海等处销售。五年前登州府属莱阳县，莱州府属即墨、潍县未有种土药者，近来计出百余担在近地销行。青州府属寿光、安丘，计出一千担，济南、东昌、泰安、武定、临清、沂州、曹州均产土药，然皆不敷本地之用，亦需购于金乡以为接济。全省十府二州共产土药计有二万八千余担，估值银四百八十二万两，登莱两府销行计有四千余担，土药厘金前三年每担由十两五钱加至二十二两。闻将来厘金局有加至四十八两之议，种土药之户先行报明注册以防走漏。查本省土药之色不同以各处之土性不一，其实原系一种，不似洋药之多名，气味与洋药相同，其不同者皆土商搀用土料之故。所用土料系芝麻膏，多由上海进口。土药零售每斤价洋三元，高低之分全在搀和土料多寡耳，上好土药非在出处定购不可。

一、杂论。按内地拨船广济专由烟台往龙口、虎头崖等处，商人经年装运不息，窃以为广济来往内地，华商搭运本为便捷起见，乃广济来期不定，商货在虎头崖等候或至七八日迟误，生意又需栈费，是便捷而反为耽延。

论矿务情形：查平度矿务总因司其事者不善于办理，现存各物值银甚夥，所出金砂①价值不高，是以运往欧洲及美国地方之金砂，除一切运费，价值所余无几。本年出口金砂计一千六百余斤，估值银五十余两，上年出口计三十六万七千余斤，估值银一万六千余两。宁海矿务共本银九十万两，本年九月间开办，闻矿苗甚旺。

兹将进出口货物估值银数列后：

洋货进口实估值银五百八十一万一千余两；

土货进口实估值银二百二十三万六千余两；

二共进口货估值关平银八百四万七千余两。

除本口完纳税厘十三万五千余两，实共关平银七百九十一万二千余两。

再除赚利及各费，以每百两七两计之，共五十五万三千余两，实共估值以上岸为定，计关平银七百三十五万八千余两。

出口货物市价银四百八十一万四千余两；

加本口完纳税银十六万七千余两；

二共关平银四百九十八万二千余两。

再加赚利及各费以每百两八两计之，共三十八万五千余两，实估值以下船为定，计关平银五百三十六万七千余两。

光绪十六年十二月初十日
东海关署理税务司贾雅格呈报

---

① 亦写作"金沙"。

光绪十七年（1891）烟台口华洋贸易情形论略

窃查本口贸易情形，本年本口进出口货物统共较上年实少六万一千余两。其大概一由进口洋货匹头少十万二千余匹，一由海菜少一万八千余担。其多增之货，如美国火油七十二万一千余加仑，铁枝、铁条、铁丝等一万三千余担，旧铁四万七千余担，钢二千余担，食米七万八千担，糖一万二千余担。以上货物多增与减少相称。其进口贸易之数较胜四十八万一千余两，系因洋货布匹减色及烟台办运棉纱价值便宜，通行各处女工织布甚多，足供使用。织成之布不但色美货高，价亦甚廉，胜于外洋。火油加增甚多，因其价廉。豆油年内出产不少，乃因豆饼多增之故。豆油虽多，其价值尚不能与火油相敌，盖因火油光亮，不但价廉而且货高，究未知火油有无微利耳。由夹板船自美国办来火油三十万四千余加仑。现在美国仍欲将火油便宜卖给烟台，并无售主。本口出口货物，惟豆饼多增十四万五千余担，枣子一万四千余担，豆油五千余担，高丽参三十八担，蚕茧七百余担。惟有价值略高之货，较上年减少者乃黄丝九百余担，野蚕丝一千余担，乱丝头二千余担，草缏七千余担，粉丝一万二千余担。以上货物较少，故出口贸易短少关平银五十四万三千余两。中外交易不能畅行，皆因各国不甚安靖，而且银市紧短之故耳。

一、本关税课。查本年共征关平银三十二万四千余两，较上年多征七千八百余两。其多征之数，系铁器等类并火油之由外洋直赴烟台者居多，且有洋药、船钞亦不为少。惟出口税课较绌，皆因蚕丝、草缏短少并复进口半税短少之故。

一、外洋贸易。查本年进口洋货之价值，计实数关平银一百二十九万五千余两，较上年多关平银四十万四千余两。其多增之数，如洋布较上年多二万三千六百余匹，棉纱较上年多八千七百余担，铁枝多六千九百余担，旧铁多一万五千余担，香料多六百余担，玻璃片多三千余箱，自来火多一万六千九百余罗士，美国火油多二十六万四千余加仑，胡椒多二千二百余担，糖多一万五千八百余担。其减少之数，铁条较上年少四千余担，铅少三千担，海菜少二万七百担。

出口土货：查本年出口土货之价值共计关平银三十九万七千余两，较上年多关平银三千余两，因干鱼等货较上年多八千五百余两，果子多一万九千余两，所短少之货系粉丝，较上年少一万一千余担。

复出口洋货：查本年复出口洋货之价值共计关平银一千七百两，较上年多七百余两，此项货物运往日本之价值计关平银九十七两，运往晖春之价值关平银一千二百余两，运往香港之价值计关平银三百余两。

一、沿海贸易。查本年出口之货共值关平银三百八十七万三千余两，较上年少五十四万六千余两。其中惟有出口豆饼较上年多十四万一千余担，油较上年多六千余担，枣子较上年多四千余担，蚕茧较上年多六百余担，皮子较上年多九千张。至出口各货比上年较少者，如豆子计少一万一千余担，草帽计少九千顶，黄丝计少九百余担，乱丝头计少二千余担，草缏计少五千余担。按本年草缏贸易减色之故，因春间英国市面萧条不办此货，又兼倒闭一大行，价遂跌落。幸美国销场尚好，价值稍增，所有素草缏价值其跌落与草价所差无几。至于花草缏本年所出较多，大半运往天津，盖以运烟之货系由陆路盘费甚贵，运津之货系由水路盘费稍轻之故。若以全年而论，此项货物究属不佳。各色草缏均于应用之时起价，及至供给一多而价值复跌，并外洋寄语烟台云制作之货仍前不佳。本署税司以为此项货物烟台制工之精粗在乎外洋用货之多寡。外洋用货不多，制工必精。用之一多，其工即粗。本年出口其数较少，似不致仍前不佳也。黄丝因歉收而所短者，细货居多。织成精工之线较上年售价多增十分之一五。茧绸贸易与上年相同，而外洋市面欲购下等茧绸甚多，奈山东出产无多，所以茧绸因之起价。其蚕茧因本省收成不佳，是以货形短少，虽由民船自奉天进口者甚多，而外洋欲购蚕茧亦因山东歉收，是以价长。乱丝头一项，因蚕茧之故是以减色，今年收成仍属不佳。豆子本省年成甚好，因作豆饼太多，以致销路不旺。

复出口之货：共价值关平银二十一万二千余两，较上年少二万四千余两。复出口往天津之洋货布匹，短至一千余匹。英国棉纱短至五百余担。铁货多一千八百余担，嫩鹿茸一百余对，大半系上年之货，多往上海。自来火短至三千余罗士，黑胡椒多二百余担。糖多九百余担。以上生意大半系由外洋直到烟台之货至复往高丽之货，其情形与上年相等。

复进口之货：共价值关平银七百四十四万九千余两，较上年多四万九千余两。查洋货布匹，由中国口岸进口计一百十万四千余匹，较上年少二十五万五千余匹。其所短者系原洋布少十一万二千余匹，白洋布少八千余匹，洋扣布少二万八千余匹，英斜纹布少一万八千余匹，英粗布少二万九千余匹。其所多者系美斜纹布多三万三千匹，美粗布多三万三千余匹，红洋布多一万一千余匹。至印度棉纱又少一万余担，绒布匹头较为增多。即铜铁各货之生意亦佳，惟锡一宗计少八百余担。所最较增者，计铁条多九千担，旧铁多三万二千余担。杂货亦略起色，俄国煤油增至四万加仑，因美国各样多至四十五万七千余加仑，其进口总数较上年多至两倍有余。自来火少至一万三千余罗士。土货进口贸易大为加增，煤斤一项开平居多，计增至一万五千吨，大半系北洋水师所用。上海机器织布局进口沪织机器布一千余匹，棉纱六百余担。他货非常加增者，如冰糖多二千余担，麻多五百余担，野蚕丝多四百担，米多七万五千余担。其较少者棉花少五千余担，夏布少五百担，神纸少三千担，赤糖少一万一千担。

一、内地税则。洋货入内地，除土药、洋药外各等杂货均无税厘。惟广济火船装运之货，俱归常关纳税。土货出内地，除土药之外，通省亦无税厘，惟广济火船装运货物亦均归常关完税。

一、船只。本年共出入二千四百三十二只，计一百九十六万四千余吨。上年共出入二千一百四十一只，计一百七十一万七千八百余吨。本年较上年多二百九十一只，计二十四万六千七百余吨。德国船多增十万七千七百余吨，英国多增十万四千五百余吨，中国多增三万二千七百余吨。洋船吨数加增皆因豆饼生意畅旺，华船吨数加增皆因运煤船四艘常川来烟，水脚价值较上年略高，船主、货主均无异议。

一、旅客。查近三年内由本口往来数目列后：
光绪十五年
来烟华人二万四百余人　　去外埠华人三万六千余人
十六年
来烟华人二万六千余人　　去外埠华人四万三千余人
十七年
来烟华人五万五千余人　　去外埠华人三万一千余人

查华客多是由烟往来天津、牛庄起卸货物。查旅客增多，均系附搭中国兵船及运煤等船由烟往来水师住札所于旅顺、威海等处。

一、金银。共由外洋进口计合关平银一万余两，出口计合关平银一万六千余两，比上年进口加增关平银五千余两，出口少关平银一万八千余两。由中国口岸进口计关平银五十万余两，出口计关平银四百三十二万五千余两（铜钱出入之数不在此列），比之上年进口少关平银四十六万七千余两，出口加增一百三十九万一千余两。其出口加增前已言明，因本口进口贸易加增，出口贸易短少。须知内有银三十万两，系去年进口所收修理黄河之款。外洋进出口之银两多由晖春往来。进口较上年增多，出口较上年短少，皆因俄国进口之海菜运来不多。兹将烟台所用银子查清三宗成色分别开载以下：盐锞以百两内有实银九十八两五钱八分，又有九十八两三钱八分，又有九十八两零一分，其余除有金一分，尽为杂质。元宝以百两内有实银九十七两五钱，又有九十七两一钱五分，其余除稍有微金，尽为杂质。松江银以百两内有九十七两零六分，又有九十六两九钱四分，又有九十六两八钱四分，此项松江银比前二款杂质内其金较多。

一、药土。查洋药共进口三百余担，计价值关平银十四万六千余两，比上年多二十二担，所多之数系白皮、公班二宗，惟喇庄一宗较少。本署税司查烟台近四年内所用洋药情形甚属平稳。每年合计准有三百十担，大半用以搀和土药。惟富者方肯不搀土药，专吸洋药。

土药：本年出口四百余斤，价值关平银六百五十两，上年出口二百余斤。查此项土药均系送往牛庄以看成色者。本省所出之药足敷本省之用，闻系屡年加增，年内由广济火船自莱州运来三百担以供烟台之人吸食。

一、杂论。广济火船仍往来虎头崖装运出进口货物不少。年内曾到龙口十七次、虎头崖十二次、旅顺九次。论矿务情形，自平度矿务停办后，上年宁海所开矿务亦一并停止。闻该矿将来复开，有无利益未克预知，由淄川矿出有土铅四百余担，系后半年运往上海，此铅该处仍有许多待卖，因无买主存放多时。幸本省本年无水、旱灾患，自春至秋雨水调匀，大有丰年之庆。惟烟台口时有狂风，本年冬月三十日晚间，因风雾互作，有德国马利轮船由香港装货来烟，将至烟台灯塔岛之北撞石失事。该船人等下舢板逃命，距烟不远，一船翻覆。落海之人除得生外，有洋人二名、华人十名被淹冻而毙，良可悲也。

查洋货进口实估值银五百九十八万八千余两，土货进口实估值银二百五十四万余两，二共进口货估值关平银八百五十二万八千余两。除本口完纳税厘十四万五千余两，实估关平银八百三十八万三千余两，再除赚利及各费，以每百两七两计之，共五十八万六千余两，所有进口货于上岸时之价值共计关平银七百七十九万六千余两。出口货物市价银四百二十七万一千余两，加本口完纳税银十六万一千余两，二共关平银四百四十三万二千余两，再加赚利及各费，以每百两八两计之，共三十四万一千余两。所有出口货于下船时之价值共计关平银四百七十七万四千余两。合并声明。

光绪十七年十二月十六日
东海关署理税务司贾雅格呈报

光绪十八年（1892）烟台口华洋贸易情形论略

窃查本口贸易情形，本年本口进出口货物统共较上年实多五十二万八千余两。大概由出口货物俱多，上年共银四百二十七万一千余两，本年共银五百十六万九千余两，本年较上年多八十九万七千余两。其进口贸易洋土货物较上年减少三十六万八千余两，计进口所少者系棉匹头四万三千余匹，绒匹头二千五百余匹，铁条八千余担，旧铁一万八千余担，美国火油二十六万一千余加伦，各色糖十二万九千余担。计其所多者系洋纽扣八千余各罗斯，土铜纽扣二百余担，棉花三千余担，下纸一万六千余担，次海带二万二千余担。洋棉布匹仍然减色，因印度棉纱价值便宜，进口大宗其情形上年业已论及，土人以之织布喜用胜于外洋。倘非黄河水患，印度棉纱则更为销流。出口货物其加增者，毡帽二万三千余顶，黑枣二千余担，甘草三千余担，芝麻一千余担，野蚕丝一千余担，茧绸一千余担，草缏九千余担，粉干二万四千余担，核桃二千余担。洋货生意不佳，盖以银易洋金时价太低，年甚一年耳。

一、本关税课。查本年共征关平银三十三万七千余两，较上年多征一万三千余两，其多征之数为出口居多，进口亦略有加增，其复进口洋药船钞、厘金较之上年均属减少。

一、外洋贸易。进口洋货：查本年之价值计实数关平银一百二十五万二千余两，较上年短少四万二千余两，皆因绒布匹头进口短

海上来风：近代东海关贸易报告（1864—1919）

少之故。

出口土货：查本年出口土货最为起色，上年载往外洋价值关平银三十九万七千余两，本年七十一万余两，本年较上年加增之数计至八成之多。其中往香港者十之六，往俄国海参崴等处十之三，往东洋者十之一。往香港之货内有转运英国及欧洲等处者，其所装土货最多者豆饼、豆子、草缏、草席、粉干、面粉。豆饼运往东洋、海参崴数目相称。豆子、粉干多往香港，转运新加坡一带群岛。草席往海参崴，草缏一项遇东洋有价亦有即行运往者。面粉只往海参崴一处。

复出口洋货：查本年复出口洋货之价值共计关平银五千余两，较上年多三千余两。其复出口为最者，面粉一千余两，钢六百余两，麻包五百余两，胡椒一千余两以上，各货运往海参崴者居多。

一、沿海贸易。原出口之货：查本年共值关平银四百四十五万八千余两，较上年多五十八万六千余两。由本口运往各口者，上海一埠已占过半，计二百八十六万七千余两；汕头九十四万四千余两；厦门四十五万五千余两；下余乃广东、牛庄、高丽。其上海所占之数，草缏一宗已计银一百十六万一千余两，仍属转运英美二国为最。查本年出口货物，较上年多增花生八千余担，豆油一千余担，花生油八千余担，黄丝四百余担，野蚕丝二千余担，茧绸一千余担，草缏七千余担，粉干九千余担。减少者乃豆饼九万余担，豆子一万三千余担，枣子二千余担，茧绸九百余担，草帽四万余顶，乱丝头三百余担。豆饼向来运往汕头居多，本年因汕头甘蔗被风打伤，故豆饼销场较减。枣子减少并无他故，因收成甚多①。黑枣则随到随销。红枣运往汕头居多，尚存百万担之多无人采买。蚕茧减少，因有伤损，收成不佳。草帽减少至七成五之多，因长沙采办不旺，多由内地转经汉口运费较轻。查出口货物多增之故，即如黄丝近来虽系较粗，然至秋间价值便昂，采办出洋之时则尤昂。野蚕丝

---
① 原文如此。

光绪十八年（1892）烟台口华洋贸易情形论略

于今春有略细之货，已照时价开盘，因运到甚多，价值异常跌落。后因蚕茧歉收，价值复为高抬，至年底较上年缫丝尚高十分之一五。茧绸生意虽旺，而所来之货色不佳，因是价值甚低。从前所来之货有每匹价银二两出售最易者。本年所来之货甚多而色不佳，其与从前出售二两相仿之货，现在亦须减售十之二五。茧绸贸易销行极广，若制作精益求精，必能永远行销，自无滞碍。草帽缏贸易本年甚好，惟上半年并不见兴旺，至下半年颇有起色，价值亦平妥。但华商总觉价低，不甚足意。秋间外洋花草缏喜销，价值亦高，恐难长久。白草缏较前远胜，外洋销行亦广。若制作求精不生诡弊，亦能照常生涯。土煤本年有三千吨出口，每吨价值四两，出自山海关、石门地方，由本口运往上海销行。

复出口之货：共价值关平银十五万五千余两，较上年少五万七千余两。其减少者因洋货布匹并铜铁等类，本年计复出口往天津之英棉纱一百六十余担，印度棉纱三百三十余担。复出口之嫩鹿茸其数多于进口，以历年存积之故。

复进口之货：洋货多由上海进口，土货多由牛庄、天津、上海、厦门、汕头、台南、广东进口，较上年价值少三十七万二千余两。洋货所短者多系布匹，原布少一万八千余匹，白布少三千七百余匹，英斜布少六千九百余匹，美斜布少一万六百余匹，英粗布少二万三千九百余匹，英棉纱少一百九十余担，印度棉纱较上年多六千八百余担，铁条多一百余担，旧铁多七千余担，铁枝少二百九十余担，铁片少一千余担，钢少一千余担。俄国煤油本年并无进口。美国煤油进口一百五万三千余加伦，其数较上年大略相同。火柴上年短销甚多，由六百余各罗斯至一万六千余各罗斯，本年加增一万五千余各罗斯。土货贸易，棉花多三千余担。上海织布局布匹进口多六千余匹。开平煤仍然大宗归北洋水师之用。所有土货统而论之较从前究为起色。

一、内地税则。所有进出口洋货、土货，除洋药、土药而外，皆无税厘。惟广济轮船装运内地各货归常关报税。

海上来风：近代东海关贸易报告（1864—1919）

一、船只。本年共出入二千六百二十三只，计二百十五万九百三十五吨。上年共出入二千四百三十二只，计一百九十六万四千五百六十四吨。本年较上年多一百九十一只，计十八万六千三百七十一吨。英国船按每百只计之，多三分零一，德国船按每百只计之，少三分零二。别国之船与上年相等。本年水脚甚低，生意淡薄。海参崴等处来往各货，向归日本国三菱公司之船装运，现系俄国商轮包办，立有合同。

一、旅客。查近三年内本口往来数目列后，光绪十六年来烟华人二万六千余人，去外埠华人四万三千余人。十七年来烟华人五万五千余人，去外埠华人三万一千余人。十八年来烟华人五万七千余人，去外埠华人三万六千余人。查本年三公司船行互相顶价，来往天津、上海水脚甚属便宜，复立合同之后水脚如故。

一、金银。由外洋进口计合关平银二千余两，出口计合关平银六千余两。进口较上年少七千余两，出口较上年少一万余两。进出银两多系俄国海参崴口，彼处进口以海菜为大宗，本年因土货所去甚多，故出口之银较少。进口之银以来通行上海票银，故进口之银甚少。上海票银由本口换用现银每百两加贴色不过一两，通商各口金银进口多由天津、上海，共计八十万五千余两。出口多往上海，共计二百七十五万八千余两。铜钱不在此列。较上年进口加增三万四千余两，出口少一百五十六万七千余两，其出口银两之少实因土货出口生意兴旺之故。

一、药土。查洋药共进口三百余担，计价值关平银十五万余两，比上年少二十一担，其价值比上年多三千六百余两，以洋药价昂之故。

土药：自莱州由广济轮船进口三百七十担，每担价值由济宁州金乡人购运，关平银一百六十两，坐地厘金十六两，来本口税厘四十四两，水脚运费什项二十两，每担土药来本口需本银二百四十两。

一、杂论。广济轮船来往内地比上年更见兴旺，本年去龙口三十五次，去虎头崖三十五次，去羊角沟三十三次，去登州府十五次，去旅顺口五次，计装运内地原包布匹三千八百包，原包洋棉纱一万四千余包。内地进口，计丝四千包，草帽缏一万三千包，土药三百七十担。该轮船计得水脚银一万八千两。论矿务情形，淄川铅矿出口去上海青铅二十条，计十二担，此矿业已停止。潍县议开煤矿因无好机器亦作罢论。招远金矿日有数百人在彼开挖矿洞，机器尚未运到。本年统省内多有发热、疹痘、冬瘟什病，又多有飞蝗之处，田禾受害。下半年又黄水为灾，不堪其苦，但今年河灾较一千八百八十九年尤甚，而田禾受灾较一千八百八十九年尚轻。西历九月初旬，黄河南岸济南东距省六十里决口，其水经过小清河之南寿光地方将新修小清河自邹平至海口之两堤冲塌，归入大海。兹将被淹三十一州县并运河决淹五县共三十六州县村庄。秋间天津临清交界之间又决口六七处，致清河故城、馆陶、夏津、恩县、景州、武城一带被淹，现以饥荒，有平粜米麦十万石陆续进口。

查本年洋货进口实估值银五百八十七万三千余两，土货进口实估值关平银二百二十八万六千余两，二共进口货估值关平银八百十六万余两。除本口完纳税厘十三万二千余两，实估关平银八百二万七千余两。再除赚利及各费以每百两七两计之，共五十六万一千余两。所有进口货上岸时之价值共计关平银七百四十六万五千余两，出口货物市价银五百十六万九千余两，加本口完纳税银十九万一千余两，二共关平银五百三十六万余两，再加赚利及各费以每百两八两计之，共四十一万三千余两。所有出口货于下船时之价值共计关平银五百七十七万四千余两。合并声明。

光绪十八年十一月二十七日
东海关署理税务司贾雅格呈报

光绪十九年（1893）烟台口华洋贸易情形论略

窃查本口贸易情形，本年本口进出口货物价值统共较上年少一百万余两。盖由洋货进口较少，土货进出口则多九十万余两。若论税项，则自开关以来，除最旺之西历一千八百八十七年，确属本年为最旺。其洋货进口减少之故，因外洋以银易金时价太低。计从前以关平银三两可抵金一磅，刻下约须关平银六两方能易金一磅。故布匹、铜、铁、铅、锡等运至中国因之增价。价值既增，何以中国仍行购买？据此看来中国似以洋货为必需之物也。

一、本关税课。查本年共征关平银三十五万八千余两，较上年多二万余两，其多征之数，除进口正税略少，其余各项税钞均形增多。

一、外洋贸易。进口洋货：查本年货价计值关平银一百三十七万八千余两，较上年多十二万五千余两，总计所有洋货进口价值此数仅居十之三成，其七成则系由上海进口。查本年外洋进口之原布、小原布、面巾、钢、黑胡椒、糖均较上年加增，其由香港进口者则居八成，由东洋进口者一成，由英国进口者六分。香港进口多系棉纱、糖、旧铁。东洋进口多系原布、白布、小原布等货。[①]

---

① 较之英文本，两者相差明显。英文本原文是：Japan sends coals, and shirtings and T-cloths are the principal items which come direct from Great Britain。

光绪十九年（1893）烟台口华洋贸易情形论略

出口土货：查本年出口土货载往外洋价值关平银六十九万五千余两，往香港、海参崴多系豆饼、豆子、草缏、粉干等货。

复出口洋货：查本年复出口洋货之价值共关平银四千余两，计比上年少数百两也。

一、沿海贸易。原出口之货：查本年价值共关平银五百三万一千余两，较上年多五十七万二千余两，出口船只系往牛庄、天津、上海、汕头、高丽，间或开往广东①、厦门二埠。所载之土货往上海、汕头者居多，价值关平银三百四十七万四千余两，内有由上海分运外洋及通商别口之货。查本口大宗货物系豆饼、豆子、红黑枣、咸鱼、蚕丝、草缏、粉干等货。豆饼、豆子较上年数目减少，红黑枣稍有起色，咸鱼较上年多七千担，白丝出口不多，无所谓之增减。黄丝乃生意中之大宗，计出口价值已占八十万两之谱，本年出口三千一百五十七担，较上年约多一倍，但其货质尚粗耳。野蚕丝本年出口略少，缫丝局所出之丝不能实事求是，每将次等丝搀入上等，以致洋商不能相信。蚕茧上年出口太少，本年出口较上年多三百担，价值与上年相等。乱丝头较上年多五千担，本年夏间各商争相购买，货主因自居奇，骤然起价，购主相观袖手，价值又跌，直至年终存货仍属累累。查用乱丝头制成之货，因美国税则有碍，其乱丝头不能起色之一证。茧绸与上年相等，并无增减。查茧绸一项，因本地出丝不多，又由牛庄购丝织绸，所织之绸并不甚佳，即到外洋亦不见重。然因银价低落，购买便宜，故仍多运赴外洋。草缏较上年多三千担，计出口价值占一百二十万两之谱。查草缏运到外洋，销场本来无限，但本地制作不佳，运至外洋销路因之不畅，外洋乃不得已转由他处购运。东洋现出草缏，其制作则精益求精，运至外洋群相争购，销场颇畅。若华人本能制出极佳之缏，奈人工毫不讲求，所制之货每以上货自信，故生意日见跌落。洋商总肯出高价购上等货，华商则只愿得贱价售低货。本税务司访闻，熟习草

---

① 广东省城，即广州。

缏客云，欲出价银六十两购上货一包，货主仅有值银十八两者，货之高低据此可见。然数年前做草缏工人即有意用铜器劈分麦茎制作草缏，自本年已有如是办者。向来中国草缏与外国草缏体质较重，故到外洋销场不旺。若劈分制作，则无难畅销。惜华工未悉其中利益，虽洋商屡经引导，而华工则固执己见，为之奈何。查劈草缏较未劈之草缏即装载亦属容易，计劈草缏一包能抵未劈草缏四包，且劈草缏匪独制作可以加细，即麦茎从根至梢亦可全用。再就地可开设制草缏局或一处或数处，俾工程有所监察，即熟习草缏之洋商亦可往看制作，有此一举实于草缏生意大有裨益。不然仍照向来洋商得外洋购货之信，洋商转知承办，承办随意到四乡分布于小户人任情制作，所出之货焉能精致。总之中国草缏必须得一熟习草缏之人监察制作，则生意自蒸蒸日上矣。粉干本年出口较上年减少，待至年底销场始有起色。

复出口之货：共价值关平银三十五万七千余两，上年仅值十五万五千余两。本年多增之故，系因草缏、茧丝两项复运出口居多。

复进口之货：共价值关平银六百三十三万余两，较上年少七十四万六千余两。其减少之故系因进口布匹稀少。至若火油则年多一年，本年进口二百二十四万一千余加仑，共价值关平银二十一万七千余两。查本年豆子收成不佳，豆油因之增价。火油价廉物美，人皆乐用，故舍豆油而取火油，想不数年火油生意势将夺取豆油生意矣。

一、内地税则。所有出入内地洋货、土货均由广济轮船装运，归常关报税。

一、船只。查本年共出入二千四百六十九只，计二百二万九千六百七十三吨。上年共出入二千六百二十三只，计二百十五万九百三十五吨。本年较上年减少，其减少之故，因往牛庄船只短少。按本年船只统共计之，英商船占四成六分，华商船占三成六分，德商船占一成。自泰西三月至十二月，时常往来牛庄、天津、上海、高丽、汕头、厦门、香港、广东、东洋、海参崴等埠。至上海、汕

光绪十九年（1893）烟台口华洋贸易情形论略

头、高丽三埠①终年往来不断。帆船来烟甚属寥寥。其招商、太古、怡和三公司之船只，本年按期开行，仍前联络，是以水脚亦获利益。

兹将烟台、上海往来运货水脚列后：

黄丝每担一两五钱九分，野蚕丝每担七钱，乱丝头每担三钱，茧绸每担四钱，草缏每包四钱，棉花每包六钱，布匹每吨五两，铜、铁、铅、锡等每担二钱，杂货每担自二钱至三钱者不等。以上水脚价银保险费亦在此内。至由烟台往汕头、香港、广东货之水脚则甚低，豆饼每担曾有落至九分者。

一、旅客。查近三年往来数目列后：

光绪十七年来烟客人五万二千余人，去外埠客人三万一千余人。十八年来烟客人五万七千余人，去外埠客人三万六千余人。十九年来烟客人四万四千余人，去外埠客人七万五千余人。本年往海参崴之华人计有一万三千余人，本年夏间上海轮船公司新出一法，所有来烟游历之人每人来回船脚只收银三十两，此法甚善。轮船公司因之获利，果能常行此法，烟台每夏令必多客人来往也。

一、金银。查本年出口较上年计少关平银五十万余两，进口计多关平银三十三万八千余两。其较多之数，自天津进口者约有一半，出口约往上海居三分之二。

一、药土。查洋药共进口三百三十余担，计价值关平银十六万九千余两。较上年多二十八担，价值较上年多一万九千余两。

一、土药。自莱州府由广济轮船进口三百二十六担，闻此项土药均在本口销售。

一、杂论。查广济轮船仍照常来往内地，本年曾开往奉天省之大东沟一次，由该处带来蚕茧一千件。其由内地装来草缏一万五千余包，蚕丝二千包，土药三百余担。其往内地装运棉纱九千余包，布匹二千余包，计往来装运之水脚约可得银二万一千两。本年夏间

---

① 高丽三埠是指朝鲜的元山、釜山、仁川三个通商口岸。

海上来风：近代东海关贸易报告（1864—1919）

由上海来一小轮船并驳船数只，在烟拖带装卸货物。查本年本省年成约有七成丰收，亦无瘟疫流行，农民欢乐可想而知。本年本口洋人新设工部书信馆一所，未设此馆之先，烟台信件除由海关寄送外，均由轮船信箱寄交上海工部书信馆，并无信资。至本年西历五月间上海工部书信馆函知烟台，嗣后凡寄信人须先出信资，意欲在烟设立一所代为收信、收费。烟台洋人遂集议在烟创设书信馆一所，与上海工部书信馆互相接应。在烟设此一馆系有名望者五人，为此馆首事创设规模。其信贴图印即在烟台订定，镌出烟台升旗山，寄由德国镌刻图章。其信贴则分有五类，一系紫色者十先①，一系黄色者五先，一系蓝色者二先，一系红色者一先，一系绿色者半先。至本年底核计，所收之信费，共得洋银一千二百元。由此项内提出二百五十元，作为修理洋人寓所左右道路费也。

查本年洋货进口实估值关平银四百八十四万三百二十六两，土货进口实估值关平银二百五十万一百十一两，二共进口货估值关平银七百三十四万四百三十七两。除本口完纳税厘十三万九千九百三十两，实估值关平银七百二十万五百七两，再除赚利及各费以每百两七两计之，共五十万四千三十五两。所有进口货于上岸时之价值共计关平银六百六十九万六千四百七十二两。出口货市价银五百七十二万六千六百七十八两，加本口完纳税二十万三百八十四两，二共关平银五百九十二万七千六十二两，再加赚利及各费以每百两八两计之，共四十五万八千一百三十四两，所有出口货于下船时之价值共计关平银六百三十八万五千一百九十六两。合并声明。

光绪二十年正月初五日
三品衔署理东海关税务司裴式模呈报

----

① 先，即 Cent，分。

光绪二十年（1894）烟台口华洋贸易情形论略

窃查本口贸易情形，本年中日战事似与商务有碍。然以关税而论，足称畅旺，较历年为首屈一指矣。查本年进出口货物价值，计关平银一千四百七十七万八千余两，上年则仅得一千三百万余两。洋货进口、土货出口均较上年价值增多，土货进口则较上年稍逊。洋货价值增多之故，皆因外洋金价日涨，货数虽不见多，而货值已较为多矣。土货出口之多，各商因战事靡定，且烟台咫尺，咸畏日人占据，尤多顾虑，故不敢贪利存货，悉运往他口销售。至进口货物各商，因风鹤频警，深恐运货于途，存货于栈，或遇不测，咸有戒心。且日人由渐而至，商人亦即于两月前将银两次第运往他处，及目下几至银两无存，是以不再贪谋。生意虽贬价，亦无购主，是进口货物之见绌，职是故也。开战以来，高丽口岸不通，是以复出口货物大形减色。

一、本关税课。查本年共征关平银三十七万二千余两，较最旺之光绪十三年仍多征七千余两，除土货进口税及船钞二项略少，其余各项税钞均较增多。

一、外洋贸易。进口洋货：查本年货价计值关平银一百六十八万四千余两，较上年多三十万五千余两。本年从外洋运到克地夫煤①三千五百吨，又从上海运到五千余吨，系因供用本年各国兵船

---

① 来自英国，又称卡迪夫煤。

到烟停泊者。所需洋货进口向以香港为多，本年则香港亦居十分之七，以棉纱、糖、旧铁等货为多。

出口土货：查本年出口土货载往外洋，价值关平银六十万四千余两，较上年少十分之一五。

复出口洋货：查此项货物向来不多，本年更无足论。

一、沿海贸易。原出口之货：查本年价值计关平银五百九十六万五千余两，较上年多九十三万四千余两。查本口大宗货物系豆饼、豆子、草缏、蚕丝、粉干等货，豆饼出口计一百二十万七千余担，较上年多二十五万一千余担；豆子出口较上年多十分之六七，皆因本年收成丰稔故；草缏出口多至五万六千余担，上年仅有四万一千余担。据洋商云，本年草缏出口之多非因工作之盛，实缘不敢存储待价，随到随销，及运至欧洲，亦不甚为挑剔，并非以其制作较精，因知烟台之出口货相沿如此，总挑剔亦无可如何耳。东洋草缏则年盛一年，运至外洋亦均乐为购用。中国草缏商不求精致，上货可得高价，但以低货售贱价不顾销路，踊跃为事。若制作稍能尽心，其价自可倍加。又以金磅①之涨落权定货价之高低，从前草缏一包价仅十二两，现在则增至十五两矣。且自战务以来，本口西商禁用暗码通电，不似津、沪西商均可仍用暗码，故本口西商于草缏生意未免不便耳。黄丝、乱丝头本年出口较少，其余各丝均较往年不相上下。茧绸一项，因货色不佳，运至欧洲大率不乐购用。若仍不求精益，恐将来渐至无有过问者。若缅甸等处或可销售，华商于制茧绸一道不甚讲求，故无利益。倘能精益求精，力为整顿，自然销多利厚。野蚕丝、黄丝两项，兹有熟习丝货之西商，将蚕丝最关紧要之处著论数条，谓蚕丝分为二宗，一由野蚕茧抽成野蚕丝，一由家蚕茧抽成黄丝。近来野蚕丝制造可称进益，惟养野蚕茧之法，尚须讲求。关东所出野蚕茧较上年多增两倍，山东野蚕茧与上年相等，山东所抽之丝尚赖关东野蚕茧源源接运，因此从中折耗各种费用甚多。山

---

① 即金镑。

东本有养野蚕茧之地，亟应广蓄野蚕，必能丰收蚕茧。则挽回利权，自可操券。黄丝一项，据西商所论，若能将旧用缫丝之器具仿照他处略为更改，可出加倍之货。按此种黄丝，本称上等，然须有应改之最要者，惟纩车一事。西人所用之纩丝车直径仅有十六寸至十八寸，华工所用之车则有七十寸之长。西商有数处可用大径之丝，其余均不乐购用。华工纩车较大，故所出之丝因而价贱，且工人抽丝所得工资均视分量之轻重，不顾出丝之精粗。若改用小车，非所愿也。不知小车所纩之丝，其束虽小而售价反昂。华工缫丝诚能留意改用一定之茧数，自可蒸蒸日上。盖华工往往用茧十个甚至二十个一抽，杂乱无定以致精粗不能一律，西人因而不愿购用，若能改以五茧或六茧一抽，方为合式，其价值且可随之而高。本埠缫丝局之设，原为整顿野蚕丝，若照以上两法仿办，则野蚕丝自能整顿得法，而黄丝亦必与之俱得其益。况略为更改，于本处旧法无碍，且不必增加工人，而与丝务实有裨益，倘能另立缫丝局，照前两法力加整顿，试办有效则各处均可次第扩充，仿照办理。粉干本年出口亦称畅旺，较上年为多。

复出口之货：共价值关平银五十三万三千余两，较上年赢十分之三。

复进口之货：共价值关平银七百九万三千余两，较上年赢七十万两。其致多之故厥惟二端，一因洋药、煤、高丽参进口之多，一因金磅价值之高。

一、内地税则。所有出入内地洋货、土货，均由广济轮船装运归常关报税。

一、船只。查本年进出口之数均较少。自有战务以来，凡招商局轮船均停止不行，及至秋间，始换各售主旗号，自六月秒，东洋轮船亦未来烟。查此一年之内出入总数以十分计之，英商得六分，德商得一分四，华商得一分八。按上年华商得三分三，德商仅得八厘，因招商局轮船换挂德国旗帜①，故此多彼少也。

一、旅客。查出口华人计四万九千余人，进口华人计六万八千

---

① 甲午战争期间，中国招商局船只临时改挂德国旗帜。

269

余人，出口洋人计九百三十人，进口洋人计九百六人。

一、金银。查本年进口之数计值关平银一百七十一万三千余两，出口之数计值关平银二百二十二万一千余两。其进口由天津来烟者为多，出口往上海者为多。

一、药土。查洋药共进口四百十三担，较上年多七十四担。

土药：自莱州府由广济轮船进口二十五担。该轮船自四月往来至六月，有战务以后即停止行驶。另有川土六十五担，由上海进口，计价值关平银二万四千余两。

一、杂论。查本年自有战务以来，各国兵船时有到口，多者十五只停泊口内。五月间，北洋商宪李①巡阅旅顺口、大连湾、威海卫、胶州、烟台等处海防。至于年成，今岁可称丰稔有收之象。又街衢道路，因工部书信局得信贴之费颇旺，出资若干为修垫道路之需，故行人咸有康庄之庆矣。

查本年洋货进口实估值关平银五百七十九万六千四百六十七两，土货进口实估值关平银二百四十一万二千四百七十一两，二共进口货估值关平银八百二十万八千九百三十八两，除本口完纳税厘十四万九千四百四十七两，实估值关平银八百五万九千四百九十一两，再除赚利及各费以每百两七两计之，共五十六万四千一百六十四两。所有进口货于上岸时之价值，共计关平银七百四十九万五千三百二十七两。出口货市价银六百五十六万九千七百三十八两，加本口完纳税银二十万六千六百十七两，二共关平银六百七十七万六千三百五十五两，再加赚利及各费以每百两八两计之，共五十二万五千五百七十九两，所有出口货于下船时之价值，共关平银七百三十万一千九百三十四两。合并声明。

光绪二十一年正月十五日
三品衔署理东海关税务司裴式模呈报

---

① 时任直隶总督、北洋大臣李鸿章。

光绪二十一年（1895）烟台口华洋贸易情形论略

窃查本年当兵燹之余，商务似必减色。盖中东战务①本口几当其冲，东为日兵屯聚，西则华军防堵，搬运货物途中难免抢劫之事，因想本年洋货之不能畅办，职是故也。即蚕丝、草缏等货，工作之人亦不照常安业。讵知事有出人意外者，虽当此艰难之际，本口贸易仍是有进无退，较历年为甚畅旺。据此看来本口商务有蒸蒸日上之势，洋货进口、土货进出口各价均较往年增多，税项又比历年多增二千余两。至于新鲜事物出口，本关向不征税，其价值多寡亦不过问，而此项生意亦系年旺一年，殆有益于农夫、猎户，计此十年之中增多四倍，则此二年食主之餐费自是增多一倍矣。道路传言有胶州欲开通商口岸，其言果确，则山东之南境生意自必畅旺，然于烟台市面、房产各业大有关碍也。

一、本关税课。查本年共征关平银三十七万四千余两，较上年多二千余两。进口正半税、出口正税较上年短少，洋药税厘与船钞较上年则增多。

一、外洋贸易。进口洋货：查本年货价计值关平银二百十五万余两，较上年多四十六万六千余两，其多增之故，系因外洋运到克地夫煤一万七千余吨，上年进口亦不过三千五百余吨，前年并无此

---

① 中日甲午战争。

货。此煤大有关于烟台生意，大半由克地夫直运烟台，系供近年各国兵船到烟停泊所需，现尚存三千余吨，以备供应外国兵船随时需用，该煤价值送至兵船计洋银二十元，虽较上海略大，使各兵船到上海、东洋两处自行采办，其费用一切更巨。各国兵船在烟所买之煤，已省国家数千余两。东洋煤进口虽不能比克地夫煤之盛，亦较上年多四千余吨。由是观之，本口将为洋煤聚处，有如夏令，为外客避暑相宜之所，而常川往来北洋各商船因本口有煤可用，应用煤斤亦可少装，以便船轻行驶内河无阻滞之患。自来火较上年多九万三百余各罗斯，其多之数东洋已占五万余各罗斯。美国火油较上年多四十九万四千余加仑。其多之故，向年火油均由上海零星转运进口，本年则由夹板船一只由纽约满载火油直抵烟台。海菜较上年少五万三千余担，其少之故，向年豆船运至东北方，必满载海菜而回，本年自日本占东北方后海菜故进口较少。

出口土货：查本年出口土货载往外洋价值关平银七十四万九百余两，较上年多十三万六千余两，其多之故，因粉干多至十五万八千余担，上年仅有三万七千余担。

复出口洋货向来不多，惟本年则有高丽参从上两年之存货，本年复出口至香港价值计关平银五万三千余两，查高丽参一货乃该国独擅利权之货也。

一、沿海贸易。原出口之货：本年价值计关平银六百六十六万余两，较上年约多七十万两。黄丝较上年多一千一百余担，野蚕丝本年出口六千六百余担，上年仅有二千九百余担，本年较上年则多一倍有奇。茧绸与上年相等，乱丝头较上年多一千九百余担。据滋大洋行之丝师详论，看年初光景，各丝生意不似畅旺，缘恐日人占据东方有碍出丝之地，抑知不然。本年丝货仍与上年相等，亦属丰收。不过因钱价太昂，丝价随之亦涨，黄丝外洋销路与上年相等，粤省销场更大。据丝师论，仍在乎纩车之更改，方得丝质之精致。若不更改，即运至外洋亦难销售。曾有照样更改之纩车纩成货样，寄至外洋均为乐购，每斤定可多售铜钱一千文。草缏较上年大为减色，计少八千一百余担。据西人云，设使华人精心整顿，看购主之弃取以为制作，则固属一大宗生意。须知草缏东洋以及他处均有制作，与中国争衡，买者随意选购。华人若不力为整顿，则利益将为他人夺去。又据精熟草缏之和记洋行①云，本年出口草缏较上年少二成五，其少之故方谓战务有碍出产，不知中国草缏购者均不放心，大半往东洋购买，故东洋草缏生意大有起色，到此光景华人若不整顿制作与他处力争，则此大宗生意将有江河日下，不知伊于胡底。虽洋商屡以利害告诫，华工均不信从，即如英意各国出样给以照作亦不乐为。如果照式用心制作，他处自无出其右者，而利权必可独操矣。惜偶能照式作出一二包来必索重价，洋商无法购买。外洋所要轻而且好之草缏，东洋均能照式制作，货色一律价值虽高，却比购自中国之贱草缏较为有利。盖东洋草缏西人出样另作，无论货色、人工均能确有可靠。即一尺半寸，无不一律。若中国草缏每搀杂工粗色低之货，以致不合使用。故东洋草缏在外洋甚为畅销。外洋每次来信，深恐中国草缏无可靠之实，不愿购用。中国必当立刻整顿方为上策。劈草、原色之缏，此项货色尚好，价值亦不为大。其余各草缏若能照此货用心制作，则草缏生意尚可挽回。以刻下而论，若仍因循不振，则明年更不如今年矣。粉干出口较上年少四万四千余担，豆饼较上年少四十万担，此二项之少因牛庄之局面未定故也。

　　复出口之货共价值关平银五十三万九千余两，与上年价值无甚轩轾。复出口之货向有二宗：一系土货，一系洋货。土货复出口少二十三万二千余两，大半因野蚕丝绸货由牛庄寄运出口，草缏由天津径运上海复出口，洋货较上年多二十三万七千余两，其多之故，因高丽参上年系作土货，本年则作洋货矣。

　　复进口之货：价值关平银八百六十二万八千余两，较上年约多一百五十万两。本年最多之货乃系洋布、匹头、旧铁、大米、土

---

① 久居烟台之英商 Cornabe & Co.。

药。查土药一项上年六十五担七十一斤，本年则有三百三十八担九十七斤。

一、内地税则。所有出入内地洋货土货，均由广济轮船装运，归常关报税。

一、船只。查本年各公司之水利①与上年无殊，今年添造轮船数只，其船吨数较十年前所造来往北洋之船吨数加多，吃水不多。今年所有进出口共一千八百九只，共一百六十六万九千余吨，上年得二千一百三十二只，计一百七十七万五千余吨，本年较上年计少三百二十三只、十万五千余吨，皆因战务各商不敢运货往来牛庄也。东洋船自九月始行来往烟台，故东洋船本年较少，招商局船因有战事改悬数国旗帜，至七月始换中国旗号。

一、旅客。查本年华人出口计二万二千余人，进口二万九千余人，洋人出口七百三十八人，进口八百六十九人。因日人占住牛庄，故华人来往相近牛庄一带较少，来往天津者无甚参差，珲春定例：凡船有时症不准进口，故去珲春者较少，现在高丽平靖，想来往客商虽系不多，约可照从前一律。

一、金银。查本年进口之数计值关平银二百四十四万四百余两，出口之数计值关平银二百六十三万一千余两。

一、药土。查洋药共进口四百五十四担九斤半，较上年多四十担六十七斤半。

土药前已论及，较上年约多五倍，皆从上海进口。四川土药得三百三十八担九十七斤，云南土药得三担三十四斤。

一、杂论。招商局广济轮船去羊角沟两次，系运电线器具，回时所载之货亦属寥寥。本年岁首，外国各兵船停泊本口有一次多至二十八艘，至七月各兵船均一律开行他处，后不过偶尔到来耳。冬间天气已属极冷，夏间则甚为平和，至西历七八月间，雨水甚大，中外人均有因疫殒命者，良可惜也。

---

① 水脚之利，运费。

查本年洋货进口实估值关平银七百三十一万六千五百三十六两，土货进口实估值关平银二百七十七万七千五百二十八两，共进口货估值关平银一千九万四千六十四两，除本口完纳税厘十五万八千二百三十九两，实估值关平银九百九十三万五千八百二十五两，再除赚利及各费以每百两七两计之，共六十九万五千五百八两。所有进口货于上岸时之价值共计关平银九百二十四万三百十七两。出口货市价银七百四十万九百七十七两，加本口完纳税银十九万六千八十六两，二共关平银七百五十九万七千七十三两，再加赚利及各费以每百两八两计之，共五十九万二千七十八两，所有出口货于下船时之价值共关平银八百十八万九千一百四十一两。合并声明。

光绪二十一年十二月二十五日
三品衔署理东海关税务司副税务司裴式模呈报

光绪二十二年（1896）烟台口华洋贸易情形论略

窃查本口贸易情形，除复出口不计外，其进出口两项货殖与上年比较，多关平银二百万两。此两年进口相比，本年则多二百九十二万六千余两。惟出口一项则比上年少一百九万五千余两。本年华商生意多有涉险之处，洋商则销路不畅，是以均不称意。商务虽属清淡，而税项仍较上年增收五万二千两。本口洋商生意专在草缏、丝、煤三宗，其余均归华商生意。其进口货殖所多之故，因比上年洋布匹头多二十万六千七百四十二匹。印度、东洋棉纱多五万一千五百九十六担。枝铁、元铁①、旧铁等多十一万二千七百八十二担，自来火多三十七万八千五百二十四各罗斯，其中以日本制作居多。海菜多二万二千六百担，糖多二万一千三百二十一担，棉花多一万六千八百九十二担。惟出口货殖因各种丝比上年少七千六百二十三担，草缏少九千二百六担。本埠户口自一千八百九十四年以来日见稠密，是以货物较曩昔消流渐多。再阅数年，则本口将为船只往来囤煤之处，惟本口贸易欲冀畅旺，非有铁路通行兼有浅水轮船转运货物颇难见效。

一、本关税课。查本年共征关平银四十二万六千八百余两，较上年多征五万二千三百余两，进口税除洋药税厘外多征五万七百余

---

① 即原铁。

两，半税多征一万三千五百余两，船钞多征一千二百余两，出口税则少三千二百余两，洋药税厘少九千八百余两。其中所征之税以百分均之，英商得五十，华商得十八，余为德商、瑞商①、日本商、俄商次第均分。

一、外洋贸易。进口洋货：查本年货价计值关平银三百十一万九千余两，较上年每百分多四十五分，其中货物所多以洋布匹头为最。本年原白布进口计六千六百四十七匹，上年进口仅三千七百四十八匹。小原布进口一万五千二百十匹，上年三千四百八十匹。袈裟罗布八千六百匹，上年四百五十四匹。印度棉纱四万四千四百二十八担，上年一万七千二百六十五担。除英国面巾、棉纱两宗，其面巾本年进口十五打，上年有一千六百打。棉纱本年进口十五担，上年三百八十四担。此外各货均有盈无绌。日本货小原布则少一千四百二十匹，粗布少五百七十六匹，比上年所多者惟面巾有二千一百八十打。日本棉纱进口最多，上年一百七十七担，本年进口三千二百二十八担矣。又五金等货均较多，内中最多惟枝铁多一千八百六十二担，原铁多二千四百四十九担，旧铁多三万三千七十八担，钢多二千四百五十六担。杂货克地夫煤进口九千三百二十四吨，比上年几少一半。日本煤则比上年多五千吨。日本自来火甚为加多，比上年多五十万各罗斯。他国自来火则微见少。海菜多从海参崴运来，多一万五千担，糖多五万担。

出口土货：查本年出口土货载往外洋较上年略加，计价值关平银一百十五万二千余两，比上年多四十一万一千余两。其致多之故，因豆饼、棉衣、毡帽、鸡蛋等货多运往高丽、海参崴，茧绸、草缏亦较多。

复出口洋货：查此项货物均较增加，系运往高丽、海参崴居多，计价值关平银四万六千余两，上年仅三万五千余两。

一、沿海贸易。原出口之货：查本年价值有逊于上年计价值

---

① 挪威和瑞典商人。

五百十五万二千余两，较上年几少五十万两。其少之故，因各种丝与草缏为甚。丝计少七千四百二十二担，价值一百六十六万余两。草缏少九千六百九十七担，价值二十六万九千余两。本埠缲丝局设立四年，办理未尽妥善，未获利益，现在已全归华商办理。查本地工人性情疏懒，不求利益，又出茧最盛之区未有便捷船只，运货艰难，蚕茧一物价昂而易坏，向系内地民船装运，该局因之不能精进。再又烟台一带以及附近口岸产茧无多，出丝定然不盛也。本地所纩之丝尚未得善，仍有缺处，茧绸用此而织，不足以供外洋销畅。草缏本年出口比上年每百分约少二十分，照前年出口计四万八千七百三包，上年三万七千八百四十一包，本年仅有三万二千二百五十三包。近日制作草缏有一二种略有进益，本口新式草缏几与日本相埒，此项草缏与英美等国甚为销畅，因价值过昂，无可获利，故出口较少耳。劈开草缏一项，外洋须要上等货色，多谓出高价而仍购低货，本年前九月所出草缏，向来未有如此之劣者。如设立大厂，广用工人，未有不能工佳货善者，倘照西法开办，西人督理，自能大获利益，则所出之货自不难与欧洲、日本之草缏抗衡销售矣。豆饼生意本年比上年虽多四十九万五千一百八十七担，该商仍未获利，因租船之费不能相抵。粉丝比上年多三万担。

复出口之货：共价值关平银三十六万四千余两，较上年少十七万四千余两，其中价值最昂之货惟高丽参，计价值十九万余两，较上年少四万七千余两。

复进口之货：共价值关平银一千五十八万五千余两，较上年约少二百万两。本年洋货进口加增，棉纱多二万担，五金最多，火油有二百六十三万一千二百五十加伦，按每百分均之，美国得九十分，俄国得十分，与上年相等。自来火则较少，因多由香港、日本直到。至于土货棉花，则较上年约多一倍。各等纸均有盈无绌，糖则甚形减少。

一、内地税则。所有出入不通商口岸之货，或由民船或广济轮船装运，均与常关报税，其陆路之货均无税。

一、船只。查本年水利甚少，倘能创设浅水轮船六只，专行附近一带地方，则生意自然加多，且能添出新式生意，商客往来熙攘，财利日增。广济轮船往来内地，只此一船独得之利，然进出货物太多，一船不敷装载。海参崴往来船只亦增，若按时专行此路，仅靠货载水利而无国家帮助，则恐所得水利不足开销。计进出口船只共二千四百九十九只，计二百二十四万二千三百七十八吨，上年仅得一千七百五十五只，计一百六十三万八千八百五十五吨。夹板船进出口寥寥无几，仅共三十九只，计二万三千四百三十七吨。上年有五十四只，计三万九百九十吨。以百分均之，英国得五十八分，中国得二十三分，其余德国、日本、瑙国①、俄国、法国、高丽、丹国按次第均分。

一、旅客。查出口华人计五万七千七百七十六人，进口华人三万八千七百三十人。出口之人大半往牛庄、海参崴。其往海参崴之人多因修筑西伯里亚铁路，因工资丰足故也。往高丽之人因上年战事程途阻隔，现在无阻，往来之人又几如从前之盛。

一、金银。查本年进口之金计值关平银九万七千余两，出口之金计值一百十八万余两，进口纹银一百二十一万四千余两，出口纹银四百四十三万五千余两，进口墨洋计值关平银五万八千余两，出口墨洋二万六千余两。铜钱大半从香港运到，计值关平银二万九千余两。因常年价值甚高，洋钱每元价低时值八百六十文，若值九百文则不常有。

一、药土。查洋药山东销售年年渐少，因嗜烟之人多用土药。又用民船装运之货，本年进口共三百五十五担九十八斤，上年则有四百五十四担九斤，计少九十八担。

土药进口均系川土由上海装至，计本年进口九十五担二十三斤，上年有三百三十八担九十七斤，比较足知减少。有广济轮船由

---

① 即挪威，也译作瑙威国。

内地装载来烟三百九十七担，另有轮船由北埠①夹带土药十五担四十斤，此两项亦可补其所少之数。

一、杂论。查招商局之广济轮船专行内地，前二年因战事暂行停止，现又照常行驶。此一年之中计往来三十七次，除搭客不知确数外，所装往棉纱一万九千五百八包，洋布匹头四千二百三十六包。装来草缏计一万二千三百十包，乱丝头一千六百七十二包，土药三百九十七担。前论洋药进口之少，因此而补其空也。又本年西历八月间开筑南北公用码头，其北太平洋湾之工，幸尚未至严寒，工已告竣，不至因冷阻误要工，其南太平湾业已开工兴筑。烟台设有酿酒公司一处，系华人资本、西人酒师监制，购地多处，广植葡萄。该局冀将来必能获利，近用乡人栽植之葡萄酿成洋酒。惟目前尚无得利，须俟数年后方能获利也。邮政局于西历本年十二月二十二日开设。西历七月间，山东桃源口略有水灾，因该处黄河漫堤故也。至于年谷，除登州府之外其余各处均称丰收。

查本年洋货进口，实估值关平银九百七十八万六百五十一两，土货进口实估值关平银三百四十四万八千三百二十二两，共进口货估值关平银一千三百二十二万八千九百七十三两。除本口完纳税银二十一万二千七百十两，实估值关平银一千三百一万六千二百六十三两，再除赚利及各费以每百两七两计之，共九十一万一千一百三十八两，所有进口货物于上岸时之价值共一千二百十万五千一百二十五两。出口货市价银六百三十万四千九百八十两，加本口完纳税银十九万二千七百二十七两，共关平银六百四十九万七千七百七两，再加赚利及各费以每百两八两计之，共五十万四千三百九十八两，所有出口货于下船时之价值共关平银七百万二千一百五两。合并声明。

光绪二十二年十二月二十八日
三品衔双龙三等第一宝星东海关税务司贾雅格呈报

① 东北诸口。

光绪二十三年（1897）烟台口华洋贸易情形论略

窃查本口贸易情形，除复出口不计外，进出口两项货殖与上年比较，多关平银二百五十一万八千余两，税项多三万四千余两。其货殖致多之故，因洋货由通商口岸进口增多，又因土货往通商口岸销畅更旺，加之钱价昂，银价低，交易用银，是以为数较多。其税项致赢之故，因本年春间高丽参进口甚多。又因出口货甚为畅旺，从外洋进口欧洲制造各货甚少，日本货则又甚多，其最多者以东洋棉纱为首屈一指，计多三万八千五百二十担，自来火多十一万八千各罗斯。从通商口岸进口洋货甚多，因均有免照，故与本口税课无关。出入惟本口贸易几为华商独占，而洋商生意年少一年，设非有洋煤厚利，则本口洋商将见减少。本关征收税课得洋商者，除船钞外，每百分几不及五分。本省所产土货，现在径运上海、天津销售甚多。茧绸生意近年几为消灭，细茧绸之精细者均径运上海转卖，无复于本口销售矣。至本年华商生意，以新旧各铁为好，其与海参崴贸易无不获益。粉丝较上年更为得利。至上海进口华洋各货者尽属不佳。丝之贸易亦多折耗。豆饼一项春间甚好，至秋冬则较为减色。洋纱一项亏耗尤多。本口鹰洋每圆价值增至七钱五分五厘，而关平百两仅值烟台平一百六两四钱，烟银[①]每两仅兑铜钱一千

[①] 烟台平、烟银均指烟台当地的漕平银。

十文。

一、本关税课。查本年共征关平银四十六万一千二百七十九两，较上年多征三万四千四百十五两，其中征收洋商税钞不过四万八百四十五两，内有船钞一项一万九千三百八十六两。

一、外洋贸易。进口洋货：查本年货价，除复出口外，计值关平银三百六十八万五千余两，较上年多五十六万五千余两。各项洋布匹头为最少，印度棉纱上年进口有四万四千四百二十八担，本年仅有二万一千四十二担。而日本棉纱上年进口四千四十五担，本年则多至四万二千五百六十五担。五金各项较上年为少。杂货，高丽参本年进口二百九担，上年进口一百四担。参须、参碎本年进口有一百五担，上年进口十担。火油本年无有径由外洋进口者，均由上海运到。自来火一项，除日本制造者，上年进口有十七万七千余各罗斯，本年进口仅有十万余各罗斯，其所少者以日本之货足以补其缺也。日本自来火本年进口有七十一万八千余各罗斯，较上年多十一万八千余各罗斯。赤糖较上年多三万七千担。

出口土货：查本年出口土货径往外洋，上年价值计关平银一百十五万二千余两，本年计价值关平银一百三十四万七千余两，较多十九万五千余两，以百分计之，香港得四十五分，海参崴得三十五分，其余则日本、高丽、台湾次第均分。其大宗货物为豆饼、豆子、红黑枣、花生、靴鞋、粉丝等。

复出口洋货：查此项货物本年计值关平银四万一千余两，上年计值关平银四万六千余两。杂货往高丽计值关平银二万一千余两，往海参崴计值关平银一万六千余两，往日本计值关平银一千余两，往香港计值关平银一千余两。

一、沿海贸易。原出口之货：查本年价值关平银六百三十六万九千余两，较上年每百分赢二十分。以此两年相较，则豆子多一万九千七百二十九担，花生多一万五千八百八十一担，花生油多三万一千八十五担，黄丝多一千二百十担，野蚕丝多一千六百三十七担，乱丝头多二千六百八十二担，帽缨多二千二百九十五担。其所少者，则豆饼少二万四千七百二十六担，茧绸少四百五十担，粉丝少三千七百二十四担。野蚕丝或称土丝，本埠缫丝局所出之货大为销畅，洋商求买此项丝者又复有人矣。该局所缫之丝皆已预期定下，本地纩丝工作直至秋间皆称顺遂，所纩之丝均为上海洋商定作之货。本年丝价较上年每百分多三十至四十分，皆因汇兑行情金贵银贱，又因欧洲销场甚多故也。至年终，丝价跌落，而货仍颇可销畅。乱野丝头、破蚕茧二项，其乱野丝头在秋间销场亦旺，不久无人顾问，此货流滞胥视乎剪绒销畅。蚕茧本年收成甚低，又以人多争买，价值昂贵。又因冬间金价稍落，早先买储之丝至此时出售则亏耗甚巨。黄丝往外洋之生意虽属平稳，仍不称意，盖价高之时丝已买备，迨后价落甚低。续往外洋之货，较初往之货价益跌落，茧绸一项就地而论甚为不佳，价值比照上年间或高至百分之七十五。在欧人因金价贵，仍可多出银价买货，而货色仍属不佳。其致贵之故，据制作人谓有二端：一因购丝资本甚重，一因工人之工食均领铜钱，而铜钱较往时价增，故茧绸贵也。日本、印度及亚洲等处亦销流茧绸，然不比欧洲销流货色之佳。中国制作茧绸，近来所织之货面无光亮，而且长短不齐，线丝精粗不匀，以低货售高价，故能获利。美国购买茧绸生意全然销灭，因彼国税则过重，无从销售，所征税项较次等货之估价有加征七倍者。洋商于烟台购买茧绸，反不如上海购买货色之佳。草帽缏，查上年出口三万二千二百五十三包，本年出口三万四千二百九包。其出口之数较上年稍增者，因洋商运办较多而华商运办较少也。制作草缏本冀其精进，乃至今未见上品之货，况货色参差，价值高贵，甚属失望。劈开花缏亦无上进，劈开白缏其好者尚可常售，草缏价增，亦以铜钱昂贵所致，故与此项贸易不无妨碍也。春初缏价每包三十二两，秋间每包价值非三十七两尚不能购。

复出口之货：上年共价值关平银三十六万四千余两，本年多至六十三万三千余两，较上年赢出二十六万八千余两，其中多半以高丽参、参须、参碎往通商他口销售，计价值关平银三十五万四千余两，上年仅得十九万余两。

复进口之货：洋货多由上海运到，土货则由上海、汕头、天津、广东运到，价值计关平银一千一百四十五万四千余两，较上年多八十六万九千余两。其所致多者，惟洋货进口多，而土货反少耳。洋货最多者为各种原布，多一万七千六百六十一匹，美国斜纹布多三万六千七百四匹，日本棉纱多二万八千三百二十八担。其少者为英国、印度斜纹布、粗布、手帕、面巾，印度棉纱少五万九百七十九担，堪为留意。五金各种俱形减少。美国火油本年进口五百二十八万一千余加伦，上年进口二百三十八万八千余加伦，计多二百八十九万二千余加伦。俄国火油本年进口五十七万七千余加伦，较上年多一倍。土货少者为上海机器布，少四千二百五十五匹，汉口机器布少五千六百三十匹。棉花少四千八百七十二担。上、下等纸少八千二百六十二担。各种糖少三万二千担。

一、内地税则。所有出入不通商口岸之货，或由民船或广济轮船装运，均于常关报税，其陆路之货均无税。

一、船只。查本年进出口船只，计二百三十八万五千三百一吨，船只较上年多五十三只，吨数较上年多十一万九千四百八十六吨。夹板船进出口年少一年，本年仅三十一只，计一万四千六百五十四吨，上年有三十九只，计二万三千四百三十七吨。英商船只略多，每百分均之，得五十六分，中国得二十五分，德国得九分。此二国均较往年微增，其余各国所差无多，三公司均称维持获利。此外，轮船揽载水利较上年稍低，虽不能十足称意，仍能多少获利。民船往来中国以及外洋各口岸，生意亦格外加多。

一、旅客。查出口华人计五万七千八百二十一，进口华人计五万八千六百九十八，惟工役居多，均系往来天津、牛庄、海参崴。其往来海参崴者较为加增，光绪十七年往海参崴去者计四百九十二人，由海参崴来者计一千六百八十五人，本年往海参崴去者计八千六百七十九人，由海参崴来者计一万二千六百八十四人。洋人来去仅有七位。查华人之往海参崴者，必先由驻烟俄国领事署领一路照，其照费每纸纳一个半路布①，合英洋二元四角，又赴道署纳费制钱一千八百文，合英洋二元一角，是往海参崴每人须纳英洋四元五角。

一、金银。查出口之数总较进口格外为多，其所多之故，因进口之货较出口之货为数甚多也。金多由辽东商人运往上海出售。铜钱进口，计值关平银五万七千八百九十一两，大半由香港运到。虽有此数，无足使钱价低落，仍觉周年稀少。中国钱制，惟铜钱一种而已。查前四年内，光绪二十年英洋每元价高时，可兑制钱一千四十文，至光绪二十二年，价低时每元兑制钱八百六十文，本年价高时每元兑制钱九百文，低时兑制钱七百三十文。

一、药土。查生熟洋药，除复出口外，计三百二十一担，上年进口三百五十六担。

土药进口经本关之数共二十九担，较上年少六十六担。广济由内地装至计三百三十九箱，每箱约重一百二十斤。又有官轮船之客商随带，亦有民船装到，惟数目若干无从查悉，皆足以将洋药来源阻塞。

一、杂论。查本埠公共码头岸路，自光绪二十二年七月初间开工，至本年十一月十二日全工告竣。其岸路计长二千一百七十四英尺，均于洋商地基对连所填地基，内有码头岸路及可修造房屋之地基，共计四十二亩。岸路共有石梯七处，码头二处，石坡二处，一系下货，一系下舢板，此坡乃洋商请关筑造。岸路之阔狭，核计为五十英尺。码头尽处，照朔望潮水至低之时，冬令水深可有四尺，夏令水深可有六尺，因驳船往来便宜，而轮船亦不致耽延时候。广济轮船往来不通商口岸，由本埠装往洋布匹头六千包，洋棉纱一万三千五百包，火油八百六十五箱，运到土药三百三十九箱，草绳一万一千一百余包，乱丝头四千一百余包，蚕茧七百八十三件。

再查本年洋货进口，实估值关平银一千一百六万六千四百十

---

① 即俄币卢布。

两，土货进口实估值关平银三百二十六万八千一百五十三两，共进口货估值关平银一千四百三十三万四千五百六十三两，除本口完纳税银二十二万三千六百五十八两，实估值关平银一千四百十一万九百五两，再除赚利及各费以每百两七两计之，共九十八万七千七百六十三两。所有进口货于上岸时之价值，共一千三百十二万三千一百四十二两。出口货市价银七百七十一万七千四百十三两，加本口完纳税银二十一万五千九百二十四两，共关平银七百九十三万三千三百三十七两。再加赚利及各费以每百两八两计之，共六十一万七千三百九十三两，所有出口货于下船时之价值，共关平银八百五十五万七百三十两。合并声明。

光绪二十三年十二月二十八日
三品衔双龙三等第一宝星东海关税务司贾雅格呈报

光绪二十四年（1898）烟台口华洋贸易情形论略

窃查本口本年贸易情形，其最醒目者，则是进口货值上年有关平银一千四百三十三万四千五百六十三两，本年则多至一千八百五十七万六千一百四十二两。至于出口货值，上年有七百七十一万七千四百十三两，本年则只有七百六十六万二千六百三十二两。按本年进口货值与出口货值两相比较，其溢出之数虽属比往常见巨，然非实在情形也。因本年德人据胶澳，英人则又继日本而有威海，且当是时各国水师麇聚于此，所有买用一切之物，胥购自本地土人，则货值亦归入土人之手，此等贸易非向所习有之事。而且民船载出鸡蛋、鸡以及各种食物运至旅顺，贩卖者不少皆获厚利，盖该处此种货物之销场，直有如在山阴道上①，有应接不暇之势。闻有华商一家，贩卖鸡蛋至旅获利二三千两之多。据此情形，本地所产食物等货，售于西国兵船及陆营者，仍应视为出口之物。盖购买此种货物之资，均系出自西国公项也。惟货值确数，殊难查考，但此项生意有如是之盛，以致各种食物价值因而腾贵。至于运到本埠供给西国兵船、陆营所用之洋货，虽不能确知其实数，然视后开之三大宗货物之价值，亦可知其梗概矣。如洋酒等之估值，本年有十万两之

---

① 山阴位于今浙江绍兴，境内山水美景甚多，令人目不暇接。语出南朝宋刘义庆《世说新语》："从山阴道上行，山川自相映发，使人应接不暇。"

海上来风：近代东海关贸易报告（1864—1919）

多，去年仅有二万八千两，家用杂物本年估值有七万两，去年仅有一万一千两，洋面本年有十一万两，去年仅有一万二千两，其多出之数竟至倍蓗。盖皆为西人粮台所用者居多，如此看来将此种货值列入原货出口之内。在进口价值除去大约之数，则该进口价值不能有如是之多。其多于出口价值之数，亦断不能有如是之巨矣。据本埠银行代理西人云：本年银钱经过本埠，为英俄兵船、陆营所用者，约一百余万两之多。此外由各该国兵船自行带到之银项，尚不在此数内。闻英国兵船带到之银数亦颇巨。青岛本年开为商埠，其与本埠商务并无出入，而与上海、镇江两埠则有关系。盖在山东境内贸易之区，其运入之货现仰给于青岛者，向系上海、镇江两处为多。其由青岛运出者，亦惟去上海、镇江两处者为多故也。至于使山东之北境贸易兴盛之法，则以下所详论者宜加意焉。一、黄河宜设法平治也。黄河之水常常漫溢，人民之受害者甚广，即如本年黄水为灾可知。往年被害情形甚重，现在中国政府特简大员前往查办，谅必有良法，不使再有如前之漫溢成灾，以保人民之财命。昔他国有大河数道，在未得善法之时，其为灾患与今日之黄河相埒。迨得善法修治之后，从无受害之事，此明证也。为今之计，国家应设一河部，以华官督办其事，以西人之明于河务者为副办，疏浚修筑，自能收成效于将来也。一、贸易往来之大路宜修筑平坦也。盖现在大道崎岖，货车往来不便，凡载运货物，多用骡驮，费巨而迟。若将大道用碎石垫墁坚固，则车载遄行，费轻而速，则各货从前之难于出口者，得此可以无往不利矣。且垫墁大路之碎石，在山东采取尤为易于集事。一、矿务铁路宜开采举办也。查山东境内矿产盖藏甚富，不采殊为可惜，而铁路知其有利可图者，亦亟应举办。然此二端非由外来巨款不能成功，惟国家需设法保护，使商人无意外之虞，俾得乐于从事矣。一、内港行驶小轮宜照章举行也。将来照颁发新订章程，在内港一律行驶庶于商务可期，日有起色。一、拢靠轮船码头宜建筑也。查烟台海口常有北风，以致起下货物诸多未便，加以危险殊甚，且用驳船下货过于迟滞，如建筑此项码头绝无以上险阻等弊，与本埠商务大有裨益。此等工程既与往来轮船大有益处，则此项工费亦应就轮船内筹拨。查银两一事在山东境内，令人之疑其缺少者，因本地钱庄拆息略为加重，且进口大宗货物与出口货物，除丝并丝货之外，银价略为加多，以铜钱短绌故也。然而本口商务，其价值能如是之加多者，则以银两之来源，与去路能划其平故也。至华商所论银两缺少之故，则皆由邹平县之富商大买罄，其所有之货尽易现银，因其易于搬运以备不虞，则现银流于该处太多以致各处短绌也。本年黄水为灾，该县受害尚轻。再本关所辖境内其仿效西法制造者，有机器缫丝局一家，本年用足马力出丝计五百九包。另有木机缫丝者数家、机器磨面局一家，其成效尚不可期。酿酒公司一家，所栽种葡萄目下未见成熟，故酿酒一事尚须有待。至于铸铁局所一节，查山东境内向无设立鼓铸之事。

一、本关税课。查本年共征关平银五十六万六千五百八十二两，较上年最优之年犹多征十万五千五百七十三两。其所多者为进口之税，多七万六千二百九十一两。洋药税厘多一万九千二百九十四两，其余税钞亦均较多。惟出口税银较绌耳，其中征收洋商税钞不过四万八千四百九十五两，内有船钞一项二万三千一百六十二两。

一、外洋贸易。进口洋货：查本年货价除复出口外，计值关平银一千四百五十四万二千余两，较上年几多四百五十余万两。其所多最显者，为外洋径运到口之货，其中日本货由神户径至本埠比往年有加无已，盖照此办法，可省由上海转运之费，且水脚亦较轻故也。日本棉纱上年进口有八万六千担，本年则有十八万二千担，内有三分之一由上海转运到口。其上年之数内，由上海转运进口者不止一半，其转运与直到之所区别者，包式及斤两皆不相同，似专为运入内地销场之用。按上海转口之棉纱包式与洋布包相同，每重三百斤。其直运者，但用席包捆裹。惟甚坚固，每重一百五十斤。因其包裹较轻，入内地时，比之于运大包者，不但易于骡驮，且免拆改另包之繁矣。日本小原布本年进口多至二万一千匹，与前数年互相比较，其数最多，如将前数截长补短均匀而计，每年不过二千匹而已，亦可见其销场之畅旺矣。日本自来火本年进口有一百四十九万六千各罗斯，比上年多一倍。其余日本各货亦为较多，按本年进口货之总数，以日本居十分之九。至于洋布，日本不计，多半由上海原货出口转运到埠，其最多者，为美国粗布，有二十万七千匹。美国粗斜纹布，有二万一千匹。其较少者，为英国及印度小原布，有六万八千匹。英国及印度粗布，有三万四千匹。杂货之内最多者，为美国面粉，有十万担，其中多半为旅顺、大连湾、威海卫等处。所用火油较上年为少。

出口土货：查本年出口土货径往外洋计值关平银一百六十七万四千余两，比上年多三十二万七千余两。其中去香港者，计值七十四万三千余两，其中以豆子、枣、咸鱼、花生、花生油为最多。往海参崴计值四十九万二千余两；往日本计值三十万余两，内有十分之一为梧桐木，因日人以其制作木屐最为合用；往高丽计值十三万一千余两；往台湾计值七千余两。

复出口洋货：查此项货物，本年计值关平银十九万三千余两。其中以高丽参为大宗，往香港者计值十五万六千余两，其复出口土货计值关平银四万五千余两，较上年之数足相颉颃。

一、沿海贸易。原出口之货：查本年计值关平银五百九十八万七千余两，上年则有六百三十六万九千余两，以此两年相较，则本年所绌虽属无几，而此项贸易究为冷淡。惟丝商更属疲惫，折阅良多，倒闭者已有数家。其现在仍行交易者，亦有难支之势。至乱丝头一项尚有可观。本埠商人唯利是视，往往挽入沙盐杂质以重斤两，致令购者受亏。在上海商人作此项生意者，必经拣剔方行出售，故较佳耳。草缏本年洋商运办出口有七千二百二十一包，上年有九千八百三十四包，较上年少二千六百十三包。而本年华商运办出口有二万四千九百五十四包，上年有二万四千三百七十五包，较上年多五百七十九包。两数相并，较上年计少二千三十四包，推原其故，皆因日本草缏销场甚旺，以其加意研求，制作精进，是以蒸

光绪二十四年（1898）烟台口华洋贸易情形论略

蒸日上。惟华商制作之法不合，虽屡经告诫，其如听者藐藐，何盖制卖。草缏之商因陋就简，洋商购办与否听其自便，故不求精益也。即如日本棉纱一项，其所打之包式刻意经营，以求适于运内地之用，故能盛销于中土。若制造草缏之华商，苟能切实听人指授，殚思以研，专力以注，冀合于购主之意，则何患不日有起色哉！作草缏贸易者，目下已渐移至上海，因近日相率设有支店于彼埠，其所用之人于何者合销均有权衡。且该处洋商之运办者较多，得价略优故也。豆饼本年出口有九十七万担，上年有一百二十七万七千担，较少二万余担①。其致少之故，因豆价高钱价昂耳。粉干本年出口较上年少六千担，其数尚不甚相悬。

复出口之货：本年共价值关平银八十四万八千余两，较上年多二十一万五千两。其中高丽参计值三十七万四千余两，野蚕丝计值二十万四千余两，草缏八万四千余两，故能至此数也。

复进口之货：本年计值关平银四百四十五万二千余两，较上年多九十三万七千余两，其中由上海、汕头、牛庄、天津、厦门、广东运到者为最多。至于上海棉纱，虽属未甚满意，而本年进口已有一万二千五百八十九担，上年只有四千四百九十四担而已。各种糖无甚悬殊。本年秋后大米进口多至十万担，本处米价之昂为向所罕有，故来源虽属如是之旺，而米价仍未少减。

一、内地税则。凡由陆路来往之货，概无税厘，惟由水路不通商口岸此口至彼口民船运载之货，归常关收纳税厘。是以凡有常关之口，必于关旁设立厘局一处，每纳关税一两，而厘局随征厘三钱，山东境内均系一律办法，并准由此项税厘内留二成，以为办公之费，其余八成解归省城总局。

一、船只。查本年进出口船只，共二千五百六十三只，计二百三十二万四百三十七吨，较上年略为减少。轮船三公司水利颇为可观，其水脚如草缏等略为加增，然与商人尚无妨碍。船只往来海参

---

① 原文如此，经计算应为三十万余担。

崴，与本口一途利路甚薄，闻有商人本年租船往来该埠者，获利一万余元。所以有华商数家于明年亦拟租船，以其有利可图也。又加以往来旅顺之俄国船只暨胶州之德国公司轮船，故船务之事亦因而加多。

一、旅客。查本年出口华人计五万九千六百七十一人，进口华人六万一千三百七十五人，其中以往来牛庄、天津、海参崴居多，往旅顺口者亦属不少，惟系充作工役，因该处开办铁路也。

一、金银。查本年出口关平纹银计三百二十四万七千余两，出口之金计值关平银一百十八万余两，进口洋钱计值关平银一百三十万两，此项洋钱大半均系供本埠附近之西国兵船、陆营之用。

一、药土。查洋药本年进口共四百九十七担，较上年多三百二十一担，自光绪十三年后，以本年为首屈一指。其致多之故，因本地产土之区歉收也。

一、杂论。查本年招商局广济轮船往来内地，共二十六次。由本埠装往洋布匹头四千七百包，棉纱二万四百包，火油四百箱。运到草缏八千九百包，土药一百十七箱，丝一百四十包，蚕茧七百三十包。至本年议准内地行驶小轮，而本埠华洋各商虽遇此机会，以其奉到新章之日为时未久，兼以冬令在即，故目下尚未举办。本年黄河漫溢为灾，有三十四州县之广，轻重不一。按黄河之西北，有二十州县；河之东南，有十一州县；计受灾之农田有二千五百英立方里①。

再查本年洋货进口实估值关平银一千四百五十四万二千八百二十三两，土货进口实估值关平银四百三万三千三百十九两，共进口货估值关平银一千八百五十七万六千一百四十二两，除本口完纳税厘三十二万四千七百九十六两，实估值关平银一千八百二十五万一千三百四十六两，再除赚利及各费以每百两七两计之，共一百二十七万七千五百九十四两，所有进口货于上岸时之价值，共一千六百

---

① 原文如此，应为平方英里。

九十七万三千七百五十二两。出口货市价银七百六十六万二千六百三十二两，加本口完纳税银二十一万三千八百十四两，二共关平银七百八十七万六千四百四十六两，再加赚利及各费以每百两八两计之，共六十一万三千十两，所有出口货于下船时之价值，共关平银八百四十八万九千四百五十六两。合并声明。

光绪二十四年十二月十九日
三品衔双龙三等第一宝星东海关税务司贾雅格呈报

光绪二十五年（1899）烟台口华洋贸易情形论略

　　窃查本口本年贸易情形，其逾常快意者则是船、丝二业与将来之商务可冀，其逐渐有递增之象也。进出口两项货值计关平银两千八百十五万三千余两，较上年多一百九十一万五千余两，可称为最优之年。丝业一项其日增月盛之处大有进境，机器矿房现计仅止一家，乃华人之产租与华英二商合办。本埠地方足敷间设四五家之用，如继起有人，则此项生意兴旺之速可预卜矣。本埠天气干燥，在天下矿丝最宜之地已居其一，且蚕茧滋产蕃盛，如争购者多则价值相称平贱。至业丝者于何时购买茧壳，出几何价值，谨慎从事则利权可操左券矣。行驶内港轮船两只，照其往来次数尚称顺利。机器磨面局一家因麦价过昂，兼以运来美国面粉价值甚贱，殊难获利，经已停办，其机器或拆卸运往旅顺。又有木匠一家设立风磨一具，惟尚未能如愿以偿。因本地解匠群与为难，只准其所解之木板以备自用，不能为人代解，恐其估夺衣食之故。至米麦进口之多，缘本年亢旱日久，农民失所凄凉之状若是之甚，是以父母者虽以身价极微，亦迫于鬻儿卖女，以图儿女有安生之处，己亦获衣食之资，两全其美也。山东境内小民穷迫日不聊生，以致地方因而不靖，为无疑义矣。

　　一、本关税课。查本年共征关平银六十八万一千六百九十二两，较上年多十一万五千两。其所多者，洋药税厘多十万两，出口税银多四万两，船钞多五千五百两，惟进口税与复进口半税共少征三万两，其征收洋商税银按年比较开列于后。

光绪二十三年，税、钞共关平银四十六万一千二百七十九两，内中洋商税银二万一千四百五十九两，船钞一万九千三百八十六两。

光绪二十四年，税、钞共关平银五十六万六千五百八十二两，内中洋商税银二万五千三百三十三两，船钞二万三千一百六十二两。

光绪二十五年，税、钞共关平银六十八万一千六百九十二两，内中洋商税银三万五千二百九十六两，船钞二万八千八百七十九两。

一、外洋贸易。进口洋货：查本年货价，除复出口外计值关平银一千二百二十七万八百九十三两，较上年少二百二十五万两。其致少之故，因洋货由通商口转运进口者减色故也，惟洋货径运进口者尚属顺适。计值关平银六百五十三万九千余两，较上年多二十五万六千余两，其中由日本进口者计值关平银三百八十五万五千余两。香港进口者计值关平银二百四万三千余两。其进口洋布之最少者为原布，少二万六千三百匹。英印小原布少四万四千二百匹。美国粗斜纹布少三万两千九百匹。美国粗布少十万四千匹。印度棉纱少二万一千一百担及日本棉纱少四万一千担。其进口之多者为日本小原布，多四万二千匹。杂货内之赤糖多四万四千一百担，俄国煤油多二十九万六千加伦。日本自来火少五万各罗斯。美国煤油少一百十三万六千加伦。美国面粉进口极多，计值关平银四十六万八千余两，上年仅值关平银十一万两。其中多半复出口运往威海卫、旅顺口，以供寓居彼处西人之用。

出口土货：查本年出口土货与上年比较，殊有起色，其价值有一百九十九万六千余两，比上年多三十二万一千余两。其多之故以豆饼、野蚕丝两项日本销场甚广，运往彼处之豆饼有十三万两千余担，野蚕丝有五百九担。牲畜之运往出口者共两千五百六十一只，计值关平银七万两，其中以牛为最多。此项牲畜来自山东内地各处，以西南一带为最多，亦有由河南来者，售于本埠，待至成群运往海参崴及旅顺，此项贸易为本埠向所无者。

复出口土货：查此项货物径运外洋者计值关平银七万九千三百四十五两，上年值有四万五千九百六十两。至洋货出口者以高丽参一项为足论，往香港者计值关平银三十四万四千余两，核其来数已去十之九矣。

一、沿海贸易。原出口之货：查本年货值较上年多关平银二百三十一万二千余两，其致多之故因黄丝出口为数极盛，有八千六百四十四担，计值关平银二百三十四万五千六百三十五两，俱是运往上海、广东。上年仅有一千八百七十九担，计值关平银四十七万一千七百九十六两，两相比较本年多六千七百六十五担，值关平银一百八十七万三千八百三十九两。山东丝本年收获较优，其中间有参差不齐之处，当五月间开盘时，黄丝价值较上年每百分增长五分至八分之数，因欧洲销场颇旺，后复继长增高加至十五分或二十分之数。山东以手纩丝之商虽屡经教诲并示以纩样，终不肯一改其纩之之法，或减小其纩车之径，因此所出之丝虽以本年价值之高，尚属不能如他省之七里丝①每百分能增至三十五分。本省黄丝年内在欧洲销流颇大，推原其故，盖因粤东丝商初不料在欧洲之行市如此其亟，先未捷足运办也。总而言之，丝业一项于有蚕之家较往年可多获利百分之十，于纩丝者之得高价而随纩随售与贩丝之商，因丝价之有增无已而得望外之价以沽，均属顺适焉。草缏，查本年洋商运办出口有七千五百二十九包，上年有七千二百二十一包，华商有一万七千四百三包，上年则有二万四千九百五十四包。本年华洋商共运二万四千九百三十二包，上年共运三万二千一百七十五包。两相比较本年计少七千二百四十三包。上等劈缏计此一年之内行情颇优，惟货色无多。至带花边劈缏并无售主。

---

① 又名辑里丝，指产于太湖一带的蚕丝。

光绪二十五年（1899）烟台口华洋贸易情形论略

原白草缏上等之货外洋销流甚广，若缏成宽式者，则更为较优。色缏销场亦旺，至无花边之色缏则较色缏尤进一筹矣。花缏一项佳者尚可畅销，可惜来源稀疏。惟本年制作草缏之法渐求精进，因华商知其货色之佳能得善价耳。是货色佳而斤两自少，推原其故虽非尽由于此然亦不远矣。豆饼本年较上届不旺之年又少五万四千担。入秋以后因潮、建两帮①与本埠商人争论斤两，停办至四个月之久待至十一月间适中之数，两造始能妥协。此种生意冀明年仍能照前兴盛也。

复出口之货无足论，故从阙。

复进口之货：本年实计值关平银五百五十八万七千两，较上年多一百五十万两。其中以上海、汕头、天津、广东运到者为最多，其所致多者惟米、麦两项，米多至六十四万六千担，麦十二万八千担，大半运往荒歉之处。棉花则甚为较少，上年有三万七千担，本年仅有八千七百担，因南省歉收，价值加高，以致商人贩运不甚踊跃。上海棉纱本年进口有六千三百五十担，仅敷上年进口之半。各种糖进口颇多，然其销场壅滞，囤积者多，以致获利微薄。

一、内地税则无足论，从阙。

一、船只。本年最为得意，进口共一千六百四十六只，计一百三十六万两千五百二十吨，较上年最优之年犹多三百六十五只，计二十万一千八百五十八吨。英、瑙二国较上年各为减少，惟德国上年有一百四十五只，本年有二百三只。日本上年有一百七只，本年有二百一只。其最优者为俄国，上年仅有二十六只，本年则有一百六十只。因本埠临近旅顺、牛庄，故俄国东海轮船公司凡往来中国北境及日本、海参崴之船以本埠为必经之路，是以较多。现有一船每礼拜内往来三次，将来或日有一船往来也。至水利，除花生、粉干各为加增，其余各货仍照向章。本年八月至十一月此三四个月内船只甚少，缘此时牛庄、天津封河在即，待船尤迫，故船只开往彼

---

① 潮州、福建商人。

处。本埠商家之货急欲装往他口亦未能如愿，无已必须租船，虽租费甚昂，亦无可如之何矣。煤商因此之故，凡由南省或由日本进口之货水利亦必加增方能装到，故同此吃亏。本年华人租有数船，以装工役往来本埠、海参崴。

一、旅客。查本年出口华人计十万三千三百九十五人，进口华人九万六千四百五十四人。往来牛庄之华人但得铁路工程之事以遂其愿，即以该处瘟疫之盛，亦有所不顾矣。往旅顺口之工役亦同此。故内港轮船尚属顺利。

一、金银。查进出口之数，计值关平银一千三百七十五万七千两，上年有一千十七万二千两，两相比较本年则百分中多二十五分。内中出口较进口多二百八十七万三千两。再本埠金银难以稽核确数，因华客在于牛庄、旅顺、海参崴等处旋里者皆有囊资随身携带，以及兵船所附载者，故其确数无从查悉也。又本埠代理西国银行一家①，本年经该行进口计洋银四百四十万元，出口计洋银四百九十八万元，惟本关册内进口洋银只有三百二十万元，出口洋银有三百七十万元。

一、药土。查洋药除复出口外，计一千四百十四担，按前十年进口之数扯平，核计每年约有四百担。本年则大加增长，然恐难以持久。盖原其增盛之由，以本年东境土药歉收故也，且价值甚昂，药商颇获厚利。

土药：进口计一百五十九担，内中以川土居多，上年仅有二十五担。

一、杂论。查内港轮船于四月有永富、金陵小轮二只，乃华商所制，在本关注册领照，作为行驶内港之船，计往登州十次。因该二船容积太小载货无多，以致不能操获利之券，遂于五月停驶，即开回香港。旋有英商之黄河、招商局之广济接踵而行，计黄河开往内港十四次，广济开往十三次，想此项贸易定可扩充。其最重要者

---

① 华俄道胜银行。

船之行期须有定章，盖为使华商能确知轮船之可靠，其货物则自乐于装运。惜该二船皆不此是务，而开往天津以为驳船之用，为可憾矣。本年天气亢旱，幸无水灾。

光绪二十五年十二月二十六日
三品衔双龙三等第一宝星东海关税务司贾雅格呈报

光绪二十六年（1900）烟台口华洋贸易情形论略

　　窃查本口贸易情形，进出口两项货物其值较上年少关平银一百九万五千余两，税钞等项较上年少十二万四千八百三十两。推原其故，缘义和拳匪肇衅于夏间，北省之情形因而未定，且其能否蔓延南省殊难逆料，故以减色也。五六月间中外商人同深觊觎，华商之妇孺则送回家乡，其货物则减价求售，或运往内地工商之迁居乐土者实繁有徒矣。凡华人佣工于西人之处者率多托故辞去，难以羁留。相传拳匪一来，见①有受雇于西人或与有交涉者均有性命之忧。中国邮政局邮差行至内地亦会被人拦阻以待盘诘。情形如此之急，以致西商迫而团练巡查，设有不测，借可护卫洋场。本埠公会得关道之力亦办团练，将进烟台之各要路驻扎防守，并于街巷昼夜巡查以防不虞。西人之从内地逃难来烟者均分往威海、日本等处，并知照西国妇女不便于此居住。即有因事留烟者，至夜间亦必于卧榻之旁，预置行装以备意外。复于六月晦，本埠苦力人等滋扰，仓促之间于公共码头暨近洋场大路一带众人拥挤。追原肇祸之由，喧传有华人五百余名及断发者六人均被闭置一洋行院内故也。其洋行之窗已被打破且欲毁门而入。旋有陈策于在场之华官者，以为此事排解之法莫妙于由华官带领工头三人入内搜查，华官当即听从照

---

① 通"现"字。

办。及至搜查非惟五百余人未见，且亦无一人断发者，其余即易于解散，所留者可作为妄人也已。码头暨街上之人旋即散去，似此几酿大祸之事，一旦冰消瓦解，转危为安，初非意料所及也。至七八月间，前此人心之日夕惴惴者，至此而幸渐安谧，是以进口货物渐有兴旺之象，然不能似昔之放心，本年末结比较上年者犹觉有盈无绌。行驶内港轮船上年仅有二只，本年则增至四只，其为有利之生涯可知矣。往来海参崴载客之生意亦获厚利，此等利薮为本埠所独有者。或谓何故沿海轮船公司及他行商反不于此设行招徕为可异耳？至驳船之事，现在亦大半归两行商管理。本埠以及内港上下货物各处如能改良，再从北岸筑铁路一条直达省会，则烟台之商务其蒸蒸日上，有不期然而然者矣。机器矿丝房日渐加增，又本年安设电报水线以与天津、旅顺、威海、青岛、上海各处联络相通。

一、本关税课。本年共征关平银五十五万六千八百六十二两，内中有洋商税钞银八万八千七百八两，为百分中之十五分九三。

一、外洋贸易。进口洋货：查本年货价计值关平银一千一百八万四千七百五十八两，较上年少一百十八万六千一百三十五两。洋货匹头甚为减色，原布少八万七千二百五十四匹，英印小原布少二万四千七百六十三匹，美国斜纹布少二万七千七百十五匹，美国粗布少三万七千六百十二匹，日本棉纱少五万四千八百九十担，惟日本粗布较多四千二百六十一匹，绒呢类各种尤为减绌。洋布匹头至年终时销场几空，度其情形来年必有兴旺之象。各种糖少九万四千六百一十九担，俄国煤油少十八万四千六百六十加伦，泰西自来火少四万六千各罗斯，美国煤油多一百二十八万四千九百六十加伦，日本自来火多五万六千一百九十四各罗斯，煤多二万吨。

出口土货：查本年出口土货计价值关平银一百九十五万四千七百八十一两，与上年比较则仅少四万五千二百四十七两。豆饼、野蚕丝二项因日本销场甚广，故较多也。运往香港之豆子、豆饼、花生亦较多。

复出口土货：查此项货物径运外洋者计值关平银六万三千四百八十五两，较上年少一万五千八百六十两。内中往高丽者计值关平银二万九千四百五十五两，往日本者计值关平银一万五千四百八十两，往海参崴者计值关平银一万二千八百五十九两，其余均往香港。

一、沿海贸易。原出口之货：查本年货值较上年多关平银十四万八千二百二十六两，其较多者，豆饼多六万二千八百六十八担，豆子多一万七千六百七十二担，花生多三万六千八百三十一担，野蚕丝多二千三百四十八担，草帽缏多六千一百二十四担，粉丝多一万一千二百六十四担。其较少者，黄丝少五千二百六十八担，乱丝头少两千七百七担，茧绸少二百十四担。蚕茧收获中稔，卖茧者获利甚丰，矿丝者开盘之时适逢拳匪滋扰，购主无多，因而减价出售，颇多折阅。惟商贩装运黄丝到沪，颇获利益，因以为山东缺收故也。矿丝者因去秋购茧价昂又因外洋无市，矿出之丝价值甚低，以致受亏。本年蚕茧价值低落，茧绸因山东丝价低落，出绸较多，所织之绸幅面宽狭与制作洋服颇称相宜，已有运往奥大利亚销售。此项绸料无论宽狭、长短、轻重均可预先照式定织也，再加以光滑，更易销售。野蚕丝、茧绸、乱丝头等价均较落。草帽缏本年洋商运办出口有八千五百八十三包，上年有七千五百二十九包，本年华商运办出口有一万八千五十九包，上年有一万七千四百三包，本年华商共运二万六千六百四十二包，上年共运二万四千九百三十二包。查此货本年来源甚盛，至六月初则来源稀疏，至七八月间更形减少。在拳匪滋扰之际，风声由渐而大，其价值亦随之涨落相因。价值既高，商人尽力以求出货之多。拳匪初乱之时，制作者惊惶不敢存积，减价出售，收买者以得货便宜转售洋商，无不获利。现在商务复初，货价亦照旧时行情，货色亦无甚轩轾，但尚未到精进之地。

复出口之货：本年计值关平银七十四万一千七百十六两，上年计值关平银一百八万七千一百六十八两，其所少者洋货匹头、高丽参，土货草缏、野蚕丝。

复进口之货：本年计值关平银五百五十七万八百六十三两，其较上年所少之数仅一万七千两而已，其中以上海、汕头、广东运到者为最多。其较多者为棉花多九千五百六担，冰糖多一千三百七十三担，上海棉纱多一万一千七百八十五担。其较少者为开平煤少约二万吨，夏布少一千一百二十二担，各种纸少三千一百二十二担。

一、内地税则。无。

一、船只。本年进出口共二千九百二十九只，计二百十四万四千八百三十吨，较上年少三百六十二只，计五十八万一千三百七十八吨。其中所少以英国为最。又法国轮船本年始有常川来往于本埠与长崎，是法公司所创，以两礼拜行驶一次。又招商局轮船因战务而悬他国旗帜。水脚，至年终不过豆子、粉丝各为加增，其余各货仍照向章。

一、旅客。查本年出口华人计十二万八千四百五十三人，进口华人计十一万四千五百六十三人，其中以海参崴、旅顺口、牛庄等处来者为最多，且大半为铁路工役遄归故里也。

一、金银。查本年进出口之数计值关平银一千三百四十万五千一百三十五两，上年有一千三百七十五万七千两，当六、七、八等月之间洋银市价大落，每元仅值曹平银①六钱七分五厘，故钱庄多以洋银倾化元宝，盖市面交易乐于收用。即遇地方不靖便于取携，且银洋非惟旅客于行李携带，并兵船附载者为数甚巨，故其确数难以稽核也。又其中许多银洋虽经载运进口，仍复出口以供各国兵船及军营所用，是以上所载之数与商务并无关涉。

一、药土。查洋药本年进口计九百三十四担，较上年少四百八十担。其致少之故因土药畅销，遏其来源也。

土药进口：本年计八百六十担，上年有一百五十七担，至本年东境土药亦属歉收。

---

① 即漕平银。

一、杂论。本埠一带收成尚称中稔，为迤西各处较为减色，不免有荒歉之象，幸无水旱偏灾。华商所制土货以及工人群欲居奇抬价，正恐弄巧反拙也。

光绪二十六年十二月二十三日
三品衔双龙三等第一宝星东海关税务司贾雅格呈报

光绪二十七年（1901）烟台口华洋贸易情形论略

　　窃查本口贸易情形，本年为首屈一指，其所征税钞较上年多二十万八千一百三十七两，即每百分中多二十八分，较前年最优之年，百分中犹多九分。至进出口货物估值，除复出口外，计多关平银一千一百九十三万三千九百五十四两，其新定洋货收足值百抽五之税①。在十月初一日以前，商人咸疑土货亦在其列，故装出之货及运进之货比应销之数骤增，是以税银亦因而加赢。看此情形，恐此繁盛之景似难复望于来年矣。河南茧绸从前由本埠运出者为数不少，至下半年竟寥落如晨星，盖改由汉口、镇江等处转运上海不经本埠出口故也。草缏一项，现因青岛与本埠互争，故出口之数致形见绌。潍县及迤西一带所出之草缏，皆运往青岛出口，是以该处所筑造之铁路，其近况如何并日后所收路费多寡，本埠商人无不翘首跂足，极为留意焉。本年春间，行海民船颇被海盗扰害，目下幸已渐次敉平，惟内地萑苻②不靖，时或有之。

　　一、本关税课。共征关平银七十六万四千九百九十九两，上年共征收关平银五十五万六千八百六十二两，两相比较，本年多征银二十万八千一百三十七两。内进口计多银十二万二千四百一

---

　　① 《辛丑条约》规定，清政府的赔款以海关税做担保，所以各帝国主义国家才同意《南京条约》中所规定的值百抽五税率付诸实践。
　　② 盗贼。

两，出口计多银五万八千一百十九两，复进口计多银二万三千五百二十五两，船钞计多银五千一百五十五两。惟洋药税厘则绌银一千六十二两，内中洋商税钞银九万一千四百四十九两，为百分中之十一分。

一、外洋贸易。进口洋货：查本年货价除复出口外，计值关平银一千九百二十五万六千四百六十六两，较上年多八百十七万一千七百八两。原布进口最盛，较上年多十三万九十三匹，小原布较上年多十万四百六十九匹，其中日本者每百分得九十分。斜纹布较上年多八万二千四百五十三匹，其中以美国者居多。进口之数，本年有十九万三千二百三十二匹，上年只有十万二千七百六十九匹。粗布较上年多二十二万三千四百十四匹，其中英国、印度、日本俱形减色，惟美国者为盛，每百分得六十三分。棉羽绫、棉意大利布较上年多至加倍。棉纱较上年多九万三千七百九十八担，其中英国百分中仅得不足半分，印度百分中得二十四分零八二，日本百分中得七十五。绒毛布匹类扯平核计较往年有赢无绌。铜铁类销场亦旺，而旧铁犹称畅旺。洋麻袋进口亦佳，计有一百十二万六千八百五十条。英国煤与上年相埒，进口计一万三千四百三十九吨，大半为供各国兵舰之用。日本煤进口有六万三千九百九吨，较上年多三万三千七百四十一吨。颜料进口较上年加倍。自来火销流极旺，进口有二百五十七万八千六百七十六各罗斯，上年只有一百三十三万七千三十五各罗斯。美国、俄国、日本之煤油进口数目除复出口外计有八百八十万五千二百五十四加伦。

出口土货：查本年出口土货，计价值关平银二百三十八万三千七百二十六两，较上年赢四十二万八千九百四十五两。豆饼在日本销场甚旺，故出口之数较上年多一万六千二百八十五担。生牛因旅顺及海参崴销流极广，共出口一万三千九百八十九匹，估值银四十一万九千六百七十两，此项贸易至今仍为出口免税货物。鱼介各类运往香港及南洋各埠，估值银较上年计多三万一千八百四十九两。野蚕丝较上年多七百二十五担，以运往日本为多。山东茧绸本年虽

306

洋商运出较多，而出口总数则较上年为绌。其所异者，质轻价低之货并无销场，而质重价高之货则销流颇广。此项茧绸从前运销印度为数不少，本年运往者顿见衰颓，而改销澳大利亚、新西兰者却又颇多，其运销日本者亦称巨擘，惟次等之货为合宜。至价值高低与上年不相上下，即使涨落亦与购主获益。草缏本年洋商运出较上年每百分少二十五分，华商运出者与上年尚属相埒。盖此项货物现于青岛出口，与本埠互争，则本埠出口之数自行见绌，此不言可喻也。泰西本年因银根过紧，而德国尤甚，兼以美国素喜购用日本草缏，故中国草缏颇有阻滞之虞，因而本埠业此者亦与他埠同为式微矣。

复出口土货：查此项货物径运外洋者，计值关平银十一万一千四十六两，较上年多四万七千五百六十一两。往海参崴者计值关平银三千一百七十四两，往高丽者计值关平银五万四千七百六十七两，往日本者计值关平银四万七千三百六十一两，往香港者计值关平银五千七百四十四两。

一、沿海贸易。原出口之货：查本年货值较上年多关平银一百三万九千三百四十九两。其较多者豆饼多三十九万五百四十三担，豆子多七万五百六十七担，花生多一万二千三百四十担，其较少者野蚕丝、黄丝、乱丝头、草缏、粉丝。

复出口之货：本年计值关平银一百八十万三千三百四十一两，上年计值关平银七十四万一千七百十六两。其所多者粗布、小原布各种布匹。洋货为绒毛布类、高丽参，土货为野蚕丝、草缏。

复进口之货：本年计值关平银六百五十三万三千四十三两，较上年几多一百万两，其中以上海、汕头、广东运到为最多。其较多者为上海棉纱、棉花、皮蛋、上等纸、下等纸、大米、野蚕丝、赤白糖，其较少者为开平煤。

一、内地税则。无。

一、船只。本年进出口五千八百二十五只，计三百七十二万三千三百三十九吨，与上年约多一倍。招商局轮船至年终仍未悬挂本国旗帜。本年有轮船二十只在本关注册领照，作为行驶内港之船往来本埠、大东沟、羊角沟装载客货均获利益，共八百二十七只，计二十三万二百三十吨。其装运进口之货为豆饼、席子、丝、蚕茧，其装运出口之货为棉布、棉纱、铜铁、面粉、自来火及各种杂货。

一、旅客。查本年出口华人，计十七万六千一百四十六人，进口华人计二十万一百六十六人，至往来内港轮船所载旅客增多之处亦颇不少。

一、金银。查本年进出口之数，计值关平银一千二百三十四万四千五百二两，上年一千三百四十万五千一百三十五两。银洋于旅客行李携带不少，且冰船附载者为数甚巨，故其确数难以稽核也。

一、药土。查洋药本年进口，计九百十八担较上年少十六担。其致少之故，因土药之来源补其缺也。土药进口本年计有一千三十四担，上年有八百六十担。

一、杂论。本年山东全省农田扯平核计尚称中稔，且黄河亦无水患，颇称庆幸也。

光绪二十七年十二月十一日
三品衔双龙三等第一宝星东海关税务司贾雅格呈报

光绪二十八年（1902）烟台口华洋贸易情形论略

窃查本口贸易情形，货物估值除复出口外计关平银三千五百九十二万四千四百十三两，上年估值三千七百六十六万五百十两。两相比较，则本年见绌一百七十三万六千九十七两，其中进口洋货少九十五万八千九百八十两，进口土货少四十二万一千九百九十六两，出口土货少三十五万五千一百二十一两。看此见绌情形，咸以为本埠商务有缩退之象，然而未足为据也。上年本埠贸易之盛为历来仅有之年，缘庚子岁北省拳匪起衅，兵燹之余商务疲滞，是以烟台贸易倍于常年。如以前五年之估值扯平核计，得二千八百二十三万二千余两观之，则本年尚称满意，故虽视上年为绌，若综观情形，犹有继长增高之势。青岛一埠为吾比邻，其于海口则缔造经营，罔惜巨资，于火车则修筑维持，不遗余力，似足为吾商务之敌，而自始迄今尚与本埠之盛衰竟无出入，然彼此之间其所应为之处尚属不少。本口商人见时殊事异，遂争相磨砺，踊跃趋前，不肯落于青岛德人、大连俄人之后也。烟台占地利之宜，看将来山东土产仍属输出之路，至民船及内港轮船大为有益。盖凡水路能至之处，尽皆仰之，然尚不足以括全境，惟自烟台创造铁轨直达济南，则获益更溥。本埠华人亦尝筹思及之，惟工费浩繁，急切未能举办，然将来则势所必成，若能及早告成，则烟台商务已臻蕃盛矣。此外更有与本埠最有关系者，其惟整顿海口事乎。烟台海口辽阔四

海上来风：近代东海关贸易报告（1864—1919）

无遮蔽，凡进出船只一遇北风则波浪汹涌，竟有停泊三数日而不能起下货物者，废时糜费，折耗甚巨。若能创造海岸一道环而抱之，则此后来往船只立免前弊。至此项工费，拟于上下货物筹收半成之费，再于进口船只令纳海口捐项，如此筹办，十年亦足填补。铁路海岸兼而有之，则本埠商务如磐石之安，其素欲争夺者，无所施其技矣。本埠现兴大工一处，即填筑海滨公共码头岸路，已于上年六月开工，约在来年岁杪全工告竣。查创办之意，系填筑烟台西南海滨，其所得之地计四百五十亩，路与码头占地六十七亩，余三百八十三亩尽建房屋，此项工费约计银四十万两之谱。闻将来所填之地将街道展拓，以及路灯沟渠等类俱从新法改良，此事告成，实为中国华人第一市廛也。岸路计宽五十尺，其长计英里四分之三（约华里二里半）。至沿岸开设石梯以为上下之便。俟工程完毕，凡旅居本埠之西人无不称便，倘散步郊外，无须经过内地街巷，可避秽恶之气。然说者或以本埠海滨沙滩一变而为石岸，恐此后与舢板等船殊有碍处，然亦未尝非是，因轮船遇有拖锚断缆等事，果能彼此谨慎防维，亦可免其意外之失。然此项工程一成，而驳船素日停泊地段多被所占，故须另行设法择地以便驳船停泊。现在拟于开平矿务局前面之码头伸长六百英尺筑成海湾形式，不独驳船，即来往沿海小船亦可借以停泊，此事人人无不翘首望成。盖驳船因失停泊避风之处，每遇风浪骤起，船货伤损实多故也。上年初冬，直东①沿海一带盗贼蜂起，纷纷滋扰，是以彼时来往民船危险情形颇怀恐惧，缘船货吉凶胥悬于海盗之手，幸赖地方剿办妥速，渠魁授首，旋即渐次敉平，现已安谧如常矣。

一、本关税课。本年共征关平银八十一万五千八百五十两，上年则征七十六万四千九百九十九两，两相比较，本年则多征五万八百五十一两，但其中有应扣除现银存票四十二张，计一万二千一百七十五两，实多征三万八千六百七十六两。进口多征十二万一千七

---

① 直隶、东北。

百八十六两，复进口多征四千一百十四两。惟出口少三万五千七百十两。洋药厘金少三万三千五百四十两，船钞少五千七百九十九两。其进口税多征之故，因照足值百抽五新章核税至九月晦日为止，自十月初一日起则遵照续修进口税则核税。按续修进口税则虽援照值百抽五核定，惟金磅价昂，则此项续定税则略逾值百抽四之数而已。

一、外洋贸易。进口洋货：查本年货价，除复出口外计值关平银一千八百二十九万七千四百八十六两，上年有一千九百二十五万六千四百六十六两，遂较上年少九十五万八千九百八十两。美国面粉、煤油两项共少一百六十余万两，其余他项货物足堪挹注。各种布匹类尚可与上年相抵。原布多二万九千四百匹，细斜纹布多九千七百匹，印花布、洋红布多九千三百匹，棉毯多一万六千二百张，小原布由二十二万六千七百匹落至十五万九百匹，日本小原布少六万二千匹有奇。因光绪二十七年此项小原布运来极多，以致市廛囤积，故上年运来较少。粗斜纹布由十九万六千六百匹落至十七万三千七百匹。美国粗斜纹布少三万二千三百匹，英国粗斜纹布由二千八百匹增至一万一千四百匹。英国粗布由七千八百匹增至一万七千三百匹，印度粗布由四百匹增至二千七百匹，日本粗布由三千一百匹增至一万六千一百匹，惟美国粗布由六十三万七千二百匹落至六十万八千一百匹。综以上而论，本年计少四千三百匹。棉羽绫、棉意大利布由十五万三百匹落至十三万六千二百匹，袈裟布多七千匹，手帕多二千九百打，面巾少六千四百打。棉纱本年进口共得十四万七千六百担，上年有十八万五千四百担，印度棉纱多一千二百担，日本棉纱少三万九千九百担。至于绒类，如英国羽毛哈喇呢、意大利绒布较少，惟羽绫、哔叽、小呢、大企呢略增。绒毡等由一千七百对增至四千三百对。铜铁类，旧铁与钢两项，上年已论及，销场畅旺，本年仍属蕃盛，故旧铁一项本年进口有二十万二千一百担，比上年多四万八千三百担。钢本年进口有一万三千三百担，比上年多四千六百担。其他项铜铁尚与去年相埒，惟铅块

海上来风：近代东海关贸易报告（1864—1919）

由二千五百担落至一千一百担。杂货类，如洋麻袋由一千一百二十万七千条落至九十六万六千条。铜花钮扣由四万八千三百各罗斯增至九万五百各罗斯。英国煤由一万三千四百吨落至四千六百吨。日本煤由六万三千九百吨落至四万六千五百吨。铁水泥本年进口有九千六百担，上年有一千二百担，其所多之故，因系本埠填筑海滨之用。美国面粉由估值一百十三万五千两落至二十七万六千两，因前二年本省农田收成中稔故耳。外洋自来火进口之数仅有一千七百各罗斯。惟日本自来火销场日旺，进口增至二百四十六万四千各罗斯。吕宋烟及纸烟华人嗜吸日增无已，是以进口估值计十二万八千两，上年仅有九万五千两，是以自来火之销场亦遂而多增也。纸烟一项，凡肩挑负贩者流尤为酷嗜，盖视之烟杆便捷良多，然此辈所嗜者另有一种，即使与以价廉物美者，亦难引之入胜。闻曾有人欲扩充其纸烟之懋易，将售价减至每包十文，仍属无人过问，其出手之难已可概见。本年进口之高丽参曾有数起，总计四百七十一担，共估值一百万九千两，扯平核计每担应值二千一百四十二两，惟华人以此项参货素为贵重，得本埠天气爽燥，存储待售最称合宜，是本埠为高丽参荟萃之区，以待运销南省，其复出口者计值五十一万一千两。水靛由七千九百担增至一万一千担。铅粉由二千六百担增至四千八百担。洋灯、镜子共由一万六千两增至三万一千两。针由六十万九千密力①落至三十八万四千密力。乐器进口估值银有五千两，内中以八音琴、留声机两项为多。煤油减少为数甚巨，计上年有八百八十万加伦，本年仅有四百万加伦，是较少四百八十万加伦之多，因上年来数逾于用数，故今年进口之少早已在人意料中矣。赤白糖俱较多，赤糖由十万六千担增至二十七万六千担，白糖由五万五千担增至十三万七千担，冰糖增至一万二千担。家用杂物本年进口估值三万七千两。洋酒等估值六万一千两。

---

① 密力，英文 mille，一千根。

光绪二十八年（1902）烟台口华洋贸易情形论略

出口土货：查本年出口土货计价值三百八万四千六百六十两，上年有二百三十八万三千七百二十六两，较上年赢七十万九百三十四两。前篇所论出口货估值计少银三十五万五千一百二十一两，其致少之数系运往沿海口岸，计绌银一百五万六千五十五两，将其中扣除较上年赢余之数，则与前篇计少之数相符矣。是外洋贸易尚称平稳，运往日本之豆饼多七万四千五百担，豆子多三千四百担，花生由二万六千担增至四万二千担，花生油由一千担增至二千二百担，甘草多二千七百担，鞋各等多二千七百双，粉丝由七万九千担顿增至十一万二千担，鸡蛋、枣、豆油、咸鱼等均较少。本埠出口惟丝与草缏为二大宗，本年运往外洋之数俱较多，手扩野蚕丝多六百担，山东茧绸多一百担。至于丝业，今将西商之业此者所论于下，本年此项贸易于本地丝商则有利益，销场之盛与时递增。盖汇水低而货价昂也。机器扩丝本年销场尚称平稳，手扩丝则价值增长，因日本之销场日见其旺，原扩黄丝得善价逾于平日，复扩黄丝亦有销场，关东蚕茧收获可称大有，惟出丝较少，为美中不足耳云云。又访闻茧绸一项其价值日见其长，因销甚旺故也，凡定货总须先期，庶不致误。草缏运往外洋多八百五十担，若并运销沿海各口，合计则较上年少二千三百担，较前年则少四千六百担，其所少者系花缏、色缏，惟白缏多二千三百担。据业此之西商谓，上年一年之中销场最旺者惟劈缏，故至秋冬之间其价顿增至六十分之数。劈草原缏为美国搜罗殆尽。在英国初开盘时，各色草缏俱有销场，惟行情较上年为低，至下半年惟劈花草缏最有起色，所有本埠此种草缏几有供给不暇之势。总之本年各种草缏成色大有精进景象，如果始终一辙，自能与日本等缏并驾齐驱等语。窃杂草缏一项，目下既有精进景象，再能研求益精，使臻上品，实为东省此项贸易之一大关键，故督率工人郑重其事，于商务会首不能无厚望焉。

复出口之货：查此项货物，洋货径运外洋者，计值关平银二十六万三千四百四十二两。土货径运外洋者，计值三十三万一千二百八十九两。洋货内有高丽参运往香港，计值二十二万八百四十五两。土货内丝、草缏计值二十八万四千两。

一、沿海贸易。原出口之货：查本年货值较上年少关平银一百五万六千两，其大宗货物均较少，豆饼少四十一万三千担，豆子少七万三千担，豆油少一万二千担，花生油少七千担，各种丝少二千担，草缏少四千七百担，粉丝少三万三千担，惟棉布衣服较多一倍，花生多五万三千担，大小虾米多二千担，鱼干、咸鱼与上年相较无甚轩轾，其鲜果较多一万七千担，出口之牲畜运往旅、大①共有一万四千四百头，估值四十五万两，上年仅有一万二千八百头而已，惟此种牲畜迄今系属免税之物。设照值百抽五纳税，则本关税课内可增银二万二千五百两。

复出口之货：洋货计值关平银一百三十万一千六百二十六两，土货计值六十六万八千一百九十一两。洋货内布匹计值二十二万七千两，棉纱计值三十五万三千五百两。面粉计值五万一千两，高丽参计值二十九万四千两，日本自来火计值五万四千两。土货内大米计值十二万五千两，丝计值三十五万六千两，草缏计值五万二千两。

复进口之货：本年计值六百十一万一千四十七两，上年有六百五十三万三千四十三两，较上年少四十二万一千九百九十六两，其致少之故因大米进口太少，即此一端已足逾此。见少之数，由四十五万五千担减至二十四万二千担，两相比较少二十一万三千担，计值七十二万四千两。其余他货较上年见多或称相埒。开平煤多一万二千吨，爆竹多五千担，土面粉多二万二千五百担，上等纸多五千担，下等多一万担，糖果多四千担，丝与绸货多七百担，桐油少四千七百担，神纸少三千五百担，上海棉纱由三万担少至一万七千担，赤、白糖及土布进口之数与上年相埒。

一、内地税则。无。

---

① 旅顺、大连。

光绪二十八年（1902）烟台口华洋贸易情形论略

一、船只。本年进出口共五千二百三十九只，计三百五十八万九千九百五十六吨，较上年少五百八十六只，计十三万三千三百八十三吨。按上年船只之多，视前年增有一半之数，故本年虽属较少，不足为异。行驶内港轮船，本年进出口共五百九十四只，计二十一万八千九百九十三吨。此项贸易大有竿头日进之象。

一、旅客。查本年出口华人计十七万三千九百九十三人，进口华人十七万四千三百二十六人，至往来内港轮船所载旅客，出口计一万七千三百六十三人，进口计二万四千七百五十三人。

一、金银。查本年进口之数计值关平银六百四十八万两，出口计值六百十七万五千两，此外尚有行驶内港轮船载来计值十九万二千两，载往计值一百三万两。

一、药土。查洋药本年进口计六百十一担，上年有九百十八担。白皮土进口由五百三十八担落至一百九十四担。喇庄土进口由三百六十担增至四百担。

土药进口：本年计有三百二十九担，上年有一千三十四担，惟边土大率由客人行李内挟带，报关纳税者为数无几，近日有西人竟私带土药希图偷漏，曾经本关在西人行李拿获私土有七百余斤之多。

一、杂论。本年九月初旬有华商某票号倒闭，本埠银市一时大为震动，幸而所发出之银元票略事延缓，即将原票收回开发现银，不然似此众人绝不疑惧之殷实硕腹巨贾一旦陡然倒闭，或至不能转圜，其所出之票则受害者可胜道哉。似乎地方有司于各钱庄、票号任意出票，而绝不稽查其失察之咎不能不任矣，亟应严行防范。凡遇此等钱商，必饬先行切实存库确值银若干，方准出票若干。不准有逾存款之数，庶为妥协。本年山东全省农田尚称中稔，本年八月初九日，黄河决口之处为武定府属之利津县，漫溢刷坍数庄，临河群民不免有其鱼之叹。邮政局本年往来内地之函件均按定期收发。自九月起，其往来大道递寄邮函每日一次。十月二十三日法国大顺轮船开往威海中途遇西北飓风，被浪冲至赫庆口触礁，全船覆没。

十一月二十五日俄国营口轮船开往旅顺口行至经线东一百二十一度二十七分、纬线北三十七度七分，与旅顺轮船互撞，逾二十分旅顺轮船即行沉没，按该处水深计有十八拓，附搭华客因而有淹毙者，殊可惨焉。

光绪二十九年正月初五日
二品衔双龙三等第一宝星东海关税务司柯尔乐呈报

光绪二十九年（1903）烟台口华洋贸易情形论略

窃查本口贸易情形，懋迁虽多而利路甚薄，幸而亏耗者少，故至年终之时，仍冀其为称意之年也。综计本年估值除复出口外，较历年为多，共关平银三千八百十八万三千九百十二两，较上年多二百余万两。即使较光绪二十七年最优之数犹多五十余万两，其中有出口之数一千三百五十一万五千三百九十七两，与前两年相较均赢二百万两，视此足知出口之懋迁大有适意之象矣。土货进口亦较为赢，共有七百二十五万六千五百三十五两。洋货进口较上年略绌，共有一千九百五十三万五千六百四十七两。径由外洋进口与中国进口其数相埒。内港轮船商务勃兴，蒸蒸日上，往来船只以及货色俱较多，其进口以大东沟之边土①、蚕茧尤为超伦轶类。本年新设机器矿丝房一处，内中规模胥以新法并遍布电灯，气象殊属壮丽，计本埠机器矿丝已鼎足而三矣，至以手矿丝各局亦较加增。海滨新筑公共岸路，其进步亦速，东西海墙竣工各三分之一，其海墙之后面虽未填，竟而有此坚固之堤，亦足阻杀冬季风浪冲击之势矣。此项海墙中间之两端尚未接造，以故尚有口门一处，略似小湾，而小船得以驶入避风浪之险。若至明年全工告竣，即无此湾，则创造环抱海墙最当注意之举，而不可视为缓图，深冀彼时将此项工程早为定

---

① 东北地区所产鸦片。

海上来风：近代东海关贸易报告（1864—1919）

夺兴办也。本埠因天气亢旱，久无雨泽，六月初三日早晨，大雨滂沱，至十一点钟，自山上洪水暴发，东西两河猝难容受，以致旁流横溢，水势慆猛如墙而至，所经之路，一切房屋人畜田庐家具随波逐流，直冲入海，淹毙六七百人，其中以妇女老稚居多，至房产被灾者尤难缕指。西国官商正拟捐助，因地方官绅当即设法办赈，故毋烦将伯之呼①云。至此项水势何故暴至，固难查悉，然以意度之，大约因山上低陷之洼积雨过多，骤难宣泄，遂致建瓴而下，故有此惨事。至岁阑时，开办巡警，自济南省调至巡警兵一队，昼夜逡巡，沿途安置路灯，市廛因而安靖。

一、本关税课。本年共征收关平银八十万二千八十六两，其中有应扣除现银存票七十七张，计一万九千五十八两，是实征银七十八万三千二十八两，上年实征银八十万三千六百七十五两。进口正税、复进口半税、船钞、洋药厘金均较绌，出口正税、洋药正税则较赢。

一、外洋贸易。进口洋货：查本年货价计值关平银一千九百五十三万五千六百四十七两，除复出口外，实值银一千七百四十一万一千九百八十两，由外洋径运进口者较多，其视上年较少者，惟沿海各埠进口者见绌者也。各种棉布类共值银五百六十一万七千四百九十六两，较上年约少五十余万两。按春季懋迁，颇称适意。孰料秋间陡遇水患，各货栈胥遭淹没，而商情减色，加以青岛之铁路已历青州而达周村，于转运省会之货物较为妥速，此又减色之由也。阅本关总册可知，日本之布匹类则径运进口，欧美二洲之布匹，由上海转至原白布有三十一万七千五百九十五匹，上年有四十二万五千四十三匹，小原布共有十四万九千六百三十五匹，视上年无甚轩轾。粗布类总计由六十四万四千二百五十七匹落至五十七万七百四十五匹，其美国、英国、印度所制者阛阓中不甚乐于购用，致有江河日下之势，惟日本粗布来源踊跃，较上年有两倍之多。粗斜纹布

---

① 古汉语，求人帮助。

318

光绪二十九年（1903）烟台口华洋贸易情形论略

少二万一千五百匹，日本制者则见多。细斜纹布由三万五千七百七十七匹增至四万五十八匹，其中英美两国所多之数相埒。荷兰制者历年罕至，惟本年略有进口。印花布及各色花布、棉法兰绒，其销路亦见增。日本面巾历年已见增多，而本年由一万六千九百八十一打至三万八千六百十六打。棉纱一项尝闻有由青岛以铁路转运至内地各处，然阅本年清册，其进本口者尚有十四万七千八百十二担之多，则其尚未尽为攘夺，可为明证。所愿富商巨贾及时赶办烟济铁路（上年之论已详及之），以期转输灵便，尚足与彼争衡，不然噬脐之悔，恐难免矣。英、印之纱愈趋愈下，日本上年有十万七千四十三担，本年则有十二万二千七百三十一担。绒毛布类、铜铁类均较少。杂货之中此十年内以美国面粉最为见绌，除复出口外，计估值银一千二百七十两，上年估值有二十七万五千五百三两，前年估值则有一百十三万五千三百九十七两。美国煤油本年进口有五百二十三万九千六百八十加伦，现在美商美孚公司在之罘岛①鸠工庀材，创造屯油堆栈，此项贸易将来可臻兴盛。

出口土货：查本年出口土货，计价值三百十四万九千三百四十七两，较上年赢六万四千六百八十七两。按本埠与外洋贸易，此数未能尽行，包括盖先运至上海再转出洋者，为数尚巨，不在此数内也。豆饼运往日本本年由二十七万六百二十担落至十四万六千一百二十担，因牛庄邻近产豆之区，兼以制饼之碾，又多为本埠之敌，因而差减本埠豆价较昂，购之为难，以故制饼之碾停者三分之一，出口之少，职此故也。鸡蛋较上年多五十余万。茧绸往外洋者无甚起色，业此者以上年获利丰厚，故本年出货较多，而不知销场反滞，遂至存货竟浮于销路。蚕茧价高而货劣，所纩出之丝织成之绸亦随之为转移，以致年终之时欧洲行情大为衰微，且货主又不肯稍贬其价，故此项贸易未免稍形冷落耳。山东茧丝所出之绸为最佳，牛庄茧丝所出者次之，至鸭绿江之茧丝，则并无用以织茧绸者，因

---

① 即芝罘岛。

海上来风：近代东海关贸易报告（1864—1919）

其颜色较黑故也。本年运往日本、高丽计有二百五十八担，运往香港转运出洋计有一千十二担。草缏以英国日近之销场尽属轻细之货，非若从前以粗重者为主，故本年出口之数虽见绌，而价值则见赢也。凡英国之花色土人均能仿制，且技艺之精足能颉颃日本，无分轩轾。色缏售者无多，故仅得十分之三。粉丝出口较上年虽少五千担，然土货中仍推巨擘。

复出口之货：查此项货物，洋货径运外洋者，计值关平银四十一万五千八百三十六两，土货径运外洋者，计值银二十三万八千四百三十七两，洋货内有运往香港之高丽参一万三千九百二十三斤，计值银三十二万一千三百三十二两，土货内有运往日本之牛庄野蚕丝五百九十担，计值银十七万二千五百七十五两，运往高丽之九江夏布三百六十九担。

一、沿海贸易。原出口之货：查上年曾论货值较前年少一百余万两，而本年非惟将上年所少之数挽回，竟且较前年盈有一百万两之谱。豆饼一项被牛庄相敌，前已论及，虽属如此，而本年运往南方之数仍较上年为多，若与前年相较，则大相悬殊。牲畜一项运往辽东者为数最巨，由一万四千三百八十一只至一万八千八百三十四只，及至岁暮时，其牛只瘦弱者居多。生牛皮行情甚高，极称得意，缘本年夏季有西国军舰驻泊于此，为日甚久，食用牛只极夥，是以牛皮亦因而加多。野蚕丝多二千三百四十二担，此项系由鸭绿江迤北产茧所织。闻光绪二十八年，彼处所放蚕子太多，蚕食缺乏，故所出之茧未免欠佳。山东与鸭绿江养蚕诸处，果将蚕食之橡树，查究种植之法推行尽利，俾足蚕食，则丝务之获益实非浅鲜也。凡蚕茧向装行驶内港，轮船运至本口，俱盛以大筐，每筐约容茧三万个，重三百六十磅，及至到口，其蛹压闷而毙，不独此茧所出之丝劣而色黯，即与相连之茧亦被波及，倘将盛茧之筐改小，制以硬料，再装于船面或在二层舱，即在底使透风气，自不虞有压闷之患。到口后有复转运至日本、青岛两处，因其待用相需也，余货胥供本埠纩局所用。查本口机器纩局三家，手纩局十六家，计工人五千五百名，局中所雇工人，除供给饮食外，纺出丝每昂斯①（即七钱五分）发工资钱三十文，每人每年约纺出丝一百五十斤之谱，月可得工资十元，年终约可成丝八千二百五十担。上年所出之茧欠佳，致本年纺出之丝减色，每茧千个只得丝七昂斯半，按上等之茧每千个应纺丝九昂斯半，是此项贸易本年虽有行情而丝商成本较重，故获利颇微。本年秋收丰厚，约计得茧一千四百二十兆个，则明年出丝之旺自可预卜。乱丝头多四百四十二担，蚕茧多二千三百九十六担。麦子出口有一万一千五百七十五担，俱系省境迤南所产，由运河载至羊角沟换船运进本口。

复出口之货：洋货计值关平银一百七十万七千八百三十一两，其中有五分之四运往北方各埠者，计布匹类八万四千六百七十六匹，棉纱一万七千五百五十二担。绸货、剪绒、纸烟、英国煤、美国面粉、煤油、日本自来火往南方者，②有高丽参一万六千九百六十九斤，内中运往上海者为多。复出口土货，计值关平银一百四十万七千九百三十五两，其中以大米一项已占据一半，野蚕丝、乱丝头亦占四分之一。

复进口之货：除复出口外，计值关平银七百二十五万六千五百三十五两，较上年多一百十四万五千四百八十八两，因民船自奉省运豆危险颇多，本省产豆又属歉收，而制饼商家又不能停碾不作，只得由牛庄运到，故较上年多七万六千四百五十七担。大米多十七万四百担，停积待售。土面粉因价值低落，群相购用，多十万九千五百二十七担。野蚕丝多系以织茧绸之用。土烧酒由北方来者，茶叶、桐油、汉口爆竹、夏布均较多。上海棉纱因其不能与英国、日本相敌，故较绌。日本纸烟因其价低，群相乐用，且南省烟叶收成不多，以是烟叶、烟丝进口者均见少。各种糖、棉花、土布、瓷器亦均较少。

---

① 即盎司。
② 此句表述不清，原文如此。

海上来风：近代东海关贸易报告（1864—1919）

一、内地税则。无。

一、船只。本年进出口共四千九百二十八只，计三百五十三万九千三十五吨，较上年船数虽少，而扯平核计每只容积吨数又较上年为多，上年每船核计得六百八十五吨，而本年每船则得七百十八吨。夹板船仅止一只，系由美国装载煤油者，行驶内港轮船进出口，共六百十一只。

一、旅客。查本年出口华人计十三万一千五百九十七人，进口华人计十六万六千九百二十四人，其较上年至少之故，因有轮船往来龙口、牛庄两处，载客亦颇不少，非如从前必由本埠经过也。

一、金银。查本年各项轮船载运进口之数，计值关平银六百二十一万七千五百九十两，出口计值六百二万四千一百六十一两，此外民船装载谅亦无多，则此数自可为本口一年进出之确数互证。参观利市虽微，足征懋迁情形颇有振兴适意之象矣。

一、药土。查洋药本年进口计五百五十七担，上年有六百十一担，白皮土逐渐减少，大有江河日下之势。喇庄土为首屈一指，进口有三百九十四担。公班土进口有十七担，此项土多为省境一带所用。在富户素嗜洋药，向以喇庄土为多，若贫寒之人则用金乡所产之土药。至川土、云土近日直无到口者，盖已尽被边土侵占。边土进口有二百二十一担。

一、杂论。本年自春徂夏雨泽稀少，半年之间仅得雨六寸。迨西历七八月间大雨滂沱，一日于二十四小时内得雨七寸六分五厘，夏间并无酷热，即略有暑热亦为时甚促，不转瞬秋风荐爽冷气侵肌。西历十二月初四日，寒暑表降至十五分。本埠天气甚好，霍乱一症传染到口尚轻，计患此症而殁者西人二名，日本人四名，华人则鲜有传染。至瘟疫一症则无闻也。自西历九月初九日，以牛庄为有疫之埠，十月初二日，又以天津为有疫之埠，凡由该二口来船均经医生慎重检验。至年终时，华人忽有天花之症传染甚盛，西人亦有传染，有未曾种痘之西人忽出天花，因而夭逝。在西历正月初二日，有华商德和二号轮船被风将锚链拖断，遂浅搁于沙滩之上，日

322

后拖带出险，该船幸尚无损。四月初九日，大雾漫天，有英商维多利亚轮船由美国载木料运至唐沽①，行经小竹山②之南触礁，全船沉没。

光绪三十年正月十九日
四品衔东海关税务司甘博呈报

---

① 唐沽，即塘沽。
② 小竹山，属蓬莱区长岛。

光绪三十年（1904）烟台口华洋贸易情形论略

窃查本口贸易情形，以距战地甚近，时闻旅顺炮声隆隆，风鹤所惊，不免扰及商务。以故日俄开战之初，数月以还，生意萧疏，货物积滞，客商畏缩，裹足不前。幸而人心渐次平定，除战时禁品外，依旧运往贩来。是本口商务虽受惊扰，尚属至轻，此诚出人意料之外。至埠中商号亦少倒闭，即向来罕见运货之口岸，今以货运销者尤获利良多焉。查日俄战事始于光绪二十九年十二月二十三日，是夜，日本鱼雷艇往攻泊旅顺口外之俄国舰队，翌晨又猛攻一次。翌晚，考伦比亚轮船来烟，详述情节旋即飞电四达，迨旅顺水线折断，港口被塞，本口遂成探访战务新闻之一总区。各处报馆访事人员丛集，其用心于访探，几于无所不至。有以安设无线电之轮船探访者，亦有雇便宜之中国民船探访者。本年七月初一日，俄国雷吉乃尔尼灭鱼雷艇，由旅顺来烟，任中国政府办理，当由水师统领萨镇冰卸其军装。不期，翌晨竟被日人拖去大连湾，该艇管带受伤。后于港中捞起日、俄水兵尸首各一具，又于十月初十日黎明，俄国腊司叨落尼灭鱼雷艇，由旅顺破围逃出到烟，亦任华官办理。军装尚未及卸，该艇管带先令弁兵、水手人等登岸，后将船自行轰炸沉于港内，官弁人等及随身军械均由中国海容巡舰管驾程璧光送往上海。中英两国所立招华工往南非洲开矿之约于三月二十八日在伦敦签押，七月间烟台亦设招工一局，中英各派总办一员以董其事，并于芝罘岛建立招工屋一所。九月十三为烟台华工初次上船之日。截至岁杪，记载去者不过四千。此虽发轫之初就招者少，第想初去之工来信详述该处情形，将必有踊跃前往之势。山东乡人体气强健，作该矿工极宜，数年后捆载回里者，谈述该处之厚待及海外之奇观，定能略开本省乡民之知识也。本关码头西首填筑海滨公共码头工程迟滞，未能如期告竣，盖因取沙为难，且拟改章以致暂停工作。其护岸海墙，当中所留口门以备运沙船只出入者，现仍可容民船入避风浪。至于筑环海墙以防小火轮驳船及舢板遭险之议，恐日后难以济事，则筑一码头凸入海内，俾大海轮船可在内抛泊及靠边卸货，是为至要之举。此事刻正酌议，不久可望就绪。曾于去年论中力劝富商巨贾赶办烟台达入内地铁路，免兴补牢已晚之叹。其时青岛铁路尚未告竣，今已筑至省城与烟台争衡矣。贸易家因其费廉日速，将往日来烟之货均运青岛，或在该埠销售或转上海。洋货运入内地者亦然。亦有由烟将字号迁设青岛者。第为商贾者，无论在烟台、在青岛同一谋利，故一经迁去，若使之回殊属甚难。苟不早为之计，恐将来受累者乃烟台有产业之人，不可不鉴于此，想本埠商董当不以斯言为太过也。本年本埠新造西式屋宇甚多，诸如俄国邮政局、货仓、山上房屋、海关外班公寓，缮饰雕修均极壮丽。

一、本关税课。本年共征收关平银七十三万一千二百一两，内应扣除现银存票计三万七千四十六两，是实征关平银六十九万四千一百五十四两六钱，上年则实征银七十八万三千二十七两五钱，所幸者贸易之短绌，尚不至如税银比较相殊之甚。本年进出口货物价值，除出口及复出口货值外，较上年少四百万余两，此数与税项并无相关之处。惟查进出口货物总数则较上年只绌一百二十余万两，此数乃买卖出入之数，此皆因复出口货比上年多之故也。惟船只吨数则较赢，因本年日商三菱公司租德、瑞典、瑙威三国之船往来烟台、日本，故此三国之船载来之货所完进口正税较往年稍增而日本骤减。

海上来风：近代东海关贸易报告（1864—1919）

一、外洋贸易。进口洋货：查本年货价计值关平银一千六百三十九万五百一十九两，上年值一千九百五十三万五千六百四十七两。各种棉布类较上年少三分之一，约值二百余万两。当此战争之际，日本布径运进口者不过较上年最高之数减去一百分之十一，而欧美所织之货由上海转运进口者则大减少。复出口货既增，出口货仍与上年相埒。其进口货物减少之故，自系往年由烟台用牲口运入内地之布多由青岛铁路转运，不待言而可喻。棉纱亦然，上年十六万五千八百二十七担，本年少至八万三千一百十四担，较之仅得其半。更有由烟台运至虎头崖、羊角沟转运潍县、济南府左近之棉纱，上年二万四千九百六十四担，本年仅有二千三百二十七担，此足为胶州铁路夺烟台买卖之一证也。英国煤增至三倍之多，奈为战事所阻，以致堆积甚多。日本煤略有减少乃理所必然，美国面粉进口虽多而毫无起色，即将来亦未必能兴旺，盖因此粉多系办往旅顺之货，迨进口时旅顺业已不通，故留于本埠。日本自来火销场日见其广，欧洲自来火虽价值较贵，亦颇有起色。进口煤油共有一千余万加伦，其中大半系美商美孚公司由美国径运进口，该公司在之罘岛所筑池栈业已落成，是以北方各口及满洲煤油多由本口接济。

出口土货：本年径运外洋者计值三百七十一万四千二百十四两，较上年多五十余两。缘牛庄豆饼目前只准在中国销售，故日本沃田饼料均来烟台购办，后卒议定由领事官立据，只准充作肥田之用始得放行。本年径运往日本者共六十五万二千担，上年十四万六千担，前年二十七万担。黄丝几于全向青岛装运，因由铁路装运不但盘费可省，而价高易坏之货亦免在途受损。山东茧绸生意较上年甚形减绌，其径运外洋之数由一千二百七十担跌至九百二十担，其运销中外之数合共仅得上年一半，欧美之销场大衰，惟澳洲之销场似有起色。野蚕丝稍有起色，本年九千九百五十四担，上年九千五十担。初开盘时价高而易销，后有传鸭绿江一带蚕茧成色不佳，以致买客不敢定货，至七月间丝价渐落。本年新设小纩房二处，延昌兴丝厂业经改阔，当开丝市以来，除小纩丝房外均忙迫无暇。草帽缠一百分已减去二十九分，盖外国存货尚多及金磅价低所致。其别类名劈草平缠者，畅销于欧、美二洲，白平缠及白丝草于年底亦颇畅销。惟上年极行销之劈花新样缠，本年忽陡然绝迹。鲜鸡蛋自一千九十万四千九百八十六个减至九十六万二千六百三十九个，自海参崴、旅顺、大连湾封闭后，其余一千万余个究不知其销于何处。目下烟台每个需价洋二分且又稀少。

复出口之货：查此项货物径运外洋者计值关平银十万六千九百四十八两，土货径运外洋者二十三万一千八百七十四两。高丽参往年皆系先运至烟，晒干陆续运往香港，本年因烟台距战地非遥，恐有不测，故进口时随即运往上海，后因上海潮湿太重，复运往威海卫存藏。复出口货除高丽参减少，其余皆毋须论略。

一、沿海贸易。原出口之货：查此项货物运往本国各口者价值计关平银八百九十七万一千九百四十两，较上年少一百五十余万两，较前年则多五十余万两。至杂豆与豆饼运往南方者，大形减色。豆饼所短之数，计五十八万一千九百担，各种豆类二万五千六百担。山东所出之豆本不敷销，全赖民船由海北各口及鸭绿江至大连湾一带运来接济。本年因东三省不靖，民船载来之豆甚少，加以日人购办豆饼异常之多，本省虽增天津一口运来之十万担，犹不敷南方之需，所售之价虽高，而业此者皆愿价廉业广。本省耕种需牛，本年已禁止出口。布衣服向系运售海参崴、旅顺华工之用，今该处往来不通，是以大形减色。粉丝一业颇有蒸蒸日上之势，历年以来当推本届为巨擘，其顶上粉丝皆用豆粉制成，其次则搀用山芋粉。

复出口之货：查运往中国口岸之洋货、土货价值较上年多三百万两，其增多之故，因运往牛庄、威海卫之货所致。盖牛庄之进口货向由香港、上海直运，本年船稀货少。迨至五月间，该口存货将尽，客商就近赶办，是以烟台商人获沾利益，其中以将近封河之三个月内所运之华人食物为数最多。六月初运威海卫之货亦骤见其多，其中以白米、洋面粉、上海机器面粉、罐头、牛奶、啤酒、日本酒类为大宗，每次均由本关给发保结，只准在该处卸货，并蒙威海各官协力查验签押，然此项贸易不过一时畅旺，年底即形冷落。

复进口之货：查本年进口土货共值关平银一千一百五十六万七千九百七十两，上年共有八百九十万二千九百七两。各种豆共进口二十一万五百四十八担，上年有十万二千五百担，牛庄运来之数较往年缺少，幸由扬子江运来者补之。奉天之数，天津来十万二千担稍补之。本口白米虽然岁初存积甚多，而芜湖运来者犹络绎不绝，有护照用民船运往大孤山、沙河子左近者业已不少，其余拟俟满洲可去时，运往该处以求畅销。上海机器面粉上年进已属不少，本年尤见畅销，共增十六万四千七百二十八担。野蚕丝由三千一百七十担增至五千三百三十六担，茶叶、药材、糖、烟俱见加增。

一、内地税则。无。

一、船只。本年进出口共三千六百六十九只，较上年少一千二百五十九只，因向往来于旅顺、牛庄及日本各处之船减少，故水脚因而加增，以牛庄为最，盖因往则满载，回则必放空也。至船只吨数较上年约多一百吨，驶内港轮船寥寥无几，进出口仅有一百六十五次，绝无往大东沟装蚕茧者。日本兵官准轮船去鸭绿江时，蚕茧已由民船装来矣。

一、旅客。查本年出口华客较往年仅得六分之一有奇，进口则仅只一半。海参崴一途全无去者，由该口来者六千余人，水脚增至三倍。旅顺口、大连湾除由民船载来外，来去各少八万五千余人，此皆因战事所致。

一、金银。进口计值关平银八百七十一万四千五百七十五两，出口五百九万七千八百九十七两，两相比较，出口则少多矣。其进口数内，约有四分之一系当十及当二十文之铜元，此项铜元取携甚便，人皆乐用。本地所用铜元，系户部、北洋、江西、江苏、浙江、湖北、福建、广东、山东九处所铸，惟本省所铸甚少，因济南府铸钱局年底始创，且先运铜至济南府，然后铸铜元发往各处，縻费过多。盖其中不无亏耗，但恐若不多铸制钱，将来铜元多、制钱少，购物一文亦须当十铜元一枚耶。

一、药土。查进口洋药、土药总数，虽年年无甚轩轾，而洋药日减，土药日增。印度所来之土味美，知味者乐用之久，惯吸此土者更不可缺此一物。边土之味爱者日众，故初吸烟者多用之，以其惯而不改其味也。本年土价甚贵，新土（即喇庄土）每箱约关平银八百十二两，边土每担五百二十两，云土四百三十一两，川土四百二十一两。

一、杂论。本年天气晴和日多，夏间凉爽，六月十七日为至热，寒暑表不过升至九十五度，冬亦和暖，至冷不过缩至三十度。霍乱一症未有所闻，至于船因疫气而禁止入口者亦无。华洋人均属平安。沿海一带时有旅顺漂浮水雷，船只往来危险，今仍有之。虽经本关屡次查悉何处有雷，随时晓谕各船行等及电知左近各关，而受其害者已属不少。九月十八日嘉兴轮船行经鸡鸣岛，突触水雷，毙一人，伤三人，船受重伤，幸地近威海卫，驶往修整。民船触水雷沉者数只，船夫毙命者亦不少。尚有水雷二具，由商船拖至港外，交在港之美国兵舰毁之。去年底及本年初有小火轮二只沉没港内，业经捞起修好。七月初五日璐威国有尼生轮船由上海往牛庄行经大钦岛触礁，于八月十二日全船沉没。本年本口因风浪不能起下货者，计二十有七日。

光绪三十一年正月十二日
三品衔东海关税务司甘博呈报

光绪三十一年（1905）烟台口华洋贸易情形论略

　　窃查本口贸易情形，照本年懋迁而论，亦为称意。非惟关税较往年多加，即贸易亦较往年为盛，且所纳之税而得其益，所有懋迁亦得其利。是以倒败之事与及将倒败之事均未见闻生意场中，不敢涉险托空，俱谨慎从事，故利益均匀稳薄。本年贸易之旺是否因战务所致，尚未敢预决。视商人之经营与贸易之往来，种种茂盛之故，难保非因战务使然。旅顺口之巩固防守，西历年首为日本占据，至正月初二日黎明有俄猎舰四艘：一名弗拉司脱尼，一名司塔脱尼，一名司阔罗伊，一名色耳狄尼。又有小轮船一支名欧格，自旅顺避敌来烟，日本猎艇队跟踪而至。次日，有俄国鱼雷艇三艘乘雾气而来，当时口内并无中国兵轮停泊，所有拆卸军装一切事件经本口关道，请由本税务司办理。其水师官弁于立誓状之后全行登岸，其弁兵安置于海防营内居住，其官员或于西国客店或于民房居住，当于官弁登岸之后立即由本关人员拆卸军装。彼时有水师学堂教习及海晏轮船总管轮协同襄助昼夜赶办，至初四日方行竣事，其日本舰队亦于次早开去。此事如此办理，在他国视之，亦深知中国竭力保守中立之章且能办之周到。该俄舰等八艘即归中国管理，直至和约签妥之后，始行照章交还于驻烟俄国水师大员。又有俄国男女大小共一万一千人由旅顺来烟，其中有乘民船、有附日本运船转申回国。至西历十月两国修好之后，将战时所定中立严章全行销去。至海滨新筑公共岸路，目下尚在停置未经动工。因本埠大会①与包工人以取沙一事，彼此不合，虽有调处而意见犹复相左。此事自从停工，则亏资固属甚巨，亦有悔之一日。又整顿海口一事，与及本埠通达内地之铁路尚无举办定局，殊为憾事。惟此二节，已于前数年贸易论内曾力请催成，现在毋须再赘。惟烟台贸易之盛，全在此二事，若一年不行举办，则一年更形吃紧。至于本埠所饮之水犹关紧要，井泉多系咸滥，即使洗濯亦不合用。即以汽机蒸过饮之，非惟不甘，亦与卫生有碍。烟台南山一带甘泉甚多，相距不远，若妥办自来水获益必多。又南斐洲②矿局租得轮船十七只到烟，计有自愿前往斐洲作工之人共一万六十六名，其有因病或不合用回华者为数无几，当亦随即旋里。又本海口门有整顿灯塔之事二件，其一于烟台山顶置乍明乍灭灯一座，凡遇船只到口由该灯射出之白光线可以引其进口，又射出之红光线则指明危险之处。于西历七月二十四日由本关监督开灯，复将崆峒岛之旧式灯撤去，改为新式灯，于西历十月间开点，更名崆峒岛灯。

一、本关税课。本年共征收关平银八十七万一千六百七两七钱五分二厘，其中有应扣除现银存票计关平银一万八千一百九十五两五钱四分三厘，此为本关历来最旺之数。较上年多征关平银十四万两，又较光绪二十八年最旺之年尤多征五万六千两。进口税及进口半税并船钞为向来所未有之盛，洋药、土药之进出口税及进口半税均较少，因关东一带兵灾未靖，故进少耳。又纳华工出口经费，计洋银二万六千三百九十三元。

一、外洋贸易。进口洋货：查本年货价计值关平银二千十八万六千八百八十一两，较上年多五十万两。布匹前数年渐见其绌，而本年则格外为多，由上海转至布匹计值关平银五百五十万两，光绪三十年仅值关平银三百三十八万三千一百十两，光绪二十九年计值

---

① 烟台商业总会。
② 即南非。

关平银五百三十八万一百二十二两。本年牛庄所用之货多由烟台运往,至冬令海参崴开禁,是以进口货物之盛多因此故。日本径运进口布匹计值关平银五十万两,较上年略多。日本棉纱仍属畅销。英国、日本、印度之棉纱计有八万四千四百六十三担,上年有八万三千一百十四担,视此总数较往年进口不过一半。按上年尝论有由青岛以铁路转运至内地各处,则此论正相符合,是山东所用之棉纱多由青岛铁路运往,并非由本埠之旧路而行也。日本自来火较上年多一百万各罗斯,美国煤油本年进口几一千万加伦,其中有六百五十万加伦由美国径运来烟,此美国煤油到烟为首屈一指之数也。俄国煤油由俄国径运进口亦三万六千七百加伦。

出口土货:查本年径运出洋土货,计值关平银四百五万二千一百九十二两,较上年多关平银三十四万两。当战事初开,以豆饼一项视为禁品,及日本占据牛庄之后,将禁约展松。以为豆饼出口必绌,乃殊不然。查本年出口运往日本豆饼较往年最盛之数而所少,亦属无几。本年运日本豆饼计五十七万担,上年春至秋间出口土货销路迟滞,至和约签定后,商家俱将运销海参崴之货,无不争先运往以为捷足先登,必获厚利,故衣服、食物最为大宗。鸡蛋较上年多二百万个,其中亦运往海参崴为多。前禁牛只出口已经弛禁,计运往海参崴有六百五十三头。新腌食品油、花生、糖果、各种中国衣服因彼处畅销,均较加增。其首先到者固获大利,而和平利微者亦属不少,然亦有亏耗者。因崴口贸易兴盛,不但中国各口开往船只为多,即他国各处开往船只亦属不少,均纷纷丛积,几将彼口堵塞,竟有候至一礼拜之久方可有隙停泊。彼处旋有作乱之事,或有未经卸完货物之船只,亦须开回。草缏出口虽因金磅价低仍较上年多二成五。因本年凡粗缏、白缏、劈缏甚合美国销场,花缏以无新式花样,即旧式花样制造亦少也。丝一项,新出之蚕茧较上年为少,且茧质不佳。光绪三十年至三十一年出茧约共二千二百五十兆个,若以扯平核计,每担值银一两四钱五分。光绪三十一年至三十二年所出之数不过一

光绪三十一年（1905）烟台口华洋贸易情形论略

千四百五十兆个，每担仅值银一两五分。黄丝一项再无至本埠者，盖均由青岛出口。野蚕丝由机器矿出者较上年略多，因此项生意未能获利也。查本埠机器矿局计有二十八处，内有三处用汽机，共用工人九千名。在初开时亦能获利，甚冀日后渐有起色之望。惟价值不久骤低，其所存之货虽觉亏耗亦即售去。蚕茧一项，其幅宽三十三，因制之轻茧绸始终畅销，因此货颇有进益，在法国及新金山①俱有销场，至于美国为数不多。粉丝出口较上年多六成，而运往香港为多。土作纸烟、自来火二项，恐下年亦有出口者。现有纸烟公司二处已经建造齐备、开工制作，尚有一处正在修造。其股本俱系华人，一处集股本六万两，又二处各集股五万两，每处有机器三架，每日可出纸烟十万枝。如用足熟手工人制造尚可有赢，目下所有工人俱以日本男女从事并教本地幼童学习，其烟料均由美国运至。目下又议创办自来火公司，股份尚未集足。

复出口之货：查此项货物，洋货径运外洋者计值关平银五十四万一千二百二十三两，土货径运外洋者计值关平银六十二万五千三百十七两。上年洋货径运外洋者计值关平银十万六千九百四十八两，上年土货径运外洋者计值关平银二十三万一千八百七十四两。本年又有复运香港之高丽参，上年无此货物复运出口之故，已于上年论内叙明。查本年洋货复出口价值之多，因内有高丽参价值关平银二十万两，其仍较上年所多之数，因海参崴贸易骤兴之故，已于前篇论及。

一、沿海贸易。原出口之货：查本年土货出口又较上年为绌，计少一百余万两，其所少之故亦不能归咎于战务，亦不能责其出产不丰。据谙练商家云，俱以青岛既有铁路贯通又以起卸货便益，且谓本埠若能将海口整顿，加以修建铁路立可将商务挽回，且出口货物必更踊跃。豆子、豆饼往运汕头较上年为多，若统计

---

① 新金山，即澳大利亚的墨尔本。

333

运往他埠之数则较少，因运往日本者多也。粉丝出口较上年虽少，若扯平核计亦属和平。

复出口之货：洋货、土货运往中国口岸扯平核计，较上年几少关平银二百万两，若连前数年并计，则仍较多关平银一百万两。其增多之故，因运往牛庄、威海卫之货所致。运威海之货给发保结等事，已于上年论内详叙。至本年春间尚有运威之货，此后则亦无续往者。

复进口之货：计值关平银一千二百二十一万三千五百七十九两，较上年多六十四万五千两。豆子由上海、长江各埠到口者，不过六万七千八百六十三担，较上年少三分之一，由民船自东省①运到以补其数。大米多由上海、芜湖运到，计一百三十三万七千四百七十九担。查大米进口上年为最优之数，而本年尤较上年多十六万担。米商知南商运芜米络绎不绝，故此处囤积以待长价。土布、衣服、靴鞋等俱较上年为优，此等货物俱以购到转运海参崴售于华人。红麻上年进口有二千九百九十六担，本年多至一万三百八十四担，因上年由民船自北方运到。白麻以充制绳之用，故本年白麻不到而用红麻，按红麻价值较白麻不过三分之一，而制绳之用无异白麻。高粱酒本地甚属奢用，向由民船报常关进口。后战务民船往来不便，是以由轮船自天津进口，计有一万二百六十四担，上年只有一千六百八十担。

一、内地税则。无。

一、船只。本年进出口轮船共四千一百八十只，夹板船十四只，两计三百四十九万九千九百六十一吨，每船核计得八百三十二吨。内港轮船进出口共六百七十七只，计二十三万八千五百七吨，统共核计较上年极多。因旅顺、大连湾等处海权现归日本管辖，船务等事本可至向来之数。但因牛庄一带为战务所累，出货无多，不敷装载，用船亦少，故船只来往烟台者是以较上年为绌。现在大连

---

① 此处指东北三省。

湾贸易渐兴，虽无他国船只而日本船往来不少，是以独得其利。本年日本船只充作运船，故邮船公司①租璐威船只甚多，故船只节为别开生面。

一、旅客。查本年来旅客虽较上年为多，在春夏秋间尤因战务之故往来无多。向以春季往海参崴之华人素称热闹之途，后以封港顿成寂寥。至和议已成，即有华客数千前往。至年终乱作，复有华客一万八千人回里。洋客之数因旅顺陷后，有俄人相率来烟，故洋客异常称盛。然其中或由民船或由日本运船纷纷到口转而遄归。

一、金银。进出口本年为数最巨，然进多出少。查进口计值关平银一千五百万两，出口计值关平银六百五十万两。当十铜元自南省运到，计值关平银三百五十万两。至西历八月分，奉抚院谕禁进口，因有外省铜元进口，兼之济南铸钱局铜元运到，故钱价跌落。以年中钱价扯平核计，每元可兑制钱八百六十文。

一、药土。查进口洋药、土药数目之多寡，照海关总册所登之数目或多或少不能以定。本省吸用之数，本年各种药土进口皆较少，边土为本省最所嗜用。产土之区收获既少，价值遂昂，且贩运为难，致较上年少三百二十余担，洋药较上年多三十七担。又云南、四川土药多五十五担，以补素嗜边土之上等人所用。其贫寒之人所用本地土药，该土俱由曹州府金乡县运到，按本省土药向于西境销售，近日则运至东境销售，计有二百六十八担运往大连湾、牛庄以补该处边土之少。

一、杂论。本年天气于庄稼不甚合宜。春间风大，果木因而受伤，后以雨水过多遂致五谷收获有碍。西历九月初间以前，时有水雷浮于海面，且有时一船中途所见有五六架之多。西历五月三日，有日本运船中越丸驶至高山岛外误触水雷因而受伤，后拖回日本重修。又有商船苏伯兰斯与日本运船舞子丸驶至赵北嘴

---

① 日本邮船会社。

外，均误触水雷立即沉没。西历九月杪，招商局协和轮船亦触水雷沉没，淹毙十六人。

光绪三十二年二月初二日
三品衔东海关税务司甘博呈报

光绪三十二年（1906）烟台口华洋贸易情形论略

窃查本口贸易情形，照本年懋迁而论，足证有生动之机。凡与本埠商情利益有相关涉者，无不称意。上年日俄议和之后多有预议，以为本埠商务繁盛之象至此为止之境，盖谓商情归于新手，必非由向日之径。举凡进口之货，必另循他径而过，虽然却非如此。自战务吃紧，迨至一松而商务渐形归旧，故本年生意利益犹称稳薄。本年夏间于本口邻近各处雨水稀少，大有旱象，而距海口十数里各处雨水亦甚调匀。据土人谓能获八成，亦可谓丰稔之年。惟防旱之法最要者，于沿海一带之孤山遍栽松桐各树，由官场照新法办理。非惟获森林之益，且可引雨免致旱灾，足见栽树之利益显然。本年夏秋冬三季，时有巨风为患，按此等狂风多由南方而来，于本口亦常有之事，惟口门辽阔又无挡风坝岸，故与上下货物诸事大有阻碍。本口十一月初三日，陡起飓风非常之烈，实属罕见之事，有轮船数只几遭不测，驳船与及舢板伤损甚多，公共码头并验货厂亦大受伤损，一年之中因风而不能上下货物将几两月。本埠商家深悉建造避风海坝以及码头为最要当务之急，且中西商家以公平轮纳建造之费无不乐从。且众商尤冀于海口建造直达内地之路以相联络，盖即铁路也。或径至济南省会，或由潍县转达，惜向无经办公司集股之事，又无干练之人为之倡率举办也。至海滨新筑公共岸路，因工作未多，尚未完竣，其中亦有填平之处，已暂盖房屋。地方官亦不令将现留为小船避风之处再填其民驳各船，俟筑有避风之坝再行填满，此举则甚为妥善耳。口内所沉俄国猎舰一支，名露希俄不尼，其沉处在船只停泊迤西，距水面十六英尺，沉于海底陷于泥内。自六月中旬开工，捞炸兼施，每次用炸药少许，徐徐而炸。迨至天气寒凉，不能工作而止。其船面一层已经炸去，现与海底相平，应俟来春再行工作。本年伏间天旱雨少，居人以无甘泉可饮，无不以自来水为切要之图也。又南斐洲①矿局租得轮船十五只到烟，载往工人计二千七百三十一名。

一、本关税课。本年共征收关平银八十一万八千三百二十二两，较上年最优之年是为第二。盖上年共征八十七万一千六百八两，其较少者，在进口一项，又在半税内少不足一千两之数。其余各税均较多，其中以船钞一项为最优，共关平银七万八千二百八十六两，较前六七年多几倍蓰。又纳华工出口，经费计洋银五千四百六十二元。此一年之中应扣除现银存票计关平银二万九千三百三十六两，殊为最多之数。

一、外洋贸易。进口洋货：查本年货价计值关平银一千七百五十八万七千四百八十四两，较上年少二百五十万两，其致少之故系由外洋径至之货布匹年来渐见其绌，至此竟有江河日下之势。由上海转至布匹计值关平银几五百万两，较上年少五十万两。日本布匹进口计值关平银三十六万七千二百十三两，较上年少十四万三千八百二十两。棉纱进口计有七万八千十六担，较上年少六千四百四十七担，其中有四分之三为日本进口之货。此外则五金类均较上年为多，凡铁商胥有利可获。高丽参一因该国收成歉薄，二因本埠存货太多，故进口甚少，只有三十七担，计值关平银七千九百三十一两，上年则有八百五担四十二斤，计值关平银一百五十万五千四百三十五两。此项参货运到本埠，以天气和爽，待干后仍复运出口。本年进口之少与本埠贸易内容无甚关系，惟于承办经手之人，年中

---

① 南非。

获利亦颇不少。美国煤油进口计有六百万加伦,俄国煤油进口计有十万加伦,上年美国煤油则有九百四十八万七千七百六十九加伦,上年俄国煤油则有二十九万二千九百加伦。因上年积有存货,故销场亦称平和。其行情在上等之油,每箱曹平银一两七钱六分至一两八钱二分,次等之油每箱自曹平银一两五钱五分至一两六钱。杂货类亦颇进益有利,其中最多者为颜料及制成水靛。

出口土货:查本年径运出洋土货计值关平银四百二十万二千六百三两,较上年多十五万两。往日本之豆饼较上年少三十二万担,其所少之数,必由牛庄、大连湾两处。所运鸡蛋出口,自海参崴开禁有一千四百七十三万七千六百二十五个,计值关平银十一万六千九百十两。其中运往海参崴者为多,当战事之际,此货较常年格外为少。牛只运往海参崴有三千七百九头,计值关平银十五万四百九十两。衣服运往者有三千四百五十四担,靴鞋运往者九万三千二百十五双,衣靴二共计值关平银二万五千两。各项油运往者计八千三百七十八担,计值关平银七万六千三百六十四两,均视上年为多。各种生丝开首时行情甚微,至秋季始有起色。白丝、黄丝两种本埠几绝迹矣。野蚕丝本埠所纩出者,均有长进,约计有二十处,共用纩工八千五百名。本年出丝计有一万五百四十六担,其中径运外洋者有二千二百五十八担。汽机纩局三处共出丝四百八十七担,纩工之好手既少,而工价又昂,汇水①又高,以致无利可获,因而有二处停歇。茧绸一项,生意殊称畅旺,均获厚利,在欧洲行情甚大,仍以法国为最优,德国销场日有旺象。上海、香港、日本、海参崴等处,运销者虽多少不等,亦称有起色。又于欧洲有新式销路,但要上等之货,幅面加宽而体质加重,甚属相需,但能长久与否尚难预料。此一年之中,价值均有进益,看其光景似不致骤跌。绸庄尚有买货者先来订货,似来年定卜畅旺。新出之野蚕茧,进口之数较常年略少,因有运往他处。上年及本年所出茧质不佳,每千个价值

---

① 汇价。

低至一两五分，迨冬令新茧之质较前差胜，其价值长至一两五钱。青岛纩局购去蚕茧为数甚巨。草缫一项逐年渐少，皆因舍烟台而趋青岛也。挽回之术惟有建造铁路直抵产缫之区，外洋所销大宗之缫，即如粗缫、劈缫、白缫、花缫等，其劈花缫亦略有销路。粉丝出口格外为多，而此项生意却未十分获利，因初时香港甚需此货，是以烟商争相制造，继因彼处需用不多且价值跌落，迨至年终港地存货太多故也。

复出口之货：查此项货物洋货径运外洋者计值关平银八十七万三千九百二十六两，土货径运外洋者计值关平银六十万四千五十一两。上年洋货径运外洋者计值关平银五十四万一千二百二十三两。土货径运外洋者计值关平银六十二万五千三百十七两。又有复运香港之高丽参，乃上年进口之货，计值关平银二十九万二千两。复运大连湾之煤油，计值关平银七万二千八百八十八两，仅此二宗，略论及之。

一、沿海贸易。原出口之货：查本年土货出口计值关平银七百七十六万七百九十六两，较上年少十四万两，其所绌之数，亦无甚出入。因往外洋之数较多，足可补此绌也。如此足征本省出产之丰。其见绌之由，盖无便捷之路以阻来源也。本埠油房共有五十处，其碾石少者二块，多者八块，终年工作络绎不绝。运往通商口岸之豆饼计有八十九万五千七百九十七担，较上年多二十三万二千三百八十八担，据称油房多获利益。红黑枣、鲜果、芝麻、核桃等，因丰收均较上年为多。

复出口之货：洋货运往中国口岸，计值关平银一百九十一万三千七百八十两。土货运往中国口岸，计值关平银二百三十二万七千六百三十一两。上年洋货计值关平银二百四十八万八千八百八十七两，上年土货计值关平银一百五十六万五千七百七十四两。其洋货致少之故，因食物等类停往威海，已于上年论内叙及。自罢战之后，凡运往他埠之货均见加增。自光绪三十年以前，出口货值罕至三百万两之数，惟是年起，出口货值有六百五万六百四十六两。光绪三十一年出口货值有四百五万四千六百六十一两，本年出口货值有四百二十四万一千四百十一两。由上年之数而看，可望有继长增高之势。

复进口之货：计值关平银一千九十万八千七百七十二两，较上年少一百三十万四千八百七两，其至绌之数强半因大米进口少之故也。以上年存米甚多，至本年春季，价值十分低落。迨上海禁米出口，而此间价值复增，是以米商均有利益。豆子多装民船，由奉天各口岸运进，均于常关造册。本年由轮船在大连湾运进豆子，计六万一千六百八十四担，则于本关造册，较上年多有一倍。上海棉纱逐年减少，内地所用者多取自青岛。土布一项亦见少，因日本布匹灌入甚多，被其侵夺耳。红麻产处歉收，故进口之数不敷制绳索之用。此外，则有棉花、铜扣、纸烟、爆竹、烟叶、烟丝均较多。

一、内地税则。无。

一、船只。本年进口轮船为数最多，共轮船有二千七百九十一只，帆船共六只，计二百十五万二千九百二十一吨，较上年多七百二只，计多四十万三千八百九十吨。其加增之数多因日本小轮船常川来往大连湾、威海卫两处。内港轮船进口共四百五十八只，计十五万三千三百五十二吨。上年进口共三百三十八只，计十一万九千二百四吨。年终水脚费甚低，所有日本小轮之船东情愿停驶，庶免亏耗。

一、旅客。查本年来往旅客较上年为多，其来往洋客较上年为少。因上年旅顺失陷，该处旅居洋客群涌而至，是以见多。本年即无兵燹，故往来华客增多也。本年往海参崴之华客格外加多，迨秋冬之际，往来大连湾、安东两处之华客亦为繁盛。

一、金银。进口计值关平银四百二十万五千二百七两，出口计值关平银四百万九千九百十两；进口之数较上年少一千一百万两，出口之数较上年少二百五十万两。因禁止外省铜元进口，故少至三百五十万两之数。又因东三省交易多以军用票，本关向不登载簿籍，其致少之故难免不因此有差也。

一、药土。查洋药白皮土自光绪二十五年进口共一千七十五担，至今逐年递少，本年白皮土进口仅有四十六担。喇庄土为本省最所嗜用，进口共五百四十五担，较上年多一百七十五担。其致多之故，华商因土药近加统税，是以多购，希冀广销获利。土药征收统税自本年七月初三日委员设局，即自是日开征。自奉戒烟之禁，并加土药统税之举，其瘾轻者咸有戒心，而初染者亦不敢尝试矣。可见国家禁烟之举甚有效果。

一、杂论。本年尚见漂浮水雷数具，最后据报之水雷一具，于七月十二日在口门外被毁。六月二十八日，英国淡水轮船自上海进口，适日本音羽丸出口往海参崴，驶至威海卫、烟台居中之处互相碰撞，彼此伤损一并复回本口。七月初三日，英国温州轮船驶至龙口，轮轴折断，由闽江轮船拖回本口。九月初二日，瑙威国安定轮船因机器伤损复回本口。

光绪三十三年正月十五日
三品衔东海关税务司甘博呈报

光绪三十三年（1907）烟台口华洋贸易情形论略

窃查本年米谷，全省收成可称中稔。尤以东偏为最，惟西偏稠密之处，因雨少致豆子全行歉收，以故彼处居民受亏甚重，更有数处直与荒年无异。其全省无论收成如何，虽丰收之处而举凡日用诸物无不日渐加昂。如此情形，是本关贸易税款见绌，不为无因，不必追究他故。奈此际其商务衰颓，自不能不认际遇使然也。以本口商务论之，数年来实为通省之冠，以其万商麇集，为各货总汇之源。今则有相敌之埠勃然起攘臂争先，而本口竟居第二埠矣，且恐更有江河日下之势。试谓何以本年始露见绌之象，厥故有二：一因前以北地战事往来客货极多，慭迁起色；二因华商逆料事定之后，必有兴盛之机，希冀销畅必旺，故预事张罗，进口货物遂如山积。不图和议既成，销路停滞，运往之货几无问津者。因而本年春初，商家存货尚多，至于出口货物情形，究不似进口之萧索。除草缏、黄白丝、猪鬃及他项货物，或因产近铁路，取其便于运输，或因不合骡马之驮运。视此情形外，本埠所余之工艺四项：野蚕丝只因上半年欧洲销路不旺，是以出口较绌；茧绸论其货之色质大有长进，本年商家沾获优利为首屈一指；豆饼、粉丝较上年尚无轩轾，是此四项差强人意者也。反华工往来满洲，旧以本口为盛，今则为数大减，盖因此项利源有为龙口所攘耳。总而言之，本埠商务疲敝，或不至遽于失望。惟工艺一途，冀此数年之内，尚可支持，犹非设法持平保全不可。今切要之图，必使与相敌之埠无异，即如建造铁路连贯内地，改良港口以为辅助。为今之计，极早图维，尚不为迟。否则不久非惟商务衰颓，即所余之工艺亦复沉没。盖此等工艺胥仰赖于北地输入，而以人工制成也，倘能力图以上种种利益，则本埠又何畏有相敌之埠矣。统计本年因风不得上下货物有五十三日，实为历年之患。是以前税务司甘①有建筑避风海坝之议。按海坝工程为改良港口最上之策，集有成款即可兴工，深望此坝早成，允为铁路之助耳。安东关系濒于鸭绿江，其兼辖之大东沟系在鸭绿江之口。本年正月安东开关，五月大连开关，十二月旅顺开关。烟台新筑公共码头西段已陆续填筑，暂留海湾为小船避风之地，一俟海坝筑成，再行填满。至卫生情形并无进步，因无沟渠之所致，以地势低洼，无顺流自然之路。兴建沟渠非筹巨款不可，并以力不团聚、人无专责难见速效。本埠东西马路，本年新开最好大马路二条，皆赖关道何②赞成其事，商民咸颂之。俄国所沉露希俄不尼舰遗质业经打捞，工竣矣。

一、本关税课。本年除现银存票三万三千四百七十三两，共征收关平银五十九万九千七百七十两。较上年绌收关平银十八万九千二百十六两之多，而以二十六年较之，则比本年更甚。统计本年绌收以进口杂货为最，比上年少收七万五千两。洋药税项并厘金少三万四千两。出口税少四万八千两。至出口税绌收更为十年以来所未有。惟复进口税与船钞较上年虽少，尚不甚悬殊。

一、外洋贸易。进口：查本年进口洋货计值关平银一千六十三万六百九十七两，上年计值关平银一千四百七十九万九千七百七十八两。由外洋运来之货计值关平银六百六十二万二百十五两，上年计值关平银七百九十万六千八百三十九两。由通商口岸运来之货计值关平银七百十一万七千四百五十两，上年计值关平银九百六十八

---

① 前任税务司甘博。

② 时任东海关道何彦升。

344

万六百四十五两。两相比较，今年收数之少实为仅见，盖两路所来之货同一赔累也。进口各种布匹较上年均少，其中最少者为美国粗布，上年进口六十三万九百三十二匹，本年仅有三十五万四千二百四匹。此外白布较上年少七万八十匹，美国斜纹布少十一万七千匹，棉意大利布少四万七千匹，惟红洋布、红洋加纱二项较上年虽少，其数尚能相埒。日本棉纱上年有五万六千担，今年只有二万五千担。印度棉纱则年少一年，今年只有九千担进口。查棉纱进口之少，实因胶州收数畅旺之所致，而布匹之少则不尽关于胶州，实以本口商务疲敝，销路不广也。各项绒布均有绌无盈。旧铁进口前数年适中之数有十五万担，今年仅八万七千担。煤油一项以近五年之数平均较之，每年约有六百六十万加仑，今年则仅有三百六十六万二千加仑。其致少之由，亦因复出口往安东大东沟之故也。惟美国煤油进口之数较上年尚多，新加坡煤油近年北方销场甚旺，而由本口运往者则无进境。赤糖进口共八万六千三百十五担，较上年少十万担。冰糖、车糖、白糖较上年均少。面粉进口共十四万六千担，内有十万担均系径由美国运来者，进口货惟此项日见加增。查此项食物，不但嗜面之北省，即嗜米之南省亦日渐加增，是可为注目者也。至颜料进口较少，大约因胶州进口过多，制成水靛，本口及胶州本年进口加增。

出口土货：查本年土货径运外洋者，共值关平银二百七十五万七千两，上年有四百二十万二千两。内有豆饼、野蚕丝、草缏运往日本；豆子、茧绸、粉丝运往香港；衣服、牛只、鸡蛋、水果、豆油、花生油运往海参崴；蜜饯、糖果则多半运往香港；夏布系复出口货运往高丽；花生运往香港与海参崴。惟本口外洋贸易大宗，系丝与丝质物，由本口先运上海，再运外洋者也。茧丝进口今年只有由莱阳县运来白丝十四担，黄丝一百九担，其手纩丝出口前二年每年均不下一万担，今年仅有七千五百三十八担，内有一千四百四十三担系运往日本者。机器纩丝，查三十一年有一千四百十五担出口，三十二年则少至四百八十七担，今年仅有一百十担，真有江河日下之势。论者谓本年丝业生意不佳，实亦因欧洲销路停滞，而本口此外各机器丝厂亦有经费尚巨，兼有罢工之处，未免多有歇业者，即可勉强支持，亦不敢放胆大作。若以现在情形论之，来年丝业或有起色。而本年满洲山茧异常丰收，秋季运到本口甚多，价则极廉，每茧千个价银一两，最好者一两一钱之谱。乱丝头有九千三十四担，皆在欧洲制造丝绒之所用，故出口较上年稍多。茧绸有四千二百七十五担，本年此货销场极好，其匹数虽比上年较少，而体质加重、幅面展长，以价钱较之与上年有盈无绌。闻外洋新创染法厂，能使此绸一望而知为上等之货，最为喜用，每匹重由五十两至一百十两、长五十码方为合格。其大宗以法国、英国为最，美国、德国、新金山亦销路颇广。本年丝与丝货出口共值关平银四百二十四万两。豆饼运往日本只有十二万担。鸡蛋运往海参崴者陆续加增，本年有一千七百万个之谱，共值关平银十三万七千两。花生本年出口共十三万九千担，并无见绌。外洋向系由非洲之西境购运，近年始由中国装运出洋。因花生能制最好之油，较上等橄榄油稍次，其渣滓可为六畜食料。山东土脉种植花生最属相宜，将来销场定卜蒸蒸日上也。

一、沿海贸易。原出口之货：此项货物内有多款曾详载于洋货出口论内，另有数款出口系中国沿海之贸易。如大半豆饼与甘蔗、药材、粉丝是也。查粉丝一项，本年运往南省者十八万二千担有余。既如此大数，本省豆子又复歉收，必有奉天输入者。

复出口之洋货：已详第三段。

复进口之货：洋货已详上文。本年土货进口计值关平银八百七十五万一千七百六十两，较上年少二百万两之谱。其致少之由，因大米较上年少五十万担有奇，故难免相形见绌也。

一、内地税则。无。

一、船只。统计本年进出口船只，较上年虽少，较前数年则多。内港轮船上年进出口共九百十二只，计三十万四千九百四十五吨，本年六百四十三只，计二十一万七千五百五十九吨。因本口内

光绪三十三年（1907）烟台口华洋贸易情形论略

港轮船本年较少，因安东、大东沟本年春季开埠设关，凡轮船往该两处者，不以内港看待。内港轮船向羊角沟、虎头崖、龙口、登州、大孤山数口时常往来。

一、旅客。查华工往来满洲各埠，均有经纪与客栈联络作此项生意。凡有华工出口，每人由经纪等垫洋十二元以作川资、执照各费，俟到各埠作工时，该处另有经纪之代理人由工资内扣其本利，华洋照费[①]每人洋四元，系经纪代垫船价，亦系经纪向船行议定至五月、八月、十二月三期方能清还。由是观之，经纪得利亦无几耳。此项华工大半往哈尔滨，嗣因该处人浮于事，无利可谋，故回烟较往年尤早。自黄县之龙口行驶内港轮船往来牛庄，凡华工多由该处出口，几夺本口自有之利。统计本年赴海参崴华工，由龙口运往者有四万四千人之多，又因青岛有华工四千人附轮径往海参崴，盖青岛亦视此项华工为大利之源也。本年由南非洲运回烟台华工有八百二十四人。

一、金银。查本年进口多系纹银，计值关平银四百三十八万八千四百二十七两，出口计值关平银七百九十三万三千八百二十两。铜钱由香港、澳门运来者计值关平银十二万四千八百二十两，此项铜制钱市面并不见用，非关于铜元，实因有至小之沙钱顶替也。济南府铜元局上年年底业已停铸，上年又奉有上谕严禁各省铜元进出口。虽如此而流弊尚患难防，其价钱则毫无把握。以本年适中之数较之，则西历正月至三月每洋一元易铜元一百一枚五分，四月至六月每洋一元易铜元一百八枚五分，七月至九月每洋一元易铜元一百十二枚八分，十月至十二月每洋一元易铜元一百十八枚。虽历经严禁而市间充斥者，多系外省铜元间有私铸者。

一、药土。查本年洋药进口较上年为少，地方官于六月间力筹限制戒烟之法，创立官膏局，禁止私售熟膏，凡售膏之店均须到局挂号领牌，烟寮、灯馆一律勒令歇业，街市为之一清。如此办法令

---

① 办理执照费用。

吸烟者裹足，咸有戒心。诚所谓法良意美，全仗国家立法威严，除此烟患也。

一、杂论。濮州就近地方黄河堤岸小有损伤，幸未成灾。本省行船水道失修，运粮河亦然，闻欲设法修治。近年地方官以兵学两事甚形鞅掌①，不暇及此。所可望者，通国路政联络，商民可得输运之便，故均可望其早日开工也。再小清河亦闻从速修治，因此河摄乎济南府、羊角沟之间，为输运之要路也。邮政局本年利益大有进步，其详细情形业经济南府邮政司李齐函知。本省邮政今年收发函件共八百五十万件，邮路一万一千五百里，新增邮路七百五十里，有五千里系昼夜传递函件，每日可行二百四十里。

光绪三十四年正月二十五日
三品衔双龙三等第一宝星东海关税务司安文呈报

---

① 鞅掌：事务繁忙。

光绪三十四年（1908）烟台口华洋贸易情形论略

窃查本年东省农田较上年歉薄尤甚。春季遍地亢旱，加以在西北低洼一带雨水太多，因而霪潦，遂秋收无望，邻近黄河诸处为最重。迨至年底，奉饬将本省一百五州县内之九十三州县课赋钱粮或全行蠲免或暂行缓征。幸本埠所倚之东方农田秋收颇为丰稔，足偿春季之失。其本埠果木收成既丰且美。惟若论本口商务盛衰之故：全省农田之歉收此一端也；又以别埠多有改良港口辅助便宜诸事，此又一端也；加以满洲一带贸易衰颓，此又一端也。除受此影响逆境之外，则钱根甚紧，因而进口之洋货较少；银价低落，因而进出口之土货较多，以致本年贸易总估值较上年多一百五十万两。总之足见本埠情势坚固，为商客工艺往来之一大汇聚场，多因本埠一带于满洲之交易久称亲切，亦因东省之艺工、力工甚夥。若无改良港口与及内地铁路，则所论之益处深恐不能视为长久。本年轮船在口因风浪不能起下货物计四十九日。惜上年论略注重可成之海坝铁路，至今度其情形，大失所望。此两项要工政府宜助厥成。又本埠新填公共码头，本年并无进步，因其坝内留一大湾，俾民船得以湾内停泊避风。本埠工部局之事亦无进益，盖曩拟照他口中外联络合办之法，迄无成议。考夫张裕公司之酿酒也，兹略言之。该公司于光绪二十一年始创设于本埠，其酿造之葡萄酒营业既富，开销甚繁，更历种种逆境为之阻遏，然卒能至于今日者，实赖经理人勇往直前忍耐成功也。该公司多数之股系广东最有名誉之绅士张振勋所出，本地总办乃其族侄张应东。彼时执有王、李①二大臣奏明给发该公司准照，原拟以直、东、奉②所产之葡萄酿造，旋因来数多寡未能一律而且价昂，其汁所含糖料不足，与酿造不合。故酿出之酒不甚浓厚，遂向美国购买葡萄种若干类，移种于该公司自设之葡萄园。又于光绪二十二年有奥国男爵巴宝精通酿造之事，为该公司之专师。曾向奥国购买根种若干类，虽经该国官办之养树园，保其无病，然不能保其无染病之类。孰料繁茂数年，其为害之征籧逐渐丛发，始知向日由美国所买葡萄种而生，而奥国之根亦蔓延时，偏斯时该公司困难情形已达极点。斯时岁有二法，或停止歇业，或另出巨资竭力整顿，乃用不能染病之类作移花接木之法另换新种。于光绪二十八年统由奥国购来种于该公司数百亩之田园内，萌芽极为繁盛，至今其根俱已改易无病。数年来所酿之酒贮于窖内，味极醇厚。计窖内所贮之无汽红白酒二十余种，计红酒约二十万立达③，白酒十五万立达。经深于品酒之人尝试，称为佳酿。各处屡有劝该公司将酒出售，但未出售之先须预为制储酒桶、酒瓶。而此项桶瓶实难措置，其酒桶以中国所产之木料，迥不合用。其瓶虽有距胶济铁路最近之博山玻璃公司所出之料器亦为可用，而酒瓶反缺而未制，或者不肯制造欤！抑不能制造欤！亦未可知。该公司现有葡萄园千亩，每欲扩充之，奈邻近地主以残薄之地索价极昂，故未能如愿以偿耳。数年来，该公司经理诸人大增阅历，以本埠天气六七月间，虽属潮湿而地势适合栽植葡萄酿酒之用。在山岚有阔地并无他用，设能肯公平出售，则该公司必能成一绝大之贸易。似此大有作为创始之人，政府正宜奖励而赞成之。

一、本关税课。本年除现银存票二万五千四百二十九两外，共征收关平银六十二万四千五百二十三两，较上年多征关平银二万四

---

① 王文韶、李鸿章。
② 直隶、山东、奉天。
③ 立达，Liter，升。

光绪三十四年（1908）烟台口华洋贸易情形论略

千七百五十三两，其所多征之故系出口货税较上年多六万两。今所多者，见历年论略中。自光绪二十七年以来，无此多数。除船钞稍增外，其余各税项及洋药税项均较少。

一、外洋贸易。查本年各处进口洋货总估关平银一千三百三十九万二千八百三两，虽其中洋药数目较少而与上年总估之一千三百七十三万七千六百六十五两无甚悬殊。盖至年低银价跌落而货价顿增，其进口及复出口货物之实数均较上年最绌之数尚少。各种布匹如原色布、斜纹布尚可支持。日本棉纱较上年稍优。或云南省抵制日货①，故北省见增。绒棉布内之小棉呢、花素羽绫、哔叽均较少。五金类除钢外，其余各类均较少。杂货类，择其要者，日本煤、自来火、碱均较增，颜料则见绌。面粉少十万余担，因上海有华商创设机器面粉公司输运进口，故洋面粉之数为其所占，目下凡贫民不能不购用此项机器面粉。无论华洋制造以其价较廉于磨制面粉，但富庶之家仍嗜本地之麦粉，以其较机器面粉多有卫身之益。煤油进口总数尚属平允，至年底而价忽昂，但为日不久，尚未悉销场如何。惟美国煤油仍属首屈一指，但有争先。苏门答腊之煤油于本埠尚不踊跃。香港白糖较上年尤绌。

复出口之货：估价计关平银三百五十万五千一百六十三两，较上年稍少，即如进口洋货实因银市跌落，是以价值遂昂。此项贸易较为减少，至此乃果不出所料耳。其中大宗以棉布、棉纱、麻袋、面粉、煤油运往安东、大连等处，又高丽参运往南省。

出口土货：查本年出口之货均极盛旺。惟豆油、豆饼渐形衰微，其故不仅因满洲豆行起而未敌，即长江一带所制之豆油、豆饼亦复日增月盛，故本埠此项生意大受影响。出口之野蚕丝今年欧美各国虽行市低落，而出口之数一万一千六百十九担，尚较往年为多。奉天所产之野蚕茧，因该处霪雨多日，其茧受潮致缫丝事业颇

---

① 南省即中国南部各省，抵制日货指1908年"二辰丸事件"导致的抵制日货运动。

形不便，幸后来所产甚佳，加以本年银价跌落，足以辅助丝商者匪鲜，是以本埠又新设木矿矿丝房大厂两处，其矿丝小厂更复林立。乱丝头出口之数虽较去年减少而生意颇获厚利。又山东绸子今年销场极盛，足使制造与贩货者得圆满之效果。计出口之数五千六百八十九担，较之近十年间，惟光绪二十九年出口之数过于今年。虽然彼时出口之数稍多，而价钱与货色比现今甚低。近来外国购用山东茧绸之处极为扩张，往往多用幅面长自三十码至五十码，其体质轻及染色者俱为妇人衣服。其原色质坚者适合作轻气球之用。其体质重者每匹重自九十两至一百五十两，近来此种为乘原动汽机车篷用或制外衣借避风尘等，用处甚夥。至本埠工艺一途，近来亦稍解开通外人所好，改良仿效以供给之。果如此，工艺进步匪浅也。山东向靠家造、厂造二艺，恃以为业。前数年出口，有家造工艺两大项，即草缏、粉丝也。近来草缏一项在本埠竟无片影遗留，或谓黄县境内有欲设立此项制造营业者，故本埠竟无术挽回。粉丝今年出口之数二十二万四千六百担，此实从来未有之多数也。忽新创出花边一项生意勃兴，大有蒸蒸日上之势，足抵草缏之失，故制造此项营业较往年为多。近来用野蚕丝所制之花边，世界各国需用甚繁。落花生今年出口之数甚多，不但本埠为然，即胶州、威海卫出口者亦逐渐加增。兹有与前项并重之事，为近年牛肉出口之数，因海参崴守卫队及附近俄国人员销售甚旺。故牛肉出口之数增加，计本埠出口之牛六千五百六十六头。至出口之牛肉均本埠屠割，其冬季装运之法，预将牛肉贮于凝冻之船后，再装他轮运往海参崴一带。本年冬季出口之数一万三千担，估值银十万两有奇。其牛由他处及远隔之甘肃省贩运而来，以莱州府及潍县为会集之地，然后转至本埠，其所运之牛均形膘壮也。

进口土货：查本年共估值关平银一千三十二万二千五百三十七两，上年共值关平银八百七十五万一千七百六十两。其所较多者概因银价跌落，以致华商制造洋式之货与洋商之货竞争，遂而成效卓著，即如上海机器面粉居然将美面粉销路侵占。上海纺织原色布进口计二万八千担，本地人咸乐为购用，足见渐有扩充进步。上海制胰皂、蜡烛进口亦多。核其进口土货总数，以安东野蚕茧是为大宗，较上年多二万担。其致多之故，既因奉省收成丰稔，又因安东开辟商埠，凡业丝华商等以会订青岛章程，俟制成茧绸后，仍将半税发还存票，而在本埠进口多纳半税，未免亏耗。该华商等遂于春间联名公禀请免进口半税，旋奉政府允准，是以觉其多也。开平煤进口较上年为多。大米较上年稍多，但现因人民度日为艰，视此项大米尤为奢品。信石由长江进口甚多，盖农田果蔬多以用之杀虫。酒进口渐多，查光绪二十五年进口仅三百五十三担，本年则盈至一万五千五百六十六担，其所致多并非谓嗜酒之众，实缘昔日皆经帆船输运，不经新关耳。

一、沿海贸易。无。

一、内地税则。无。

一、船只。统计本年进出口船只吨数较上年稍减，惟往来口岸无甚轩轾。内港轮船往来沿海各处较上年为多，日本轮船逐日往来大连。十一月初三日，陡起狂飓，致有多数船只沉没，淹毙多命。日本八号永田丸容二百二十四吨，由大连装运豆子、山茧来烟，被风吹至宁海州之咬牙嘴龙门之中，酒馆①对面，触礁击成三段，全船覆没，所有人客以及船内水手诸人尽行淹毙，仅止一人逃出。又日本银生丸容三百二吨，由安东满载山茧来烟并附客人多名，亦被风吹至咬牙嘴，搁于暗礁沉没，所载人客尽行淹毙。旋将该二船淹毙之尸身捞出甚多，此次实因威海卫官员襄助，地方官极力施为。又在崆峒岛迤北有帆船三只同时沉没，其船上人口逃生者甚少。以上失事各船计淹毙七百余人。

一、旅客。除往海参崴之华工及由南斐洲回华之工外，其余往来华工人数在册内第七号所列之数难以为凭。盖因船只进出口，向由各该买办查报，是以此项与本埠大有关系之贸易情形无从详细查

---

① 酒馆，在现烟台市牟平区酒馆村。

知。径往海参崴之工人较上年为少，因华工以水脚路费甚廉，多引往大连转去哈埠①故也。但哈埠事少人浮，相传有华工八万名由龙口径往牛庄。如此看来，山东工人每年春季往满洲一带者或由龙口往牛庄或由本埠往大连转往哈埠或由烟往海参崴者，亦有由青岛往海参崴有逐年递增之象。看其情形，此中往外觅事之工，每至秋令多有遄归故里。本年由南斐洲回华之工有一万六百四十七名。

一、金银。查本年关册所载数目，较上年无甚区别。进口计值关平银四百四十七万六千六百八十七两，惟出口计值关平银六百二十三万三千五百四十两，较上年则绌。按贸易册第七页所载金银往来情形，其方向似为可据，而数目难以指实。缘华商报关之实估颇少，其报金值尤蹈此习。盖因报关估值既轻，而所纳运费、险费亦随之减少。铜元适中之数，较之上年西历正月至三月每洋一元易铜元一百一枚五文，本年每洋一元易一百二十三枚，上年四月至六月每洋一元易铜元一百八枚五文，本年每洋一元易一百二十六枚，上年七月至九月每洋一元易铜元一百十二枚八文，本年每洋一元易一百二十五枚八文，上年十月至十二月每洋一元易铜元一百十八枚，本年每洋一元易一百二十一枚八文。

一、药土。查上年洋药进口三百六十担，本年二百四十二担，上年土药进口五十五担，本年十三担。在山东迤西向产土药之区，本年全未滋生，是以咸由山西购用以补不足。地方官力筹限制戒烟之法，初仅禁止开设烟馆并吸烟之人，后将产土之区禁止栽种。至年底抚宪遂将全省一律禁种。

一、杂论。山东抚宪袁②于十月初一日因公莅烟，初四日旋省。邮政局于内地各处山川道路虽属崎岖难行，而邮务仍见发达。往来邮件包裹上年计有一千七百万件，本年增至二千二百万件。本年于毕郭、水道、平里店、神堂、俚岛等处均已设立分局，其昼夜

---

① 哈尔滨。
② 时任山东巡抚袁树勋。

兼行邮差之章现复扩充，由烟至莱阳一路亦添昼夜兼行之差。此段路程相距二百六十里，向行七十二点钟始到，现只二十六点钟即可至也。

宣统元年二月初八日
三品衔双龙三等第一宝星东海关税务司安文呈报

宣统元年（1909）烟台口华洋贸易情形论略

窃查本年春季，全省亢旱，二麦几成枯槁。幸而除黄河运河附近漫淹成灾之处外，其余秋收均称丰稔，可偿春季之失。本埠周年贸易而论，其进口者，比于往年无甚出入，而出口者大有进步，统共估价竟至有四千四百三十七万五千两，较往年最优之数字尤略见增多。其致多之故，除各物银价增涨不计外，首屈一指者，则在欧美两洲所用之野蚕丝、茧绸为无厌之品，供之犹不足也。此项贸易，亦因银价低落之便，非惟本埠之丝绸获益。即近年，全国向不流通外国之各物，若猪、鸡、豆油、花生等类亦皆新辟销场，即如烟台本年运往美国之鸡蛋，并运往英国之高粱根充作纸料。总而言之，本年情形，烟台商场虽未免被青岛侵占，而揆其情形，将来之贸易颇有可恃，加以本埠大要二端，即海坝与铁路，目下政府正在筹议举办，尤为兴盛之望也。本年，轮船因天变而不能工作者计四十九日，损命伤财之事较往年为尤甚，皆因口内无海坝保卫之故。及其填筑西码头一事，因必须仍留大半，作为太平湾俾小民船停泊避风之用，是以迄今尚未完工。然已经该地主等填成马路一条，并修大桥一座，其东马路现亦由外国工部局续修至东炮台。查本埠初有西国修路局一处，局势颇小，旋于光绪十九年设立烟台书信馆一处，为日不久而获利颇厚，遂于是年将该二局合并，名为工部局。嗣光绪二十三年，已设有大清邮政局、工部局，因无进款，乃另筹款项，遂设房产捐及人丁捐。房地每年按每百抽七厘五或七厘五之半，照地势而定。人丁捐每名每年初纳银五元，后价至十元。此项捐款系各人自愿报效，虽不能人人照纳，而人丁房地亦大半照缴。该局修路筑桥等项工程，岁亦不少。今年，该局归并六区华洋工程会，其会内有华洋董事各六员，除西国捐项仍照旧缴纳外，加以区内住居华人捐项。如此则以后势大力宏，举凡修路、开沟、设灯、除秽等事，无不易于措办。近来，本埠各处陆续增添之纩丝厂，不惟贸易蒸蒸日上，且本埠工艺一事尤为发达，此人之欢欣鼓舞者也。但厂内流出之秽水散布沙滩水面，臭味蒸腾，使人闻之欲呕，诚恐烟台为向日著名避暑清凉之境一变而为污秽之地。若欲剔除此患，实无良法可言，唯有就厂内于煮茧时，设法将恶气消减，且茧内含有碱质甚多，亦不宜于壮田。若能将碱质提出，则用作肥料，两得其便。上年论内所叙，张裕酿酒公司本年创设玻璃料器厂一座，又有英商卜纳门碱公司在本关北邻创建碱栈一处，又英商马茂兰在东马路建设楼房一处，作为花边茧绸之所。本年内增设纩丝厂七家。本埠于六月间染霍乱之症，至七月底，始渐消灭。其中以贫民殁者为多，西人因病而逝者四名。幸经地方官将各类瓜禁止入境，获免传染。使非立此良法，安能大得效果乎？

一、本关税课。本年共收关平银七十四万八千三百三十八两，比较上年、前年多收至十万两有奇。虽然如此，查其所以致多之故，半由入口洋药陡然加增，其余皆系出口税畅旺所致。统计本年出口税，竟能达至三十万两之多，实为设关以来所未有。进口税并复进口半税，较上年略见增多，惟船钞稍有减色。

一、外洋并沿海贸易。进口洋货：册内所载，除复出口外，其进口之净数，共值关平银九百九十万两。内有洋药一项，本年加增甚多。然统计进口价值，比较上年，仍所差无几。大宗之布匹，原色布及美国之粗布均见减少。其短少之数，有英国、日本之粗布补其不足，尚可相抵。粗斜纹布、细斜纹布、小原色布、棉意大利布及洋红布，亦均颇形减色，而日本布则加增甚多。棉纱之数尚无轩轾，惟该货率多取给于日本纱厂。五金类进口颇见起色，其中旧铁一项大有销场，进口之数较之上年几多一倍，足为本地农工制艺扩充之一证。杂货中之煤炭及面粉均减至极少之数，美国煤油进口之实数，虽较前两年大有起色，然不过积储而已，市面销场并不扩充。苏门答腊煤油本年并无进口。黑胡椒短少甚多，面、碱则有进益。糖货进口兴旺，其中赤糖虽略见减少，惟车糖之增较多，足补所减而有余。

复出口之货：查本年复出口之洋货，价值较一千九百七年并八年略为减少。此项贸易，约因本年三月运入海参崴之货，于该处纳税太重以致减色。

出口运往外洋并沿海之土货及复出口货贸易：查此项贸易近十余年来，每年均约有一千一百万两之谱，本年骤增至一千八百万两之多。其加多之故，一因运往外洋之野蚕丝、茧绸、花生加多；二因此项并别项土货之银价较前数年异常腾涨。上年供给欧美所需之野蚕丝不过一万一千八百担，本年则增至一万四千担。上年𬖂丝局因获利颇丰，曾由奉天产茧之区预定大宗蚕茧，并将本处之𬖂丝器具大为加增。统计烟台现有汽机𬖂局三所，手工𬖂丝局三十八所，共用𬖂工一万七千名，集股本银五百万两，而𬖂丝局尚在陆续加增。𬖂丝所用之茧独产于满洲，而以奉天为最，盖以该处之野橡树既多且茂，重以冬令严寒，蚕之自缚成茧，坚厚非常，用以卫护其蛹，故此项蚕茧𬖂出之丝，坚韧无比，由是西方最为贵重。此丝用以织线、制造各种坚软之物。其茧收于秋季，多在九十月间，由安东、大孤山一带，趁鲜用能装载三五担之大笼装运到口，其情形最易损失。其余则均于春季装运进口，以本年蚕茧进口之多观之，则其收成必颇丰稔，但茧质不佳，且均现有病状。其受病之原，或因天气不宜，或因产茧过于稠密，有以致之。然其市价由每百个售银一钱六分，骤然涨至二钱。而𬖂丝之商争先乐购，若不计其价之昂贵者，盖因上海四等丝即可售至三百八十两，最上等丝即可售五百两之谱。其为利也如此之大,是以汽纩之丝共出二千余担,其纩丝之法今不具论。所谓手纩者,系工人以足力运动纩机,此法虽旧但廉而且便,非若汽纩之需费浩繁,是以此项手纩局愿出重资以聘良工。因手纩最上之丝售价可较汽纩最上之丝略高,故有时汽纩亏本,而手纩仍能获利也。至其洗茧之法,似可改良现在办法,只将煮纩所余之蛹以充食品,其利亦有可观。盖以土人恒视此物为最佳下酒之品,尤受妇孺之欢迎,谓为美味也。乱丝头,即蚕茧外壳之丝,本年出口有一万担,尚不足以供欧洲所需,故获利颇丰。本年出口茧绸,计九千六百四十担,较之历年异常加增,其进步较野蚕丝为尤甚,其贸易情形非常顺遂。适闻泰西之采办者,因法国将于明年春季加增此货进口税,故于此项货品不甚苛求,遂致包办出口者获利甚巨。外洋所采办者,本系加重之货,惜各厂出货虽乱,但图获利,不顾求精,未免货色渐低。三十三至三十四寸宽、二十码长之次等茧绸出口亦多,由是本处行情蒸蒸日上,较去年涨至五成有奇。上等茧绸系山东所产之野蚕丝所织,较满洲所产者略为柔软,而欠坚韧,惟其原色最为世界所欢迎。满洲丝之略黑者,亦用以织下等茧绸。至近来,茧绸在欧美商场所占之优胜地位,半由时式所驱,并外人染此丝之巧;半由于该货天然之美质,凡用以制造轻密及能御风之料,如气球之面及汽车所用之毡篷,似无出其右者。至衣料一项,闻欧洲争竞家已有出品,与之角逐,其货质之良已达极点矣。由是观之,制造茧绸者,须具有远识,并须专心考察其货应如何改良,以投西人所好,则其生意之发达可操左券也。出口往欧洲之花生,多系去壳者,其数日见加增。计由烟台运往者,已达至二十三万担,值银八十万两。闻尚有大宗由威海载运出口。豆饼一项豆价虽昂,而各处争运,本埠出口仍有九十三万八千担之多。至本年册表所载,出口运往海参崴大宗之鲜牛肉,实系上年之贸易,本年运往者甚属寥寥。向称运销畅旺之牛只贸易,本年因患畜瘟已不多觏。豆油上年仅有八千担出口,本年因欧洲销售骤增至一万三千担。粉丝为烟台特产,较上年极盛之数略为减色。本处所

海上来风：近代东海关贸易报告（1864—1919）

造之丝花边，销场极旺，统计报关出口之数共值银三万二千两。此外，有零售于往来游客者，自行携带，并不报关，其数无从查考，想必亦甚巨也。

复进口土货：价值之净数，前年、上年均计七百万两，本年再涨至一千万两。系初次较进口洋货实价略为加增。其致多之故，半因进口土药陡涨；半因有多种货价较前昂贵。观册表所列各货，可见此项贸易有发达之象也。开平煤进口二万四千吨，抚顺煤进口一万三千吨，此项煤畅销于轮船，并市商、居民皆乐购之。由满洲运到之蚕茧，较历年异常增多，加以由大孤山一带载运来烟，归常关纳税之茧十一万一千担，统共二十五万担之多。进口大米较前二年为数颇旺，惟江苏禁米出口，限制綦严并新设章程，如行运各省必须领有专单，是以不免阻滞。机器土面粉增至二十三万担，已将洋面粉抵制绝迹。赤白糖短绌甚多，进口土酒尚属陆续加增，然不甚巨。烟叶、烟丝均少，必因全国之贩卖烟卷者快利所攘，盖烟卷流行于数种社会，遐迩争迎，遂致烟业等相形见绌。至工人惯用解闷旧式之长烟杆，仍时有所见，数年后，当不致有所更易也。

一、内地税则。无。

一、船只。本年新关进出口轮船，较前五年大概数目略少，其吨数并不见少，各国船进出口之数亦无甚更变。大连需用轮船装货，是以来往沿海之轮船格外加增，多往该处挂口也。内地行驶轮船，由常关进出口者六百九十一只，计三十二万九百二十四吨。上年只有六百四十八只，二十七万一千十四吨。上年秋季在芝罘东口设一民船到口挂号之卡，因而本年可得常关民船数目并载重之实在详情。本年进口之民船，计八千三百五十五只，载重一百四十二万八千六百四十七担，约合三十五万七千吨，该船等所载之货共值银一千四百万两。其数于未通胶济铁路山东北境沿海一带之口岸，如羊角沟、虎头崖、龙口、登州府等处，为省外贸易大道总汇之时较之，甚为微细。然该数处来往烟台之贸易，仍属不少。进口则有水果、包米、小米、粉丝及鱼。出口则有洋杂货、土杂货、机器面粉及药材等货。现今横渡渤海湾来往奉天各埠之贸易关系较为紧要，进口货大宗以豆子为最，咸鱼、木料次之。蚕茧一项近来几尽为轮船装运到口，出口货则有本处染成之洋布及煤油、衣服等类。至往来直隶之贸易，亦属平稳。进口货以豆子、铁锅、土酒为大宗，出口货以色布、铜、面、碱为大宗。本年有民船二百只由高丽装运木炭、木柴并鱼等进口。除渤海湾之民船贸易外，尚有南方民船之贸易，由上海、宁波、福州、汕头等处来往烟台。江苏民船进口有一百八十九只，多系由海州装运面粉、五谷及由上海装运瓷器。宁波民船进口四十一只，装运纸张、竹竿。福州八十二只，装运纸张、木料。汕头四只，装运粗瓷器，该船等回南时，则装运豆饼、豆油、豆子、枣子及干鱼、粉丝等货出口。

一、旅客。查本年往海参崴之旅客异常减少，推缘其故，盖因海参崴并其境界于本年三月间实行禁止多项货物进口。其中有华工日用必需之品，是以望而裹足。本年往该口仅有一万七千名，由该口回来者两万名。由烟台出口之旅客多取道于大连并安东，其往新开铁路地方佣工觅食者定然不少。由南斐洲回国之华工计有一千八百四十二名，或回烟台，或回秦王岛。此外，尚约有一千七百名未归。

一、金银。查本年册表所列进口金银并银元，计值关平银四百七十万五千两，出口四百万六千两，以宝银为多。该数较往年略少，其故因本埠之华俄道胜银行于上年推广生意之所致，今将本年银元兑换宝银并铜元涨落之行情列表于后。

一、药土。查本年册表所列进口洋药、土药非常加增，可为本年春间山东限制禁种莺粟①之效果。是年五月十四日，威海订定章程，严限买烟、食烟并类似鸦片之药，已在租界内实行，成效最速，向所运入该口之洋、土药今已几将停止矣。烟台进口之洋药，自光绪二十六年实有江河日下之势。至上年仅有三百二十三担，而本年竟涨至七百五十七担。土药向以云南、四川为多。

---

① 即罂粟。

月份	一千九百八年 银元换关平银一百两 最高	一千九百八年 银元换关平银一百两 最低	一千九百八年 铜元换银元 最高	一千九百八年 铜元换银元 最低	一千九百九年 银元换关平银一百两 最高	一千九百九年 银元换关平银一百两 最低	一千九百九年 铜元换银元 最高	一千九百九年 铜元换银元 最低
西一月至三月	一百五十三	一百四十八元四	一百二十八枚	一百十九枚	一百五十三	一百五十元二八	一百二十三枚五	一百六十枚
西四月至六月	一百五十三	一百五十元五	一百二十八枚	一百二十四枚	一百五十三	一百四十八元六	一百二十五枚五	一百二十二枚五
西七月至九月	一百五十元九	一百四十九元四四	一百二十八枚	一百二十三枚五	一百五十二元八	一百四十九元	一百二十七枚	一百二十二枚五
西十月至十二月	一百五十元九二	一百四十九元五	一百二十七枚五	一百十六枚	一百四十九元八六	一百四十六元一五	一百二十七枚	一百二十三枚

近数年被本省所产土药抵制无踪。本年陡增至一千四百三十担，惟是进口过多，故不能获利。查土药除所收之全国统税外，尚须纳本省之土捐。自十月起，在山东行运之土药，归筹款局管理，限制转运，定章綦严。

一、杂论。本年上半年大清银行在烟台开设分行一处，但至今生意寥寥无几，正金银行已于本年八月收回矣。今年，邮政大为推广，新设代办处四十二所，邮程上年二千四百七十三里，本年则增至三千八百九十里，内有一千八百五十四里设有日夜投递之法，查此项投递之法，光绪三十二年则只有九百六十里。

宣统二年正月十七日
三品衔双龙三等第一宝星东海关税务司安文呈报

宣统二年（1910）烟台口华洋贸易情形论略

窃查本口贸易情形，本口一带及本省多数地方，禾稼之收成虽系异常丰稔，上年贸易亦称顺适，然本年贸易之数仍甚减少，统计总数估价由上年四千四百万两，本年竟跌至三千六百万两。其致少之故，内有小数因进口药土之减少及出口大宗货价之跌落与橡皮股票①及豆子、卢布票、铜元等买空卖空、银根奇紧之所由。而进出口货物之净数大为减色，其理由尚须剖而明之。盖本口进口货减少之最大关系，则在于青岛、济南铁路竞争之优胜，实无疑义。何则该路既日见发达，其侵夺沿海民船之贸易，已燎若观火，而本口原多赖该船以运输内地者也？至出口贸易，有关于该路之影响虽亦过巨，然一时未能深悉其要因。若以本关册表而论，则查本境之野蚕丝及茧绸二种贵重工业，近年异常兴盛，其数与已失之贸易如草缏、黄丝、白丝、猪鬃及本省之他项土产适可相抵。今须再郑重言之，虽烟台曾遇畅旺之年，如西一千九百九年，贸易之满意不过赖丝绸、粉丝工业为之把注，而商务之地位仍暗受损失，其贸易之范围已渐为青岛铁路势力所削夺矣。诚欲图抵制此项竞争，以固烟台商务之根本，就地势而保天然应有之利源，仅须兴修烟台与黄县、潍县交通之铁路而已。不特有关于本口贸易，甚以军事论之，亦所

---

① 1910年的上海橡胶股票风潮。

必需。独惜至今未能筹有的款以举办此轻而易举之事耳。其次最要之图，则为兴筑海坝一事，虽尚无成绩，而入手之筹画已有端倪。其筹款情形，本年春间参订本口抽收特别货捐、船捐之法，每年可抽至十二万两之谱。此事除经华洋商会代表、华洋船商各行公同认可外，业经政府嘉纳行文，商请各国公司允可矣。旋又酌定抽收全省内地捐一举，是议果成，则前议之本口货捐可作罢论。总之，以现在情形，无论其筹款之结果如何，要之办理此项紧要工程不容再缓。至其不能再缓之原因，即以慈善为目的，历年已有确证：即如本年西十一月九号，自傍晚迄于次晨，风灾剧烈，当目睹其飘流失事之惨状，终未能忘其景象。当是时，有大号风船由其停锚之处被风鼓断锚缆，适与填筑码头之墙相碰撞，碎如细柴。此大风灾与岸上、岸下损失财产，以风船、驳船、舢板为多，其数约值银十五万两，至损失人命之实数，虽未深知，但必过二十名之外。本年轮船在港内因风雨不能起卸货者，计四十日，此外复有多日稍延数时者，是无怪船行失其容忍之心，并声言将不驶行烟台，只往来于上海、天津也。烟台北面之海墙，建筑于西一千八百九十六年及九十七年，其建筑之原意，乃因填筑码头起见，但至今未能竣工。详考本口地势，当建此海墙时，即应建一海坝，以保港内之危险。因本口海岸，向系一律平坡，从前每届东北及西北风剧烈之时，海水被风涌至斜式海滩，从容而退，故无所苦。今则猛势直击海墙，激回之势尤为猛烈，以致内港之水鼓成狂澜，损害驳船及各种小船，并及坚固建造之海墙。殷鉴于此，思以戒除此项危险。故于填筑码头，界内有多处取消原议，而留该界内作为避风之所。仅于海墙开狭窄之口门，独潮涨时船只可出入。观此情形，则海坝实为维持本口贸易必须之举也。于预备此项工程最后定式应须之测量，已有大半于西十月至十二月举行，未尽事宜可望下年春间告竣，所得海底之沙泥质、潮流浪势之天然各种标记均已满意。其所筹海坝之要纲有三：一在坝界内宽大；二在防护四向之风；三在建筑之费用不巨而已。新举之华洋董事，系专办第六区工程局事务，其组织情形已详于上年贸易论内。本年曾倡办多处尽善之工程，将来必可在其管理全界之内伸展其尽美尽善之举也。烟台本年夏季气候甚为爽朗，至年底并无时症。乃不幸于西一千九百十一年正月初间，有商人、工人由满洲回山东，将瘟疫带回家内，其疫蔓延不绝，现不独烟台本处死亡悽惨，本省东北方有多处村镇亦然。本处疫死之人多系穷苦无依之辈，除丧命重要之外，兼本省向有多数人民专恃满洲及西比利亚为糊口之地。现因该二处禁止工人前往做工佣役，此正断绝彼等谋生之路，关系更为险要。重以上海并别口所行防疫之法，对于此种疫症过严，致商务工业均受阻碍。而工界之生涯益形减少，盖此种疫症虽极易传染，且传染必死，但现今考验其为厉之由，实系以人传人，并非如有核之疫症，能由船只或货物或鼠类所易传染者也。本省于西一千九百十一年开幕之初，不幸兆此奇灾，是灾之结果究竟如何，尚无敢预言者。

一、本关税课。本年共收关平银六十五万一千二百六十五两，上年则共征七十四万八千三百三十八两。如参考税课表内可知，本年之洋药税并厘金约共短征五万两。至本年出口正税外，观虽属加增，其实数不过二十七万两，其余四万二千两乃日久未结之存款，归年底结算并入本年者。由是观之，可见各税款之减色也。以下数目系指明除船钞外，前三年华洋商人所纳税银。

	一千九百八年	一千九百九年	一千九百十年
华商关平银	四十九万七十五两	五十六万九千九百三十八两	四十六万四千二百二十九两
洋商关平银	九万五千十三两	十二万八千四百八十三两	十三万二千四百六十五两

一、洋货贸易。洋货由外洋径运进口及由通商口岸运来者，查进口之洋货，除捻意大利布外，各种大宗布匹进口之净数较之上年大为减色，计原色布少三万五千匹，粗布少九万匹，粗斜纹布与细斜纹布少一万匹，标布少一万匹。然此种损失，尽系美国、英国所制之货，其日本所制以上数种布匹，以上年贸易论观之，尚为加增。余如各种五金亦见减少。杂货中如纸、烟、煤斤、颜料进口尚佳，煤油进口几减少有二百万加伦。于是可见，向者仰给烟台轮运

货物之各埠，现多由他处往矣。苏门答腊煤油绝迹已及一年，今年则有小宗进口。海菜当销场畅旺之年，由日本进口恒有六万担，今年竟减至一万三千担。香港糖亦减少异常。

洋货复出口：复出口之洋货运往外洋，以高丽为最，其估价较上年增有一百万两；运往通商各口之贸易，于本埠商人关系尤大，而安东、大连等处反形减色。

一、土货贸易。土货出口运往外洋及通商口岸（连复出口在内），查此项贸易，本年共值关平银一千四百七十三万一千六百二十四两。与上年比较，则上年共值一千八百万两之外，足见减少之多。似此情形，本口出口贸易将来能否不再减色，须得保全之证据方有把握。但以他处口岸豆饼之竞争组织完善观之，无怪本埠此项出口工业屡受摧残，至今仅可自立，统计本年出口数目仅及上年、前年之半。牛只及鲜牛肉向推本口出口货之大宗，今则此项贸易已于西七月间实行禁止后，改由胶州、烟台两处出口，而每处每月运销数目仅以二百五十头为限。枣子、鸡蛋较前减少，鲜果则颇形畅旺，花生出口甚属寥寥。豆油、芝麻尚为加增，因此二宗外洋仍需用不已。野蚕丝本年出口计一万两千五百担，上年则一万四千担，小有轩轾，销场尚好，第恐纺丝厂亏本不少也。此货之价值在上海行情每担由五百两跌至三百七十两，至年底其价虽略见起色，纺丝之商深以前车为戒，互相联络不出高价，以购现时所有之山茧，故逆料下年此货或有进步之希望。乱丝头出口以本年为最旺，计有一万五千担。闻此货之销场在欧美市上尚属平稳，因欧美新法巧技之工业能用此货甚广也。茧绸一项其质地日趋日下，以上年贸易论观之，不幸其果验，诚有如本处某商人所谓，各处皆有泰极否来之象。表①中所列之数稍好，计七千三百九十四担，然切不可以此数为该生意发达之证，盖以织绸者与贩绸者，因上年大半年中购求此货者日见增盛，遂只图目前之利源，不顾将来之贸易，立浅见之

---

① 表格缺失。

策，将其货色降低。购办此货出口之洋商，系预先订立合同，迨其交货甚至不符，只得勉强起货而无法抵制此种恶习，是即芟除此项贸易之根也。西商不惜重资出如是之高价，以购重绸，自是欲求上等之货。兹既无上等之货以应求取，已转向欧洲自行制造。其仿效南山重绸已有异常之成绩，是无怪上年年底无人购买此绸，现在应更无人过问矣。其略贱略轻之货情形稍好，然尚多责其货不及格、长不足度者。本年之茧绸贸易办出口之洋商已经亏折，且下年之希望亦难望佳。贩绸华商亦卒至损失过巨，如引鉴前车，力求改良，将来或可望利。惟此种制造，如在外国市上时式而论，一旦失其销流之把握，实难再为挽回。东省劝业道及本处之商会，想应妥慎研究，注重于此事之一切问题也。粉丝出口共有二十三万六千七百四十三担，仍加增无已，是以运制造粉丝之进口豆子价虽昂贵，亦不计及。

土货进口：本年进口土货共值关平银七百五十万两，上年则有一千万两之外，其短少之处，洋药已抵七十余万两。因豆饼出口之数减少，故豆子较前五年进口大概数目跌至一半，实意中事耳。煤炭较上年异常减色，然尚可至平均之数，其开平煤已为抚顺煤所抵。面粉、大米二项减少甚多，纸张、夏布、赤白糖反加增称意。野蚕茧由新关、常关进口，仅有十五万七千一百五十二担，上年则有二十五万担。之外烟丝尚属加增。

一、内地税则。无。

一、船只。本年进出口船只吨数较前数年所差无几，挂中国旗之船只数目并吨数均见加多。因在本处及各处新增华人船行，遵照《内港行轮章程》行驶，小轮往来沿海由三百四十六只十六万吨增至四百五十六只十八万一千吨。

一、旅客。查该表所指之数处路程，乃近来工人往满洲所经之路。计往大连最多，共三万三千名之外，安东次之，共二万七千名。海参崴又次之，共二万二千名。至于往内地各处之四万八千名，想当有大半取道龙口、牛庄。南斐洲最后一次回华之工人，系

宣统二年（1910）烟台口华洋贸易情形论略

本年西四月开抵秦王岛并烟台。

一、金银。查本年进出口金银并金银铜各元，前五年中即非常减少，多因通行赊账所致，殆无疑义。今将本年银元兑换宝银并铜元涨落之行情开列于后。

	一千八百九十九年				一千九百十年				
	银元换关平一百两 最高	银元换关平一百两 最低	铜元换银元 最高	铜元换银元 最低		银元换关平一百两 最高	银元换关平一百两 最低	铜元换银元 最高	铜元换银元 最低
正月至三月	一百五十三元	一百五十元二八	一百二十三枚五	一百十六枚		一百五十三元零九	一百四十七元	一百二十八枚	一百二十五枚
四月至六月	一百五十三元	一百四十八元六	一百二十五枚五	一百二十二枚五		一百五十二元一	一百四十八元四	一百三十九枚	一百二十六枚
七月至九月	一百五十二元八	一百四十九元	一百二十七枚	一百二十二枚五		一百五十一元三	一百四十九元八五	一百四十二枚五	一百三十五枚五
十月至十二月	一百四十九元八六	一百四十六元一五	一百二十七枚五	一百二十三枚		一百五十元九	一百四十七元	一百三十五枚	一百二十四枚

一、药土。查本年洋药、土药进口非常减少，多因戒烟者众，且半因满洲订立最严之法，以禁止此货之贸易。

一、杂论。本年西五月十六日，署理山东巡抚孙①巡阅到烟小驻，至十九日即起节旋省。夏初即有莱阳、海阳乱事，因收不洽舆情之捐所致，后经省垣调兵，其乱乃平。至于邮政局之进步，据管理本界之邮政司事西密司君报告云，本年新设代办处九所，代理信柜处加增二十五家，邮递之路加增八十里，统计三千八百八十九里。各种邮件由三百五十四万一千一百件增至四百九十五万三千七百件，几加增一百五十万件。包裹由二万二千七百件增至二万七千七百件。本界现有内地邮局九十六所，信柜处四十四家，信箱八个，信筒三个。

宣统三年正月三十日
三品衔双龙二等第三宝星东海关税务司安文呈报

---

① 孙宝琦。

宣统三年（1911）烟台口华洋贸易情形论略

　　窃查本口贸易情形，自上年十二月初间有肺炎鼠疫发现，系由本省客商、苦工等人自东三省回籍传染而来，蔓延本省。东北隅各城镇有数处因之死亡枕藉，犹幸此症尚未遗种，苟不与病者相切近，亦即不至被染。本埠居民五万人，为此症毙命者约二千人，除有一二家为病者直接染及，以致引入家中之外，其余皆苦寒无告群聚窝铺之贫民。故就闻见者细加详查，即知疫症固莫毒于肺炎鼠疫，而防范最易亦莫过于肺炎鼠疫也。大约此疫发生，必借多人簇处、密不通风之屋方能蔓延，凡一切非生物胥不能为此症传染之媒介，现已发明，毫无疑义矣。然既已滋生，其结果乃至轮船群相抵制，不愿在本埠如平时停泊，所幸不识何故，竟至西历二月下旬，其势即已稍杀，以后日渐轻减，至四月间即全行扑灭。五月初间凡所以检验防制本埠之法，皆已裁撤，贸易亦于是渐复旧观矣。本年春稼各属皆异常丰稔，然秋季较为紧要之小米、包米庄稼，乃为淫雨所损，以致得不偿失，受害之区仍以本省西南两处为最巨云。本埠海坝一举，因山东巡抚拟抽内地捐暂为延搁，曾于上年论中叙及，本年复行，勉谋进步。其华洋商会见内地捐毫无增进，遂仍就上年春间原议货捐办法，禀请推行，北京政府立时允可，并将前此拟议之案再行催商各国公使施行。惜本埠忽生种种意外之阻难及无形之窒碍，以至如此易举之惠人要图，竟至束搁，犹望其不至久延也。本年冬令至今甚为温和，向来一至冬令即有狂飓为灾，本年则绝无之。全年中轮舶之在港内因风雨不能工作者计三十五日。烟潍铁路一事，本年春间商会公所各代表曾因集款无成，禀请政府担任筹款兴筑，闻政府已概允所请，忽为长江起事①置之度外，从此后事不可知矣。所望者仍能不失时日，竭力筹办以成此紧要之举也。大约全球之上，有一铁路即能大获便利，立时发达之处，无如山东西北一隅之更亟者，除黄河口相近之小清河而外，则无第二水道，由口岸至内地，全赖骡驮装运，不便孰甚焉。十一月十三日本埠宣布独立，设立临时政府，办事人员由本地绅商公举总司令王君传炯协同辅政人员管理一切，持之以坚忍，出之以谨慎。故本埠所属虽离省独立，且治法纷杂不易，而独能平安兴旺直至年终。综观以上数端，本年始之以极危之鼠疫，继之淫雨饥馑，殿之以国难，尚何敢望贸易之畅、税课之旺及商家之兴盛哉？就商业一面言之，其情形足见殷实。盖本年经过如许恐惶而关于紧要者，亦仅倒闭顺泰一家耳。该号在本埠开设已久，兼营钱业杂货，际此时艰，二业之力不能支持，以致闭歇云。本年贸易总估、净估皆与上年无大差别，然此乃因土药进口陡增一时之故耳，盖其余各项实皆大逊上年。

一、本关税课。本年共收税钞关平银五十九万五千九百十四两，较上年少收约五万五千两，与前九年平均之数比较，则少十五万两。数既短绌，内尚有本关代征芜湖关出口米税三千五百十六两。除复进口半税及洋药税二项稍见增加外，其余各税无不短少。出口税一项较上年实少四万八千一百三十九两，船钞一项于一千九百六年，曾收六万五千余两，本年跌至三万七千余两。正良足研究其故，实因本年开首数月瘟疫流行，船只稀少，船钞亦即因之减收耳。左开②各数为四年来本关所收各税，除去船钞，分别华商洋商其比例如下。

---

① 指10月发生的武昌起义。
② 原文为竖排向左读。

宣统三年（1911）烟台口华洋贸易情形论略

	一千九百八年	一千九百九年	一千九百十年	一千九百十一年
华商完纳银	四十九万七十五两	五十六万九千九百三十八两	四十六万四千二百二十九两	四十六万一千五百六十四两
洋商银	九万五千十三两	十二万八千四百八十三两	十三万二千四百六十五两	九万六千六百十两

一、洋货贸易。洋货由外洋径运进口及由通商口岸运来者，本年共估值关平银一千九十九万三千六百三十八两，上年则有一千一百八十七万三百十七两。按本关册表所载，货数仅系进口净数。复出口之货业经除去，可见美国粗布最为减色，仅十三万二千二百九十九匹，较上年约少七万三千匹。查此货一千九百六年曾达六十三万三千匹之巨，以后岁有所损，以至于今英国粗布并非进口大宗，上年约一万九千匹，本年减至八千匹。日本粗斜纹布由二万八千匹跌至一万六千匹，英国细斜纹布及标布数年以来已经逊退，本年亦与相仿。日本标布以及印花布、棉意大利红袈裟布等亦莫不皆然。日本棉布及棉纱市面虽紧，尚能保守如恒。铁条、铁枝、旧铁因甚相需，来源如旧。杂货中，纸烟较增，面粉总数约逾十万担，已复其从前之地位，称进口大宗矣。日本自来火较上年为优。煤油净数进口约二百八十六万加仑，尚不及进口总数之半，盖总数共五百九十七万四千九百五十一加仑也。内有若干为上年岁尾进口之货归入本年计算者，故二年进出口之总数如下。

	一千九百十年	一千九百十一年
进口	五百六十万八千三百六十四加仑	五百九十七万四千九百五十一加仑
复出口	一百六十一万一百五十加仑	三百十一万四千一百五十加仑

复出口之货大半运往大连、安东，以上除一千九百十年有苏门答腊油十万加仑进口外，余皆美国煤油。洋糖比上年减少，因产区价增所致。海菜为食品之一，大都从日本来，与别种食品皆见增

加。洋货复出口，虽美国煤油往大连、安东有增，而往该两埠之总估值实为大减，往高丽之复出口货亦然可见，上海直往该处之货或日见加增也。

一、土货贸易。土货出口运往外洋及通商口岸（连复出口在内），本年出口货共计值关平银约九百七十六万一千两，较之前去两年大为减色，其巨因，则一为出口茧绸较少，一因野蚕丝价值低落之故也。茧绸一项出口共计五千八百七十六担，上年有七千三百九十四担，前年则有九千四百六十担云。下载一切情形系得诸一本地绸商，据以登记者据云，本年绸业无论华洋商皆不见佳，西国办货之家，历年以来积压低货如山，是以不愿再行订购，加以欧洲时行颇不乐用此货，盖每有参差多污假造颗粒，如此重值之货，必当除尽瑕疵。坐此欧洲仿造之品，遂能攘夺多数贸易而去，然华人苟能恒于事前推求，则欧绸何足以相抗哉！加之本年时疫流行，实不必畏而竟有惧其或能传染者，亦自然之势也。犹幸澳洲购者日多，然市价既低，利息遂微。本年购办重绸者数甚寥寥，南山轻绸仍占独步，五十码者最宜行销，然索价每苦过奢，购者不得不勉就值价稍廉之十九码者。野蚕丝出口较多，然又值市价日落之时，恐获利之说又成画饼矣。上海丝市上等者每担自三百二十两跌至二百五十两，二等者自二百八十两跌至二百二十两，幸今春茧价较低，每千枚自九钱至一两二钱五分，业此者挹彼注此，或可幸免危险。本地纩房四十三家，本年闭歇者六家，机器纩房亦未开工。乱丝头一项销路非常畅旺，本年价值亦向所未有，若日后仿造之绸虽攘土绸之席，而制绸之料仍望至之罕求之也。本年豆饼一业，虽别处竞争，豆价高涨，而本埠出口尚为较优，然仍不及从前远甚，此所以日见退步也。尚有出口大宗之一，即粉丝亦稍逊于前，然仍未失领袖之席。运往海参崴之衣服、靴鞋，视前有加。牛只及牛肉，上年限定每月准出口二百五十头，本年展至五百头，无不足额者。本埠产有极上品之花生，本年共出口花生仁约十七万担，花生二万八千担，可称满意，然将来尚冀大有增加也。土货进口本年共估关平银约八百四十七万八千两，较上年增一百万两，然其中大半为进口土药价增之故。米及面粉俱减少，然洋面进数大畅，足抵其缺而有余。汕头来此之赤白糖因洋糖涨价，进数竟达七万五千担之巨云。本省粮食缺少，是以有大批之豆自东三省来应所需。山茧经新、常两关报运进口，共约二十四万三千担，上年共十五万七千担。本埠市价异常低落，业此者必不能获利也。

一、内地税则。无。

一、船只。本年只数、吨数进出口显然大减，其故全为疫症流行所致，首五月减少之数比上年达五十二万六千吨，全年则共少四十九万吨。遵照《内港行轮章程》行驶小轮往来北方海岸者居多，本年虽龙口至牛庄、大连通行生意畅旺，而本口船只吨数亦甚形发达增加。二年来本埠至海湾尽东之养马岛，通行航路生意十分兴旺，以致每日往来数次，此线于该岛居民及往来宁海、烟台之旅客大为便利，此种船只谓与在本埠行动者相同，故其只吨之数皆未列入总结之内。

一、旅客。本关册中所载数目殊不足恃，然有一事极为明晰者，则俄政府对待华工之新法是也。本年由本埠至海参崴之客仅二千八百八十九人，一千九百六年有二万人之多云，由该口回本埠之一万九千人，内有三千名为该处执政遣回不用者，其内有多数品行不端之人，且大半皆贫苦无依者。故本埠官长遣送回籍之举，实为尽美尽善。直隶人则由轮船送往天津，本省人则各予川资若干，分班遣散回籍，至于东三省招工之因疫病减色至何程度，可于牛庄总结中见之。

一、金银。本年金银进出口与上年无甚差别，外洋侨工回华辄携大宗金银皆不载入关册，故其数实不足恃。本年银洋铜元兑换市价开列于左（两、年同前）。

一千九百十一年	正月至三月	四月至六月	七月至九月	十月至十二月
洋易银最高	一百五十一元三角五分	一百五十一元一角三分	一百五十元二角一分	一百四十七元五角
又最低	一百四十六元九角六分	一百四十八元七角五分	一百四十七元五角	一百三十七元六角
铜元易银元最高	一百三十三枚五	一百三十一枚	一百三十一枚	一百三十三枚
又最低	一百二十四枚	一百二十六枚	一百二十四枚	一百二十二枚

一、药土。查本年五月间进口土药陡然大增，同时药税亦骤加，皆商人谋利之计。然此业每况愈下，销路日有所减矣。

一、杂论。本年邮务发达甚为满意，署副邮政司曾见告云，本年新开分局十三处，合前共一百九十处，信件自四百九十五万三千七百件增至五百六十三万八百件。包件自二万二千七百件增至三万五千六百件，汇寄银洋亦大有所增。

大中华民国元年二月二十七日（即壬子年正月初十日）
　　　　　　　　　　　　东海关税务司安文呈报
　　　　　　　　　　　　四等帮办王庆元译汉
　　　　　　　　　　　　　　文案辛贤撰述

中华民国元年（1912）烟台口华洋贸易情形论略

窃查本口本年贸易生机，为常驻军队所影响，受害良深，最多之时达万二千人驻扎本埠及邻近各处，其中曾受训练者，实属寥寥无几，大半皆革命时仓卒应募，本无军事知识，不明纪律，不但不足以保治安，反使人心惶惑，贸易顿滞，驯致商业无复兴之望，现状乏维持之方。其至也，既无召致之由，更无必需之理，徒使一商埠之重受意外之累，如此岂不深堪惋惜哉？查本埠军队，省中大吏向视为烟台都督之属漠不相关，所需饷粮尽由商富挪借而来，至今丝毫未偿。迟至七月始，经政府承认，由陆军部委派高等军官来烟，办理解散兵队事宜，旋将登、黄二邑所驻南籍客军资遣回里。惜饷款未敷，在本埠只能先散一小部分，其余关外军、鲁军数千人至年终尚留此未遣，月饷复不能按时发放，以致地方治安危如累卵。迨年终时，解散关外军队，遂酿成一月五日①之惨剧，伤毙多命，抢失财产无算。此论脱稿时，又议解散余兵矣。执政者固深知兵队为治安之障，欲期地方安谧，贸易进步，端自尽遣兵队始。本埠被军界损失之数，若通盘筹计，虽属无多，然使商民惊惶之态，印入人心之深，日久疏难忘怀也。黄县一邑为本省东境首富之区，而本埠最巨之市场也。此次受祸独深，被抢者数次，

---

① 1913年。

海上来风：近代东海关贸易报告（1864—1919）

损失甚巨，毙命尤多。该邑之困，实非本埠之福，盖彼此贸易关系至为密切也。本埠政权在上半年中操诸三数人之手，不时更易，均称山东都督，似置省会大吏于不顾。嗣于七月中，奉政府命令解散军政府，置民政长官，数月来暂以部委散兵事宜少将曲同丰兼管。未几，东海关监督王君潜刚于十月底莅烟，即于十一月初视事，兼办民政、外交事宜。海坝一役为本口命脉，所关日后兴衰系之，本年大有转机。本埠领事团呈驻京公使拟设筹备处，以华洋各数人任之，专议工程图样，调度财政兼办前定抽捐一切事务，已蒙转达各国外部①一律赞同。事渐就绪，可望指日兴工。不意横生阻逆，功败垂成，可胜浩叹。若阻碍不去则后事茫茫，殊难逆料。回忆本年虚縻巨饷，若以半数移作此举，何须更议抽捐？以无需之军饷作船泊之保障，行见本口因地利之制胜，控商业之重权，岂不美哉！本年因风浪停止工作凡三十五日。铁路一事，久经提议，本年亦未遗忘。然效果毫无，空言何补。提议时曾拟于胶济铁路相遇于潍县一节，改与津浦铁路在德州接轨，以期于北方直接。然此议多一黄河桥工，故未能一时决定。总之，铁路之要虽尽人皆知，而建筑巨款决非本埠所能筹集，此其显然易见者也。本年通省岁收丰稔，秩序既复，贸易不难重振，跂予望之。本年贸易总数毛估、净估统计较上年少一百五十万有奇，进口货估值较出口货估值约多二百五十万两。

一、税课。本年税钞总数共关平银七十万四千七百三十五两，虽较多于前数年平匀之数，且远过于上年岁征，不幸与贸易盛衰毫无出入。盖所增之数皆洋药税厘按照新章加收所致，进出口二税皆见减色。出口税实为贸易之标准，不特逊于去年，且为十年来所未见。其故前已陈明，兹不复载。今将五年来华洋各商除船钞不计外所纳税银分别开列如左。

---

① 各国外交部。

中华民国元年（1912）烟台口华洋贸易情形论略

	前清光绪三十四年	前清宣统元年	前清宣统二年	前清宣统三年	中华民国元年
华商	四十九万七十五两	五十六万九千九百三十八两	四十六万四千二百二十九两	四十六万一千五百六十四两	五十六万二千五百九十八两
洋商	九万五千十三两	十二万八千四百八十三两	十三万二千四百六十五两	九万六千六百十两	十万四千七百两

常关岁入同见减色，东崩西应足征贸易之衰。

一、洋货贸易。洋货由外洋径运进口及由通商口岸运来者，查本年贸易，虽镑价高涨，而洋货进口毛估得与上年相差甚微者，皆小土大增所致，只此一货值价已及百万矣。除去原货出口，净值较上年尚溢出五十万两。各种布匹因本埠及向在本埠办货之登、黄二邑市面不定，故亦增减异恒，大约所增之货皆军队需用之品也。本年时局阽危如此，存货过多实非万全。故春初，各商号皆以大宗货物运往他处存贮，以期稳固。嗣后亦仅择市上必需之品采办来此。至于抛盘、定货及存积多货，以备不时之需者，皆绝迹矣。五金类均大减，铁条、铁枝其最著者也。杂货中纸烟仍复加增，煤斤远在平匀之下。面粉之多，为历年所未有。参货虽表载净数为无，然此货每年均有多数进口。本埠天气最宜于晒晾此货，使之干燥，然后原货出口。日本自来火为市上独占之品，今岁大见增加。洋针较多于上年，然与前数年相去远矣。美国煤油进口总数四百五十万加伦，较之去年净多八十万加伦，而复出口则远逊，仅七十九万四千加伦而已。本年并有苏门答腊煤油二十万加伦进口，半多行销当地。纯碱为矿房所需，本年与前清宣统元年、二年相等，去年曾大为减少，至本年始复旧观云。赤、白、车糖共增一万八千担，尚不能抵土货之缺。此货价值日渐增涨，本年上等之货每担值银九两一钱五分，尚不敌去年之高，然亦显为过贵也。爪哇糖销数日增，冰糖多二千担。

洋货复出口：查比上年少七十万两，由于煤油稀少，前已提及矣。时移世变，向之在烟办货者，现皆弃而之他，惟安东一埠尚为

379

海上来风：近代东海关贸易报告（1864—1919）

本埠主顾。

一、土货贸易。土货出口运往外洋及通商口岸（连复出口在内）。出口总数共少一百万两，运往外洋及沿海口岸各有其半。豆饼及豆极为迅减，豆油亦在平匀之下。鲜蛋现皆由龙口直往满洲，故出口日见其少，水果分量、等次皆平平，花生甚旺，花生仁亦大增。查花生一项，欧洲需货甚殷，然供应不易合格，大小颜色皆不能一律如式，究竟此货所重在味。何以外国汲汲于色样，殊难索解？野丝一货，手纩者少见增加，而机纩者仅及上年半数。本年纩房因地面不靖，觅工极难，故多停纩，乱丝头亦从而减色。茧绸虽与最盛之年相去甚遥，较之去年则多五百担，如镑价稍为合巧，则运往外洋之货当更有可观。本埠此业因产处至本埠一路阻碍不前，故贸易甚形呆滞，尤不幸者年终时，业此者仅留存货少许，以应新岁之需，其余则避而他适，似不愿更至烟台。然若通盘筹算，则自华洋商观之，本年尚称满意云。宁海一项，即南山绸，年初价格合宜，照定式宽三十三寸，重四十两之货，每匹银八两。至年终忽涨至九两之多，来货尚不敷供应，实则来年定货甚多，人所共知也。土绸开盘价值亦甚相宜，但存货过足，多于所需，以致价值日低，至六七月时，有大宗出口，其值之贱为数年所未有。盖织户及业主皆急于售出，预料丝线当亦如前季之贱，不意茧收歉薄，线价升涨，绸价亦因之抬高自一成至一成半。货品亦较春季为劣，十一、十二两月销路大畅，价值至年终甚为平稳。惜来货稀少，货复恶劣，以致选择甚难耳。从前牛只出口多半往海参崴，曾大为畅旺，本年一落千丈，仅有一次运往大连而已。牛贩因内地盗贼充斥，行路不易，故不敢轻于尝试。牛肉较胜于去年，尚远不如从前也。粉丝在出口大宗中如硕果仅存，本年略逊于历来平匀之数。

土货进口：本年净估大减，而复出口则异常增长，土药大为减少，布匹等类亦然。豆由海关进口大见增加，但不足抵常关所减之数，相差十二万五千之多云。食品、米少见增加，面则不相上下，常关进口之玉蜀黍及小米大为减少。爆竹大减足见人人不安。两关进口之山茧略逊于前，计少三千担。茧价年初甚低，至新茧上市价忽增高。据云本年满洲产数仅及往年七成，寒霜过早，多数尚未成茧，即已冻毙，以致丝头较短十分之一。本省产茧因时局乱离，致多恍忽，较之平匀之年仅及半额。糖较少三万八千担与数年平匀之数不甚差别。烟叶远过平匀之数，烟丝反是。

一、内地税则。无。

一、船只。沿海往来船只比上年虽较多，而吨位则反少。内港船只较少，亦尚在平匀之上，唯吨数大减。常关风船亦显然减少，一则因地面不靖，一则因洋面海盗充斥，相与裹足。

一、旅客。表①载旅客之数虽未能确切无误，然即此亦颇足研究也。本年来往大连、胶州之数更显，然可见本埠居民因军事恐慌，相率迁地为良，避居邻封，享友邦②保卫之益。至平靖时又率而旋里。大连进口数内又兼满洲工人因地方不靖，难觅生活，不得已作归计者。出口往海参崴之数虽较去年为优，然与前相去远甚，若秩序不能进步，则一时决难恢复也。内地行旅向之绕道烟台乘轮北往者，现皆由龙口等处直行过海较为便利。

一、金银。进口皆较上年为多，盖本年贸易多以现钱交易，故装运银币必随之而巨。进口内兼有军队饷银，然其大半由兵轮装运，不列本关册内。出口内有多数为本埠最为摇惑时运往上海、大连等处存贮以保全，嗣后间有运回者，进口之数亦因而加增。

兹将本年及前两年以银两易洋元，以洋元易铜元，三年通扯，每季酌中市价列表于后。

---

① 表格缺失。
② 指占据大连和青岛的日本、德国。

本年月分	一月至三月	四月至六月	七月至九月	十月至十二月
银易洋最高	一百五十元	一百四十八元九角五分	一百四十九元五角八分	一百五十二元一角四分
又最低	一百三十九元七角六分	一百四十六元四角九分	一百四十七元三角	一百四十八元三角三分
银元易铜元最高	一百三十枚	一百三十六枚	一百三十七枚	一百三十枚
又最低	一百二十一枚	一百二十三枚	一百二十九枚	一百二十五枚

一、药土。白皮土即小土，进口数三百九十担之多，为历年所无，其余他种洋药、土药除一种土药略增外，皆为逊减，云南土其尤著者也。本年土价最高时在三月中，小土每百斤关平银三千二百两，大土每百斤二千七百两。

一、杂论。本年天气亦少异，雨水之数仅十四英寸，上年有三十英寸，相去远甚。夏日暑热异常，寒暑表两次升至一百度，一在七月，一在八月，炎热时亦较长久。冬至时天气严寒亦为数年所无，寒暑表缩至十度者亦两次，但期在来年一月二十五日及二月八日。首次港内因冰阻不能工作者计二日，二次计三日，如此境象曾于前清光绪二十六年见之。

中华民国二年三月十八日
东海关税务司梅尔士呈报
四等华帮办王庆元译汉
文案辛贤撰述

中华民国二年（1913）烟台口华洋贸易情形论略

窃查本口贸易情形，自上年军政纷扰，致使本埠及邻近各处蒙莫大之损失，终乃酿成本年一月五日之变①。直至三月中，革命军队末批解散，民困始称稍苏。不意省属军队一千五百人接踵而至，有如瓜代，迄今驻留不去，此军诚较前者为良，月饷亦照发无缺，然而军队临存，贸易断难活泼。军队一日不离烟，贸易信用终无恢复之望也。此项军队苟用以平靖本埠西北一带出没之劫匪岂不大佳？然而，若辈除长日狂吹不中程度之军号及干涉进口行旅而外，固别无所事事也。上年曾经论及本埠军队以少为贵，盖此处所需者得力之警察也。惜目前甚不易得，此处警察本不完全，而地方行政经费竭蹶，足以使之日就腐败，现在所雇已远不如工程局办理时矣。各样工程亦因经费无著毫无进步，甚至马路亦未能及时修理，然皆与第六区所属无关，盖此则归华洋董事会管理者也。该会成绩优良，为本埠住户所组织，办理甚力，惜无得力扶助，未能规模远大。建造铁路以开本省东北隅利源，此议久未解决，此路之要为尽人所公认。本年此处当地商民与该路有关之人与中央政府接洽磋商，至终仅能认定一事，即此路若议建筑，必归国有，而非商办是也。所望者此层既经解决，即当从速进行筑造，此内地交通所倚之

---

① 1913年驻烟台的关外军因不满遣散问题发生哗变。前文已述。

海上来风：近代东海关贸易报告（1864—1919）

要道。庶几烟台有更新之机，而国家有增入之利，岂不美哉！海坝问题，上年所述种种困难，幸本年早已通过，而海坝工程会于是在五月中成立，会中办事人员计会长一人，以中国官员充之，即东海关监督王君潜刚，是领事团公选代表一员，即领袖德国领事官连梓君、海关税务司梅尔士为收支员。另有中西商会值年总董孙文山、司徒克①二君。海坝征捐则例，自奉京都训令，即于七月一日颁行征收，以备归还筑造之费，时逾半载，而初次六月中征收之数竟溢出预算一成四分有奇，岂不美哉！则例内容计分船舶捐，大小火轮及驳船皆在内，及货物码头捐，其捐率甚低。若以造成后所得海坝之益相较，则此时缴纳之费真不值一笑也。承荷兰政府之谊，准令该国精于此役之工程师瑞立德君到烟相助，为工程会筹划最优之道，建设本埠所需之保障物。该工程师于十月中，偕相辅之工师爱士德君同抵烟埠。现已拟就办法，业经公众认可，足副本埠之需，其图样附呈于洋文册内。其中恐决定时，尚有微细更易之处，所拟西码头一策，非惟应挡浪之需，抑且可供轮船泊靠之处，以便与岸上直接往来，此法实为本埠所缺望而未得者也。图中以点注明之横码头，非在此次工程之内，须用时即可筑造，每处可泊四船。坝内海面约计可二百五十英亩。本年因天气所阻不能工作者共三十三天半，比往年稍优，本年十月、十一月之间曾有暴风数次，十月四日中国宁静轮船载重二百四十一吨，在暴风时遭回禄之灾，全船俱烬。十七日，日本日进丸载重二百四十九吨亦遭同厄。二次幸皆未伤人命。十一月十二三日暴风又起，有美孚行铁驳二艘满载煤油遭风沉没，淹毙一人，同时中国驳船数艘亦遭其害，以致货物漂没。二十一日，中国德裕轮船由龙口开往牛庄，满装旅客，在旅顺口西北之岛触礁沉没，毙命一百七十四人。本年有电灯公司一家成立，资本十二万元，在埠西拓地经营，建造房屋购置机器，惟该机产自名厂，此外一切该公司皆用省俭办法，实则日久之后，将见为最贵

---

① J. Howard Stooke.

之法也。以本埠现状论之，商业虽无把握，而本年南方数月之乱，尚不致使本口贸易却步，进出口皆有增加。虽下半年药土禁止进口，而出入货物净估竟较上年增三百万两，可谓美矣。以下所述解释表册所载各项情形，皆得各方面之助，特此志感。

一、税课。本年税钞少于上年者三万六千两，然本年自六月十五日起，药土税厘一律停征，少收将及五万两，则实收之数仍较上年为优也。除药土税厘不计外，进口正税实稍见逊减，且为十年来最低之数，而出口正税、复进口半税及船钞则合计较上年多二万二千两云。今将五年来华洋各商（除船钞不计外），所纳税银分别开列于左：

一千九百九年，华商，五十六万九千九百三十八两；洋商，十二万八千四百八十三两。

一千九百十年，华商，四十六万四千二百二十九两；洋商，十三万二千四百六十五两。

一千九百十一年，华商，四十六万一千五百六十四两；洋商，九万六千六百十两。

一千九百十二年，华商，五十六万二千五百九十八两；洋商，十万四千七百两。

一千九百十三年，华商，五十四万二百八二七两；洋商，八万八千九百三十两。

本埠自同治二年以来，华洋各商纳税平色即已互异。迄今数十年相仍不改。华商每关平银百两，须纳本埠曹平银一百六两五钱，而洋商则仅须完纳曹平银一百四两五钱。目前正在设法去此弊习，援用相当之价以昭公允。常关岁入少有加增，进口税其尤著者也。

一、洋货贸易。洋货由外洋径运进口及由通商口岸运来者，查本年洋货进口净值较上年稍胜，但本下半年洋药进口既已截止，不复再见，则今年贸易即可谓之妥善。棉货、布匹等类大致胜于上年，虽有数种似较数年前大为逊减，然其实故则半因光绪三十三年改造册表所致，其年亦曾论及。查布匹中消长情形，最关紧要者，则美货日减而日本同式之货日增是也。其在市占重要地位者，则俄国双面印花布是也。日本棉布减少甚巨，而棉纱则增多一万二千担。绒货数年来无甚差别。五金各色均大为加增，旧铁尤胜。杂货中纸烟减少，煤增多一万吨。颜料类大有增加。面粉少六万担，然土面粉所增之数实足以抵其隙而有余。日本自来火十分畅旺，全市几为所占。洋针增加虽甚可观，尚不能及前数年之巨。本年无直放之煤油船到埠，且由栈复出口之数为七十一万八千加伦，复过于由别口运来之二十七万一千加伦。苏门答腊煤油进口将及五十万加伦，实为数年以来未有之巨数。糖合洋土两项，共计较上年少一万五千担，而赤糖最为减色，其市价通盘筹计尚较上年低廉也。

洋货复出口：本年复出口往外洋之洋货，估值不足五十万两，盖因上海至仁川、海参崴交通便利，非复如前之专销本埠货物比也，其至通商口岸者稍胜。

一、土货贸易。土货出口运往外洋及通商口岸（连复出口在内）。本年土货出口往外洋及通商口岸估值皆增于前二者，共计较上年多一百万两有奇。惟复出口则较少一百五十万，其故正与洋货复出口相同。本年豆及豆饼、豆油仍见逊减，鲜蛋一项大半往海参崴，较胜去年，咸鱼几增一倍。今春暴风霪雨为灾，果木受损甚巨，以致出口鲜果较少。花生增二万担，惟花生仁则减少五万担，半因往外洋某数处轮船水脚之巨几不能堪故也。有本表未载货物二种，亟应留意，一为手工花边，一为发网一项。丝线二种之花边出口之数估值十四万五千两，较上年盖多二万两云；发网共估一万五千两，较上年多六千余两。此种发网以进口人发织成，其中大半系华人之发，曾在欧洲特别制炼者。本年各类丝，除机纩者，其余皆有增加，实则目前本埠机厂皆未开工，其手纩之丝加多一千六百担。本地纩房大半全年工作所出之货约有二万三千担。其中一万三千担已经出口。此种丝分有戳、无戳二项，其价则有戳者自二百六十两至三百四十两，无者自二百二十五两至二百五十五两。乱丝头增加二成有奇，大约因外洋时行剪绒、丝绒，皆取材于此故也。茧绸一项本年所受影响厥有数端。欧洲本年夏季凉雨交作，驯致定货较少，然澳洲则销路日增，又有人图谋将茧绸贸易移于别埠，其宗旨为销下等货物。因本埠洋商向不买下等之货，然此举殊无良果。卖者及别埠买者皆受亏损，而买者尤甚。则本年出口实增七百八十四担，至于价目不能如上年之美。三十三寸宽四十两重之南山绸平均约八两四钱，货质亦不甚佳。南山丝缺少织工，辄以关东丝搀入织成。其法虽目前似有利，然终需损及本业贸易。山东茧绸价值日渐跌落，至年终时其价之低为数年来所未有，其最足惜者，该业中制造家每喜减轻货质，而于销路最旺时尤甚。查茧绸一项自烟台出口，如业此者能永除诡谋，诸如以浆粉加重斤两，以断货冲整匹，或截短一定尺寸，或以硫磺熏染假色，则销路必佳。故本埠办货之行号，每细加验看，虽该业中人有极反对者，实于彼大有裨益。盖外洋有数处最大都市，恒需烟台提单一纸以为货品之保证，业此者应知之也。近年西报常有无稽之语论及茧绸，著此种论说之人皆据失实之传闻，甚或有全不知出产地方及贸易情形者荒谬之说。内行者见之当为忍俊不禁，然外洋买主或为所惑未可知也。最妙则该买主置此种论说于不顾也可。本年并无草帽缏出口，但此业别口皆亏折甚巨，故本埠之竟不购办，当可无憾。粉干为数年以来最盛之年，比上年多五万五千担。

　　土货进口：本年毛估较上年少三十万两，惟因复出口减色，故净值反较上年多一百三十五万两，亦云美矣。豆类合洋、常两关总计共少四万担。米增九万担。煤增多甚巨，大半系供给春夏间停泊本港之中国兵舰需用之开平煤。面粉增加八万五千担，借补洋面所少之六万，尚有余存焉。由民船轮舶进口之山茧，较上年增一万二千担，盖因上年冬季收成大佳，出数既旺，货质尤胜，如以价值低廉，矿业中人莫不利市三倍。今岁新收较歉，品质略次，茧胚迟于上冬自一成至一成半，盖同出若干丝，一则仅需若干茧，一则必须增多茧数也，值价亦涨。然丝价既未减落，仍属有利可图。再者本年冬季和煦，鸭绿封港甚晚，故东省之茧竟能尽年内运到，仅余一

海上来风：近代东海关贸易报告（1864—1919）

万筐俟开河后再行续运来烟。土糖较去年为迟，计赤糖少万担，白糖则多四千担。烟叶大为蹉跌，赖烟丝增加以弥其缺云。

一、内地税则。无。

一、船只。遵照本关总章行驶者，本年船只数目、吨位皆大增于前，计多船只三百六十艘，共增三十一万九千吨之巨，良可称也。其尤大彰明较著者为日本国，凡籍该国之船舶，共增四百十七艘，计三十万一千吨。招商局船只于本年夏季，因南方乱事停驶数星期之久，否则本年船只更当胜于此数。然即如此，中国船只已较上年多六万吨矣。遵照《内港行轮章程》行驶者，本年内港行轮亦较上年为盛。船只、吨位皆有所增，常关进口船只比上年多五百艘，足见本埠有妄揣以为为数甚微之海坝捐将影响及于民船贸易，诚为鳃鳃过虑，究无实据者也。

一、旅客。本表所载数目虽仅得梗概，未能确切无误，然已可觇来往华客实逊于前也。本年夏季，南方起事①之后，本埠戒严，司令颁行稽查进口旅客行李之法，在起岸处行之。以时局论搜检者，果能率依规矩妥善奉行，则思患预防，行者当然无异词，惜乎事实乃殊不然，军队执行往往有虐待及开罪来烟中外行旅之事。

一、金银。本年金银进口为十年中最低之数，共计较上年少一百七十万两，出口亦少五十万两。盖本年本埠现状视前为优，加以该业流通较为活动，故无需大宗现银往来。至于运往大连之银锞二百余万两，大半为奉天造币厂所购，以为铸造银币之用。自表面观之本年贸易通共价值，进口较出口多至七百万，实则其抵补之法恒为本关所不及，知诸如银票、支票等或即在申江抵付不等。下列表式内载三年来关平银及银元、铜元兑换价率，盖循旧例也。

---

① 1913年二次革命。

中华民国二年（1913）烟台口华洋贸易情形论略

一千九百十一年		一月至三月	四月至六月	七月至九月	十月至十二月
每关平银百两换银元	最高	一百五十元三角五分	一百五十一元一角三分	一百五十元二角一分	一百四十七元五角
	最低	一百四十六元九角六分	一百四十八元七角五分	一百四十七元五角	一百三十七元六角
每银元一元易铜元	最高	一百三十三枚半	一百三十一枚	一百三十一枚	一百三十三枚
	最低	一百二十四枚	一百二十六枚	一百二十四枚	一百二十二枚
一千九百十二年		一月至三月	四月至六月	七月至九月	十月至十二月
每关平银百两换银元	最高	一百五十元	一百四十八元九角五分	一百四十九元五角八分	一百五十二元一角四分
	最低	一百三十九元七角六分	一百四十六元四角九分	一百四十元三角	一百四十八元三角三分
每银元一元易铜元	最高	一百三十枚	一百三十六枚	一百三十七枚	一百三十枚
	最低	一百二十一枚	一百二十三枚	一百二十九枚	一百二十五枚
一千九百十三年		一月至三月	四月至六月	七月至九月	十月至十二月
每关平银百两换银元	最高	一百五十三元六两八分	一百五十一元七角一分	一百五十一元七角一分	一百五十一元二角八分
	最低	一百五十二元一角四分	一百五十元	一百四十七元九角二分	一百五十元
每银元一元易铜元	最高	一百二十九枚	一百三十三枚	一百三十五枚	一百三十枚
	最低	一百二十三枚半	一百二十八枚	一百三十二枚	一百二十四枚

一、药土。溯自土药禁种以来，来源缺少，洋药因之加增。本年上半年乃大畅旺，以白皮土为多数。统计半年所入白皮土凡三百担，视上年之全年，仅三百九十担，相去远矣，价值亦增涨。自正月时，白皮土每担二千五百两至六月增至二千七百五十两，余可类推。六月十五以后，山东全省禁止各种药土进口，同时地方行政官亦禁止运吸。向日征收土药各项捐税为数甚巨，自必随之而俱绝。惟地方执政素恃此款挹注警饷及工程局诸费，一旦告匮，竭蹶可想矣。

一、杂论。严冬之后，夏秋继之，乃极舒爽可悦。全年雨水共二十四寸，多半为七月所降，并有瑞雪二尺许。本年气候在正二月最低，时法氏寒暑针仅得十度，而八月中至高时有九十四度。合埠均安康无甚疾病。有一事在本埠颇为新异，特志于下。在六月中有汽车一辆抵烟台，概初次也。乘者三人皆旅居青岛勇敢冒险之士，一路经行胶州、平度、莱阳、黄县而至本埠。此行之所以奇特可称者，因其所经之处除青岛德界而外，并无可以行驶之道路者也。

中华民国三年三月九日
东海关税务司梅尔士呈报
三等华帮办王庆元译汉
文案辛贤撰述

中华民国三年（1914）烟台口华洋贸易情形论略

窃查本年天时恶劣逾恒，去冬气候温煦，入春以来，南风非常燥烈，经时甚久。自春徂夏，畅旺春稼，既已受损，秋稼入手，复遭非时，夏季乃呈真灾。风雨连绵，二旬不绝，适于秋获时连镶而至，禾稼被损，数逾八成。积潦成浸，又酿水厄。岁终时，冬令极为严厉，道路交通，向以初冬为最便。今则雨水所损，尚未修整，转运之艰，反较平时为甚。加以秋间日军进兵①，亟需搬运，于是高价罗致，市价为之陡涨三倍。搬运之具，竟趋如凫，货物因之压积，至冬遂未能扫数出清云。此次战役，本口所受影响，若以全国商业相拟，受损尤为独巨。盖因本省适为东方唯一之战区故也。联军一部份，全数由龙口进兵，该处平日贸易，为之停屯二月，而后路被截，本口尤受特别影响。加以战浪所致，纷扰全省，战地传来有虐待华人之事，且匪徒纠合，亦于此时乘机抢劫。然而沉静之况，较之数年前扰乱时，所经恐慌，大不相同。则半由于当道之权力，半出于人民之智识也。港口改良，为本年第一重要问题。上年论略所记，已雇定工师，自十月间起，开始测量，绘成草图，复经该工师等，全冬留烟，察看泊所状况。至本年五月乃呈正图，图中有挡浪坝一道及石埂一道，自口之西南隅筑出，筑就能使火车经行

---

① 1914年日本对德国宣战，派兵进攻青岛的德军。

其上。至埤旁轮船靠泊之处，径行上货。此图所需经费，较高于从前预算之数，已经海坝工程会核定，惟尚未邀上峰批准耳。本口商务，复经通体调查，拟就价款法，分四十年清还，所借建筑款项，查征收海坝捐，一年可得十四万一千九百十二两云。七月中借款问题，奉到财政部担保，会中借以为办理此事之权。不幸王君所受委任字样，系致海关监督，而非海坝会长，遂使劝议复止。直至战事发生，始奉更改之命，此事关系，使全口希望为之一变。在七月间，群信今春可以确实动工者，不能如愿，深受激刺，既愤办事之延误，复惧将来本口所恃为一线生机，由衰至盛之良好泊船港口及联合内地铁路，将终靳而不予也。建造至潍铁路之议，仍在进行。六月中政府曾测量一次，并调查将来车物状况，所知者报告尚佳而已，他事则全无眉目也。秋间得龙口不久将开为商埠隶于本口之信，此事使关心本口将来者，倍增悲观。盖惧该路将仅有利于龙口，而本口贸易复被汲引也。然本口向来漠视龙口，坐使该口贸易潜入大连、牛庄之手。此时该二口者皆有长期轮船往来龙口，全年贸易估至三百万两，则本口合小轮篷船，加以不时往来之轮船，统计仅二十五万两而已。其故或因本省之作客他方者，为数众多，率由龙口往大连、牛庄及海参崴，渐与各该口不期而相系属，不若本口之素称为漠不相关者比也。故本口如欲分夺此项贸易，诚非易易。然而龙口如果开办，生意日盛，则本口似不难分尝一脔，良以山东全省居民二千一百万，素称富庶，多此一通商口岸，必应有此一口之贸易，自不待言。龙口港内，既极浅淤，定当需一深水海口互相联合，以为策应也。此处商家，凡曾集资经营煞费时日者，华商较洋商为多，若辈竭力日谋本口贸易进步，金以为大连、青岛开埠后甚久，尚为渔村，若本口早日略得辅助，即能与之争衡。此时群相感触，慨然于妄费心力，因不得辅助之故，全归徒然，殊为失望。闻有多数华商，极愿迁入威海，因英国政府不肯任租借地保护之责，致为所阻，未能举行云。青岛既因战事停闭，有少许货物复还烟台，然华商之习于火车运输便利者，遇陆地转运艰苦，深为不悦，情愿屯积货物，以待青岛之兴。今春电灯公司开工，灯光似甚佳，且生意极盛，亟须续招新股，以备扩充，年底路中皆设路灯，于是街内及洋商所居之地，皆一律光明，东海滩岸边马路，已经推展。河上自木桥为水冲毁后，已筑铁桥一道。凡此公中工程，皆由并无委任权限之华洋工程会举办，会中款项，亦皆由募捐而来，并无官款在内。在常寓烟台者，习惯成自然，因此等工程者，率皆由渐而来，似不觉其功。然自该会发生以前，久离烟台者观之，则无处不见该会之成迹昭著也。所可异者，办成以来，从未为该会义务人员设法，成一有权柄之责任机关，俾得施行征收捐款，惩治反抗，以及筹除掣肘，使所办事务，悉臻完善。即如丝厂恶气薰空，污秽染遍东海滩，厂中既不允设法，会中即无权阻之是也。故会中办事人，多半系业务羁身者，既无权利可言，其出而任事，皆由爱群之心所感发而至也。本口常患水恶而不足，故设法以机取供之说，久经提及，今夏当道，曾包定洋工程司一员，绘成图说，拟取水于河，旋因战事发生，不及设施而去。本口行政经费缺乏，以致百凡待理，辄难举行。统观诸端，则本年贸易固应见逊，讵意除药土被禁不计外，反见增加。可见上文所谓辅助救济之方，能使由衰致盛，实属信而有征，并非臆测也。

一、税课。本年税课仍见逊减，然其故则全因药土禁止所致。上年药土，共征税银关平银十一万四千八百七十两，而本年减少之数，则只十万四千七百六十两，分计进口税及船钞，皆有所增，他项皆俱见跌减。兹将五年来华洋各商，除船钞不计外所纳税银，分别开列如左：

前清宣统二年　华商　四十六万四千二百二十九两　洋商　十三万二千四百六十五两

三年　又　四十六万一千五百六十四两　又　九万六千六百十两

民国元年　又　五十六万二千五百九十八两　又　十万四千七百两

二年　又　五十四万二百八十七两　又　八万八千九百三十两

三年　又　三十二万四百二十七两　又　九万四千八百七十五两

（自一月一日至十月三十一日止）

查本口自前清同治二年以来，完税平色，华洋互异。华商每关平银百两，须纳本口曹平一百六两五钱，洋商则仅纳曹平一百四两五钱。自本年十一月一日起，改为一律，均照较高较准之一百六两五钱完纳。本年常关岁征亦少关平银四千五百六十两。大约因本省战祸发生，贸易停止之故。

一、洋货贸易。洋货由外洋径运进口及由通商口岸运来者，本年净值计少关平银五十万五千三百两。但洋药一项，已占七十七万九千九百两之多。是平常贸易，实增二十七万四千六百两也。棉货总数并无出入，惟日本货物复夺较贵者之席，就中尤以美国为逊色，即如粗布一项，美少六万四千八百五十匹，日增十万六千九百七十匹。粗斜纹布，美减四千六百匹，日增二千八百匹等是也。各类标布皆逊，日本棉布减少八万六千二百码，棉剪绒少二万二千码。自前清光绪三十四年以来，俄国印花布自海参崴初次运来，即日见发达，故数年来之数，大可一加注意。计开：

前清光绪三十四年　一万二千四百八十四

前清宣统元年　一万三千五百三十匹

前清宣统二年　一万九千七十八匹

前清宣统三年　二万六千九百五十匹

民国元年　三万一百二十匹

民国二年　五万一千七百五十匹

民国三年　四万四千八百六十匹

棉纱本年较多，印度增一千担，日本多一万九千七百八十担，半因土纱缺乏，半因青岛封闭之故。中国粗布，较上年多二万二千匹，绒货仅及半数。五金类之铁，因上年来货过足，故本年见少。杂货中纸、烟较上年多一半，袋类大为削色，煤少二万吨。据云，因日本出口减少之故，染料少值关平银二万四千两，面粉少四万七千担，自来火少三十万罗，针少二万千枝，以上皆因战事所致。苏门答腊煤油计少十五万加伦，而美国多二百八十一万四千五百加伦，盖去年因存货过多，故并无进口。糖总计各项，共少三千六百担，其中白糖，实较去年多一万一千担。

洋货复出口往外洋之货，本年复少十八万七千三百两，故全年之数，仅估二十二万五千七百七十两。在前清宣统二年至民国元年间，此款每岁辄逾一百万两，所以减少之故，实由于上海至海参崴，现可直接交通，较前便益良多，往各口之货，较上年多估四十二万一千一百两。

一、土货贸易。土货出口运往外洋及通商口岸（连复出口在内），出口及复出口，共较上年少值关平银三百六十七万九千七百两。豆饼、豆油仍见逊减，盖此项进口，因大连油坊之故，日见其减。蛋多半系往海参崴者，本年又增九十万枚。干鱼、咸鱼，增一万一千担。水果虽因天时不良，岁产损毁甚多，而出口仍较上年多二万九千担，葡萄本年所产几全数被毁。花生少二万担，本年出产，数既歉而质亦劣，加以美国所产收成极佳，致市面为夺。槐子过千担，芝麻竟已全行绝迹，粉丝减少四万担，因龙口所出之货，向来以民船运烟，再行出口者。今岁为日军登岸之故，全市停屯二月，旋为大连轮船攫之而去，转运香港。草缏复行出见，其数微细，因青岛开战，移来此处。本口张裕酿酒公司，所造洋式各酒，自前清光绪二十年即已开始，今年始行上市出售，此酒经品题以为洁净，香味俱佳，但较之同价之洋酒，则似稍次，公司中之目的，盖在行销华人耳。丝货皆减，惟茧绸一项，独可支持，少见增加，华洋商皆获利甚薄云。

进口之货，较少三百六十八万八千七百两，复出口之货亦较少于上年，故实减为二百七十二万两。其中大宗减少者为豆六十二万五千担，米十万三千担，煤二万四千吨，面粉二万五千担，因南方不能运来之故。玉蜀黍五万六千担，野蚕丝六百担，因战事以致申

海上来风：近代东海关贸易报告（1864—1919）

市停止办货。蚕茧十六万九千一百担，本地商号因本省情形扰乱，不能开工，且云财政困难，故多不愿进货，遂致茧价大落，较常价仅三分之一。本年所产，闻极畅旺，因之未能运出。本年因英京满屯上海运往次等货物，故价值大落，至五月始复，本口亦有此等货积存未售。业此者曾在申市运动求销，先领巨数押款，此事既于贸易有损，且致亏耗资本，但此处领取押款，已在秋间矣，初夏情形稍佳，惜为战事所阻，直至十月中，始能将已定之货交出，续定者复纷至沓来，源源不绝。至年终时值昌邑一市，为地方不靖，以致闭塞，几有过于所需之势。茧绸一物，日为乘汽车者所喜用，以为遮尘外衣或油衣。此次销路更旺者，因查得其中薄质之绸，特合于为军衣内衬，其价视棉布稍昂而已。此业之最大阻力为制造者，辄照一己之意制货，而不顾买者之欲否，此事与旧日中国办英国布匹相同，然而现在市上所欲者，特别新奇之式也，每至一季，即应备此季最时式之品。而业此者，不以之供时，反揹留以待高价，不知此时一过，即成陈式，反致亏折，良足惜也。且订货之价，逾格高贵，每至以后来市上所有之货塞责，如此随意置货，不顾时宜品质，实于茧绸一业，大有妨碍。盖凡制造欧市应时物品之材料，辄于六月之前，即已决定，在欧美每织若干茧绸试用，以决此式之合时与否，凡应货时稍有不决，即使应用材料每至不全，本地制造家亦已加意改良物品及形式。如再能注意于此项缺点，则获益定非浅鲜，盖此时绸业进步，当求之于彼。西人之业此者，固已竭尽心力，以求振兴矣。西人之关心，可于染色一端见之。此法以手工染之，染价较货料贵逾三倍，故为之者，每耗清本，本年常有此种手工，染成数色之绸，生意极盛。花边抽丝货物及绣货，销路极广，所憾者组织未善，经纪无经验，及置成之货，辄依市上各处已有者，而非照现时所需之式，有此缺点，是以不能实在发达。抽丝及绣货，业中有一新法极有把握，即以爱尔兰麻布以代夏布是也。此时有一新式之抽丝茧绸长帘，极合销售。

中华民国三年（1914）烟台口华洋贸易情形论略

一、内地税则。无。

一、船只。本年较去年少六百四十七只，共少七万三千五百吨。其中减少较著者，为德国八十六船，计八万八千八百十吨；日本四百七十六船，计六万九千八百七十吨；英国八十五船，计六万五千八百九十吨；美国六船，计一万六千吨；俄国增三十二船，计五万三百吨；中国少二十四船，惟吨位则反较多十一万五千七百四十吨。俄船之增，由于试振崴口商务之故。日船之减，由于向日常川来往本口吨位较少之船，本年咸改驰龙口，以应军务之召。中国船数、吨数更动之故，则由于向来行驶海参崴之轮船，有较小者数艘，本年悉改由较巨者接驶。其余诸国减少，皆由于战事影响及各处缺乏船只装载之故云。

一、旅客。表载数目，不过大概亦见减少。盖现在旅客，皆直接往来于大连、牛庄与龙口之间，是以减少。

一、金银。进口增关平银一百五十九万二千两，出口少二百六十六万六千两，此数与贸易无甚关系。华商常经营购买俄帖及银两等，以为盈绌，结果所至，在年终时，竟多出巨数现银，屯聚本口云。

兹将本年及前两年以银两易银元，以银元易铜元，三年通扯，每季酌中市价，列表于后。

民国元年：

	关平银百两易银元		银元易铜元	
	最高	最低	最高	最低
一月至三月	一百五十元	一百三十九元七角六分	一百三十枚	一百二十枚
四月至六月	一百四十八元九角五分	一百四十六元四角九分	一百三十六枚	一百二十三枚
七月至九月	一百四十九元五角八分	一百四十七元三角	一百三十七枚	一百二十九枚
十月至十二月	一百五十二元一角四分	一百四十八元三角三分	一百三十枚	一百二十五枚

海上来风：近代东海关贸易报告（1864—1919）

民国二年：

	关平银百两易银元		银元易铜元	
	最高	最低	最高	最低
一月至三月	一百五十三元六角八分	一百五十二元一角四分	一百二十九枚	一百二十三枚半
四月至六月	一百五十一元七角一分	一百五十元	一百三十三枚	一百二十八枚
七月至九月	一百五十一元七角一分	一百四十七元九角二分	一百三十五枚	一百三十二枚
十月至十二月	一百五十一元二角八分	一百五十元	一百三十枚	一百二十四枚

民国三年：

	关平银百两易银元		银元易铜元	
	最高	最低	最高	最低
一月至三月	一百五十四元三角四分	一百五十一元七角	一百三十一枚	一百二十四枚三文
四月至六月	一百五十三元六角八分	一百五十二元一角一分	一百三十三枚	一百二十八枚
七月至九月	一百五十四元三角四分	一百五十一元六角	一百三十一枚七文	一百二十七枚三文
十月至十二月	一百五十五元九角二分	一百五十三元二角三分	一百二十九枚	一百二十三枚

一、药土。此项贸易，自上年六月间禁绝后，不复再见矣。谣传海参崴左近现产此品，自该口由旅客夹带入山东，每次仅数两。盖多年吸户，所出巨价，足使若辈不顾查出惩办之律，冒险而为之。

一、杂论。本年港内因大风雨不能工作者，凡三十一日。寒暑表最高度为一百，最低时十二度。雨水共四十六寸，较往常平均之数，几增一倍，其中十八寸为九月第一星期内所降，内十一寸为末次二十四句钟内所降，损害房产道路甚巨。本年口内，第一次见飞船①

---

① 飞机。

行驶，颇可记载，为一日本国者，飞行路经此处，掠过本港泊所而去。

中华民国四年三月六日
东海关税务司苏古敦呈报
三等帮办王庆元译汉
文案辛贤撰述

中华民国四年（1915）烟台口华洋贸易情形论略

窃查本口贸易情形，本年开始寒冷异常，几二阅月，寒气不为稍减，历时之久，为近年所无。故其结果不惟使本港时成冰天，即北直海湾①，亦冰块叠叠，行船为之梗阻。来往船舶于正二月内，因之大见减少，尤以来自沪渎者为最。尔时两来复间，竟无只船贸易，所受影响，亦云巨矣。天寒既久，春获自迟，而下次播种之时，因以衍期。夏令干燥，秋禾歉收。虽幸道路为暴风雨所侵蚀者较往时稍轻，然茧绸贸易为河水阻滞停止转运者，时有所闻。且牲畜备运输用者，亦苦无多焉。本地因日本攻击青岛，至要求条件②提出时，尚未能回复原状。人心既大为动摇，日货亦久无过问，即如日本纸币，亦视若敝屣，莫肯受授而交易之。及至暮秋，此风始寝，日货又浸浸销流于市矣。自欧战发生，本埠受害甚巨，虽所存来源已绝之货，价值提高，复行出口者甚多。然船只缺少，而口内商人咸抱有货无船之憾。因轮船往来津沪，该处货物足敷运载，故置本口于不顾也。虽然泛言之，本口贸易情形，实占优胜地位。以本年营业非常宽展，足使普通商人特别获利。盖青岛一部分之贸易，仍归本口矣。回溯既往，偏见者流动谓本口商业，已失其活动力，抑知此特以时机

---

① 即渤海湾。
② 日本向袁世凯政府提出的"二十一条"。

未熟，待时而发耳。其于本口前途持乐观主义者，所见诚不谬者。龙口于十一月一日设立东海分关，一切详情另行呈报。惟粉丝一项，向由龙口运至本埠转口者，近拟由龙直接运往他处，但装运斯货之船，查悉改步未便。因龙口傍岸水浅，驳船辗延时期，远不如在本口装运为敏捷。现在该口商人，又思欲招揽茧绸生意，深望此举不能见诸实行。盖此物出口限于本口，则利益借以保存者正复不少。且本口商人，向即殚精竭虑，改良织造，冀得一货质精美之标准，以获信用。迩来成效卓著，足可保持斯业不坠也。

烟台海坝工程进行计划之概略：

本年开始前数月以欧战方殷，借款难期，海坝工程虽经政府赞助，足使本地人士抱前途乐观者，忽易为极端悲观。自五月中旬本埠华俄银行准许浮支款项，招工投标事宜始得着手焉。投标者仅数人。就中除某一家外，以荷兰治港公司所出之价最为低廉，较其办事之经验与所需之各种机器，该公司承办此项工程，最为合宜，以故中选。订明由开工日起，四年告竣。需款关平银二百六十七万七千两。后因欧战影响，材料运费继长增高，故较原估增多关平银十七万七千两。八月二日为举行开工之日，虽无干练石工采取矿石，其进行之速，实出逆料。所有海坝基础，已经挖深者，约有三分之二。既以石矿工作迟缓，已采之石不足供填塞此沟之用。无须再挖，故暂中止。挖泥船挖取泥沙，填塞海堤，已工作有日，上季预算可挖十三万立方码，现其所挖之数，已达十九万五千立方码。岸上应用机件，业已装置完竣。泥瓦匠等所栖息之小房，亦大半就绪。本季筹备均已妥协。顾挖取之泥，其质甚劣，无所取材，只可弃之深渊。沙砾可为筑堤用者，挖取甚多。矿作既深，石质渐变优美，实出意外。若长此不易，则日后建筑所需之表面石，亦可不假外求也。瑞立德先生本为荷政府概允借资筹划本埠海坝工程事宜者，近已应允荷兰治港公司之聘，俾可实行其建筑计划。盖此建筑之实行，须以当时草创此计划之人当之，方可不负委任，得知所期也。

海坝既开始工作，其工程计划及财政态度，可于此略言之，另附海坝及海堤详图以资参考。

工程计划：海堤之上日后拟建筑凸出之码头，为轮船装卸货物之用。将来如建筑铁道，其路线亦可与海堤并行。海坝工程之浩大，殊非普通学识所能预测。据工程司云，之罘海坝建筑，为此项同等工程中较繁重者计自北山之北八百三十英尺起，向正北蔓延直前，共长三千八百英尺，顶宽三十英尺。高于之罘水平线者，坝顶十八英尺，护墙二十一英尺半，潮涨平均时六英尺。遇东北风则约八英尺。海堤建筑较易，计由海滨南岸距东海新关西三千五百英尺起，向东北偏北，堤长四千六百七十英尺，再转而东，则为一千一百九十英尺，往来口门在焉。坝之两端及堤之一端，咸置灯光于其上。港之一部分，须挖深达三十五英尺，其余停泊处则为三十英尺。

财政态度：于应纳关税上加征百分之七分半之海坝捐（目前实征百分之六分半）以及轻微之船捐，已于一千九百十三年七月一日起奉命征收。中国政府允每年至少捐库平银一万两，并允日后为之担保借款。该借款未成以前，所需各款，华俄银行既许浮支。此工程开办之直接效果，即附近之田，昔日无人过问者，忽易为寸土寸金也。

一、本关税课。去年多征关平银二万六千两，出口税多十万六千一百九十六两，余皆减少，即进口一项亦短征六万六千十八两，常关增多七千五十三两。

一、洋货贸易。洋货由外洋径运进口及由通商口岸运来者，其净值减关平银十五万六千两，由外洋径运之货增二十四万八千两，由通商口岸来者减四十万四千两。高丽参则增至一百二十五万两。日棉布减十六万两，美棉布减十六万四千两，英棉布增九千两。俄印花布增二万七千七百两。日棉纱短六十七万两，印度棉纱如恒。五金类减十四万五千两。美孚火油于本年开始时，存货甚多，故进口亦短一百万加仑。日本自来火减六十四万各罗斯，五色洋染料短五万八千两。制成水靛，虽减二千二百担，其值反增三十八万一千两，盖以每担由三十四两涨至一百五十两。生成水靛，增三千七百担，合一万六千两。面粉几绝迹于市，由六万三百担跌至六百五十担。糖则与往年大致相同。洋货复出口较去年增关平银一百七十二万两，其中之一百十七万两，系运往通商口岸者。复出口为数若斯之多，推原其故，厥维各物运往各地销售，无不利市三倍。与高丽参进口甚多，总较去外洋货之增加，当以高丽参之去香港及棉布之去朝鲜，为首屈一指。

一、土货贸易。土货出口运往外洋及通商口岸（连复出口在内），总值增关平银一千一百五十万两。此固关于各种贸易，然丝及草帽缏实为大宗。鲜蛋以个计，由七百万增至一千二百万。往美之花生，运费虽极昂贵，其数仍大见增加。牛皮由一百担增至二千八百七十担，咸鱼、虾干、粉丝等，俱见增加。惟鲜果则甚形跌落。其故由于春日苦寒，树只花而不实，大风肆虐，花萼几扫地无遗。又兼以夏日温和，成熟太早，故其结果于额于质两无可取。以上所载增加之数多因青岛贸易归于本口，毫无疑义。二百万两之草缏即纯由于此。大半华商皆甚怨在本口经营斯业。惟素习铁路转运之便，一旦改由陆路运输，须担损失迟缓及盗窃诸险，不便滋甚。丝业贸易十分发达，华洋各商获利极丰。野蚕丝增一万担，值二百五十万两。乱丝头增八千担。茧绸增加之数则尤为惊人。本年共计二万一百四十一担，值七百十七万两。较之去年之七千三百担值二百六十万八千两，实远过之。以前最盛者为一千九百九年，其出口总数亦不过九千四百担。蚕茧待需甚殷，本年进口之数为二十四万九千八百担，较诸去年九万一千三百担，约增十五万八千五百担。所增之数，大半为一千九百十四年所收获存储安东者。本年所收获约五万担，尚存储安东候船装运，以以往之经验度之，培植者以此次获利之丰厚及茧价渐增，自必竭力经营，务使下季出产丰美远胜于前。茧绸已求过于供，毫不见减落之象，若货质标准经久不变，不惟目前获利丰厚，即将来之兴旺亦可操左券。因其原料之佳、用途之广，实令人莫可拟议。需要增长最大之理由，则以澳洲毛绒价值异常昂贵，故多代用茧绸以作军衣衬里及时式宽大之女裙。本夏，伦敦克隆洋行于本埠设立分行，购买茧绸。上海某公司，其总行设于伦敦，而在美国顾客甚多者，亦设有分行于此。因伦敦顾客皆急于直接得之于本埠，为其货质精美，绝非得之于他处者所堪企及。此等公司之设，足使此项贸易更为推广，克隆洋行尤能设法令此货确洽时尚。惟此项贸易，一入秋季则极易陷入危途，盖因近来以丝为投机事业者正复不少，华人购买者似已甚多，日后价值或因之骤跌，未可知也。本年三月中旬，政府豁免花边流空、花边发网等出口税，意谓原料由外洋进口时税项均已完纳，制成品价值昂贵，实由于工资浩大。而此项豁免，既可借以推广贸易，又可汲取多资于本省，以济工资也。花边由十四万三千两增至二十九万三千两。关于货质及交货期限所订合同，两造均能善为遵守，将来此项贸易之益形发达，不待蓍龟矣。发网为妇女护发之物，笼罩发上，与原有之发不易辨别。此项营业，鲁省已趋于最要地位，因欧美二洲供给，几皆仰赖于此。递寄发网，恒求最速，其泰半由邮局以信件递寄，皆不经海关检验，故发网出口之价值总数，记载不能十分详尽。作信寄者，所需邮费为豁免税之三分之一。当包裹邮寄者，其全年出口所值约二十万两。然经业此者之估计，则为五十万两。因由威海卫或由济南经天津邮递以离鲁境者，为数殊夥。深望烟埠于来年出口价值，能倍于记载之数，而山东得以自固其基与德奥竞，盖二国坐享制造发网之专利，直至一千九百八年底始告终止也。德国司得辣司堡①为支配发网贸易之中心。此贸易在欧美二洲，尽操之于德人之手。该工业之历史，足证明华人工艺实有可利用之处。于一千九百九年，山东境内始有发网之作。当时伦敦商市，即发现由司得辣司堡所来之发网一种，作值较廉，而货质则与价贵者无异。惟究自何处制造，则玄妙莫明。三年后，偶由一包裹内觅得一破碎之中国纸或日本纸，始知此网原系东方输入，寻迹以求，果济南府所出产物也。其所以能使人不知此发网之来源，因先由德国邮局寄至德国一小村落中，复由该村转于司得辣司堡，且由中国邮寄时，并不呈报海关故耳。一千九百十四年伦敦首向本口直

---

① 即斯特拉斯堡。

中华民国四年（1915）烟台口华洋贸易情形论略

接购买发网，迄今几操纵欧美之发网市场。德商店之设于济南府者，至本年秋季，因外埠输入之发来源已绝，不得已始改用本地制就之发。华人不明市场变迁之由，惟信第二市场已被觅得，不特提高价目，且以本地染就之发结成发网，置诸市上求售，岂知此等发网毫不适用，无从销售，现已陆续退还矣。本口所用华发，泰半在伦敦或欧洲漂细染色。漂白之法，用过氧化物；炼细之法，则用酸化之，该发一经漂过，能使变为无上洁白，至色之浅深，须视所染之色以为衡。细之之法，须有专门家为之鉴别，于相当时间，将发取出，复煮之于染料之内，颜色深浅，则全恃乎在染料内历时之久暂。欲所染之色偿心所欲，则鉴别力尚焉。华人实行此法于本口者，既用较劣之化学药品，又无鉴别力。其结果则凡为该发织成之网，不惟瞬移其色，并易致朽坏。用此等发而害及贸易者，实非浅鲜。然伦敦退还该发网若斯之多，已足促其改弦更张，弃此而不用也。外来之发，惟售于本地，但向来办法，则由贩运发网出口者，给发于工人，除废发不计外，视网孔之大小，而付以工资，谙练工人，一日能作发网十二，每月得薪金洋九圆。

一、土货进口。其总值共增长关平银四百五十万两，其中满洲蚕茧占二百万两之谱。中国粗布由五万七千匹增至十一万五千匹，棉纱由一千九百担增至一万一千五百担，面粉增十二万四千担，豆类增二十二万担，生成水靛增两千七百担，药材则减关平银两万五千两，糖减一万五千担，茶叶减二千三百担。

一、内地税。无。

一、船只。本年船只依然短少。船数减三百四十只，吨数短四十万七千九百十五吨。英国项下增四万四千吨，俄国增五万六千吨。俄国之增，由于赴海参崴之船装运货客，常川来往之故；英国之增，由于常川来往于津沪之船，增多一艘，终年行驶，及天津经冬未封河之故也。此外又有一蓝烟筒轮船，满载货物，直由欧洲驶来者。德国船只，已完全绝迹海上，共减十五万吨。日本船只项下，减二十八万六千吨，由于向日来往烟埠之船，咸改驶青岛也。中国船只项下，减十六万九千吨，实以常川来往本口之船，有数艘因获利丰厚起见，改驶中国南方及南洋群岛所致。船只短少，运货面粉因之大减。

一、旅客。本关册中所载之数目不过大概。中国进口旅客减八千人，出口增一万五千人。最堪为人注意与往年不同之点，即往海参崴之客增加一万三千人，往胶州者减一千三百人，由胶州来者减六千人。

一、金银。金进口增关平银二万两，出口增二十九万两，此皆运往上海者也。银进口短一百五十万两，出口短一百二十五万两。铜币进口由关平银二万一千两增至十二万两，出口由七千两增至四万一千两。本年开始，本口存储不用之银甚夥。有人云，即现在市面所存之银亦在百万两之上，而本口平常市面之需求，得百万两已足流通。其以俄币为剧烈投机事业者时有所闻。此俄币大宗辄为回华侨工所携带，其价值跌落几至以银币百元易俄币一百五十元。战事前之价值，系俄币百元可易银币由一百十元至一百十五元。兹从往年惯例，谨将三年内关平银与银元及银元与铜元兑换市值一览表列左。

民国二年：

		一月至三月	四月至六月	七月至九月	十月至十二月
关平银百元易银元	最高	一百五十三元六角八分	一百五十一元七角一分	一百五十一元七角一分	一百五十一元二角八分
	最低	一百五十二元一角四分	一百五十元	一百四十七元九角一分	一百五十元
银元易铜元	最高	一百二十九枚	一百三十三枚	一百三十五枚	一百三十枚
	最低	一百二十三枚五文	一百二十八枚	一百三十二枚	一百二十四枚

民国三年：

		一月至三月	四月至六月	七月至六月	十月至十二月
关平银百元易银元	最高	一百五十四元三角四分	一百五十三元六角八分	一百五十四元三角四分	一百五十五元九角二分
	最低	一百五十一元七角	一百五十二元一角一分	一百五十一元六角	一百五十三元二角三分
银元易铜元	最高	一百三十一枚	一百三十三枚	一百三十一枚七文	一百二十九枚
	最低	一百二十四枚三文	一百二十八枚	一百二十七枚三文	一百二十三枚

中华民国四年（1915）烟台口华洋贸易情形论略

民国四年：

		一月至三月	四月至六月	七月至六月	十月至十二月
关平银百元易银元	最高	一百五十五元九角二分	一百五十四元三角四分	一百五十四元七角九分	一百五十三元四角五分
	最低	一百五十二元九角二分	一百五十一元一角六分	一百五十三元一角二分	一百五十一元三角八分
银元易铜元	最高	一百三十三枚六文	一百四十三枚	一百四十三枚	一百四十二枚
	最低	一百二十八枚一文	一百三十四枚	一百三十八枚五文	一百三十七枚八文

一、药土。无。

一、杂论。本年港内因大风雨停止工作者凡二十九日。寒暑表最高度为九十七，最低五度。本年雨量于二百六十九点钟内为二十三英寸十分之三，雪共十五寸。本地人士于烟潍铁路及龙口枝路之建筑，鼓吹甚殷。中蚨自来火公司，于十二月开张，资本十万元，原料则购自日本，每日出红头自来火一千三百各罗斯匣。各国公会于改良诸事极力进行，多已成功，惟对于由丝厂流入沟渠间之废物，辗转流向东海岸，以致秽气触鼻，时思弭止之计，无如将伯屡呼，苦少人助。淡水问题，屡难解决。本年已掘有深井一处，并拟添掘一井。因历年所掘之井，业已成效显著，而各地主亦已掘有数井矣。

民国五年三月六日

东海关税务司苏古敦呈报

四等帮办翁绥琛译汉

三等供事吴方译汉

文案辛贤撰述

中华民国五年（1916）烟台口华洋贸易情形论略

窃查本口贸易情形，于本年开始数月，各界因上年丝业获利丰厚，野蚕丝销路继续畅旺，咸抱本年进口货物，必借此大增之希望。不意此等乐观，不久即遭消减，因欧战频仍，船舶稀少，汇兑骤长骤落，继以帝制问题发生，全省均不表欢迎，故一年之间省中时有因此而遭骚扰者。而之罘遂不免间接受其影响而起恐慌，人心不靖，乱势益彰。八月中，革党攻击济南府，潍县、周村均为盗匪占据，所不幸者，此等盗匪至岁暮尚未剿灭耳。十二月中，潍县邻近复有兵匪交哄之事，本埠商务，于仲夏已鲜有生机，致与之罘彼此互相供应之富饶区域，亦因此而受扰累。自政府停止兑现命令发表以后，本埠金融即大受挤轧，小钱铺及各商人复逾格卖买俄国纸币，几如赌博，故银市更紧。本年开始，本地商人有以本地所购之俄纸币，运往傅家店①收买赤金，私运烟台，借此获利者，但至十一月中，俄帖价值大落，业此之钱铺中，闻有一二家几遭倒闭，俄帖价值，前途迥乎不同，正月中，每洋百元可购俄帖一百五十五元，三月内可购一百五十二元，六月内可购一百六十四元，九月内可购一百七十元，十一月内可购二百十六元，十二月内可购二百元，但铜元与铜钱之价值，实为商业凋零之原素，鲁省仅有执行禁

---

① 哈尔滨一区，又称傅家甸。

中华民国五年（1916）烟台口华洋贸易情形论略

止铜币输入之命令，而无造币厂以开辟其来源。本年开始，铜钱甚多，人民咸称铜币价值贱于纹银超出度外，惟铜价日昂，若照此市价购铜钱以熔化之，可获厚利，故鲁省遂著名为此等利薮之所在，由铜钱熔成之铜，谓之旧铜，此等旧铜不由本埠径运出口，常改道由青岛或天津输出。传闻已熔之铜钱，以吨数计之，为数颇多，市面铜币稀少，银元纹银价值亦即因之大跌，骤成紧要问题。薪俸及大宗贸易向以银计，然按日所付之工资，全恃铜币为之支配，且货物价值恒由铜币之价转计银价，故亏耗尤多。本埠金价已大跌，复加以出产区域之银价又大落，致业出口货者咸受二面攻击之憾。业进口货者亦受损失，因铜币涨价，适足以抵销其金价大落之羡余，且铜币价贵，人民购货之力即减，除必不可少者之外，均束手不购，货物销路停滞矣。冬季温和，春来较晚而又苦寒，春熟均遭失收。水果收成更少，因果花开放，适值南风大作，致花萼随风飘去者甚多。一年之内全省几遍患旱灾，本埠仅有雨水十七寸另十分之三，人民唯恐收成不佳，咸惴惴焉无心贸易。进口商务因之受损甚巨。据年终所闻，各项收成尚属适中，高粱、花生虽患失收，然他种出产所盈余者颇足以偿所失。本埠华商颇不满意于本年贸易，然证以传闻所得，获利甚丰。岁暮银根不紧，旅烟西人对于本埠贸易情形均抱乐观主义，常谓际此万象否极之秋，得商务若此，可称优美。春初上海县商设立支店于此，闻获利颇足自娱。十一月中，更有一丝商接踵而至，及至民国六年正月，上海泰和洋行亦建设支店，大连正隆银行已设有支店，此外更有一外国大银行，亦拟改代理处为支店。青岛商务之一部分仍回本埠，其草帽缏一项向为本埠最要大宗贸易，今正多方招徕，俾复昔日旧观。海坝工程进行或有稽延，早在逆料之中，今果应之。工程上种种可以目睹之建筑，如制造坝头、浮置坝头及混合石块于坝头南端。及暮秋时，建筑堤线内之石柱，因开工过晚，不克早日完工，两次均被风浪冲坏等事，均为包工者布置不得其法，稽延时日，因此颇招物议。至海堤内之石柱，日后恐须海坝

海上来风：近代东海关贸易报告（1864—1919）

为之蔽护，始可造成。海底艰险工程业已完工者，为一千八百英尺，其中九百英尺已经海坝工程会总工程司查验合格通过。余九百英尺，俟天气和暖，风浪平靖，即可饬潜水人入海勘察。海堤基础大半亦已告成，其堤线痕迹，于大风浪及退潮时，影约可见于浪花之中。方今混合石块已造成者甚多，计大者百分之三十，小者百分之九十五，预计至来年秋季，当更有数百尺海坝筑成。已告成之工程，共有二十五分中之六分，故已付款五期，共计关平银五十三万五千四百两。道胜银行已准工程会于借款未成立以前浮支款项。本年开始数月，各轮驾驶者，曾昌言海坝工程建筑在港内一切设施，颇不利于各轮停泊地点，然厥后习惯航行于更改之处，自不觉其实有阻碍矣。

一、本关税课。本年收税总数较上年共短收关平银九万四千七百两，惟进口税略有增加，然上年进口税收数最为不旺，船钞短收七千两。至常关税银，因税则加重，共增收一万三千二百两。

一、洋货贸易。洋货由外洋径运进口及由通商口岸运来者，其价值共减关平银一万三千两。棉布类因价值昂贵，共减五十万两；惟棉纱因土货输入较少，共增十八万两；五金类、生成水靛、苏木、高丽参、粟米、自来火、海带均有大增；日本煤油系初次运烟者，进口共有六万八千加伦；美国煤油，因存货尚多，共减六十万三千加伦。外洋价值飞涨，本地价值亦随之而贵，华人遂舍之而用土产。进口之煤因船舶稀少，亦较上年有亏。纸烟一物，与气候有密切关系，初因春季烟叶收成不佳，继因预料秋季收成未必见丰，故输入不如上年之多。糖价昂贵，输入减三千四百担。米共减五万七千担，因土米输入之数，大见增加。洋面粉进口业已绝迹，系因土制面粉足供于求。洋货复出口，共增价值十五万五千两，皆系运往上海及香港之高丽参。

土货贸易：土货出口运往外洋及通商口岸（连复出口在内），统共减关平银一百七十八万两。惟复出口于夏布价值内，独增三十四万两。鲜果出口，减五万七千两，其故则系时令不佳，收成大

中华民国五年（1916）烟台口华洋贸易情形论略

减，不特所产不多，且其质亦较往年为劣。本年因运费高贵，以致豆饼、鲜蛋、渔产、花生仁、粉丝，各货统计减一百八十七万两。丝货减一百十万两。惟草帽缏、花边及发网，增加最甚，共计增一百余万两。野蚕丝减七千八百五十担。乱丝头减六千五百担。茧绸减三千九百五十担。若仅以价值论，统共减一百十万两，因本年该货市价较贵故也。综观本口贸易，惟丝货一类，独可支持。然本年之所以亏者，有数原因在焉。本年蚕茧由各口运进者，仅为七万七千担，其中三万六千担，均在本年冬季输入。然在上年冬季所运进者，则为十二万担，相去悬殊。本年安东茧质甚佳，惟收成不足，其故因茧种枯弱，并有发生伤害蚕蛾小虫之患。来春在安东所存之茧，约计不外八万担。近在安东设立矿房者多，本地商号有已将矿房迁往者，其尚在之罘所设者，势不能不与之偕往。因蚕茧在当地缫丝，工价既省，而又可免运费及损失等弊，且购买蚕茧，价值必以每千个论，转辗计数，耗费尤多。安东蚕茧贸易，已尽操之日本人掌握之中。本年茧价昂贵逾恒，并非全为歉收所致，似因日商于未收成以前，先行垫付养茧人款项若干，故收成以后，价额骤涨。安东所出之丝运往日本者，为数甚多，颇足损坏之罘商业，商界于此已起恐慌，但据传闻所得，该丝之运往日本者，不外二三千担，然日本近已效法法美，以机器织成之茧绸，与之罘所出之手工茧绸相竞争。近本埠及上海，更有人设法使华商专织一种品质优美及长短阔狭无稍参差之货，以与机织品相竞争。无如绸商，往往于收买来货，不加选择，卒无效果。幸本地商人，已结团体，其宗旨专为研究此项问题，并设法于来年专织品质优美之货。上年茧绸进口，为数甚大，共二十五万二千七百担，其中十二万担，系在冬季输入者。故本年开始，本地茧绸存货颇多，茧绸因需要甚众，价值涨至百分之十至百分之十五，加以银价高贵，至外洋价值更贵，然各处需求仍不少减。运往伦敦者，较往年无甚损益，往法国者寥寥无几。上等绸，多往缅甸之仰光，下等绸往印度、日本者颇多。惟往美国者，为本年产额之半，据业此者言，此等绸质甚劣，兼有浆粉甚多，运出口外，足损茧绸素有之优美名誉。美国物力富饶，自当需求上品茧绸，如每匹长自六码至十八码，阔三十三寸半，重三十五英两，带有浆粉百分之五之类。今忽行销大宗下等茧绸，令人殊难索解。惟闻此等运往美国之下等绸，系专为包藏大炮所需火药之用，此乃特别用途，与普通用途迥乎不同。上等茧绸普通重量，每匹不逾一百二十英两，每人四日可织成一匹，尺寸较大者，每匹计重一百四十英两，尚有定织者。每匹计重二百四十英两、重量较大之绸，系为制造家用器具之用，有漏空花式之茧绸窗帘及茧绸卧衣衬衫，需要甚广。此等贸易，均为近三年中所新流行，而以后有极盛之希望者。闻茧绸不易生虱，故以茧绸衬衫为礼物品，递寄交战区域兵士者，为数甚多。草帽缏开始颇有希望，冬季银价、铜币价相继增长，乏人过问，遂至一蹶不振。其需求最广者，为狭条精细之货，价值颇昂。惟此业之所以不发达，良由织缏者之习惯，徒织他种之缏，以致不能供市上所需求。即或有之，索价非常昂贵。总之，本年草帽缏大半质地尚佳，惟销路一经踊跃，必有漫不经心之处，自无货质标准之可言。至本埠此业，他日之能否发达，全视青岛前途若何及烟潍铁路之能否建筑为定。发网输出价值，据统计册所载，为四十二万三千两。但据业此者之报告，尚须加入不经海关查验由邮信递寄者，约值五十九万五千两。发网之需要甚多，然以金价低落，铜价增高之故，渐使外洋贸易获利菲薄。于是本埠业此各商，所售之价亦只足开支应用诸费以维持现状而已。发网由本埠配制之发作成出口者，于民国四年，曾遭极大损失。故本年用外洋配制之发者逐见加多。然由本埠配制之发，亦格外增加，虽其法较前为佳，而外洋顾客则仍须选择本埠信实卓著之商家与之交易。否则所购之货，其质不久即变，需另筹处置劣货之方法矣。受此恶劣发网之损失者，首推美国顾客，因彼等于未能验悉该货优劣之先，即须交纳税项，以后若有货样不符，而须退回者，所付税项例不能索回。是以本埠声望卓著之商家，凡遇工作平常、材料劣下之货，概谢绝不纳，并设有一定标准。若执此标准恒久不易，本埠即可操

中华民国五年（1916）烟台口华洋贸易情形论略

纵供给全世界之销路。此项贸易，在山东省实为重要，几成为乡曲间一种工业。男女编氓赖织网谋生者，共约二十五万人有奇。盖工作既极简单，无论何人，皆可转瞬而成，且其价值之泰半，即为工作之代价也。花边由二十九万三千两增至四十四万四千两，需求既极增加，而作出之质料，以本埠商号要求严紧之故，大有进步。惟以金贱铜贵，本年年终数月内，工作骤行稀少，贸易大减。且本年开始，罗致织造花边之工人，殊不易得，因制造发网，工作易而获利丰，工人趋之若鹜故也。

土货进口：其总值共减关平银一百六十三万两，其中满洲蚕茧，计占一百三十八万两之谱（参观土货出口山东茧绸说明内）。棉纱减二十四万七千两。豆类因粉丝减少之故，减三十一万二千两。土米因洋米输入短缺，增九万五千担。面粉因本地歉收，增六万八千三百担。夏布虽增四千担，然皆系复出口运往朝鲜者。煤增一万三千六百吨，然与由外洋进口所失之数相抵，尚短九百吨。煤价无甚涨落，惟至年终时，每吨价值忽由十元增加至十五元之谱。

一、出入内地之货。入内地领有子口单之洋货，无。出内地领有三联单运往外洋之土货，无。

一、特别论略。无。

一、船只。船数减二百六十只，吨数减五十七万四千吨。然此等减少，不限一隅，实由船只短缺之故。船舶无论大小，航行即可获利，故中国商船吨数，虽减十三万六千吨，而船数反增多一百十只。船舶遵照内地航行章程航行者，船数只减三十二只，而吨数竟减至十一万九千吨。

旅客：中国旅客减一万三千人。旅客往来于本埠及牛庄者，其数大减，因船只稀少，不得不绕道大连，改乘火车。旅客往海参崴者减一万人，此纯由船只缺乏所致。惟外洋旅客来往于本埠者，其数较多。

一、金银。金进口由关平银三万四千四百两，增至五万二千七百两。出口则由五十五万四千两，跌至九万两。上载之数，殊不尽确，因旅客恒随身私带，由俄境绕道东三省来此，复转辗私运至上海者，为数殊不资也。银进口，客岁与今年相较，去年则为七十九万九千两，今年则为三百四十万两。出口，去年九十五万两，今年二百八十六万两。俄币竟成为赌博之媒介物，其兑换价值，倏忽不同。年内兑换市价，银币百圆可换俄币自一百五十元至二百五十元之多，从旧例将银币及铜币三年间平均兑换价值列表于后。

民国三年：

	关平银百两易银元		银元易铜元	
	最高	最低	最高	最低
一月至三月	一百五十四元三角四分	一百五十一元七角	一百三十一枚	一百二十四枚三文
四月至六月	一百五十三元六角三分	一百五十一元一角一分	一百二十三枚	一百二十八枚
七月至九月	一百五十四元三角四分	一百五十一元六角	一百三十一枚七文	一百二十七枚三文
十月至十二月	一百五十五元九角二分	一百五十三元二角三分	一百二十九枚	一百二十三枚

民国四年：

	关平银百两易银元		银元易铜元	
	最高	最低	最高	最低
一月至三月	一百五十五元九角二分	一百五十二元九角二分	一百三十三枚六文	一百二十八枚一文
四月至六月	一百五十四元三角四分	一百五十一元一角六分	一百四十三枚	一百三十四枚
七月至九月	一百五十四元七角九分	一百五十三元一角二分	一百四十三枚	一百三十八枚五文
十月至十二月	一百五十三元四角五分	一百五十一元三角八分	一百四十二枚	一百三十七枚八文

中华民国五年（1916）烟台口华洋贸易情形论略

民国五年：

	关平银百两易银元		银元易铜元	
	最高	最低	最高	最低
一月至三月	一百五十四元三角五分	一百五十二元四角七分	一百四十四枚七文	一百三十二枚五文
四月至六月	一百五十四元	一百五十二元五角七分	一百四十一枚八文	一百三十二枚
七月至九月	一百五十五元四角	一百五十三元六角	一百三十九枚	一百二十二枚五文
十月至十二月	一百五十五元四角	一百五十一元五角八	一百二十六枚	一百三枚

一、药土。公然消售者已绝迹于市。其私运洋药来此者，已业经搜获之数度之，势必有多人集合，由海参崴运来，以图能获厚利。闻在海参崴价值俄币十元一磅之洋药，运来本埠，即可值银币一百五十元至二百元之多。然海关及地方官，仍查禁甚严也。

一、杂论。本年港内因狂风停止工作者，凡二十四日。寒暑表，最高时为一百度，最低时五度。本年雨量，于四百二十五点钟内，为十七寸，与平素应得之雨量相较，仅得三分之二，以致食水质量均不及往昔远甚。然此待决孔殷之食水问题，业已设置铁管深井，解决泰半。雪共五寸。本埠罐头公司，制办本地出产鲜货、鱼肉等各种罐头，年内成效卓著。该公司之出产，于东三省各处销售甚多，即本地人士，亦时称置不绝。华洋工程处今年兴革各事，成绩甚优。其入款本由捐助而来，今所捐得竟超越往昔之数，是诚本埠兴旺之兆。日本商船阪鹤丸第一号，于风雪交加时，由大连开往本埠及青岛二处，于十二月二十五日黎明前，因风伯肆虐、大雪纷乘之故，遂触礁于距本港口半英里之遥北岛之北。虽百方救援，卒为冰石交杂之激浪，将该船击伤，搁浅海中，与岸上断绝交通，七十小时海中无只船敢驶近该船。在地图房之内，仅寻获生存之人四十余名，葬身鱼腹者，闻为二百五十人。道路谣传谓该船有胡匪混迹其中，借夺财物，并于触礁前杀伤船长，但据获救之外洋旅客二人言，并无此事。而船长及他船客之身，亦毫无被伤痕迹，是足征传闻之妄也。

民国六年二月二十四日
东海关税务司苏古敦呈报
四等帮办翁绶琛译汉
文案辛贤撰述

中华民国六年（1917）烟台口华洋贸易情形论略

窃查本年开始，本埠毗连之地，仍多受党人骚扰，要皆民国五年帝制余波①所致耳。若辈托名扶助共和，人咸目之为乱党。虽经渐次遏止，地方赖以粗安，似不若二年前摇动之甚。然国内政局如斯纷扰，省中又反对日人行动，以致人有戒心，商业遂大受影响矣。买卖俄纸币宛如赌博，比比皆是，故金融市面鲜有活动气象。俄纸币价格低落，每况愈下。入冬以后，绝无过问者，几无价值可言。商业银行，因此遂归倒闭。即向在海参崴附近一带之侨工，亦因之无款汇来，而曩日已返侨工所储藏之俄纸币，亦顿失其价值。本埠居民，骤遭此种种困难，购货之力，自必大减。近年境内购存俄纸币甚多，一月间俄帖②每百值银五十二元，三月间值银四十九元，九月间值银二十一元，十二月间值银十一元。闻海参崴需工人甚切，惟船舶稀少，且俄纸币价值低落，工人多裹足不前。计自本埠去海参崴者，由一万八千五百人减至六千；回本埠者，亦由一万六千人减至六千九百之数。春间威海卫设有招工局，招至多人，俾赴法国战线后以备役使其时流言四布，意欲阻工人之应招，无如工金丰厚。且鲁省人民，素有冒险精神，朔南漠北，足迹殆遍，遗大投艰，不

---

① 原文如此，似指 1917 年张勋复辟帝制，实则为民国六年。
② 即前文所指俄国纸币。

海上来风：近代东海关贸易报告（1864—1919）

辞劳瘁，故应招者接踵而至。及至外国后，竹报传来，盛称工金之厚、待遇之善。遂致夏间再招时，倍形拥挤。即侨寓外省之鲁人，亦相率来投。所招者非全属苦力，各项工人亦复不少，因此各项工业，俱受影响。此等工人先在乡间，由医员验其有无眸粒炎及结膜症，然后在威海卫聚集，由医员复行查验，其体育程度是否合格，复验手续严密非常，于应招人数中不及格者，约去四分之一。工人由威海出洋者约五万人，由青岛出洋者，未详。投此役者直隶人居多数，外省之人寥寥无几。开船时每人先给恤银洋二十元，内以十五元作安家费，因公殒命抚恤洋一百五十元，因公受伤银洋七十五元。所有薪工，一律自抵埠服役日计算。苦力薪工，最少者日给一法郎，每月在华另给银洋十元。翻译薪工，最少者日给五法郎，每月在华另给银洋三十元。在华所给薪工，多由中华邮务局汇兑，服役期满一年后，如欲中止，应于六个月前声明。不特此项薪工收入，得为本省大宗利源，且纪令严肃，工人尤可借此得服从规则之训练。

自上年九月至本年七月，遍成旱象，加以冬日严寒，春风似剪，禾稼一切先后均遭歉收，于进口商务不无损失。然华人营业，据称尚可获利。西人谓以此逆境，商务尚得此良果，足云幸矣。本埠玻璃厂及自来火厂，因舶来品缺乏，营业发达，获利颇丰。惟罐头公司，反因之而受损失。本埠所织地毡，货质优美，然汇运费继续增高，外洋销路顿遭停滞。制造货物，专供本地之用，实为近今华商所最注重者，他日秩序底定之秋，从此振兴一切，未可限量。即如现在以东洋棉纱织成卫生衣一项，为数已属不少矣。海坝工程以气候不佳，工作时日较少，稍有稽延。盖因港内一起风波，轮船货物尚可勉强装卸，而工程即需停止工作，犹幸停工时日尚不甚多。八月暴风大作，工程受损甚巨，浮水器械强半搁浅，海坝工程会借款尚未成熟，是以经济问题极形困难。总工程师所呈本年报告，附刊于下：

　　海坝：海坝基沟之挖泥工程，又开浚六百英尺，连前共开浚二千四百英尺。乱石基墩又筑九百英尺，已与放置混合石块之底相齐，连前筑共计一千八百英尺。乱石已沉放者，共有一千六百英尺，其中有一千英尺之乱石。所以沉入作为保护坝坡之用，综计海坝基墩，本年份共沉乱石四万五千七百吨，坝墩上已放置之混合石块，计五百三十块。此外尚有安放后，受风灾损坏，或离开原地之混合石块，须取出修补填塞，南端坝头工程已经告成，上部建筑物亦开始建筑。南端灯塔已安置停当，放置墙腰，及维护南端坝头之小混合石块，已放置一百二十块。大混合石块已于海滨制就五百七十块，约合石工九千立方码。

西段防波堤：本年已放置少数柴枝，压载乱石，已沉放三千四百吨。沉沙工程进行如常，所有堤面之沙墩以及砌石等工程，进步极速，已筑成长约一千四百五十英尺之一段。不幸八月内狂风骤起，几将全部工程损坏，因无保障之故，以此本年防波堤工程，遂致停顿。码头石墙一端之坝头，已造竣入水，其第二个亦已半成于斜滩上，预备入水。

气候：本年天气严寒，各项工程于二月底方始开工，初夏气候极佳，惟季夏甚为潮湿。八月内狂风损坏已成及垂成之工程不少，海坝建筑工程以此停止。秋季又遇大风多次，以致未经成功之工程，又遭损失。

芝罘铁路问题：本埠商会于本年开始，即行提议，积极进行，当道曾表示同情，即建筑路工巨款，亦已筹得甚多，无如特派代表进京之时，适值张勋运动推翻政局之秋，而此无限之希望，竟化为无有矣。

一、本关税课。本年收税总数较上年减少关平银一万六千一百八十两，外洋进口税又独增关平银三万两，船钞又短关平银七千两，常关税银短收关平银四千二百两。

一、洋货贸易。进口洋货径由外洋及通商口岸运来者，布匹价值较上年增加关平银三十一万两，印花布之加增，照匹数计已逾倍数。日本原色布及标布，均大有加增，但日本棉布及棉纱减少。五金类、米、车白糖均有加增。美国煤油增加一百三万加伦，其数已多一倍。日本煤油亦由六万七千加伦增至二十四万六千加伦之数。日本煤因船只短缺，输入少至一万九千吨。日本自来火短六十一万一千罗，海带短一万担，赤糖、白糖短一万九千担。洋面粉输入无多，土麦粉因而增五万担。纸烟已略复旧观。

复出口洋货：价值较上年增加关平银一百三十五万两，高丽参一项，复出口价值在原进口价值关平银四百五十万两内占关平银二百九十万两，较上年增加关平银九十二万两。布匹增加关平银三十一万两。美国煤油增加二十三万加伦，内三千加伦系运往苏门答腊，其余皆运往威海卫者。

一、土货贸易。出口土货：径往外洋及运至通商口岸者（连复出口在内）出口货物价值，较上年短关平银五百十四万两。复出口货价值，减少关平银二十五万二千两。夏布一项，皆输往外洋者，上年出口固旺，然本年竟至减少关平银四十七万九千两。野蚕丝出口外洋有增，但运往通商口岸者减少，而绸货销路之减增，适于野蚕丝相反。鲜果又短关平银二万一千两，因春寒久旱，其质既劣，而为数亦微，兼之轮船舱位不敷，载运匪易。花生出口虽绌，但花生仁所增之数足相抵之。轮舶缺少，亦为此业不振之因。花生经运往海参崴者，已达五千六百担，似为新辟之销路。不料俄帖低落，竟为一蹶。豆饼及豆类增益异常，但粉丝有亏无盈。据本关统计册所载，发网出口价值关平银六十五万三千两，已较上年增加二十三万两，但此数尚未包涵净尽，因以发网作邮信寄出者。输入美国一处，已达关平银八十万两。上年底各铺存货甚多，追闻英国限制进口，其价骤跌。查此业盛行以来，本埠制发之用途，亦见增进。近更以外洋药料漂制，故本年所出之货，可与外来者相颉颃，虽发质似不坚韧，而光泽稍逊，然较之往昔所制之发，有害于商业者，已相去悬殊矣。业此者，常以头发交出，令织网者织成发网付还。其中以色白者居多数，其价值最高贵，销流尤广。总之发网一业，因华商交订货时，每以劣等之货掺杂其中，故迄今仍受损失。花边价值增至关平银五十八万一千两,已长十分之三,汇费虽已高涨,而其销路如恒。洋线一宗,殊不易获,日本棉线价值约廉四分之一,小商号多购用之,但造成货物恶劣不堪。如无洋线应用,殊失此业者素有之美名。更可虑者印度手织花边,已流露于外洋市场矣。茧绸减少三千五百担,乱丝头减少七千一百五十担。自英法之输入禁令一开,秋间出口为之一振,但载运殊难,足见往来本埠之船只,不若他埠之均匀支配也。优美货产之额,不亚于上年,惟所出售者,多属次等及长度不敷之货物。下半年似有进步,来年或可望更有进境。因本埠业此者,已深知货色优美,标准一层,实为推广销路之必要。其价格恒视汇水之高下,夏间稍为平顺。十二月价格高涨,此项贸易为之一滞。东三省所出茧绸丰优,然华人仍有未足之处,茧色胜常,因少以硫磺熏炙。然浆粉暂见增多,植茧之地劫掠少闻,业此各商均获利益。本埠丝业前途殊难逆料。盖华人业此者,大都专持旧法,而日本人则正在科学中研究一切改良之法,以大概情形度之,圹房将渐渐运往安东,而野蚕丝运往日本。蚕茧从安东来者,其运费已增三倍,此货异常笨重,转运殊难,且茧绸自日本转运欧洲,可得开战以前之便宜运费,犹冀业此华商,能悉此要端,诚心整顿一切,庶茧绸出产兴盛,可无庸仰给予东三省也。但植桑一事,颇费时期,是宜济助农人善为劝导,咸使留心选择茧种,目前之缺憾正在此也。将茧绸做成衬里衣衫,作英兵士赠品者,为用不少。而在西方战线以外,各交战区域,为用更多。草缏由七千九百八十担减至三千八百八十担,四月以前,索价太昂,顾客裹足。八月银价又涨,贸易顿停,迨至十一月始觉稍有转机。此等货开始,颇有销路,业此者遂误为种种劣货,均可乘时脱手,以致将此大有希望之销路,遽尔中止。杂色及纯白草缏两项,因载运较易,多从莱州运往天津,此项货物,输入英国须领有特别准单,然轮船舱位难觅,运费昂贵,即使领得准单,输运殊非易易,故销行区域,几全在美国矣。

进口土货:价值较上年增加关平银一百四万两,其增长最多者为茧绸、白糖、烟丝、面粉、米及五谷类等项。其面粉、米及五谷类之增长，实为弥补本年之歉收及洋面输入之短少。粉丝市场殊形冷淡，豆类亦因之而减少。棉花、桐油两项，因价格不合，亦猝然减少。

一、输入内地之货。入内地领有子口单之洋货，无。

出内地领有三联单运往外洋之土货，无。

一、特别论略。无。

一、船只、吨数。进口船共一千三百七十只、一百七万五千四百四十七吨，较上年减少二百一只、十三万二千百吨。日船减少一百十九只、六万六千吨。俄船减少十二只、一万七千七百吨。华船减少四十一只、一万五千二百吨。皆因船舶稀少之故，遵照内地章程行驶船只，减少六十七只，增加一万六千二百吨。

一、旅客。出口华客增加三万五千人，入口增加六万六千人。此皆侨工来往威海卫，而在本埠转船者，来往海参崴者，减少一万名，往安东、大连者均有加增。

一、金银。进口金有加增，金条、金砂价值较上年减少关平银一万两，由大连来者减少，由上海来者有增。日本运来金币之价值已达关平银三十二万二千五百两，出口金条减少关平银四万三千二百两，金币价值减少一万五千两，以上数目殊不尽确，因在旅客特制衣服内，时有搜获私带金条之事，凡此足征业此者之阴谋夹带，希图免付运费，无微不至矣。进口银较上年减少关平银一百七十四万八千两。出口银减少五十二万一千两。故本年银根时形窘迫，进口铜币价值增加关平银八万九千两。兹从旧例将银币与铜币三年间平均兑换价值列表于后。

		银元易铜元	
		最高	最低
一月至三月	民国四年	一百三十三枚六文	一百二十八枚一文
	民国五年	一百四十四枚七文	一百三十二枚五文
	民国六年	一百二十一枚	一百七枚
四月至六月	民国四年	一百四十三枚	一百三十四枚
	民国五年	一百四十一枚八文	一百三十二枚
	民国六年	一百二十三枚	一百十四枚

中华民国六年（1917）烟台口华洋贸易情形论略

续表

		银元易铜元	
		最高	最低
七月至九月	民国四年	一百四十三枚	一百三十八枚五文
	民国五年	一百三十九枚	一百二十二枚五文
	民国六年	一百二十四枚	一百二十枚
十月至十二月	民国四年	一百四十二枚	一百三十七枚八文
	民国五年	一百二十六枚	一百三枚
	民国六年	一百三十枚	一百二十四枚

一、药土。无。

一、杂论。本港工程为大风所阻，停止四十一天，为时可谓久矣。本年寒暑表，热度最高至九十六度，最低六度，平常下雨二百六十三小时，积深至二十九英寸。雪天多在十二月之间，积雪至四十英寸，殊为罕见。八月间狂风大潮，损失颇多，沿海滩堤冲坏多处。本港海坝工程受损不少。华洋工程局，虽无德人之捐款，而以各界随缘乐助款项，与之相抵，尚觉有余。电灯公司以所出电力不足供应用户之需求，已从事扩充。招商局安平轮船，于七月三日，在威海卫邻近之益德岛之东触礁，旋即沉没。船客咸庆更生，亦云幸矣。今岁虽物价腾贵，人工缺乏，而建筑工程独不减色，诚不易也。

民国七年二月二十八日
东海关税务司苏古敦呈报
四等帮办翁绶琛、三等供事叶尧阶译汉
文案辛贤撰述

中华民国七年（1918）烟台口华洋贸易情形论略

窃查本岁，自春徂秋天气之佳，为鲁省所罕见。盖因去年冬雨雪甚厚，久积田中。上年秋间播种之禾收获特丰，春后炎风不起，膏雨既普且频。入夏后，气候迄未变更，既无往年荒旱之苦，并无水潦之灾。禾熟以时，故所刈亦至为饶足，惟秋日天气殊亢，花生、红芋多受伤损，陇亩燥不可耕，播种匪易，逆料来春收获必为减色。若非盗匪酿乱，则本年岁收如此之丰，尚足以抵战事影响所受损失而有余。本省所受匪患最烈，为前此所未有。往年匪徒摽掠，只限于富室，今岁则少有货财者，皆不得免。当其劫掠城乡之后，即小户亦渐受其殃，衣服、牛只、农具、子女无所不取。恐怖时代，至今未已，故为商业之一大阻碍也。船只稀少，商务多受限制，伤于芝罘者，不减他埠。且银与俄帖之价，俱足以使邻近之处，受损甚巨。从前侨俄之人，平时常以俄帖济其家族，故俄帖为一通行之货币，现在俄帖价之跌落，除以俄帖从事赌博者①之外，乡人受损颇多，盖其价已由银圆一圆二角跌至一角二分矣。赴欧西之侨工，领得安家费用，可为小补，然赴欧后，迫于中国银价之高，故彼等亦难于汇寄。英人招工机关，付给工人安家费一事，人多赞许，工人等回国者之诉说，并证以寄回之信，皆知其优待。将

---

① 指俄帖投机。

中华民国七年（1918）烟台口华洋贸易情形论略

来再有招工情事，应募必多。闻此种工人赴欧，虽小有不靖，然普通尚皆安分。青年会①为教育此种工人，所费几及五十万元，现尚在进行。所有回国工人，多变为敏捷之人。将来华工回国，必能于其故乡为可贵之民，当无疑矣。似此良工，多半赴外，故本埠工人，甚为缺乏，在本埠善良工人，索价甚昂，然求觅者，仍甚多也。

海坝：此项工程进行优美，在春日因包工人与工程会商定方策，已经耗去数月。会议之件，一为上年七月间暴风伤损之工程，应如何复修，一为如何保险防波堤将来不受毁坏，一为讨论此次伤损应由何处付款重修等事。议决后，所损之工程必须补修，较从前所计划者，再为加工，使海坝建造，终于完善。此种计划，已经达到其对于防波堤之提议。苟与海坝同时建造，在低潮线之上，基墩用沙，将不保其坚固，必须于高潮线处，以石代沙，斜度较易，外面必用较前次所定较厚之石，工程会业已赞成，予以关平银十一万两，以偿此意外之损失，惟其建造期限，须展至一千九百二十一年元月。此种工程之坚固，将来或可收一修理费减少之后效，当可与此项费用相抵。要知前此筹计核工诸员，非欲求一至为完善之结果，不过就本埠之财力建一耐久之工已耳。财政问题，刻下少呈佳象，由政府规定，且得外交团②之赞成，从关税项下拨借关平银一百九十二万七千四百三十六两六钱二分，分十八个月付给，以偿订立合同所欠之价。此款将来由海坝捐加年利百分之五偿还，得此款项，则工程会之地位，将益巩固而安逸矣。

工程之进行：工程师对于工程会之报告如下：

海坝：本年工程进行极佳，谨撮要缕陈如下：

应掘之基沟，已完全告竣。乱石基墩，全段已筑实。仅可

---

① 本埠之基督教青年会。
② 自晚清时期开始存在的在京各国驻华公使组织。

海上来风：近代东海关贸易报告（1864—1919）

安放大石坨，保证坝墩之重石。已置外坡者，有一千八百英尺，于里坡者，有二千一百英尺。海坝南端周围之重石，亦已安置就绪。小石坨已悉数造成，已于海坝外坡及基墩等处沉放一千二百英尺，为数一千四百块。南端坝头，已沉放大石坨，已安置二千七十一块。综计全段工程，凡长二千六百英尺。潮退时，露出海面者，约已有一千三百三十英尺矣。上部敷设乱石，工程境况，甚为可观，已告成有一千英尺，其高度与额定者相较，差不过三尺之谱。统计乱石工程，暨石坨工程，五万五千立方码，各种乱石之沉入基墩等处者，为数约十八万三千吨，工程上所用之洋灰，已有八千吨，北端钢骨三和土坝头已筑成，于必要时，再行安放。

防波堤：西面防波堤下部工程，全段均在修筑中，已修筑成五千四百英尺之一段，才较低潮线稍高耳。所用材料，计沙八十四万三千立方码，柴枝、柴埽八万九千立方码，乱石三万吨。码头石墙之乱石基墩，已沉放乱石一万四百吨。两端之钢骨三和土坝头，已筑成待用。海坝较防波堤为重要，因此大多数乱石皆用于海坝工程，而防波堤上面之工程，虽以乱石不敷进行迟滞，而沉放之乱石，乃有一万四千吨之多矣。本年天气极宜工作，工程因风浪而受损坏之处甚微也。

一、本关税课。总额较上年共减关平银三万五千三百八十八两。进口税项下，减关平银四万四千四百十两。船钞项下，减关平银一千五百九两。而出口税，增关平银一万五百五十二两。常关税款，增关平银六千九百五十七两。

一、洋货贸易。径由外洋进口及转通商口岸运来者，棉制布匹上年增至关平银三十一万两，今则减十二万三千七百两。来自英国者减，而来自日本者增，由美舶来者亦日减，俄之印花布几至绝迹。棉纱、棉线亦均减色，而沪制之粗布，略见增益。金类如旧铁、钢制品均减。纸烟亦减。车白糖增百分之五十五，他类糖货，亦见微减。来自美国及日本之煤油，较上年减二百万加伦，盖乏自美直放之船，今年此货复出口之数，实逾于进口者也。日本自来火减十八万四千罗，缘本埠土制者之竞争也。

复出口洋货：则减关平银六十八万四千两，适得上年所增半数，高丽参减关平银二十五万八千两。棉制布匹减关平银三十六万三千两。

一、土货贸易。径往外洋及通商口岸（连复出口在内）总额增关平银六十六万四千两，复出口则减三十万七千两。土货减少者，以豆饼、毡帽、鲜蛋、咸鱼、花生、粉丝为大宗。鲜果则增七万二千担，收获过丰，致伤色味，货多壅滞，价值颇廉，而求沽者多未能入市，盖转运之费，已足以致亏赔也。发网见增，由邮信运出者少，而海关今年统计数目，亦因以与商场实数相符，在各协约国禁止入口以前，求之者甚为踊跃，现时似仍甚旺。然此种商业，因不能保其成色之优美，将受莫大之损失矣。如向中外殷实商家交易，佳质良工之货，尚能购取，虽然只此不足以弥其险象，业此者易生诈心，且能引投机人于国外，数十朝开暮闭之商号，往往以劣货输出，此业名誉，因之日就颓坏而生险象，倘诚实经营，则此业之兴，定臻五倍。惟业发网、花边、茧绸诸商，多以不良之货，转获厚利，并不计其将来，此实不幸之甚也。染发似甚进步，惟尚不能纯美。花边鲜由邮信寄出者，统计数见增，与实数相差无几，求购者亦多，但多赖日本棉线，故其成色多所搀杂，盖日本线与英制之线，品质所差甚远也。日本制线，近来亦有进步，价值较廉，若将来英之制此者，猛进急超，以应此业之需，成色佳美，此业定能发达，因手制之花边常需用者也。若能立一机器工厂，制造花边，其业当必兴旺。生丝、乱丝、茧绸各货，均是加增。绸价在本埠，悉如其旧，惟其金价，则增百分之十五，银价于水脚之昂，有以致之。金融奇紧，吨位缺乏，但统计今岁商业出口，旧货各家，颇觉满足。求货者皆欲得良品佳制，而售之者多制不良之货，且持之坚不可破，以致劣品囤积，减价求售，亦将不得。美已禁止入口，在法领有执照，尚可营业，在英年来购买尚夥。坎拿大[①]为一销售贱货之场，在澳大利亚销路停滞，恐尽取日本之绸矣。日本用机器制绸，其与中国货之争衡，向无如此之甚。安东原料运往日本者逐渐增多，是中国之人工将与机器相角也。本埠纩丝之厂，日益衰敝，多移设于安东，若不设法增加本地产茧，则山东最巨之商业，多由外人兴起之者，亦将随中国之商业渐趋于下，此最可惧者也。本埠人士亦认此事为最要，现已图维防御矣。草帽缏增一千担，自三月至十月，美多购之，夏间虽粗细之品同价，而求取者多索粗品。本年末季，求细者亦多，盖伦敦业此者皆持有限制重量之执照，品细而轻，可以多购，且省运费，较粗之货，现仍无求之者。制缏人多以时疫停工，本地存货甚为缺乏，制缏者知此间除一少经验之华商外，罕有求粗品者，故运来之货，品质皆良，闻英伦现又短少，或将就近购诸美洲也。

进口土货：上年增关平银一百四万两，今岁则减三十六万七千两。山茧下纸及海坝所用之洋灰均见增，麦粉、大米计减二十一万担，本年收获特丰，故不需此。

一、出入内地之货。入内地领有子口单之洋货，无。

出内地领有三联单，运往外洋之土货，无。

一、特别论略。无。

一、船只。进口船只为数一千二百九十八，共九十一万七千七百八十七吨，较上年减少船只八十二，吨数十五万八千二百八十吨。此次减少，各国船只均受影响，船舶稀少，兼以津沽交通梗塞，有以致之。遵照内地章程行驶船只增六十九，共五千吨。

一、旅客。入口华客增一千二百人，出口则减七千人，所以如此相差者要皆遏止侨工赴欧故也。赴海参崴者无一人，由该处归来者八千人。外人之旅行者无甚更易，入口二千一百九十七人，出口一千八百八十四人。

---

① 即加拿大。

中华民国七年（1918）烟台口华洋贸易情形论略

一、金银。金之进口者减关平银三十五万两。由日本进口者上年增至三十二万三千两，今则无之。金币并未进口，出口之金悉至上海，为数关平银十六万一千两，较上年则增十万两。旅客携金被查获者往往有之，而此项统计数似难征实。盖运金人之旅费，不过抵运金费之一尾数耳。银之进口者减关平银三十万两，出口减五十万两。年来银两缺乏，商业屡称不便，商人皆望设法遏其外流，遂至金融恒紧。铜币进口价值减关平银四万两，无出口者。

一、药土。无。

一、杂论。本港工程为大风所阻，停工二十六日。本年寒暑表热度最高至华氏九十五度，低至十七度。雨量二十二英寸，计二百二十九小时，雪只三寸，十二月间无雪。本埠电灯公司加设电杆器械，然尚不足供本埠之求，虽然近年工料之昂，工人赴欧者良工匪易，而兴筑之盛实足令人惊异。华洋工程会乐输捐款之多，亦为向之所未有，此固征工程会进行之优美，亦适足以显今岁本埠之昌盛也。

民国八年二月二十八日
东海关税务司苏古敦呈报
四等帮办宋克诚译汉
文案周长睿撰述

中华民国八年（1919）烟台口华洋贸易情形论略

　　窃查客岁冬季几未见雪，来春田获难期丰足。春暖甚迟，南风不息，陇亩为燥。曾忆五月间某日天气最热，竟达至九十八度，故春禾毫无收获。果木之萼多为风残，春来播种亦为至难，盖以天气久旱，井水枯涸，全年雨量仅及往常之半耳。各处蝗虫之灾多所遭受。时疫流行于前，虎力拉症①发于后。然据本埠有司调查所及，土著之死于此者幸尚不多也。全年禾稼收获至寡。果木之产，既不丰饶，而色味尤劣。海参崴一埠，向兴本埠贸易，且常通汇兑，今则几至完全停滞，直抵本岁末季，始稍恢复。侨工归来，携带美币，于是金融市间，引出一种新币。英法钱币亦时见之，闻亦系侨工携来者，然为数甚微也。俄票、日金，于本埠通用，历有年所，今之价格骤落，伤损随之。从兹外洋钱币，恐于此埠难望发达，外洋钱币，咸受社会欢迎一事，人常持以论改良中国币制，应定一通用银圆，流通全国，不分畛域。历年华币颇不通行，今北洋银币始渐为社会所重。俄票、日金之跌落，银价之骤增，以致储银之风日盛。初未思及其成色如何者，近年金银奇绌，殄取藏蓄之，有以致之也。新造币厂设立于沪，应速厘定单位，制一新币，使其小于一圆，类英伦之先令者，是为当务之急。就历年所经观之，物价之升

---

　　①　即霍乱（cholera），早期也译作虎烈拉。

中华民国八年（1919）烟台口华洋贸易情形论略

降，实以货币单位为准。此次百物昂贵，荒村僻壤几不识世之变者，亦波及之。揆诸情理，岂得谓平。以银元为单位，华人咸受其苦，而贫寒之家，受之益甚。侨工返者，类皆只身赴烟，道路传闻，有不肖之徒，或男或女设法诱骗其财务者，数见不鲜。盗贼充斥，乡人之来烟避乱者甚多，以致觅居维艰，地价腾贵。青岛问题，鲁人痛患切肤，过于他省，而其隐忍自励，为中国前此所不见者。观其百折不回，实为鲁人天赋良质，将来希望之佳，岂能预测。即此问题，引起国人注目于鲁省，非惟一富庶之区，且为中国之门户，设交通便利，轨路相连，则其价值当系乎中华全局，非仅限于一省治已也。烟台无外人租界，然所谓警察第一区地面，类为外人所居。附近街市，曾于近十七载间，为华洋共同组织之工程会修理清洁。会中并无苛税之征，系准一定率，由诸绅商乐善捐输者，至今款项颇称充足。而此间华洋共组之会，承政府之允许者，盖有二焉，一为顺泰破产会，一为海坝工程会。华洋人士，感情融洽，甲诸他埠。要皆由共组会社，兴办事业，彼此相知甚稔也。即举破产会言之，外人之小心谨慎，牺牲时力，不顾私利，悉能大白于众。而华人诚恳忠毅，适亦相同，均期取此纠纷之事，速为排解，而初不计及报酬也。否则徒费光阴，恐馨其资产，尚不抵其清理之费，此最能令人注意者也。近六年间，华洋两商会，关系日益亲善，皆期共同工作，达于美满，而此间华商会近年进步，亦最显著也。

海坝工程：兹将工程会总工程报告录后，计报十七个月内所建之工程，系自七年八月起算，至八年十二月为止。查以前年报，悉起自八月，因工程起自该月也。去岁公众议决，此项报告定于每年工程期限完毕时发出，似较便当。是以后之所述，仅限于此十七个月也。

海坝：此期中该坝之基础及上部工程，进行俱速。现时大功虽未告竣，但其抵御东北风之效，已非浅鲜。乱石基墩及保护两坡之大石，俱已竣工。其保护坝腰之大石及小混合石块已

431

放至与大混合石块相齐，安放混合石块工程，民国七年内系于十二月五日停止。八年四月一日开工，十一月二十九日停止。除外坝腰上及南端坝头之周围，已放妥三吨重之混合石块约三千块，合石工五千余立方码外，又共放妥大混合石块三千六百块，合石工五万七千立方码，共长一千二百尺，俱已及应至之高度。应再放四百块左右，则此项工程即可告竣。西沙旺建筑混合石块工程，民国七年内，系于十二月三日停止，八年三月三日开工，十二月一日因天冷停工，现存混合石块二百六十块，预备下次开工应用。上部之混合石及灰沙石工程，民国七年内，循序进行，至十二月十五日方以天冷停止。惟因采石困难，不敷同时供作混合石块及此项工程之用，故此项工程，于八年五月十九日，方复开工继续进行，至十二月十二日止。上部工程之造成者，总计约二万四千立方码，又南端之升降阶，现已砌成。北端之铁筋灰沙石基箱，已于七年十一月内造成，一矣混合石块放毕，即可安置。

防波堤：该堤上下两项工程俱同时循序进行，下部工程现已积有沙约九十万立方码，柴埽约十万平方码，乱石五万四千吨。上部工程，已积有大小乱石约六万七千吨，共长一千二百尺，已约及应至之高度。其内坡与外坡之一部分，已用大石掩护，码头下之乱石基墩，已平整完竣。其西端之铁筋灰沙石基箱，已于八年五月间安放妥贴，并已用灰沙石填满。其东端之基箱，亦已预备齐全，随时可以安放，码头应用之混合石块，仍继续建造，已共造成三百四十六块，合石工五千立方码，八年九月间开始安放，现已放妥底层石块一百三十三块，其后方并已用乱石填积。

机械等项：包工者为增加石场出品起见，现正在北岛安设一气压钻孔机器。因运输不便，来货不易，故将此项工程耽误不少，但其大部机件，现已经营就绪，其余诸部大约于九年初亦可由美运到，自开工起共收入洋灰一万五千五百吨。

中华民国八年（1919）烟台口华洋贸易情形论略

一、本关税课。本年所收之税，较上年增关平银九千二百五十五两，而进口正税一项，减关平银四千二百两。复进口半税增关平银九千六百两，船钞增关平银三千七百两。常关税款增关平银二千六百八十七两。

一、洋货贸易。洋货由外洋径运进口及由通商口岸运来者，共计价值关平银六百二十一万一千八百两。纵本年金银价值相悬，洋货售价多受伤损，而进口之数，较去岁竟增关平银五十六万三千九百两。日本棉制布匹大减，英美货品之增，实足以抵其所损而有余。即以日本粗布而论，较上年减三万二千七百六十匹，而英美舶来之品，增六万五千八百匹之多，此其例也。俄国布匹今已不见。棉纱，日本制者减一万三千四百五十担。来自印度者增四千八百担，制于沪者增二万五千七百担。上海粗布亦增三万一千二百匹。日本自来火减二十万三千八百罗，而土制者所求甚急也。日本煤减一万一千七百吨。美国及苏门答腊之煤油增五十一万加伦，多径自该埠装运来此者。日本油今则完全绝迹矣。白糖所减殊巨，他项货品增益之数，足为其所掩蔽也。

复出口洋货：减关平银一百七十五万六千两。即高丽参一项，减关平银二百万两，此次减少悉原于此，而棉制品及煤油皆有增益。

一、土货贸易。土货出口运往外洋及通商口岸者（连复出口在内）总额增关平银二百九十五万五千八百两，复出口增关平银七十万三千五百两。土货减少者，为鱼类、水果、花边及野蚕丝等。花边金价增高，而英制之线又难于购置，具足以使其出口减色。其花样泥古，不喜更新，而出品不洁若昔，亦有以致之。惟一种束发花边业能制就，品质颇称精良。制花边者，类皆移此业而就发网，工作较易，而获利胜之。全年价值关平银一百八十万五千两，较去年增一百万两。春间美之求购者多，一时在美销售甚为踊跃。英法两国旋亦从事购办，是以发网缺少，价值大昂。美之求购者争先恐后，有则购之，价值高低在所不计。春间发网每罗斯只售洋二元二角，至年终竟涨至五元之多。闻有购网西商，素乏经验少向烟台购办，曾赴内地，直向网工收买发网，出以高价，且供以发，以致网工向所受之发，约期制网者，遂致搁置，及期不成，华商业网者均相率废弃契约，而此日兴月益之业，受一摧折。欧洲发业时有诈欺之举，不意今夏华商亦被熏染，以致在华发业，亦受其影响矣。如此交易，出品自难精良。不惟货质逊于以前过半，且屡杂劣品输运去美，卒致退回，此等购网之美商，竟至自受其害。因若辈此举，使此项工业之存在，趋于险象，且足以揭示外商之不良也。现购货者皆系小心翼翼，然华人处此求过于供之时，所得已丰，咸抱出货不虑无人过问之想。野蚕丝减九百十担，茧绸增九百六十担。本年开始，在欧绸价落四分之一，以致本埠货多壅滞。入夏欧之求购者，多索较重之品，以前此赴外洋轻量之绸，品多恶劣，故外人舍而不用也。既而轻量之绸，见购于美，秋来市间各色绸货，均为售罄，价增其半。而在欧金银交易屡更，其价竟倍畴昔。虽然求仍逾供，虽出高价，不可得也。此项茧绸在外洋声价颇高，只以山茧缺少，供给不足，华商交易，多乏诚心，于此业发展，实有妨碍。而绸工赖于销路之畅，遂任意织制，市间所需，未尝愿也。曾拟设法鼓励产茧，改良制绸，但日本之争衡，日益加甚，安东山茧尽归其掌握矣。草帽缏微有增益，然以转运艰难，业此者多赴天津，而求购者亦多往该埠交易，观此则草缏业于此埠难于振兴也。

进口土货：总额增关平银三百三十万两。大米涨价，遂致减色。山茧亦减，因得之匪易也。

一、出入内地之货。入内地领有子口单之洋货，无。

出内地领有三联单，运往外洋之土货，无。

一、特别论略。无。

一、船只。进口船只，为数一千三百五十六，共一百九万二千吨，较上年增船只五十有八，本年各国船只，皆有增益，惟仍不足以济吨位之困乏也。遵照内地章程行驶船只，减二百四十五，共三万吨。

一、旅客。入口华客增九千四百人，出口增二千四百人，赴海参崴之苦工颇少，年终自该处归来者，甚多也。

一、金银。进口总额增一百九十九万两，出口减二十七万五千六百两。金条由大连运来者，增关平银一万六千九百九十两。往上海者，减四万一千两。旅客私携金货来往不报者，亦复不少。银币进出口皆增，银条进口有增，出口则减。

一、药土。无。

一、杂论。本港工程为大风所阻，停工二十三日。本年寒暑表热度最高至九十八度，低至九度。雨量十二英寸五二。在十一、十二月间，雪则三十一英寸零五。本埠土木建筑，本年进行甚盛也。

民国九年二月二十八日
东海关税务司苏古敦呈报
　四等帮办宋克诚译汉
　　文案周长睿撰述

图书在版编目（CIP）数据

海上来风：近代东海关贸易报告：1864—1919 / 李军编译 . --北京：社会科学文献出版社，2023.9
　ISBN 978-7-5228-0892-5

　Ⅰ.①海… Ⅱ.①李… Ⅲ.①海关-史料-烟台-1864-1919 Ⅳ.①F752.59

　中国国家版本馆 CIP 数据核字（2023）第 068021 号

海上来风：近代东海关贸易报告（1864—1919）

编　　译 / 李　军

出 版 人 / 冀祥德
组稿编辑 / 陈凤玲
责任编辑 / 宋淑洁
文稿编辑 / 许文文
责任印制 / 王京美

出　　版 / 社会科学文献出版社·经济与管理分社（010）59367226
　　　　　　地址：北京市北三环中路甲 29 号院华龙大厦　邮编：100029
　　　　　　网址：http://www.ssap.com.cn

发　　行 / 社会科学文献出版社（010）59367028
印　　装 / 三河市尚艺印装有限公司

规　　格 / 开本：787mm×1092mm　1/16
　　　　　　印　张：28　字　数：385 千字

版　　次 / 2023 年 9 月第 1 版　2023 年 9 月第 1 次印刷

书　　号 / ISBN 978-7-5228-0892-5
定　　价 / 128.00 元

读者服务电话：4008918866

版权所有 翻印必究